技工教育和职业培训"十四五"规划教材
高职高专汽车制造类立体化创新教材

汽车车身制造技术

(配任务工单)

主　编　李　慧　陈心赤
副主编　陈双霜　李　晶　张玉平
参　编　杨　谋　杨正荣　张书诚

机械工业出版社

《汽车车身制造技术》主要针对汽车车身的结构、冲压材料的变形原理、冲压工艺和模具及装备、焊装工艺和装备、涂装工艺和装备5个方面的相关知识进行了应用性介绍。

本书采用项目任务导向型模式开展任务介绍、任务总结和知识介绍，使学生在任务目标导向清晰的情境下开展课程的学习。通过任务描述、知识点描述、工艺描述、实践描述、问题总结的方式，让学生养成手眼结合的工作习惯，提高思考和分析应变能力；提高安全生产、成本控制、目标策划和总结的能力。

本书可作为高职院校汽车制造与装配专业、汽车设计专业、材料成形与控制专业的教材，也可作为中职院校以及汽车相关职业培训的专业用书。

图书在版编目（CIP）数据

汽车车身制造技术：配任务工单 / 李慧，陈心赤主编 . —北京：机械工业出版社，2020.7（2024.1重印）
高职高专汽车制造类立体化创新教材
ISBN 978-7-111-65830-6

Ⅰ.①汽… Ⅱ.①李… ②陈… Ⅲ.①汽车－车体－车辆制造－高等职业教育－教材 Ⅳ.① U463.820.6

中国版本图书馆CIP数据核字（2020）第097942号

机械工业出版社（北京市百万庄大街22号　邮政编码100037）
策划编辑：李　军　责任编辑：李　军　张亚秋
责任校对：陈　越　封面设计：马精明
责任印制：单爱军
北京虎彩文化传播有限公司印刷
2024年1月第1版第6次印刷
184mm×260mm · 21印张 · 524千字
标准书号：ISBN 978-7-111-65830-6
定价：59.90元

电话服务　　　　　　　　网络服务
客服电话：010-88361066　机　工　官　网：www.cmpbook.com
　　　　　010-88379833　机　工　官　博：weibo.com/cmp1952
　　　　　010-68326294　金　书　网：www.golden-book.com
封底无防伪标均为盗版　　机工教育服务网：www.cmpedu.com

编委会

主　　任：张俊峰（重庆电子工程职业学院）
副主任：翟候军（重庆长安汽车股份有限公司）
　　　　　陈红鹰（上汽依维柯红岩商用车有限公司）
　　　　　罗永前（重庆电子工程职业学院）
编　　委：陈心赤（重庆电子工程职业学院）
　　　　　王　勇（重庆电子工程职业学院）
　　　　　李　慧（重庆电子工程职业学院）
　　　　　邓　璘（重庆电子工程职业学院）
　　　　　刘云云（重庆电子工程职业学院）
　　　　　徐　计（重庆电子工程职业学院）
　　　　　于星胜（哈尔滨职业技术学院）
　　　　　杨正荣（贵州装备制造职业学院）
　　　　　张书诚（安徽职业技术学院）
　　　　　林　波（重庆科创职业学院）
　　　　　张　敏（哈尔滨职业技术学院）
　　　　　吴厚廷（贵州装备制造职业学院）
　　　　　于志刚（成都工业职业技术学院）
　　　　　刘阳勇（重庆交通职业学院）
　　　　　黄再霖（贵州装备制造职业学院）
　　　　　杨　谋（重庆电讯职业学院）
　　　　　张玉平（重庆工业职业学院）
　　　　　林铸辉（贵州装备制造职业学院）
　　　　　张洪书（重庆电讯职业学院）
　　　　　张谢源（贵州装备制造职业学院）
　　　　　陈廷稳（贵州装备制造职业学院）
　　　　　陈　旭（重庆长安汽车股份有限公司）
　　　　　张桂乾（重庆长安汽车股份有限公司）
　　　　　曹怀宾（重庆长安汽车股份有限公司）
　　　　　李　成（重庆电子工程职业学院）
　　　　　徐跃进（重庆电子工程职业学院）
　　　　　刘竞一（重庆电子工程职业学院）
　　　　　谢吉祥（重庆电子工程职业学院）
　　　　　陈卫东（重庆电子工程职业学院）
　　　　　魏健东（重庆电子工程职业学院）
　　　　　赵　军（重庆电子工程职业学院）
　　　　　陈双霜（重庆电子工程职业学院）
　　　　　姚晶晶（重庆电子工程职业学院）
　　　　　刘红玉（重庆电子工程职业学院）
　　　　　祖松涛（重庆电子工程职业学院）
　　　　　李穗平（重庆电子工程职业学院）
　　　　　马良琳（重庆电子工程职业学院）
　　　　　李　蕊（重庆电子工程职业学院）
　　　　　邓家彬（重庆电子工程职业学院）
　　　　　周　均（重庆电子工程职业学院）
　　　　　徐凤娇（重庆电子工程职业学院）

丛书序

2019年1月，国务院颁发《国家职业教育改革实施方案》，推进职业教育领域"三全育人"综合改革试点工作，使各类课程与思想政治理论课同向同行，努力实现职业技能和职业精神培养高度融合。建设一大批校企"双元"合作开发的国家规划教材，倡导使用新型活页式、工作手册式教材并配套开发信息化资源。2019年12月，教育部、财政部公布《中国特色高水平高职学校和专业建设计划建设单位名单》后，为了重庆电子工程职业学院等双高建设院校的建设要求，以及依托全国职业院校装备制造类示范专业点重庆电子工程职业学院汽车制造与装配技术专业为主体，我们联合重庆长安汽车股份有限公司等大型汽车制造企业加快了本系列丛书的开发进度。

本丛书结合汽车整车制造企业的生产全过程，以汽车车身制造技术、汽车整车装配与调试、汽车检测技术和汽车综合故障诊断等课程为主线，以汽车构造、汽车电控系统诊断与调试、汽车制造工艺技术、汽车生产质量管理、汽车制造安全技术和汽车制造物流技术等课程为辅助，以汽车三维设计、汽车数据采集与处理和汽车试验技术等课程为拓展，全面介绍汽车制造过程的冲压、焊装、涂装、总装四大工艺，以及了解下线检测、整车调试、生产安全、生产技术、质量管控、生产物流等制造知识，同时为了提高职业院校的应用技术水平，拓展学生在汽车设计、逆向工程、数据处理和汽车试验等方面的应用知识，为学生今后从事汽车制造中的设计、调试、试验和管理等相关工作打下良好基础。

本丛书主要特色如下：

1. 知识的全面性

在制定本丛书各教材的知识框架时，就将写作的重心放在体现知识的全面性上，因此从各教材提纲的制定以及内容的编写力求将课程所涉及的专业知识全面囊括。

2. 知识的实用性

本丛书由高职院校具有丰富教学经验的教师和汽车制造企业具有丰富工作经验的一线技术人员及管理人员编写而成，具有很强的实用性。此外，每个项目中均会根据知识点安排若干个工作过程，让学生从汽车制造实际出发，通过书中的知识点，解决现实中遇到的问题。

3. 知识的灵活性

丛书中各教材的每一个知识点都匹配了相应的学习任务，学生可以通过不同类型的学习任务，来学习并掌握书中的知识。

4. 知识的直观性

本丛书中各教材的每一类知识点均录制了各种形式的微课视频，使学生从教材中解脱，通过扫描二维码即可观看生动的视频资源来学习相关知识内容。

本丛书根据汽车制造领域（即汽车前市场）的设计、生产、工艺、试验和管理等岗位需求搭建人才培养体系开发而成，有效融入了课程思政的育人理念，可作为高职高专院校、应用技术型本科院校、中等职业学校、技工学校的教材，也可作为企业的培训教材，从而推动汽车制造全产业链的应用技术人才培养。

由于编写经验有限，本丛书难免存在疏漏，欢迎读者提出宝贵意见，以便我们在今后进行补充和改进。

编　者

前言

　　汽车是国民生活的必要工具，汽车制造是国民经济的主要构成部分，汽车行业的发展需要大量的从业人员。车身是汽车三大总成之一，是一个复杂的造形部件。车身的制造技术涉及三大工艺：冲压工艺、焊装工艺、涂装工艺，工艺复杂多样。随着智能化制造技术的推广和进步，汽车车身制造生产线正逐渐被自动化设备取代，汽车车身制造的从业人员正逐渐由体力劳动工作者，转化为工艺制定人员、设备维护保养人员、产品质量和体系管理人员，因而更需要专业的知识来指导工作和实践。

　　本书的编写以就业为导向，以能力为本位，以培养学生的职业技能和就业能力为宗旨。使学生掌握车身冲压工艺、焊装工艺及涂装工艺的基本理论知识和操作，为参与汽车设计、制造、使用和维修工作打下一定的理论基础，并对国内外汽车先进制造技术有一定的了解。本书合理控制理论知识，注重实践技能的训练，突出新技术、新工艺、新知识和新方法，有较强的岗位针对性和实用性。

　　由于经验和篇幅有限，本书在工艺和知识的阐述过程中存在覆盖不全面的可能，同时新的工艺和设备正不断涌现，也存在知识点不够"最新"的可能，请使用本书的师生提出宝贵意见，以便在今后进行补充和改进。

编　者

目 录

丛书序
前言

项目1 汽车车身构造 ·· 1

1.1 认识汽车车身结构 ·· 2
1.1.1 汽车车身概述 ·· 2
1.1.2 汽车车身的分类与组成 ·· 3

课程育人 ·· 11

1.2 认识汽车车身的精度与刚度 ·· 12
1.2.1 汽车车身精度控制方法 ·· 12
1.2.2 汽车车身刚度分析 ·· 14

课程育人 ·· 17

项目2 汽车车身材料 ·· 18

2.1 车身材料的分类 ·· 19

课程育人 ·· 21

2.2 车身钢板材料的分类 ·· 21

课程育人 ·· 22

2.3 金属塑性变形的基本理论 ·· 22
2.3.1 金属塑性变形的机理 ·· 22
2.3.2 金属塑性变形的受力状态 ·· 24
2.3.3 塑性变形时应力和应变的关系 ·· 25
2.3.4 塑性变形的基本定律 ·· 26

课程育人 ··· 26

2.4 车身金属材料的力学性能 ·· 27

课程育人 ··· 31

2.5 车身材料的选择与发展趋势 ····································· 31
    2.5.1 车身材料选择的原则和步骤 ································ 31
    2.5.2 汽车材料的发展趋势 ·· 32

课程育人 ··· 34

项目 3 冲压工艺 ··· 35

3.1 冲压工艺的概述 ·· 36
    3.1.1 冲压工艺的特点及分类 ······································ 37
    3.1.2 冲压件的两种变形类型 ······································ 40
    3.1.3 板料冲压成形性能及极限 ··································· 40
    3.1.4 冲压成形设备 ··· 42

课程育人 ··· 47

3.2 冲裁工艺 ·· 47
    3.2.1 冲裁变形过程及受力分析 ··································· 47
    3.2.2 冲裁件断面质量与影响因素 ································ 49
    3.2.3 冲裁模具间隙的设计 ·· 52
    3.2.4 凸模与凹模刃口尺寸设计 ··································· 56
    3.2.5 冲裁工艺分析及设计 ·· 60
    3.2.6 冲模 ·· 65

课程育人 ··· 68

3.3 弯曲工艺 ·· 68
    3.3.1 板料弯曲变形及特点 ·· 69
    3.3.2 弯曲件质量分析 ·· 71
    3.3.3 弯曲工艺计算 ··· 77
    3.3.4 弯曲模 ··· 81

课程育人 ··· 87

3.4 拉深工艺 ·· 87
3.4.1 拉深件的类型及特点 ·························· 87
3.4.2 拉深中的质量问题及解决措施 ············ 94
3.4.3 拉深工艺设计 ··································· 98
3.4.4 拉深模 ·· 106

课程育人 ··· 109

3.5 局部成形工艺 ······································· 109
3.5.1 胀形工艺 ·· 109
3.5.2 翻边工艺 ·· 113
3.5.3 校平和整形 ···································· 117

课程育人 ··· 120

3.6 车身覆盖件的冲压工艺 ·························· 120
3.6.1 车身覆盖件的成形工艺 ····················· 120
3.6.2 车身覆盖件拉深工艺设计 ·················· 122
3.6.3 汽车覆盖件冲压成形模具 ·················· 129
3.6.4 车身覆盖件的冲压工艺示例 ··············· 135

课程育人 ··· 140

项目 4 汽车车身焊装工艺 ··············· 141

4.1 车身焊装工艺概述 ································· 142
4.1.1 车身焊装工艺的特点 ························· 143
4.1.2 汽车白车身焊装程序 ························· 144

课程育人 ··· 145

4.2 车身焊接工艺方法 ································· 145
4.2.1 电阻焊 ·· 145
4.2.2 CO_2 气体保护焊 ······························ 162
4.2.3 激光焊接 ·· 171

课程育人 ··· 177

4.3 车身焊装夹具及焊装生产线 ···················· 177

　　　　4.3.1　夹具的分类与要求 ··· 177
　　　　4.3.2　车身焊装件定位与夹紧 ·· 180
　　　　4.3.3　车身总成焊装夹具 ·· 190
　　　　4.3.4　焊接机器人 ··· 199
　　　　4.3.5　车身焊装生产线 ··· 203
　课程育人 ··· 209

项目 5　汽车车身涂装工艺 ·· 210

　5.1　汽车车身涂装工艺基础 ·· 211
　　　　5.1.1　汽车车身涂装的发展 ·· 212
　　　　5.1.2　汽车车身涂装的要素和意义 ··· 214
　课程育人 ··· 216
　5.2　车身涂装材料 ·· 216
　　　　5.2.1　车身涂料的特性 ··· 216
　　　　5.2.2　车身涂料的组成 ··· 217
　　　　5.2.3　车身涂料的分类 ··· 219
　　　　5.2.4　车身底漆、中间层漆、面漆的特性 ······································ 220
　课程育人 ··· 225
　5.3　车身涂装前表面处理 ·· 225
　　　　5.3.1　涂装前表面处理的作用 ··· 225
　　　　5.3.2　车身表面脱脂处理方法 ··· 227
　　　　5.3.3　车身表面脱脂处理工艺 ··· 231
　　　　5.3.4　车身表面除锈处理 ·· 234
　　　　5.3.5　车身表面磷化处理 ·· 237
　课程育人 ··· 241
　5.4　车身涂装的典型工艺 ·· 242
　　　　5.4.1　涂三层烘三次体系简介 ··· 242
　　　　5.4.2　涂三层烘二次体系简介 ··· 245
　　　　5.4.3　涂二层烘二次体系简介 ··· 245
　　　　5.4.4　其他涂装体系 ·· 246

5.5 车身常用涂装方法 ·· 247
5.5.1 手工涂装 ··· 247
5.5.2 机动涂装 ··· 248
5.5.3 器械涂装 ··· 250
5.5.4 涂料与涂装工艺的选择 ·· 253

5.6 车身涂装设备 ·· 254
5.6.1 涂装前处理设备 ··· 254
5.6.2 手工喷涂设备 ·· 257
5.6.3 静电喷涂设备 ·· 261
5.6.4 电泳涂装设备 ·· 263
5.6.5 干燥工艺及设备 ··· 267

课程育人 ··· 271

参考文献 ··· 272

项目 1
汽车车身构造

任务描述

汽车车身的制造技术涉及三大工艺：冲压工艺、焊装工艺、涂装工艺，工艺复杂多样。车身是汽车三大总成之一，是一个复杂的造形部件，所有的车身制造技术都是围绕车身结构的实现而发展的，因此在介绍车身制造工艺之前，先介绍车身构造方面的知识。

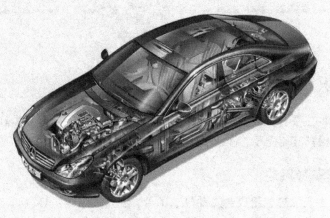

学习目标

1. 能正确认识车身的分类与组成。
2. 能正确认识车身的精度控制方法。
3. 能正确认识车身的刚度。

知识与技能点清单

序号	学习目标	知识点	技能点
1	能正确认识车身的分类与组成	1. 车身的作用和特点 2. 车身的分类 3. 车身的组成	能正确识别车身的分类与组成
2	能正确认识车身的精度控制方法	1. 车身的三维坐标 2. 车身的精度	能正确识别车身的精度
3	能正确认识车身的刚度	1. 车身前、中、后部位刚度 2. 立柱结构刚度 3. 梁的结构刚度 4. 覆盖件结构刚度	能正确识别车身的刚度

学习信息

1.1　认识汽车车身结构

汽车车身的主要作用是使驾驶人便于操纵，为驾驶人、乘客提供舒适的乘坐环境或安全地容纳货物，并保护其免受风、沙、雨、雪等的侵袭及恶劣气候的影响。

1.1.1　汽车车身概述

现代汽车由三大总成组成：发动机、车身、底盘。纵观世界汽车工业史，可以看出，现代汽车是按照"底盘—发动机—车身"逐步发展完善过来的，其发展过程在很大程度上取决于当时的科学技术和物质生活条件。汽车与人们的日常生活息息相关，车辆的更新换代是为了适应人们生活的各种不同目的和用途。世界各国发展的历程与实践证明，汽车整车生产能力的提升主要取决于车身的生产能力，汽车的更新换代、改型改装、产品促销等在很大程度上取决于车身。特别是轿车，其发展取决于车身技术水平。车身工程是汽车工业中最年轻而且发展最迅速的一个分支。其特点如下：

1）制造成本、经济效益较高。汽车车身制造成本约占整车成本的50%，车身除具有使用价值外还具有艺术价值，经验表明，造型美观的车身能使整车总价值提高10%~40%，车身经济的效益远远高于其他两大总成，轿车尤为突出。

2）涉及多门类学科知识。理工学科方面涉及材料力学、材料学、机械原理、人体工程学等学科知识，艺术学科方面涉及艺术造型、美学知识等。

3）工艺复杂。车身制造工艺包括冲压、焊装、涂装三大工艺。现在，总装、涂装工艺中部分工序仍难以实现自动化，而需人工协作完成。

4）质量大。乘用车车身的质量约占整车的30%~40%，商用车的质量约占整车的16%~30%。

5）发展快。车身技术相对底盘、发动机发展较晚，但已成为发展最迅速的分支。轿车的发展主要在车身技术。

1.1.2 汽车车身的分类与组成

现代汽车的车身特别是轿车车身，不仅是现代化的工业产品和先进的交通运输工具的载体，也可以称其为一件精美的艺术品。设计者和制造者为了降低轿车的自重，增加车身的整体刚度，大多采用了整体式承载结构，采用了大量的新材料、新结构和新工艺，这使得车身的修复工艺变得更加复杂。

微课视频
汽车车身的分类与组成

1. 车身结构的分类

汽车的品种很多，车身造型各异。按车身是否承受载荷可以分为非承载式车身和承载式车身。非承载式车身由车架与车身组成，而承载式车身没有独立车架，如图1-1所示。

（1）非承载式车身

非承载式车身由车架与车身组成，车架与车身由螺栓连接，两者之间有橡胶垫。车身内部的载荷作用在车架上，车身本身不受力，主要起到"罩子"的作用。车架是非承载式车身一个重要的部件。

图1-1 车身的分类

1）车架。车架俗称大梁，是连接在各车桥之间形似桥梁的一种结构，是整个汽车的安装基础。车架的功用是安装汽车的各总成和部件，并使它们保持正确的相对位置，并承受来自车上和地面的各种静载荷和动载荷。因此必须有足够的强度、刚性和韧性。车架是单独制造的，制造工艺比车身工艺简单。载货汽车车身和早期轿车均采用非承载式车身结构。

车架结构有三种形式：单梁式、双梁式和单双梁组合式。

① 单梁式车架。单梁式车架由一根位于车身对称中心的粗大钢管和若干根横向悬伸托架所构成，如图1-2所示。其特点是有很好的扭转刚度，结构上容许车轮有较大的垂直跳动，便于安装独立悬架，因此被应用在某些高性能越野性车上。

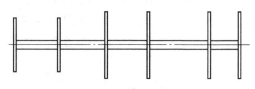

图1-2 单梁式车架

② 双梁式车架。双梁式车架结构便于安装车身等总成，结构如图1-3所示，可满足改装车和发展多品种的需要，因此被广泛应用于载货汽车、专用汽车、中型客车、大型客车，以及早期轿车。三段双梁式车架前后两段窄中间宽。前后两段与中段由抗扭盒连接，在力的作用下，三段双梁相互间可发生小角度相对转动，吸收冲击、降噪，整车稳定性好，但结构复杂、成本高，适用于中高档轿车。三段双梁式车架如图1-4所示。

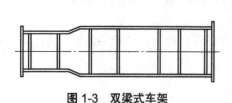

图 1-3　双梁式车架　　　　图 1-4　三段双梁式车架

③ 单双梁组合式车架。它是综合上述两种车架结构特点而成，如图 1-5 所示。一般用于早期轿车。车架的前、后均近似于双梁式车架，前、后端便于分别安装发动机和后桥。中部为一短脊梁，有很好的扭转刚度。

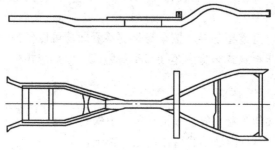

图 1-5　单双梁组合式车架

2）非承载式车身特点。非承载式车身的车架与车身之间有橡胶垫可以起到缓冲、吸收车架扭转变形和降低噪声的作用。由于有车架作为整车基础，只要改变车身就可制成各种改装车，如客车等。在发生撞车事故时，车架可以保护车身。车架单独制造，制造工艺简单。

首先，由于车架的存在增加了整车高度，增加了整车风阻系数。其次，车架制造要有足够的强度和刚度，采用厚钢板材料，导致整车质量增加。另外，车架加工成本也较高。

（2）承载式车身

1）承载式轿车车身。考虑到非承载式车身整车较高的缺点，承载式车身的设计思路是将车架与侧围组成一体，车架位于侧围下方。

这样可降低车身高度，减轻了质量，又不影响车内使用空间。

图 1-6 为承载式轿车车身，车身由空气盒、顶盖、后围、侧围、地板等焊装而成的一个整体。承载式车身取消了车架，全部载荷由车身承受，底盘各部件直接与车身连接。

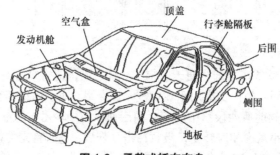

图 1-6　承载式轿车车身

① 承载式车身的优点。承载式车身采用薄钢板材料，因而具有质量小、刚性好等特点，而且也适应现代流线形车身的制造。由于没有独立的车架，使汽车整体高度、重心高度、承受面高度都有所降低，可利用空间也相应增大。承载式车身具有均匀承受载荷并加以扩散的功能，对冲击能量的吸收性好，使汽车的安全保障性得到了改善和提高。

② 承载式车身的缺点。承载式车身由于没有车架，底盘部件与车身结合部在汽车运动载荷的冲击下，极易发生疲劳损伤；驾乘室也更容易受到来自传动系统和悬架的振动和噪声的影响，车厢本身又是容易形成引起空腔共鸣的共振箱，因而降低了乘坐的舒适性。为此，需要有针对性地采取一些减振、消除噪声措施，从而增加了成本。另外，这种车身改型较为困难，抗扭性较差、不适合小批量的生产。

2）承载式大型客车车身。现代大型客车广泛采用无车架承载式车身结构，目的是减轻客车自身质量以及使车身结构合理化。图1-7所示为承载式大型客车车身结构图。根据客车车身上部与下部受力程度的不同，可将承载式车身分为基础承载式和整体承载式。

基础承载式具有贯通式纵梁和一些与车身等宽的横梁，车身骨架与这些横梁刚性连接，使整个车身与底架形成一个刚性空间承载系统。这种结构的底架纵向和横向构件一般采用

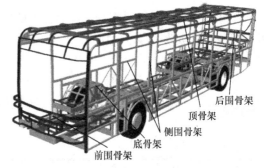

图 1-7 承载式大型客车车身

薄壁钢管或薄钢板制成。整体承载式结构的整个车身壳体构件都参与承载，车身底部取消了贯通式纵梁。这种车身结构使用寿命长并且可以确保翻车时乘员的安全性，但是具有柱距小、窗立柱粗、视野差等缺点。

2. 车身的组成

一般来说，车身包括车身本体及其附件。车身本体是由车身结构件和覆盖件组成的。车身在生产过程中，将已经焊装连接完成但尚未喷漆的车身本体叫白车身，如图1-8所示。

车身结构件是车身的骨架，是承受载荷的主体，由横梁、纵梁、立柱和加强板组成；车身覆盖件是指覆盖和连接在车身结构件上的大表面钣金件，如图1-9所示。车身辅件是安装在车身本体上的附属设备及装饰件，如仪表板总成、座椅、风窗玻璃、前照灯、后视镜等。

（1）车身骨架

1）轿车的车身骨架。轿车的车身骨架如图1-10所示，由发动机舱总成、空气盒总成、顶盖、地板总成、侧围总成、行李舱隔板、后围等组成。

图 1-8 白车身

图 1-9 车身覆盖件和车身结构件

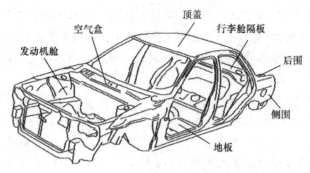

图 1-10 轿车的车身骨架

轿车车体骨架应满足车身刚度和强度的要求,当刚度不足时将会引起车身的门框、窗框、发动机舱、行李舱变形,从而导致玻璃破碎、车门卡死,而且还会伴随产生频率较低的固有振动,容易发生结构共振等。

在设计汽车时,必须遵循安全第一的原则,用高强度钢来打造驾乘室,把驾乘室设计成一个"钢笼子",让它在受到撞击时能抵抗外部强大的冲击力,尽量减少变形,从而给车内乘员一个安全的空间。

轿车的骨架结构一般由车身两侧的 A 柱、B 柱和 C 柱共六个立柱,加上车顶的数根横梁及两根纵梁、车底部的数根横梁以及车门上的防撞钢梁等,共同组成一个完成的"笼子",如图 1-11 所示。

车身骨架梁的截面有开口式、闭口式,如图 1-12 所示。闭口式断面的刚性要比开口式断面的刚性好得多,因而应多采用闭口式结构。

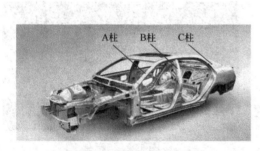

图 1-11 "钢笼子"驾乘室

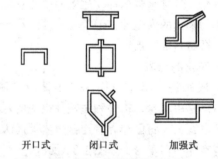

图 1-12 三种梁截面结构

为了加强地板的刚度,如图 1-13 所示,在整个地板上遍布梯形断面的加强筋,筋的高度在 8~10mm 范围内,同时能起到防止振动与降低噪声的作用;也可以采用加敷沥青、橡胶阻尼材料制的防振垫或涂防振胶等办法。轮罩采用高强度耐磨材料制造。

2)大型客车的车身骨架。大型客车车身骨架通常由五大片构成,即前围骨架、底骨架、侧围骨架、顶骨架以及后围骨架,如图 1-14 所示。将五大片骨架合装在底架或车架的底横梁上,便构成一整体空间桁架结构。

客车骨架的弧形构件如顶横梁、立柱、前后风窗框以及轮罩等约占 40%~50%,其曲率半径一般在 200~900mm 之间。若靠模具冲压或采用靠模搋弯等工艺弯制这些零件,则会出现型钢弹性变形量难以控制,导致整形工作量大及质量不稳定等缺陷,较好的办法是采用液压仿形弯管机来滚压弯曲成形。

图 1-13 地板

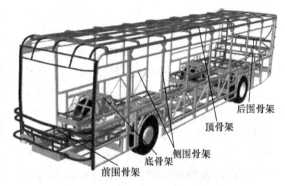

图 1-14 大型客车车身骨架

图 1-14 所示为承载式大型客车车身结构，地板采用格栅式结构。格栅式车体骨架是由矩形截面钢管组焊而成的空间桁架结构，它比其他结构形式的骨架结构简单、质量小，维修时便于更换底架构件，且易于建立较符合实际结构的有限元模具，从而提高计算精度。通过变动杆件的数量和位置调整杆件中的应力，可以达到等强度设计的目的，具有较大的抗扭刚性，节省材料，降低加工成本，还能具有大容积的行李舱。

（2）车身覆盖件

轿车车身覆盖件主要指由薄钢板在双轴向拉伸应力作用下产生变形而成为曲面结构的冲压件，如车内室顶盖、发动机舱盖、翼子板、挡泥板、行李舱盖、车门等，如图 1-15 所示。这类冲压件具有表面质量要求高（光滑、美观）、轮廓尺寸大、形状复杂等特点。其制造过程一般要经过落料（或剪切）、拉深、修边、冲孔、翻边等多道工序才能完成。

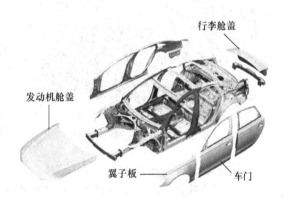

图 1-15 车身覆盖件

1）车身覆盖件的质量要求。

① 优异的表面质量。对于车身覆盖件，尤其是外覆盖件的可见表面，一般都有严格的外观装饰性要求，不允许有任何波纹、凹痕、擦伤和边缘拉痕等有损表面完美的缺陷。覆盖件上的装饰棱线和装饰筋条，要求清晰、平整、光滑、左右对称并过渡均匀。两个覆盖件的衔接处要求吻合一致，不允许参差不齐。

② 较高的尺寸精度和形状精度。车身覆盖件具有较高的轮廓尺寸、孔位尺寸、局部形状尺寸等精度要求，以保证焊装或组装时的准确性和互换性，便于实现车身冲压与焊接的自动化，保证车身外观的一致性和观赏性。

③ 良好的结构工艺性。车身覆盖件在零件形状与结构上要求具有良好的冲压成形性、焊接装配性、操作安全性和材料利用率等。覆盖件的冲压工艺性能关键是拉深成形性能的好坏。

④ 足够的刚度。覆盖件刚度不够会使汽车行驶时车身产生振动与噪声，使覆盖件提前损坏，缩短车身的使用寿命。因此，必须通过塑性变形后的加工硬化和合理结构设计来保证车身的足够刚度。

2）车身覆盖件构成类型。

① 骨架外蒙皮式。骨架外蒙皮式是指骨架外表贴焊薄钢板车身，骨架一般采用方管制造。骨架材料一般较大，外蒙皮的钢板也比较厚，因此车身的重量比较大。但是生产工艺简单、投资少，适于小规模的生产。骨架对车身造型和改型有限制，因此此类结构不适用于造型复杂的轿车，多用于外形比较简单的载货汽车和中型客车，如图1-16所示。

② 内外板组合式。内外板组合式的车身是由双层钢板组成，外侧钢板称为外板，内侧钢板

图1-16　骨架外蒙皮式

为内板。内外板中部为空心，边缘点焊连接，可提高刚度，同时节省材料和减轻重量。内外板组合式车身对拉深加工工艺要求较高，成本较高，但适用于各种复杂造型。内外板组合式车身适于大规模的生产，现代轿车基本都是采用内外板组合式结构，如图1-17、图1-18所示。

图1-17　内外板组合式轿车

图1-18　内外板组合式载货汽车驾乘室

3. 车身零部件的连接

轿车车身各覆盖件总成及骨架均由内外薄钢板组成，覆盖件外板采用表面质量好的材料，内板次之，内外板接触处为搭接，在搭接处采用点焊将两者固定连接。内外板之间为空腔结构，其目的是提高焊接刚度，同时节省材料和减小质量。

一辆轿车车身的焊点可以达到4000～5000个，一辆汽车车身上的焊点可以达到1000多个，累计焊缝长达40m以上，如图1-19所示。

在汽车车身焊装工艺中，点焊工艺处于主导地位，点焊技术的应用实现了汽车车身制造的量产化与自动化。

微课视频
车身零部件
的连接

（1）焊接布置

各个覆盖件总成之间的连接一般为搭接结构，通过点焊连接在一起。为了不破坏美观，不能将焊点暴露于车身的外表面，特别是覆盖件的表面和外露骨架的表面。

焊接具有以下特点：

1）具有隐蔽性，焊点避开视线。

2）双边搭接处形成空心柱，可提高刚度，如地板与侧围。

3）容易焊接操作，尽量在边缘搭接，必要处开工艺孔。

4）搭接宽度适中，宽度要超过一个焊点直径，并留有一定的余量，一般为15~18mm。

搭接结构是连接结构，焊点应该避开人们的视线范围，如搭接结构应设在被车门等覆盖件遮盖的位置：门框、窗框、地板等位置，覆盖件搭接结构设在雨水槽、装饰条遮盖的位置。

图1-20为轿车车身侧围与顶盖、地板的搭接。

图1-19 汽车焊装

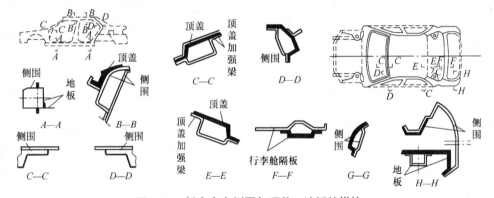

图1-20 轿车车身侧围与顶盖、地板的搭接

从图1-20 A—A可以看出，侧围与地板在车身的底部与侧围门槛中部有两处搭接。侧围门槛中部车门关闭后被遮盖住不会影响外观。搭接置于车身底部自然就避开了人们的视线，因此也不会影响外观。

地板U形结构和侧围U形结构经点焊形成两个刚度比较大的截面为矩形纵梁，从而增加了车身整体的刚度。

图1-20 B—B中，顶盖和侧围的搭接边设计在了雨水槽之中，雨水槽外边遮住了搭接边，这样既不会影响焊接，又具有隐蔽性，更不会影响外观。

图1-20 C—C和E—E在顶盖前后端下方设加强梁，既提高了顶盖的强度和刚度，又可以为安装内饰棚提供了固定螺母基础。

图1-20 H—H中，地板与侧围的搭接边向内倾斜是为了避开人们的视线，而且不影响车身下端与地面的高度。

我们可以看出，一般外板形状较为复杂，内板多为平面，比较简单。

（2）便于点焊的操作方式

搭接处一般选在两连接板料的边缘，不宜离边缘太远，主要是让焊枪更容易操作，同时减小焊枪臂长，减小焊枪的质量。

图1-21所示为轿车车身空气盒与前围板的搭接。空气盒为空心结构，刚度大，撞车时可以保护安全。

图1-22所示为轿车车身侧围与后围板的搭接，行李舱隔板和行李舱后围板设有加强板。开

设的工艺孔是给焊枪臂留出空间，焊接搭接焊点。

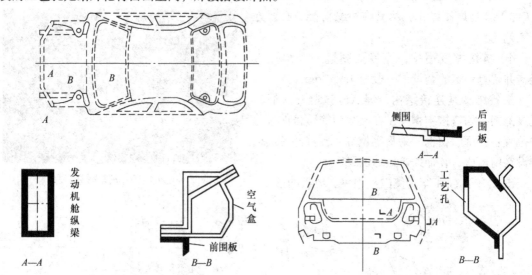

图 1-21　轿车车身空气盒与前围板的搭接　　　图 1-22　轿车车身侧围与后围板的搭接

图 1-23、图 1-24 所示为载货汽车的驾驶室部件搭接。搭接边应尽可能选在既不影响美观又容易焊接的地方。图 1-23 中 A—A 剖面，外板与顶盖内板在雨水槽下面搭接，不但容易焊接，而且不会影响外观，顶盖内板的搭接形成前窗框并被密封圈罩住。外板尽量不设焊点，尽可能选在内板或者腹板上。

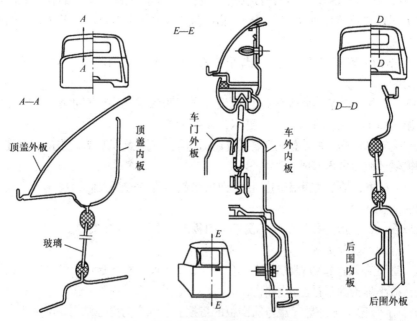

图 1-23　载货汽车驾驶室覆盖件间的搭接

因此在设计时，设计师不但考虑工艺性、节省材料，也要考虑艺术性。

（3）覆盖件包边结构

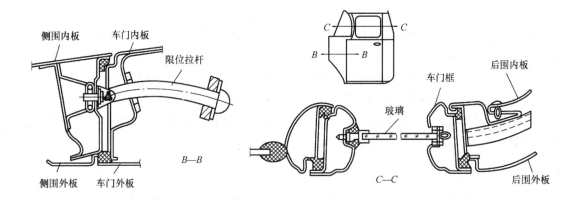

图 1-24 载货汽车驾驶室覆盖件间的搭接

包边是将板件折弯的工艺过程，作为车身覆盖件（车门内外板、发动机舱盖内外板、行李舱内外板、后背门内外板）的一种常见装配形式被广泛用于白车身焊装线，如图 1-25 所示。

它是通过塑性变形的方法将外层板件沿着内层板件的边缘折弯，从而将两层板件固定在一起。通过包边能有效地把汽车覆盖件的锐边隐藏起来，大幅提高汽车覆盖件的安全性和外观质量，而合理的包边参数能有效保证汽车车身的装配精度。

图 1-25 包边示意图

在选择汽车车身的包边工艺时，要根据车型、车的质量和生产车间的布局来决定。现在，我国的汽车制造企业一般选用压合模包边工艺。机器人滚边是一种被看好的工艺，在车身包边的过程中有巨大的优势。车身包边质量的好坏受到内板和外板质量的制约，其中压合质量和涂胶质量也对车身包边产生一定的影响，在车身包边过程中应该合理控制这些影响因素。

（4）承载式车身其他连接结构

1）固定的部件。车身地板、车顶和后侧围板等，被永久的焊接或粘接在车身上。

2）铰接的部件。车门、发动机舱盖、活动车顶等，都是可以摆动和敞开的。

3）紧固的部件。各种紧固件，如螺栓、螺母、夹子等，用于翼子板、挡泥板等部件与车身的连接，这些连接件也增加了汽车的强度。

4）粘接件。采用高强度的环氧树脂胶或特殊胶水使部件粘合到一起。

 课程育人

汽车工业历经了百年的发展，虽然由于功能性的变化，出现了较多的车型，但是截至目前汽车的整体布局未发生大的变化。在当今时代，如何改变思路，开发新的结构适应新的环境，将是年轻的从业者面临的新挑战。

1.2 认识汽车车身的精度与刚度

汽车车身精度是工程技术人员在车身生产制造过程中对累计误差的制约，是生产过程应遵循的工艺规范，是质量控制的依据。车身的实际精度体现了白车身生产线上各种工艺、工装、检测设备的技术水平。

汽车车身的刚度是车身结构的基本特性之一，在实际使用过程中，必须保证车身具有一定的刚度，以保证在工作载荷下的变形量不超过允许的范围。刚度不足时，会导致车身开口部分的变形变大，开闭部分动作失灵，车身和安装部件、部件和部件之间互相干扰，雨水和灰尘易侵入，还会成为产生振动和噪声的重要原因。

1.2.1 汽车车身精度控制方法

汽车车身的精度一般是指车身上各安装孔及型面检测点的位置度最大误差允许值。

1. 车身的三维坐标

汽车车身产品图以空间三维坐标来标注尺寸。从该坐标系的轴线出发，铺上平行于轴线的网线，该网线理论上渗入汽车内 100mm。在该网线上可以找到汽车上的所有点，可以确定汽车上的每个构件的位置，还可以借助网线进行尺寸的标注。图 1-26 所示为一般定义整车坐标系坐标。

微课视频
汽车车身精度的控制方法

在坐标系中，X 为汽车的长度方向，Y 为宽度方向，Z 为高度方向。

X 方向坐标零线——将通过汽车前轮理论中心线并垂直于高度方向零平面的平面作为长度方向坐标的基准平面。基准平面前方为负，后方为正。

Y 方向坐标零线——把汽车的纵向对称中心平面作为宽度方向坐标的基准平面。基准平面左侧为正，右侧为负。

Z 方向坐标零线——有车架的车，一般取沿车架纵梁上缘上表面平直且较长一段所在平面作为高度方向坐标的基准平面；无车架的车辆可沿车身地板下表面平直且较长一段所在平面作为高度方向坐标的基准平面。基准平面上方为正，下方为负。

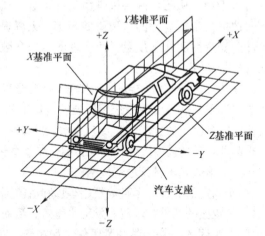

图 1-26 整车三维坐标系示意图

2. 车身精度

图 1-27、图 1-28 所示分别为车身部件间外部精度和车身部件间内部精度，车身部件间外部精度都在 1.0mm 之内，而车身部件间内部精度在 2.0mm 之内。

对装配进行控制也是保证车身尺寸精度的重要手段，在实际中，装配与三坐标的测量结果出现差异的主要原因有设计上的偏差、冲压工艺的影响、模具的质量因素以及零件存在的偏差。为了保证车身精度控制效果，应该以保证装车装配、功能满足质量标准为前提，通过实际情况，对测量公差做出合理的调整，从而保证装配效果。

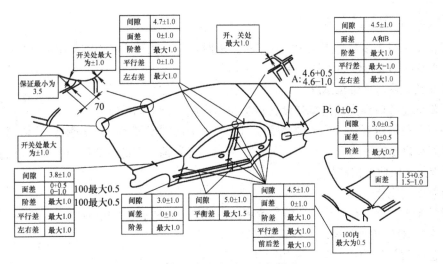

图 1-27 车身部件间外部精度

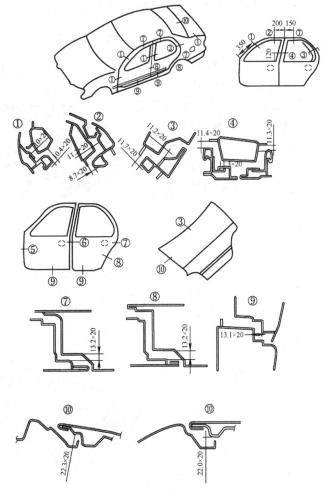

图 1-28 车身部件间内部精度

1.2.2 汽车车身刚度分析

现代轿车车身大多数采用全承载式结构，承载式车身几乎承载了轿车使用过程中的所有载荷，轿车车身的刚度特性则尤显重要。

1. 车身前、中、后部位刚度

为了降低碰撞时乘坐区的减速度，轿车在纵向应具有不同的刚度：保险杠刚度最小，前部刚度小，车头中部刚度稍大，乘坐区刚度最大，尾部刚度小。这样可在碰撞时形成折叠区，如图1-29所示，通过前、后部折叠区的缓冲作用可有效地吸收撞击能量。

2. 立柱结构刚度

一般轿车车身有三对立柱，从前往后依次为前柱（A柱）、中柱（B柱）、后柱（C柱）。对于轿车而言，立柱除了支撑作用，也起到门框的作用。立柱的刚度很大程度上决定了车身的整体刚度，因此在整个车身结构中，立柱是关键件，它要有很高的刚度。

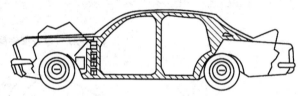

图1-29 轿车碰撞的折叠区

设计师在考虑前柱几何形状方案时还必须考虑到前柱遮挡驾驶人视线的角度问题。一般情况下，驾驶人通过前柱处的视线，双目重叠角总计为5°~6°，从驾驶人的舒适性看，重叠角越小越好，但这涉及前柱的刚度，既要有一定的几何尺寸保持前柱的高刚度，又要减少驾驶人的视线遮挡影响，这是一个矛盾。设计者必须尽量使两者平衡以取得最佳效果。沃尔沃公司推出的概念车SCC，就将前柱改为通透形式，镶嵌透明玻璃让驾驶人可以透过柱体观察外界，令视野盲点减少到最低程度，如图1-30所示。

图1-30 沃尔沃概念车SCC通透式前柱

中柱不仅要支撑车顶盖，还要承受前后车门的支撑力，在中柱上还要装置一些附加的零部件，如前排座位的安全带，有时还要布置电线线束，因此中柱大多都有外凸半径，保证更好的力传递性能。现代轿车的中柱截面形状比较复杂，由多件的冲压钢板焊接而成，随着汽车制造技术的发展，直接采用液压成形的封闭式截面中柱已经取代了焊接中柱。不但刚度大大提高，而且质量大大减小，更加有利于现代轿车的轻量化。不过，有些设计师从乘客上下车便利的方面考虑，索性把中柱给取消了，最典型的就是雪铁龙的C3轿车，如图1-31所示。车身左右两侧的中柱都被取消了，前后门对开，人们可以实现完全无障碍上下车。当然，取消中柱就要加强前柱和后柱的刚性，其车身结构必须用新的形式，材

图1-31 雪铁龙C3轿车

料选用也会有所不同。

后柱与前柱、中柱不同的一点就是不存在视线遮挡及上下车障碍等问题，因此构造尺寸大些也无妨，关键是后柱与车身的密封性要可靠。

3. 梁的结构刚度

事实上，真正在碰撞事故（正面撞击或后部追尾）中担负主要吸能作用的是前后纵梁，纵梁通过压溃变形和弯曲变形吸收碰撞能量，其中前纵梁更是要担负总碰撞能量的70%。纵梁构件的设计思路是尽可能沿着轴向压溃变形，控制弯曲变形量，从而获得满意的能量吸收效果。目前主流设计是布置与前纵梁独立的波纹管状易溃缩纵梁，图1-32所示为采用与前纵梁独立的波纹管状易溃缩的纵梁设计。

大发 TAF 结构利用车前方的纵梁与副梁将正面撞击力加以吸收，如图 1-33 所示。当发生碰撞时，发动机舱处的汽车纵梁会发生 V 形曲折，可以防止发动机等侵入驾驶人空间。

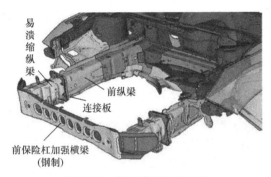

图 1-32 波纹管状纵梁结构

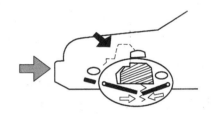

图 1-33 大发 TAF 的 V 形曲折变形乘员空间保护

车辆在行驶过程中，当被撞车或急打方向盘等原因导致翻车时，车门应不会自动开启。为了保证在翻车时乘员的生存空间，应该加强车顶纵梁及立柱，在车顶设置翻车保护杆，如图 1-34 所示。

地板总成的关键部件是门槛梁和分置在其间的横梁。横梁有防止地板折叠的作用。一般侧向要预留 100~300mm 的空间，供侧向的皱折变形之用。为了提高门槛抗弯刚度，应该尽量加大断面的尺寸。在门槛梁内增设加强板结构也是可行的，如图 1-35 所示。

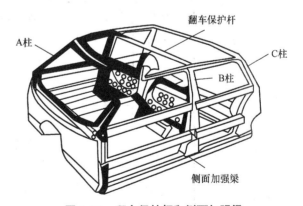

图 1-34 翻车保护杆和侧面加强梁

最后，不得不提及一下，一个虽然不能在车辆碰撞中发挥重大作用，但是却对行人和车辆保护非常有利的组件：缓冲材料。一般来说，大多数新款车型都会在前后保险杠加强横梁与保险杠外壳之间安装泡沫材料，不少人将其与松软的包装泡沫混为一谈，事实上，此处采用的泡沫材料非常致密，并不容易变形，如图 1-36 所示。

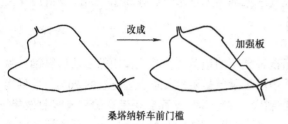
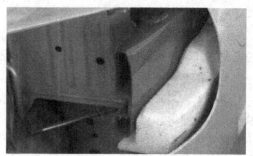

图 1-35　桑塔纳门槛增设加强板　　　　图 1-36　填充的泡沫材料

4. 覆盖件结构刚度

汽车覆盖件刚度是反映其使用性能及安全性能的重要指标之一，刚度达到要求，则汽车在行驶过程中，在外部静态载荷或在振动作用下，汽车覆盖件不至于产生振动或塌陷。如果刚度不足，不仅会造成产品形状的精度较差，组装后容易变形，而且还会产生噪声，影响乘员健康，降低汽车的使用寿命。

发动机舱盖的设计应该保证车辆在碰撞的时候吸收碰撞能量，要保证在发生碰撞时，发动机舱盖发生变形，薄弱环节发生弯折，防止发动机舱盖在发生碰撞时对人员造成伤害，因此发动机舱盖可以设计成如图1-37所示。薄弱环节在汽车发生碰撞的时候就会发生弯折，这样就不会对乘坐人员造成伤害。

图 1-37　发动机舱盖

为了保证行李舱盖在制造、运输、使用过程中不会有太大的变形和损坏，行李舱盖的设计需要满足一定的刚度值，但是也要保证汽车在发生追尾时行李舱盖板能够弯折，从而可以吸收碰撞能量，图 1-38 所示的行李舱结构改进，加强了行李舱盖板垂直边长度容易弯折，又降低后围高度，方便取货。

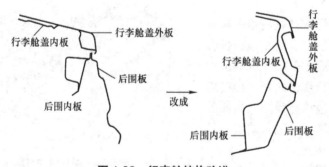

图 1-38　行李舱结构改进

桑塔纳车顶侧面梁结构进行改进如图1-39所示。这样做既提高车顶刚度，改进了工艺，减少了两条焊缝，顶盖尺寸变小；又节省了材料，使外表更加的美观。发生碰撞时，轮罩要吸收30%的撞击能量，因此应该注意它和地板、纵梁间的连接。

防腐也是保持刚度的措施。汽车车身防腐的基本方法是用涂装。到目前为止，涂装方法主要有浸涂、喷涂、刷涂、辊涂、电泳涂装、刮涂、静电喷涂、搓涂等八种，其中电泳涂装、喷涂、静电喷涂和刮涂在汽车涂装中应用较多。汽车经过涂装后，不但可使车身具有靓丽的外观，而且还可使车身耐腐蚀，从而提高汽车的商品价值和使用价值。汽车涂装具有保护、装饰、特殊标识等作用。

车身的某些部件不能上面漆，可以采用镀锌或双面镀锌钢板来防止腐蚀，比如翼子板、车顶盖等。

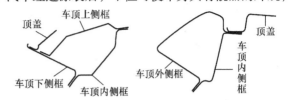

图1-39 桑塔纳车顶侧面梁结构改进

课程育人

"量化"是工业品合格与否的判定依据，特别是大批量的汽车产品的生产，如何进行过程控制，确保产品的一致性和精确性是规模化工业生产的灵魂。

项目 2
汽车车身材料

任务描述

从汽车诞生之日开始，人类不断尝试使用各种材料制造车身，车身的功能要求车身本体所采用的材料既能够有效地支撑出空间，同时又能安装部件和承受载荷。汽车在使用过程中要保证安全性，因此要求足够的刚度和强度，为了便于操控和降低能耗，车身应该尽可能重量轻。汽车车身材料的发展趋势又是什么呢？

学习目标

1. 能够正确认识车身材料的分类。
2. 能够正确认识车用钢板的分类。
3. 能够正确认识金属塑性变形的基本理论。
4. 能够正确认识汽车车身金属材料的力学性能。
5. 能够正确认识汽车车身材料的选择与发展趋势。

项目 2 汽车车身材料

知识与技能点清单

序号	学习目标	知识点	技能点
1	能够正确认识车身材料的分类	1. 金属材料 2. 非金属材料 3. 复合材料	能够正确识别车身各部位使用的材料
2	能够正确认识车用钢板的分类	车用钢板的分类	能够正确识别车用钢板
3	能够正确认识金属塑性变形的基本理论	1. 金属塑性变形的机理 2. 金属塑性变形的受力状态 3. 塑性变形的应力和应变 4. 塑性变形的基本定律	能够正确描述金属塑性变形的基本理论
4	能够正确了解汽车车身金属材料的力学性能	1. 常用的力学性能 2. 金属板料力学性能	能够正确描述汽车车身金属材料的力学性能
5	能够正确认识汽车车身材料的选择与发展趋势	1. 车身材料选择的原则和步骤 2. 汽车材料的发展趋势	能够正确描述汽车车身材料的选择与发展趋势

学习信息

2.1 车身材料的分类

车身材料对汽车车身而言相当重要，它不仅直接影响汽车的总重，从而对汽车行驶性能产生影响；而且还影响着汽车的安全性、舒适性（噪声控制、内饰材料）、工艺性（拉延性、焊接性能）、寿命（刚度与强度）以及外观的耐用性与观赏性。因此，车身材料在满足车身的设计、生产、制造、装配等方面要求的同时，还要满足使用、维护等方面的要求。

微课视频
车身材料的分类

车身使用的材料大概分为三类：金属材料、非金属材料、复合材料。

1. 金属材料

汽车制造使用的钢材主要以钢板材为主，所用板材的厚度根据车身不同部位强度的需要可不同。其中，车身外部板件常使用 0.5~1.2mm 厚的板材，车架等车身结构件多使用 2~5mm 厚的板材。某些重型车辆的车架使用厚度达 8mm 的钢板。车身使用的钢板根据制造方法可以分为冷成型钢和热成型钢两类。冷成型钢大都使用在汽车车身、机械零件等表面平滑美观的构件上，热成型钢主要用于车身上较厚板件的制作，如车架、骨架和梁等构件。汽车车身上使用铝板、铝合金等之类的轻金属材料越来越多，其所占汽车自重的比例也越来越高了。图 2-1 为汽车车身金属材料示意图。

2. 非金属材料

在汽车制造中,一直都以金属材料为主。但是非金属材料的原料来源广泛,成型工艺简单,并具有金属材料所不及的某些特殊性能,能满足某些汽车零部件的特殊要求。特别是近年来,随着非金属材料的迅猛发展和汽车轻量化的要求,非金属材料已越来越多地应用在汽车上。车身用非金属材料包括塑料、橡胶、玻璃、树脂等,如图2-2、图2-3所示。近年来非金属材料使用在车身上的比重明显提高。

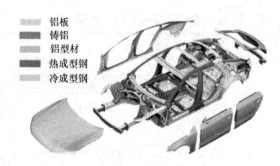

图2-1 汽车车身金属材料示意图

图2-2 汽车塑料保险杠

3. 复合材料

复合材料是由两种或两种以上化学本质不同的组分经人工合成的材料,结构为多相,一类组成相为基体,起粘接作用;另外一类组成相为增强相,用来增强材料的力学性能和提高材料的比强度、比刚度等。

复合材料在汽车上使用得越来越多,车身外板零件如挡泥板、发动机舱盖、车顶盖、保险杠、行李舱盖等,车身内零件如变速杆、发动机罩、侧门框装饰、风窗窗框等都采用复合材料制成,如图2-4所示。

图2-3 汽车玻璃

复合材料车身顶盖

克莱斯勒CCV复合材料车身

保时捷的碳纤维发动机舱盖

图2-4 复合材料在汽车中的应用

课程育人

材料是工业生产的基础，功能型材料甚至可以带来划时代的进步，汽车工业的发展需要新型材料来满足新的功能和环境要求，因此新的从业者们也需要关注新材料的开发及应用，推进技术创新。

2.2 车身钢板材料的分类

为充分利用钢板材料的性能，对于不同的零件，应该选择合适的板材。我国对钢板材料有以下几种分类方式：

1. 按照品质分类

按照钢的品质来分类，常用的冲压用钢板有优质碳素钢、普通的碳素钢，以及具有较高冲压性能、汽车专用的低合金刚强度钢板。

汽车冲压中应用比较多的优质碳素结构钢板的牌号见表2-1。

表2-1 优质碳素结构钢板的牌号

类型	牌号
沸腾钢	05F、08F、10F、15F、20F
镇静钢	08、10、15、20、30
半镇静钢	08b

用来制造汽车受力零件，如汽车车架、汽车保险杠骨架等的专用钢板牌号有09Mn、16Mn、06Ti、10Ti 等。

2. 按照表面质量分类

按照钢板的表面质量分类见表2-2。

表2-2 钢板的表面质量分类

代号	表面质量
Ⅰ	高级精整表面
Ⅱ	较高级精整表面
Ⅲ	普通级精整表面

3. 按照拉深级别分类

如按照冷轧钢板的拉深级别分类代号见表2-3。

表2-3 冷轧钢板的拉深级别代号

厚度/mm	< 2
普通拉深级	P
深拉深级	S
最深拉深级	Z

4. 按尺寸精度分类

按钢板的尺寸精度或厚度误差分：A—高度精度、B—较高度精度、C——般精度。深冲压用冷轧钢板分 A、B 两级，优质钢板分 A、B、C 三级，普通钢板分 B、C 两级。

板料常见的规格有 710mm×1420mm，1000mm×2000mm；另外还有专门定制规格的待料。

> **课程育人**
>
> 在材料的牌号方面，各国基本都有各自的标准，国际化材料供应是目前的主流，因而需要年轻的从业者们在了解国内标准的同时，更要放眼世界。

2.3 金属塑性变形的基本理论

不同的金属材料有着不同的力学性能；同一种金属材料，在不同的条件下力学性能也是不同的。

2.3.1 金属塑性变形的机理

金属材料的性能是由这些金属的化学成分和内部的结构所决定的，想要了解金属的性能，就必须首先了解金属内部的组织结构。

1. 晶体结构的概念

内部粒子有规则排列聚合的固态物质被称为晶体，人们通常在讨论晶体结构时，常常把构成晶体的原子看成一个固定的小球，这些原子小球按照一定的几何形式在空间紧密地堆积在一起，如图 2-5a 所示。

微课视频
汽车材料金属变形机理

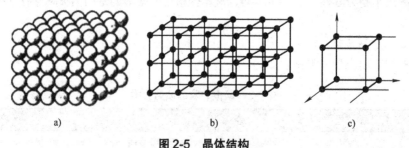

图 2-5 晶体结构

a）晶体中的原子排列 b）晶格 c）晶胞

为了方便分析晶体中原子排列的情况，用假象的几何线条将各个质点相互连接起来，形成一个三维空间格架，每个原子的中心就处在空间格架的节点上。这种用于描述原子在晶体中排列方式的空间格架称为晶格，如图 2-5b 所示。由于晶体中原子排列的规律性可以从晶体中提取能够完全代表晶格结构特征的最基本的几何单元，称为晶胞，如图 2-5c 所示。

2. 单晶体的塑性变形

晶体只有在切向力作用下才会发生塑性变形。单晶体塑性变形的主要方式为滑移，是晶体的一部分相对于另一部分，沿着一定的晶面产生滑动。当单晶体受到切向力的作用时，从未变形的状态（图 2-6a）开始倾斜变形（图 2-6b），但是这时的变形是弹性变形，在消除切向力后，仍然可以恢复原状；如果继续增大切向力，就会发生倾斜直至晶胞之间发生滑移，即弹塑性变形（图2-6c）；这时消除切向力，弹性变形可以恢复，但晶胞之间发生的滑移是不能恢复到初始位置的，发生了塑性变形，如图2-6d所示。单晶体塑性变形的主要方式就是滑移与孪生。

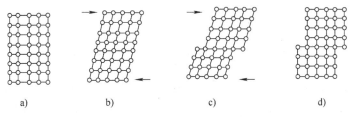

图2-6　单晶体滑移变形示意图

a）未变形　b）弹性变形　c）弹塑性变形　d）塑性变形

3. 多晶体的塑性变形

多晶体的塑性变形的基本方式也是滑移和孪生，但是多晶体是由许多形状、大小、晶格位向各不相同的晶粒组成。这就使得多晶体在变形的过程中增加了若干复杂的因素，具有区别于单晶体变形的一些特点：

1）多晶体的塑性变形受到晶界的阻碍和位向不同的晶粒的影响。

2）任何一个晶体的塑性变形都不是处于独立的自由变形状态，需要周围的晶粒同时发生相适应的变形来配合，以保持晶粒之间的结合与整个物体的连续性。

随着晶内滑移的进行，滑移的阻力不断增大。与此同时，晶体排列位向不适于产生滑移的晶粒将发生滑动和转动，使自己的排列位向适用于产生滑移，而逐渐开始滑移。逐批进行的晶内滑移与晶粒的转动构成了多晶体的塑性变形，如图2-7所示。多晶体塑性变形时的特点是各个晶体变形不均匀、变形抗力大、晶粒间产生移动。

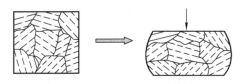

图2-7　多晶体的塑性变形

金属晶粒越细小，变形抗力就越大，塑性也越好。晶粒越细，在一定体积内的晶粒数目越多，变形较均匀，减少了局部应力集中的程度，在同样变形量下，变形分散在更多的晶粒内进行，推迟了裂纹的形成和发展，使金属在断裂之前可得到较大的塑性变形量，提高了金属的塑性。

4. 塑性变形后金属的组织与性能

金属在力的作用下，随着外形的变化，内部的晶粒形状也会发生相应的变化。随着金属外形的压扁或拉长，内部的晶粒也会被压扁或拉长，一般大致与金属外形的改变成比例。当变形量很大时，各晶粒将会被拉长成为细条状或纤维状，晶界也变得模糊不清。此时，金属的性能也将会具有明显的方向性，纵向上的塑性、韧性提高，而横向上的降低，出现各向异性。具有这种特点的组织通常叫做"纤维组织"，如图2-8所示。纤维组织的稳定性非常高，不能用热处理的方法加以消除，只有经过塑性变形，才能改变其分布和方向。

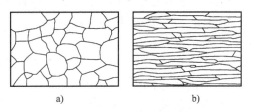

图2-8　金属塑性变形后纤维组织

a）变形前　b）变形后

在压力加工生产中应合理利用纤维组织。在设计和制造零件时，应使零件在工作中所受最大正应力方向和纤维方向重合；最大切应力方向和纤维方向垂直，并使纤维分布和零件的轮廓相符合，尽量不要被切断。

2.3.2 金属塑性变形的受力状态

研究金属材料受外力时的变形情况应该从点的应力与应变状态入手。

1. 点的应力状态

在受力变形的物体内部任取一个微元六面单元体，该单元体上的应力状态沿着六面体的三个空间坐标系可分解为九个应力分量，包括六个剪应力与三个正应力，如图2-9a所示。

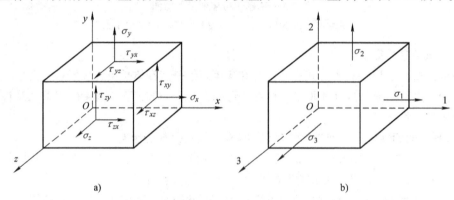

图2-9 点的应力状态
a）任意坐标系 b）主轴坐标系

由于单元体处于静力平衡状态，故单元体各轴的合力矩为零，可以得出互相垂直平面上的剪应力相等，$\tau_{yz}=\tau_{zy}$，$\tau_{zx}=\tau_{xz}$，$\tau_{xy}=\tau_{yx}$。

2. 点的主应力

由于坐标系所取的方位不一样，这六个应力与分量的大小也不相同。对任何一种应力状态，总存在某一方位的坐标系，使得单元体各表面上只有正应力，没有剪应力。如图2-8b所示。三个坐标轴的方向就称为主方向，三个坐标轴就称为主轴，三个正应力就叫主应力，一般按照代数值的大小依次为 σ_1、σ_2、σ_3，即 $\sigma_1 \geq \sigma_2 \geq \sigma_3$。除了主平面没有剪应力之外，单元体上其他方向上都存在剪应力，和主平面形成45°截面上的剪应力达到极值时，称之为主剪应力。$\sigma_1 \geq \sigma_2 \geq \sigma_3$ 时，最大的剪应力为 $\tau_{max} = |(\sigma_1-\sigma_3)/2|$，最大剪应力和材料塑性变形关系很大。

一般情况下单元体的三个主方向都有主应力存在，称为三向应力状态。若三个主应力中有一个为零，只在一个平面内有应力，称为平面应力状态。若三个主应力中有两个为零，只在一个方向有应力，称为单向应力状态。

3. 点的主应变

应力产生应变，应变也具有和应力相对应的表现形式，存在应变主轴使单元体各表面上剪应变为零，沿着应变主轴方向上的正应变称之为主应变。主应变有三个，分别为 ε_1、ε_2、ε_3，按照代数值排列 $\varepsilon_1 \geq \varepsilon_2 \geq \varepsilon_3$，点的主应变状态如图2-10所示。

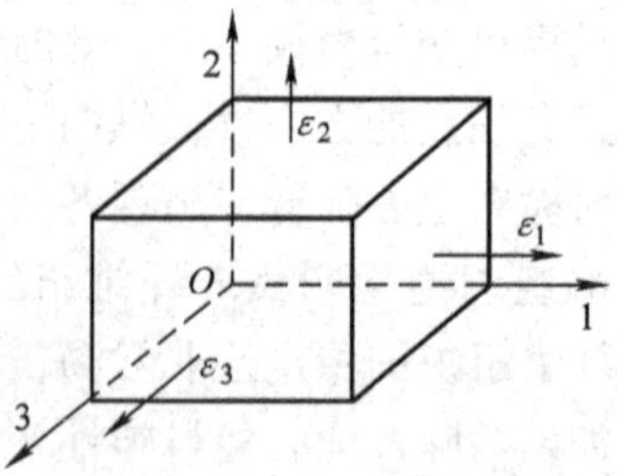

图2-10 点的主应变状态

2.3.3 塑性变形时应力和应变的关系

1. 应力与应变

金属材料是一种具有弹性、塑性的材料，在变形的作用力下，既可以产生弹性的变形，又可以从弹性变形发展到塑性变形。静载拉伸实验是最基本的金属力学性能试验方法，图2-11a、图2-11b分别为应力-应变曲线图和退火低碳钢的载荷-伸长曲线图，这两张图虽然在形状上是相似的，但是纵横坐标的量和单位都不相似。退火低碳钢拉伸时力学影响大概分为塑性变形、弹性变形、断裂三个阶段。

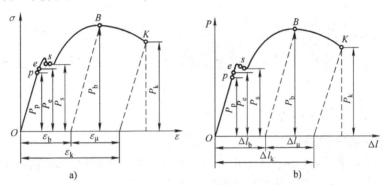

图2-11 退火低碳钢拉伸曲线示意图
a）应力-应变曲线图 b）载荷-伸长曲线图

在图2-11中，在 e 点以下，卸载后试样立即完全恢复原形状。特别是在 p 点以下，应力与应变之间和载荷与伸长量之间都是成正比，为线弹性变形，表现为主应力 σ 和正应变 ε 成正比，有

$$\sigma = E\varepsilon$$

这个公式就是胡克定律，公式中比例系数 E 为正弹性模量（简称为弹性模量，又可以称为杨氏模量）。其几何意义为应力-应变曲线上直线段的斜率，物理意义是产生100%弹性变形所需要的应力，单位和应力相同。从 e 点到 K 点在任意一点卸载，试样都会保留一部分的残余变形，为塑性变形阶段。

2. 真实应力和真实应变概念

（1）真实应力

应力指的是单位面积上的内力，单向拉伸试验过程中，试件横截面上的拉应力有两种计算方法，第一种就是不考虑横截面积的变化（F_0 表示试样的初始解面积），公式如下：

$$\sigma_0 = \frac{P}{F_0}$$

通过此公式得到的结果 σ_0 叫做条件应力，只有当变形不大的时候才能用这个公式近似计算。第二种就是考虑横截面积的变化，在拉伸的过程中，试件的横截面会明显的缩小，如果仍然按照 F_0 计算的话就会出现明显误差，就必须要按照每瞬间的实际横截面积 F 来计算应力，公式如下：

$$\sigma = \frac{P}{F}$$

通过这个公式计算得到的结果 σ 就叫做真实应力。习惯上常常将用真实应力表示的每一瞬间的实际屈服应力直接成为该瞬间的真实应力，它反映了材料的塑性变形抗力。

（2）真实应变

塑性变形的拉深过程，某个瞬间的真实应变为

$$d\varepsilon = \frac{dl}{l}$$

当试样从 l_0 拉伸到 l_1 时，总的真实应变为

$$\varepsilon = \int_{l_0}^{l_1} \frac{dl}{l} = \ln \frac{l_1}{l_0}$$

式中　dl——瞬时长度改变量；

　　　l——试样的瞬时长度。

真实应变在正确反映瞬间变形的基础上，真实地反映了塑性变形的累积过程。因而得到了广泛的应用。

2.3.4　塑性变形的基本定律

1. 塑性变形体积不变定律

金属塑性变形后的体积与塑性变形前的体积相同，这就是塑性变形体积不变定律，塑性变形时物体主要发生形状的改变，体积变化很小，因而认为

$$\varepsilon_1 + \varepsilon_2 + \varepsilon_3 = 0$$

它反映了三个主应变值之间的相互关系。根据体积不变的定律可知：塑性变形时只可能有三向应变状态和平面应变状态，不可能有单向应变状态。在平面应变状态时，如 $\varepsilon_2=0$，则另外两个的应变绝对值肯定相等，且符号相反（$\varepsilon_1 = -\varepsilon_3$）。人们在计算坯料尺寸时，经常依据体积不变定律来计算。

2. 最小阻力定律

塑性变形时，变形体内质点间或局部区域间的相对位移，以及变形工具与坯料间的相对位移都称为金属流动。变形体内任一质点或微小区域的流动总是沿着阻力最小的方向进行。这规律称之为最小阻力定律。因而，可以设计冲压时冲压力的施加方式及金属的流动方向。

3. 塑性和变形抗力

塑性指固体材料在外力作用下，产生永久变形而不被破坏的能力。用做冲压成形的材料总希望其塑性要好。在一定的加载条件和一定的变形温度、变形速度条件下，塑性变形时，抵抗塑性变形的力称为变形抗力。金属的塑性变形抗力取决于其化学成分和组织结构，并受到变形温度、变形速度及变形程度等条件的影响。

在相同的变形条件下。不同的金属其塑性也不相同；而相同的金属在不同的变形条件下，其塑性不相同，变形抗力也不相同。

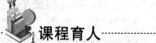

知其然，还需知其所以然。材料的变化遵循一定的机理，在应用材料时必须按照材料固有的特性开展工作。但是，部分变形原理是基于常温条件下获得的结论，如果能够处于新的环境，材料是否可以表现出新的特性呢？需要广大的从业者思考。

2.4 车身金属材料的力学性能

金属的力学性能是指金属材料受到各种不同性质的载荷（外力）作用时，所表现出的抵抗变形或不破坏的能力。金属材料的力学性能是进行零件设计和选材时的主要依据。外载性质不同，例如拉伸、压缩、扭转、冲击和循环载荷等，对金属材料要求的力学性能也将不同。

力学性能的术语和符号在新、旧标准中的对照见表2-4。

表2-4　力学性能的术语和符号在新、旧标准中的对照

GB/T228—2010（新国标）		GB/T228—1987（旧国标）	
术语	符号	术语	符号
断面收缩率	Z	断面收缩率	Ψ
断后伸长率	A	断后伸长率	δ
应力	R	应力	σ
屈服强度	—	屈服强度	σ_s
上屈服强度	R_{eH}	上屈服强度	σ_{sU}
下屈服强度	R_{eL}	上屈服强度	σ_{sL}
规定残余延伸强度	R_r	规定残余延伸强度	σ_r
规定非比例延伸强度	R_p	规定非比例延伸强度	σ_p
抗拉强度	R_m	抗拉强度	σ_b
弹性极限	R_e	弹性极限	σ_e
冲击吸收能量	K（KV，KU）	冲击吸收能量	A_K（A_{KU}，A_{KV}）

1. 常用的力学性能

常用的力学性能包括强度、塑性、硬度、冲击韧性和疲劳强度等。

（1）强度

强度是指金属材料在静载荷的作用下，抵抗永久变形和破坏的能力。抵抗能力越大，强度越高；抵抗能力越小，强度越低。实际应用中最为广泛是抗拉强度。抗拉强度与其他强度有一定的关系，通过抗拉强度就可以近似地预测其他强度指标。测量金属材料强度指标最普遍、最简单的方法是拉伸试验法，如图2-12、图2-13所示。

图2-12　金属材料拉伸试验

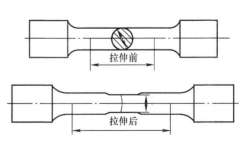

图2-13　抗拉强度试验

（2）塑性

金属材料在外力作用下，发生不能恢复原状的变形（产生永久变形）成为塑性变形。产生塑性变形而不断裂的性能成为塑性。塑性大小用断后伸长率和断面收缩率表示。

① 断后伸长率：指在拉伸试验中，试件拉断后，标距的伸长与原始标距的百分比，用符号 A 表示。其计算公式为

$$A = \frac{l_u - l_0}{l_0} \times 100\%$$

式中　A——断后伸长率，%；

　　　l_0——试样的原始标距，mm；

　　　l_u——试样拉断后的标距，mm。

② 断面收缩率：指试样拉断后，缩颈处截面积的最大缩减与原横断面面积的半分比，用符号 Z 表示：

$$Z = \frac{S_0 - S_u}{S_0} \times 100\%$$

式中　Z——断面收缩率；

　　　S_0——试样原始横截面积，mm^2；

　　　S_u——试样拉断后缩颈处的横截面积，mm^2。

金属材料的断后伸长率和断面收缩率数值越大，材料的塑性越好。塑性好的金属可以发生大量塑性变形而不破坏，便于通过各种压力加工获得复杂形状的零件。塑性好的材料，在受力过大时，首先产生塑性变形而不会发生突然断裂，因此比较安全。

（3）硬度

硬度是指材料抵抗局部变形，特别是塑性变形、压痕或划痕的能力。它反映金属材料抵抗比他更硬物体压入其表面的能力。

在金属材料的力学性能中，硬度是应用最广泛的指标之一，通常以布氏硬度（HB）、洛氏硬度（HR）和维氏硬度（HV）等参数来表示。对于各种切削刀具、量具和要求耐磨的零件，硬度是衡量其质量和使用寿命的依据。

1）布氏硬度（HB）。布氏硬度的测定是在布氏硬度试验机上进行的，其原理如图 2-14 所示。用直径为 D 的淬火钢球或硬质合金压头，以相应的实验力 F 压入金属表面后，保持规定时间后卸除主实验力，以测量的压痕直径来计算布氏硬度值。

布氏硬度试验能较准确地反映金属材料的平均性能。其优点是数据准确、稳定、重复性强，具有较高的测量精度。缺点是操作时间长，对不同材料需要不同的压头和实验力，压痕测量费时；进行高硬度材料实验时，球体本身变形会使测量结果不准确。布氏硬度适用于测定灰铸铁、有色金属等硬度不是很高的材料，不适宜测量成品及薄件。

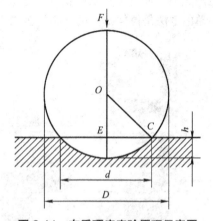

图 2-14　布氏硬度实验原理示意图

2）洛氏硬度（HR）。洛氏硬度试验采用金刚石圆锥体或淬火钢球压头，压入金属表面后，保持规定时间后卸除主实验力，以测量的压痕深度来计算洛氏硬质值，如图 2-15 所示。

洛氏硬度试验的优点是操作迅速、简便；可测量成品及较薄的工件；测量硬度值范围大。其缺点是试验资料不稳定。对铸铁等均匀性较差的材料不宜采用。主要适用于测定的硬度；铜、铝等有色金属及其合金；硬质合金；表面淬火、渗碳件；退火、正火和淬火钢件。

3) 维氏硬度（HV）。为了更准确地测量金属零件的表面硬度或测量硬度很高的零件，常采用维氏硬度。维氏硬度的测试原理和布氏硬度的测试原理基本相同，如图 2-16 所示。

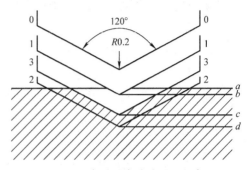

图 2-15 洛氏硬度试验原理示意图

维氏硬度因试验时所加的试验力小，压入深度较浅，故可测量较薄的材料；也可测量表面渗碳、渗氮层的硬度。因维氏硬度值其有连续性（10~1000HV），故可测定从很软到很硬的各种金属材料的硬度，且准确度高。维氏硬度试验的缺点是测量压痕对角线的长度较麻烦；压痕小，对试件表面质量要求较高。

（4）冲击韧性

许多机械零件和工具在工作中，往往要受到冲击载荷的作用，如活塞销、锤杆、冲裁模和锻模等。因此，材料在使用过程中除要求足够的强度和塑性外，还要求有足够的韧度。所谓韧度，是指材料在塑性变形和断裂过程中吸收能量的能力。韧度好的材料在使用过程中不至于产生突然的脆性断裂，从而保证零件的安全性。

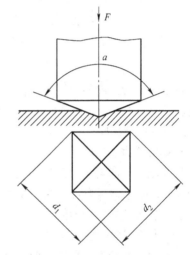

图 2-16 维氏硬度试验原理示意图

目前常用一次摆锤冲击弯曲试验来测定金属材料的冲击韧性，试验原理如图 2-17 所示。

当材料承受的载荷是小能量、多次冲击时，如果冲击能量低、冲击次数较多，则材料的冲击韧性主要取决于材料强度，材料强度越高，则冲击韧性越好。如果冲击能量大、冲击次数较少，则冲击韧性主要取决于材料塑性，材料塑性越高，则冲击韧性越好。冲击韧性值一般只作为设计和选材的参考。

（5）疲劳强度

零件在工作时，通常会受到一种大小、方向随时间发生周期性变化的负荷作用，这种负荷称为交变负荷。零件在交变负荷作用下，发生断裂时的应力远低于该材料的强度极限，甚至低于屈服极限，这种现象称为金属的疲劳，由此引起的

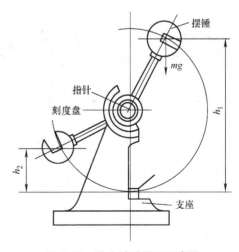

图 2-17 冲击试验原理示意图

断裂称为疲劳断裂。材料抗疲劳断裂的能力叫疲劳强度。

测定材料的疲劳强度时，要用较多的试件，在不同交变载荷下进行试验，做出疲劳曲线，如图2-18所示。

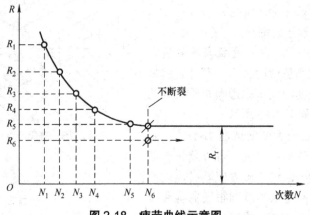

图2-18 疲劳曲线示意图

影响金属疲劳强度的因素有很多。其中主要是材料的化学成分、显微组织、使用温度、表面质量、残余应力等。改善零件的结构形式、降低零件表面粗糙度及采取各种表面强化的方法，都能提高零件疲劳强度。

2. 金属板料力学性能

车身冲压件有两类：一类是形状复杂但受力不大的冲压件，比如汽车驾驶室覆盖件和一些机器的外壳，要求钢板有良好的冲压性能和表面质量，多采用冷轧深冲低碳薄钢板；另一类是形状比较复杂而且受力较大的冲压件，例如汽车车架，要求钢板既有良好的冲压性能，又有一定的强度，多选用冲压性能好的热轧低合金或碳素厚钢板。

金属的冲压是利用金属塑性变形特性，因此掌握塑性变形的基本知识，可正确判断应力应变状态，分析工件成形状况，合理设计工艺；也助于分析产品质量问题，改进工艺。表2-5列出了主要金属板料力学性能。

表2-5 金属板料力学性能

性能名称	表示符号	性能特点及意义
屈服极限	σ_s	σ_s小，材料容易屈服，变形抗力小，产生相同变形所需变形力就小。σ_s小，当压缩变形时，因易于变形而不易起皱。对弯曲变形而言，弯曲变形后回弹小，即贴膜性和定形性好
屈强比	σ_s/σ_b	屈强比小，σ_s小、σ_b大，容易产生塑性变形不易破裂，有较大的变形区间，有利于产生塑性变形。尤其是对压缩类变形中的压延变形，从产生屈服到拉裂有较大的塑性变形区间。当变形抗力小而强度高时，变形区材料易于变形不易起皱，而传力区材料又有较高强度而不易出现拉裂，有利于提高拉深变形程度
伸长率	A	A表示板料产生均匀、稳定塑性变形的能力，直接决定板料在伸长类变形中的冲压成形性能，是翻孔或扩孔成形性能的最主要参数

（续）

性能名称	表示符号	性能特点及意义
硬化指数	n	n 值表示材料在塑性中的硬化程度，n 值大材料硬化严重，真实应力增加大，拉深时变形过程不均，出现集中缩颈变形被拉断。但伸长类胀形变形，值大则使变形均匀，变薄减小，厚度分布均匀且表面质量好，增加了极限变形程度，零件不易产生裂纹
厚向异性系数	r	厚向异性系数是指单向拉深试样宽度应变和厚度应变的比值 $r = \varepsilon_b/\varepsilon_t$ 表示板料在厚度方向上的变形能力，r 越大，在拉深过程中越不容易产生变薄和破裂，拉深成形性能越好。r 值大，表示板料越不易在厚度方向上产生变形，可减少起皱的可能性，而板料受拉处厚度不易变薄，又使拉深不易出现裂纹，因此，r 值越大，越有助于提高拉深变形程度
平面各向异性系数	Δr	板平面各向异性系数是用纵向试样的厚向异性系数 r_0、横向试样的厚向异性系数 r_{90}、与轧制方向成 45° 厚向异性系数 r_{45} 三者代数和的一半表示，即 $\Delta r = (r + r_{90} + r_{45})/2$；$\Delta r$ 越大，板面内各向异性越严重，拉深时越易使零件端部不平整

课程育人

实验是科研的基础，特别是针对材料在不同的环境下会表现出不同的性能这一特征，为了保证严谨的制造过程得以实施，获得质量稳定一致的产品，需要生产与实验验证同步进行。

2.5 车身材料的选择与发展趋势

近年来，人们对汽车车身要求开始提高，车身的轻量化、车主需求的多样化、材料工艺的复杂化、配件性能的高标准化、低碳减排节能化以及材料的供求问题，都致使汽车车身材料发展的形势变得越来越复杂。

2.5.1 车身材料选择的原则和步骤

车身材料的选择一般要考虑材料成本、成形难易、制造成本、生产效率、焊装难易、回收和环保等问题。

1. 车身材料选择的原则

对承载件要满足强度、刚度、韧性的要求；对外覆盖件，要满足美观、耐腐蚀、易涂漆、抗冲击、易修复、防雷击（低导电性）、隔声、隔热、密封性好的要求；对寒冷或高热地区使用的车辆，还必须具备低导热性、低热膨胀系数、抗高温老化和低温脆断等；对非承载、形状复杂的零件要满足成形性要求；对于冲击吸能区零件（如保险杠外罩、横梁、前纵梁、车门、仪表板、头枕等），则要有很好的吸能特性。从节能与环保角度，所有材料最好都要有较低的密度，以减轻车身质量。

对于不同载荷类型（如弯曲、扭转、拉深、压缩、剪切），需要利用材料的不同力学特性，并综合考虑合理的结构设计，使材料发挥最大效益而不增加车身质量，实现轻量化设计。

2. 车身材料选择的步骤

1）根据设计要求建立材料优化模型。描述"功能""约束""目标""自由变量"。

2）用"约束"条件进行筛查，去掉不合适的材料。
3）用"目标"对经过筛查的材料进行排序，找到最优。
4）寻求支撑信息，对排序在前的候选材料的详细牌号进行研究。
5）选出最终材料。

2.5.2 汽车材料的发展趋势

近年来，汽车轻量化是汽车产业发展的重要方向之一，有效地减轻汽车自身的重量是实现汽车节能减排最直接有效的办法。试验研究发现，汽车自身减重10%可节省6%~8%的燃油，尾气排放量减少4%~10%，同时轻量化对新能源汽车的续驶里程也有影响，减重10%可使单次充电续驶里程增加5.5%。轻量化新材料的减重作用见表2-6。

表2-6 轻量化新材料的减重作用

序号	轻量化材料	被代替材料	减重效果	相对成本
1	塑料	钢	45%	0.6
2	高强度钢	碳素钢	10%	1
3	铝	钢、铸铁	40%~60%	1.3~2
4	镁	钢、铸铁	60%~75%	1.5~2.5
5	镁	铝	25%~35%	1~1.5
6	玻璃纤维增强材料	钢	25%~35%	1~1.5

1. 铝合金

铝合金在汽车中的用量已超过铸铁，成为仅次于钢的第二大汽车材料。铝合金是最重要的结构金属之一，在相同强度、刚度条件下使用铝合金替换传统钢板，可以实现自身减重40%~50%，在相同的应力下，铝合金比钢具有更大的应变，在相同的碰撞过程中，可以吸收更大的能量。同时铝材具有很好的可再生性，近90%的汽车用铝可得到循环利用，铝合金优异的成形性、防腐性能、高导热和高导电性使其成为汽车轻量化中最具使用前景的金属。

目前汽车车身用铝合金零件主要有铸造连接件、覆盖件、挤压型材骨架结构件、液压成形板材覆盖件和管材结构件等。例如奥迪公司新推出的奥迪A8全铝车身框架结构（ASF），如图2-19所示。

此车创造性地将钢和铝两种材质合为一体，车身框架零件由50多个减少到29个，车身静态扭转度提高40%，由于铝材的吸能性好，汽车前部的变形区在碰撞时能吸收大量的冲击力，从而保护了后面的乘坐区。由于在碰撞时产生的动能减小，也能相应地降低冲击力，无论是灵活性、安全性和平稳性均表现出色。

图2-19 奥迪A8全铝车身

随着汽车进一步的发展，铝合金的使用量会进一步的增加。新型铝合金，如快速凝固铝合金、TiAl 金属间化合物、铝复合材料、铝基粉末冶金材料等也逐步应用到汽车上。

2. 镁合金

镁合金是比铝更轻的金属材料，密度只有铝的 2/3，钢的 1/4。与铝合金相比，镁合金的发展应用还是很有限的，但是在轻量化的驱动下，镁合金的应用逐渐受到世界各大汽车生产企业的重视。以美国为例，在一些车型上，镁合金的用量为 5.8~26.3kg/ 辆，欧洲仅次于北美，镁合金的用量可达 9.3~20.3kg/ 辆。

镁合金除了密度较小外，还有较高的比强度、比弹性模量和刚性，比强度约为铝的 1.8 倍；有较高的稳定性，铸件和加工件尺寸精度高；具有良好的阻尼系数，良好的减振降噪性能；电磁屏蔽性好，与塑料相比，可回收性能好；切削加工性能好；铸造成型性能好。镁合金铸件最小壁厚 0.6mm，铝合金为 1.2~1.5mm。

目前汽车用镁合金压铸零部件最少已经超过 60 种，主要包括方向盘骨架（图 2-20），壳体类、座椅骨架、仪表盘骨架、支架类件等。

尽管镁合金面临着铸造与耐腐蚀两大难题，但是随着全球汽车轻量化趋势深入发展，汽车制造业对镁的需求量不断地增加，未来这一发展势头仍将继续保持下去，汽车用镁正以年增 20% 的速度迅速发展。

图 2-20　镁合金方向盘骨架

3. 塑料

塑料质最轻，耐腐蚀，成型工艺简单，而其低廉的价格更具有显著的优势，当前在汽车工业领域已大量使用塑料以代替各种昂贵的有色金属和合金钢材料，提高了汽车造型的美观与设计的灵活性，降低了零部件加工、装配与维修的费用，同时减轻了汽车质量，减少了燃油的使用消耗。汽车的塑料化程度已成为衡量汽车工业发展水平的标志之一。

汽车轻量化趋势加快了塑料在汽车领域中的应用，比如说汽车车灯的灯罩要求使用材质的可塑性好，透明度好，而且硬度要够高，这样才能保证长时间使用不影响车灯亮度，还能保护车灯，因此一般会选用性能良好的光学塑料——聚碳酸酯（PC）。聚碳酸酯强度高、抗紫外线、韧性和透光性好，是用来制作车灯灯罩（图 2-21）的不二之选。

20 世纪 80 年代，每辆轿车使用的塑料为 50~60kg，占整车质量的 5%~6%；20 世界 90 年代初，每辆轿车塑料的平均用量为 100~130kg，占整车质量的 7%~10%；而到了 2000 年，这一比例已经增至 20% 左右。

图 2-21　汽车车灯灯罩

4. 发展趋势

提高回收利用率，减轻汽车的质量，降低燃料的消耗，提高结构强度和刚度，改善 NVH（噪声、振动和冲击），以及低成本和可循环使用，是当今汽车材料的发展方向，汽车轻量化的发展成为主要方向。这些决定了汽车材料的发展趋势：

1）各种材料相互替代，竞争将日趋激烈。

2）钢铁材料仍是主要材料，但用量会日益减少。

3）随着高强度钢、不锈钢用量的增加，普通钢板、管棒材的用量将逐渐减少。

4）非铁金属材料、非金属材料用量将迅速增加。

5）铝、镁合金用量增加，而铜、锌材料减少。

6）塑料及非金属基复合材料持续增长。

课程育人

技术的进步永无止境，环境的变化日新月异，创新永恒不变。

项目 3
冲压工艺

任务描述

在现代工业生产中,冲压工艺在汽车、机械、家电、轻工、航空航天、五金、化工、纺织等领域得到了广泛的应用。据统计,汽车上有 60%~70% 的零件是用冲压工艺生产出来的。因此,冲压技术对汽车的产品质量、生产效率和生产成本有着重要的影响。

学习目标

1. 能够正确认识冲压工艺的概述。
2. 能够掌握冲裁工艺。
3. 能够掌握弯曲工艺。
4. 能够掌握拉深工艺。
5. 能够掌握局部成形工艺。
6. 能够掌握车身覆盖件的冲压工艺。

知识与技能点清单

序号	学习目标	知识点	技能点
1	能够正确认识冲压工艺的概述	1. 冲压工艺的特点及分类 2. 冲压件的两种变形类型 3. 板料冲压成形性能及极限 4. 冲压成形设备	能够正确认识冲压工艺的特点、分类、类型及设备
2	能够掌握冲裁工艺	1. 冲裁变形过程及受力分析 2. 冲裁件断面质量与影响因素 3. 冲裁模具间隙的设计 4. 凸模与凹模刃口尺寸设计 5. 冲裁工艺分析及设计 6. 冲裁模	能够掌握冲裁工艺
3	能够掌握弯曲工艺	1. 板料弯曲变形及特点 2. 弯曲件质量分析 3. 弯曲工艺计算 4. 弯曲模	能够掌握弯曲工艺
4	能够掌握拉深工艺	1. 拉深件的类型及特点 2. 拉深中的质量问题及解决措施 3. 拉深工艺设计 4. 拉深模	能够掌握拉深工艺
5	能够掌握局部成形工艺	1. 胀形工艺 2. 翻边工艺 3. 校平和整形	能够掌握局部成形工艺
6	能够掌握车身覆盖件的冲压工艺	1. 车身覆盖件的成形工艺 2. 车身覆盖件拉深工艺设计 3. 汽车覆盖件冲压成形模具 4. 车身覆盖件的冲压工艺示例	能够掌握车身覆盖件的冲压工艺

3.1 冲压工艺的概述

冲压是金属材料塑性成形的重要加工方法。汽车制造中 60%~70% 的金属部件都是冲压件，比如汽车覆盖件、车轮、车架等。作为车身制造的三大基本工艺之一，冲压工艺对汽车制造的质量和制造的成本有着直接重要的影响。图 3-1 所示为冲压后的车身钣金件。

项目 3
冲压工艺

图 3-1 车身钣金件

3.1.1 冲压工艺的特点及分类

冲压是一种金属加工方法，建立在金属塑性变形的基础上，利用模具对板料施加压力，从而使板料产生分离、变形，获得有一定形状、尺寸大小、性能的零部件。

1. 冲压工艺的特点

和金属材料的机械加工、其他塑性加工方法来比较，冲压工艺不管在技术方面，还是在经济方面，都有着许多独特的特点。

微课视频
认识冲压工艺

1）冲压加工操作方便，生产效率高，易于实现机械化和自动化。冲压加工操作简单，一次冲压行程就可以得到一个冲压件。普通冲床每分钟可达几十次的行程，高速冲床每分钟可达上百、上千次的行程。

2）冲压件的形状精度和尺寸大小由模具保证，而且冲压加工的过程中一般不会破坏冲压件或板料的质量，所以冲压件的质量很稳定，互换性能好。

3）冲压加工可产生尺寸范围较大、形状较为复杂的零件。但由于模具大部分为单件生产，精度高，周期长，模具生产的费用高，不适合单件小批量生产的零件。

4）冲压一般没有切屑废料的产生，材料浪费比较少，而且不需要其他加热设备。冲压加工是一种省料、节能的加工方法，生产成本比较低。

冲压加工具有以上所述的特点，因此被广泛应用在航空、军工、机械、电子、交通等领域，特别是在汽车制造业中，冲压工艺发挥着不可替代的重要作用。汽车中所有的覆盖件、骨架件等都是采用冲压方法制造成形的。

冲压加工存在生产噪声和振动大、易发生操作安全事故等缺点。但随着科学技术的进步，特别是计算机技术及机电一体化技术的发展，这些问题将逐步得到解决。

2. 冲压工序的分类

车身钣金零件的形状复杂、尺寸大，因此一般不可能在一道冲压工序中直接获得，有时需要十几道工序才能获得。

（1）冲压的基本工序

虽然工序多，但是冲压加工都是由最基本的冲压工序组成。按照冲压后的材料形状变化将冲压分为三种基本工序：冲裁、弯曲、拉深。

冲裁工序：使板料实现分离的冲压工序。

弯曲工序：将板料沿弯曲线弯成一定的角度和形状的冲压工序。

拉深工序：将平面板料变成各种开口空心零件，或把空心件的形状、尺寸作进一步改变的冲压工序。

此外，应用基本工序综合产生的局部变形来改变毛坯或冲压件形状的冲压工序称之为局部成形工序，包括翻边、胀形、整形与校平等。

（2）冲压两大类工序

为了得到所需要的形状和尺寸，车身冲压件是经过特定的步骤或先后次序加工而成的。最简单的分类方式是，根据板料加工后是否发生了板料分离而将冲压工序分为分离工序与成形工艺两大类。

1）分离工序。分离工序是通过模具使冲压件沿一定的轮廓线从板料上分离下来的一种基本冲压工序，也称为冲裁工序，可以直接制成平板零件或为其他冲压工序（如弯曲、拉深、成形等）准备毛坯，也可以在已成形的冲压件半成品上进行切口、修边等。分离工序约占整个冲压加工工序的50%~60%。分离工序包括落料、冲孔、切断、切开、切舌及修边等工序。冲压常用的分离工序见表3-1。

表3-1 冲压常见的分离工序

工序	图例	工序内容
落料	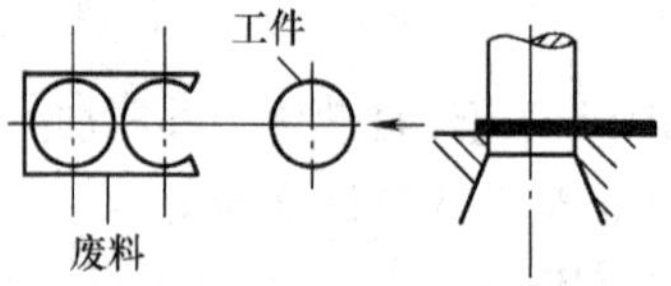	用模具沿封闭线冲切板材，冲下的部件为零件，其余部分为废料
冲孔	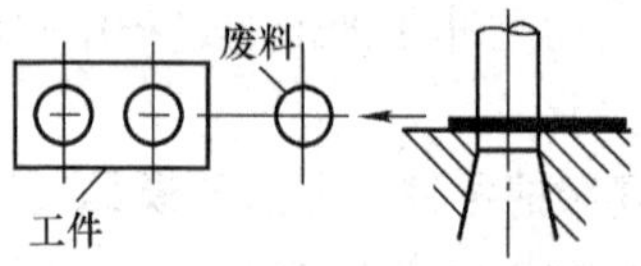	用模具沿封闭线冲切板材，冲下的部分为废料
切断	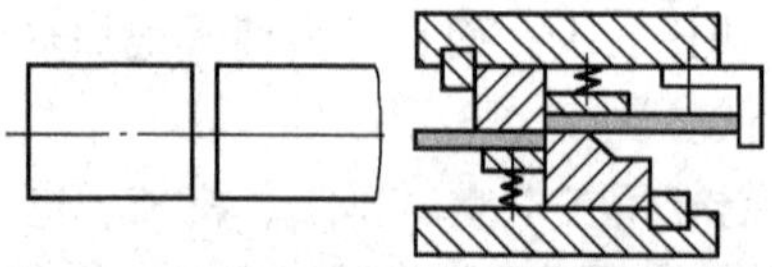	用剪刀或模具切断板料，切断线不是封闭的
切开	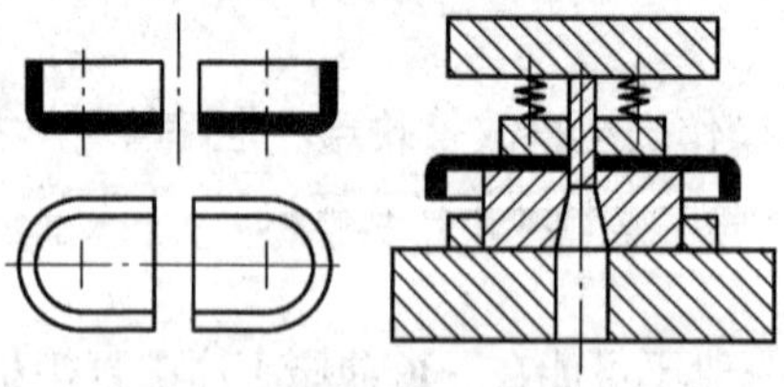	将半成品切开成两个或几个工件、常用于成双冲压
切舌	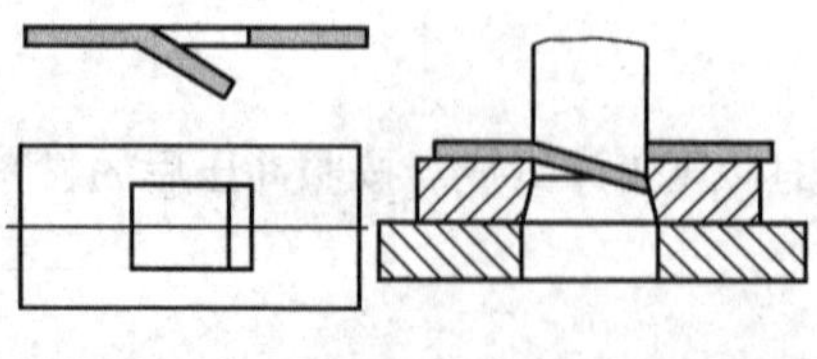	在坯料上将板材U形切开，切口部分发生弯曲

(续)

工序	图例	工序内容
修边	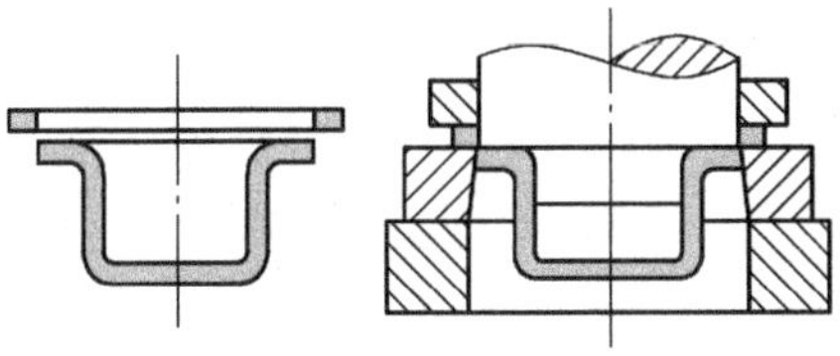	将拉深或成形后的半成品边缘部分的多余材料切掉

在分离工序中，冲孔与落料这两个基本工序应用最广泛，通常所说的冲裁工序特指这两个工序。冲孔与落料二者的冲压成形过程及模具结构都基本相同，区别在于冲压时冲下的部分为零件的为落料，而冲下的部分为废料的则为冲孔。

在冲压分离过程中，板料整体不产生塑性变形，所以，由平板冲裁加工的零件为平板零件。

2）成形工序。成形工序是使板料在不破裂的前提下在模具中产生塑性变形，制成所需形状和尺寸的零件的冲压工序，见表3-2。

表3-2 冲压常见的成形工序

工序	图例	工序内容
弯曲	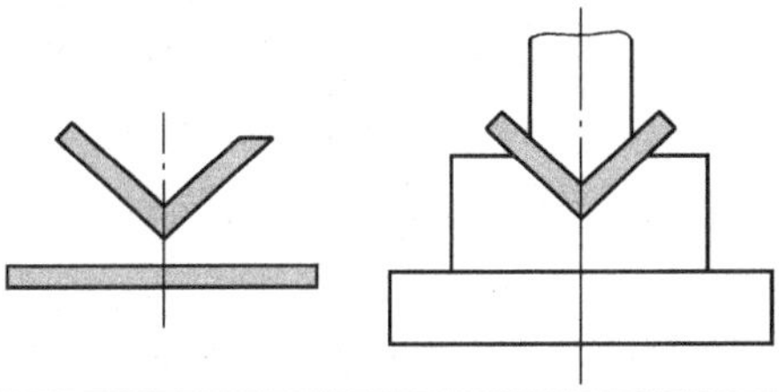	用模具使板料弯成一定的角度或一定的形状
拉深	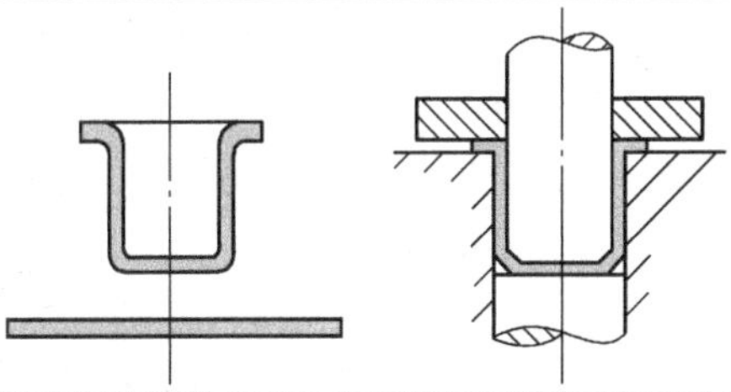	用模具将板料压成任意形状的空心件
内孔翻边	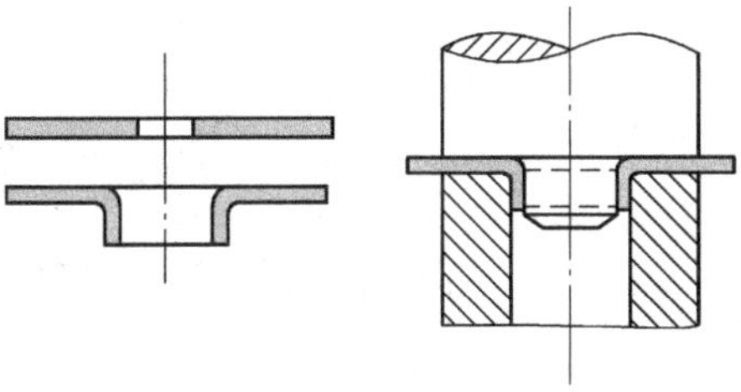	将板料上的孔的边缘翻成竖立边缘
外缘翻边	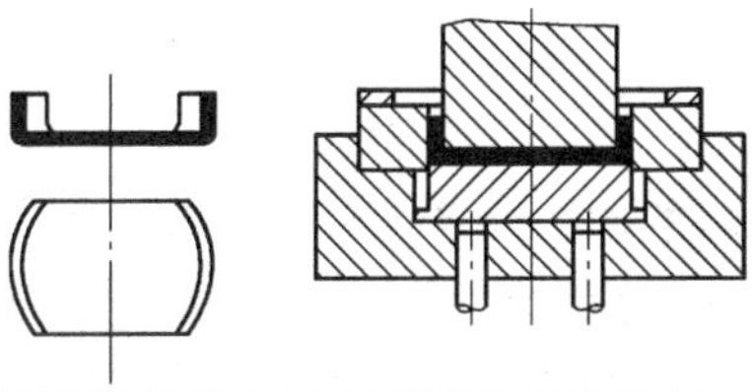	将工件的外缘翻成圆弧或曲线的竖立边缘

(续)

工序	图例	工序内容
胀形		在板料或工件上压出筋条、花纹或文字
整形		将工件不平的表面压平;将原先的弯曲件压成正确形状

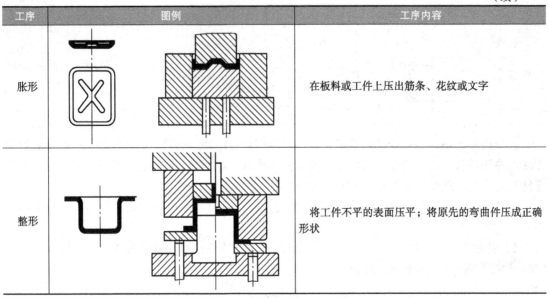

3.1.2 冲压件的两种变形类型

从板料的变形状态来看,冲压件的变形可以概括为两种基本类型:压缩型和伸长型。

压缩型:当作用在板料变形区的压应力的绝对值最大时,在这个方向的变形一定是压缩变形。压缩型变形的极限是材料在压应力作用下厚度增加而失稳起皱,如拉深时凸缘起皱就属于压缩型,如图3-2所示。

伸长型:拉应变的绝对值最大,板料伸长,厚度减薄。工件上某一点叠加拉应力分力越多,数值就越大,材料的减薄和伸长也就越严重。这种变形就是伸长型变形,它的极限是材料在拉应力的作用下失稳劈裂,如拉深时筒壁破裂,如图3-3所示。

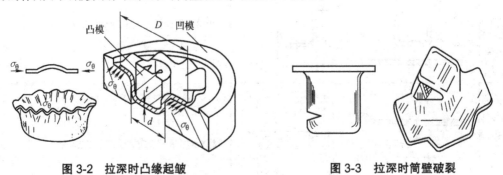

图3-2 拉深时凸缘起皱　　　　图3-3 拉深时筒壁破裂

3.1.3 板料冲压成形性能及极限

1. 板料冲压成形性能

板料对各种冲压成形方法的适应能力称为材料的冲压成形性能。材料的冲压成形性能好,指其单个冲压工序的极限变形程度和总的极限变形程度大,生产率高,成本低,容易得到高质量的冲压件。板料冲压成形性能是一个综合性的概念,它包括抗破裂性、贴模性和定形性。

1）板料的抗破裂性。抗破裂性是指板料在冲压过程中抵抗破裂的能力，板料的冲压成形性能越好，板料的抗破裂性也就越好，成形极限就越高。目前，冲压生产中主要采用抗破裂性作为评价冲压成形性能的指标。

2）板料的贴模性。贴模性是指板料在冲压过程中取得模具形状的能力，在冲压成形的过程中产生起皱、翘曲、塌陷和鼓起等缺陷，都会使贴模性降低。

微课视频
板料冲压成形性能及极限

3）板料的定形性。定形性是指零件脱模后保持在模内既得到形状的能力。回弹是影响定形性的主要因素，制件脱模后，常因回弹过大而产生较大的形状和尺寸误差。

2. 板料成形极限和成形极限图

（1）板料成形极限

板料在成形过程中可能出现两种失稳现象：一种是拉伸失稳，板料在拉应力作用下局部出现断裂或缩颈；另一种叫压缩失稳，板料在压应力作用下出现起皱。板料在失稳之前可以达到的最大变形程度叫成形极限。成形极限分为局部成形极限和总体成形极限。

局部成形极限反映板料失稳前局部尺寸可以达到的最大变形程度，如复杂零件成形时，局部极限应变即属于局部成形极限。成形极限越高，说明板料的冲压成形性能越好。

总体成形极限反映板料失稳前总体尺寸可以达到的最大变形程度，如极限拉深系数、极限胀形高度和极限翻孔系数等。这些极限系数通常作为规则形状板料零件工艺设计的重要依据。

（2）成形极限图

1）概念。成形极限图（FLD）用来表示金属薄板在变形过程中，在板平面内的两个主应变的联合作用下，某一区域发生减薄时，可以获得的最大应变量。

2）绘制。成形极限图不但可以在实际冲压生产过程中累积数据确定，也可以通过胀形试验法进行建立。

实验之前，通过化学腐蚀法在板料表面制出网格圆图案，网格圆的直径一般采用2~7mm，对于直径为100mm的凸模，网格圆直径可采用2~2.5mm，如图3-4所示。

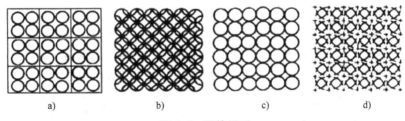

a) b) c) d)

图3-4 网格图形

a）直接与圆间隔型 b）五圆重叠型 c）小圆相切型 d）九圆重叠型

试验时，将球形凸模压入板料直到出现裂纹，然后取出板料，在离裂纹最近的完整网格上测量小圆变形后的椭圆的尺寸。此椭圆的长轴、短轴的尺寸，即变形过程中，在板平面内两个主应变的联合作用下，厚度发生减薄，可以得到最大变形量。计算出椭圆的长轴、短轴应变，可得出此点的极限应变。

取得足够的试验数据后，以椭圆的长轴应变 ε_1 为纵坐标、短轴应变 ε_2 为横坐标，就可以绘制出成形极限图，如图3-5所示。

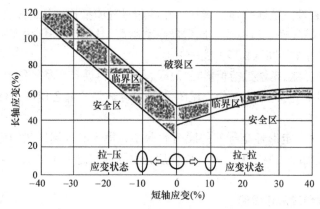

图 3-5 成形极限图

图 3-5 中的阴影区域叫临界区，变形如果位于临界区，说明此处板材有濒临破裂的危险。因此 FLD 是判断和评定板材成形性能的最简单和最直观的方法。

（3）成形极限图的应用

FLD 可以用来评定板料的局部成形，成形极限图的应变水平越高，板料的局部成形性能越好。FLD 可用来判断复杂形状冲压件工艺设计的合理性，在板成形的有限元模拟中，成形极限图被用来作为破裂的判断准则。FLD 可用来分析冲压件的成形质量，并提供改变原设计中成形极限的工艺对策，以消除破裂或充分发挥材料的成形能力。FLD 可用来对冲压生产过程进行监控，及时发现和解决潜在发展的不利因素，以保证冲压件在大量生产中的稳定性。

3.1.4 冲压成形设备

在冲压生产中，为了适应不同的冲压工作情况，采用不同类型的冲压设备。这些冲压设备都具有不同的结构型式及作用特点。根据冲压设备的驱动方式和工艺用途的不同，可将冲压设备分为曲柄压力机、高速压力机、伺服压力机和液压机。

微课视频
曲柄压力机

1. 曲柄压力机

曲柄压力机是冲压生产中应用最广泛的一种机械压力机，因该类压力机都采用曲柄连杆机构，故称之为曲柄压力机。曲柄压力机的类型比较多，按机身结构型式分为开式压力机和闭式压力机，如图 3-6、图 3-7 所示。

图 3-6 开式曲柄压力机　　　　　图 3-7 闭式曲柄压力机

另外，按压力机连杆数量可分为单点压力机和多点压力机；按滑块的数目不同可分为单动压力机、双动压力机和三动压力机等。

（1）曲柄压力机的结构和工作原理

曲柄压力机是由工作机构、传动机构、操作系统、支承部件等组成的。图3-8所示为曲柄压力机的工作原理图。

电动机通过小带轮、大带轮以及小齿轮、大齿轮带动曲轴旋转，曲轴通过连杆带动滑块沿着导轨做下上往复运动，带动模具实施冲压。模具就安装在工作台和滑块中间。上模部分通过模柄装入压力机滑块孔中固定，下模部分通过T形槽螺钉固定在压力机的工作台上。

1）工作机构。曲柄压力机的工作机构由曲柄、连杆、滑块组成。作用是将电动机主轴的旋转运动变为滑块的往复直线运动，并承受变形压力。滑块底平面中心设有模具安装孔，大型压力机滑块底部还设有T形槽，用来安装和卡紧模具，滑块中还有退料装置（图3-9），滑块回程时将工件或废料从模具退出。

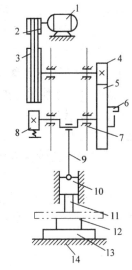

图3-8 曲柄压力机工作原理

1—电动机 2—小带轮 3—大带轮
4—小齿轮 5—大齿轮 6—离合器 7—曲轴
8—制动器 9—连杆 10—滑块
11—上模 12—下模 13—垫板 14—工作台

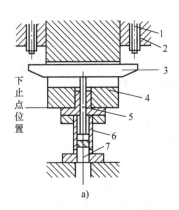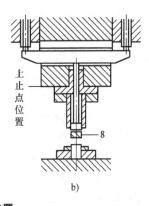

图3-9 退料装置

a）滑块在下止点时 b）滑块在上止点时

1—打料螺钉 2—螺钉座 3—打料横杆 4—滑块 5—顶料杆 6—上模 7—下模 8—工作

2）传动机构。曲柄压力机传动机构的作用是将电动机的运动和能量按照一定要求传送给曲柄滑块机构，由小带轮、大带轮、小齿轮和大齿轮等组成。

3）操作系统。曲柄压力机的操作系统包括离合器、制动器、空气分配系统和电气控制箱等，离合器是用来接通或断开大齿轮和曲轴之间运动传递的机构，控制滑块是否产生冲压动作，由操作者操纵。制动器可以确保离合器脱开时，滑块比较准确地停止在曲轴运动的上止点位置。

4）支承部件。曲柄压力机的支承部件包括工作台、拉紧螺栓、机身等，保证它们的相对位置和运动关系，工作时机身要承受全部的工艺力。

另外，压力机还具有润滑、气路等辅助系统，以及安全保护、气垫、顶料等附属装置。

（2）曲柄压力机的技术参数

曲柄压力机的基本技术参数反映了压力机的工艺能力、加工零件的尺寸范围以及有关生产效率等指标，是选用压力机和设计模具的主要依据。

曲柄压力机的主要技术参数介绍如下：

1）公称压力。公称压力指的是滑块运行至下止点前的某一段距离或曲柄转到接近下止点前某一角度时，滑块上所允许承受的最大作用力。压力机滑块压力 P 在全行程中不是一个常数，而是随着曲轴转角 α 的变化而变化的，如图3-10所示。

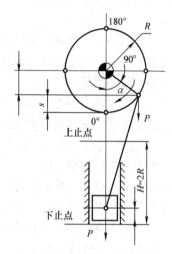

曲轴转角离下止点前某一角度（工作角，一般为25°~30°）对应滑块运动的那一段距离叫做公称压力行程。公称压力应与模具设计所需的总压力相适应，它是选择压力机的主要依据。公称压力已国家标准系列化了，系列为630kN、1000kN、1600kN、2500kN、3150kN、4000kN、6300kN等。

2）滑块行程 s 和行程次数 n。滑块行程指的是滑块上下止点间的距离，它的大小随着工艺用途和公称压力的不同而不同。对于曲柄压力机，其值是曲柄长度的双倍。s 值是影响压力机使用性能的基本参数，闭式单点压力机的 s 值（mm）有250、315、400、500、630等。

图3-10 原理图

滑块行程次数指的是滑块空载时，每分钟上下往复运动的次数。有负载时，实际滑块行程次数小于空载次数。对于自动送料曲柄压力机，滑块行程越高，生产效率越高。n 值是反映压力生产效率的一个重要参数。一般闭式单点压力机的 n 值（次/min）为20、16、12、10、8，双点压力机的 n 值（次/min）为18、14、12、10、8。

3）装模高度。压力机装模高度是指压力机滑块处于下止点位置时，滑块下表面到工作台表面的距离。当装模高度调节装置将滑块调整到最上位置时，装模高度达到最大值，称为最大装模高度，用 H_{max} 表示。反之，则为最小装模刚度，用 H_{min} 表示。装模高度调节装置所能调节的距离，称为装模高度调节。模具的闭合高度 $H_{模}$ 为模具在最后工作位置时，上模板上表面与下模板下表面之间的距离，应在压力机的最小装模刚度和最大装模高度之间，如图3-11所示。

即：

$$H_{max}-5mm \geqslant H_{模} \geqslant H_{min}+10mm$$

4）工作台尺寸和滑块底面尺寸。压力机工作台面尺寸应大于冲裁模的相应尺寸。一般情况下，工作台面的尺寸应大于下模座尺寸50~70mm，为固定下模留出足够的空间。上模座的平面尺寸一般不应该超过滑块底面尺寸。

5）压力机的精度和刚度。压力机的精度一般是在静态条件下测得的，因此又称为静态精度。它主要包括工作台板上平面与滑块下平面的平面度和平行度、滑块行程对工作台板上平面的垂直度、滑块中心孔与滑块行程的平行度等。

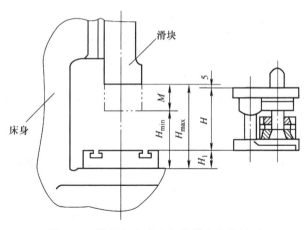

图 3-11 模具闭合高度与装模高度的关系

压力机静态精度的高低，对于冲压生产有着很大的影响。当精度较高时，冲制出的制品质量好、互换性好、尺寸稳定，冲裁模也不易损坏、使用寿命长，便于连续和自动化生产，从而降低了制品的制造成本。而精度低时，如滑块导轨与床身的间隙较大，就会导致冲裁模的上下模同心度降低，影响生产的正常进行。

压力机的刚度主要指的是压力机在工作时抵抗弹性变形的能力。对于开式压力机来讲，有角刚度和垂直刚度两种指标。

角刚度是指压力机的滑块相对于工作台面产生单位角变形时，压力机所承受的作用力。而垂直刚度指的是压力机的装模高度产生单位垂直变形时，压力机所承受的作用力。在冲压力的作用下，床身会弹性伸长，工作台平面会弹性挠曲，尤其是角变形，这些弹性变形破坏了压力机的静态刚度，对冲压件的质量有很大的影响。

2. 高速压力机

近些年，随着冲压技术的发展，高速压力机的冲压速度已经超过了 1000 次/min。主要用于汽车、电子、仪器等行业的特大批量冲压件的生产。

高速压力机在冲压过程中能够产生高速的原因是电动机通过飞轮直接驱动曲轴，因而使滑块的行程次数很高。另外，为了充分发挥高速压力机的高速作用，主机装配有附属机构（图 3-12），并使用高寿命、高精度的级进模，使得高速压力机实现高速、自动化的生产，而且冲压件的精度高。

图 3-12 高速压力机

高速压力机具有以下特点：

1）滑块行程次数高。高度压力机的滑块行程次数一般为普通压力机的 5~10 倍，中小型高速压力机的滑块行程次数可达到 1000~3000 次 /min。

2）滑块惯性大。滑块和模具在高速压力机的驱动下高速往复运动，会产生很大的惯性力，造成惯性振动，加上冲压过程中机身积存的弹性势能释放后所引起的振动会直接影响压力机的性能和模具的寿命，应必须采取减振措施。

3）设有紧急制动装置。传动系统具有良好的紧急制动特性，当安全监测装置发出警报时，可以令压力机紧急停机，避免发生事故。某些压力机采用的是双制动器。

4）送料装置的精度高。

5）机床刚性好，滑块的导向精度高，辅助装置齐全。

3. 伺服压力机

伺服压力机是 20 世纪 90 年代国际上出现的一种与传统机械压力机概念完全不同的第三代压力机，如图 3-13 所示。

伺服压力机是采用单个或多个交流伺服电动机进行驱动控制的压力机。它是通过一个伺服电动机带动偏心齿轮，来实现滑轮的运动过程。控制系统采用计算机控制，利用数字技术以及反馈控制技术，对压力机滑块位置、速度、运行轨迹进行控制，让机械压力机具有智能化、柔性化的特点，工作性质及工艺适应性被大大提高。

与传统的压力机相比，伺服压力机具有以下特点。

1）提高生产效率高。

2）制品精度高。

3）柔性高。

4）噪声低，节能环保，模具寿命长。

5）新材料成形性好。

6）操作性能好。

图 3-13 伺服压力机

4. 液压机

液压机也是金属板料成形的一种常用设备，和其他压力机相比，具有压力和速度可在较大范围内无级调节、动作灵活等优点。可以用于金属板料的成型加工、金属挤压和粉末冶金制品的压制等，也可以用于热固性压缩成型和传动成型，如图 3-14 所示。

液压机是根据帕斯卡原理设计的。它靠着液体静压力使工件变形。和其他机械压力机相比，液压机具有以下特点：

1）容易获得大的压力。

2）工作压力可以调整。

3）容易获得大的行程。

图 3-14 液压机

4）液压机结构简单，能够适应多品种生产。

5）工作振动及噪声小。

但是，液压机也存在着一些缺点，液压机对密封技术要求比较高，密封差产生液体渗漏会影响机器的效能，对环境造成污染；由于液体的流动阻力，液压机的最高工作速度将受到限制。

课程育人

冲压工艺是一门传统工艺，但是随着新材料、新工艺和新设备的不断涌现，冲压工艺也一直在进步。

3.2 冲裁工艺

冲裁工艺是冲压分离工序的总称，是利用模具在压力机上使板料的一部分沿着一定的轮廓形状与另一部分产生分离的一种冲压工序，如图 3-15 所示。

冲裁主要是指落料和冲孔工序，从板料上冲下所需的零件毛坯叫落料，图 3-16a 所示；在工件上冲出所需要形状的孔叫冲孔，图 3-16b 所示。

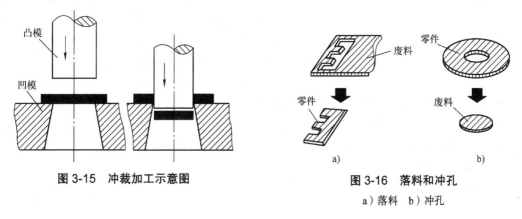

图 3-15　冲裁加工示意图　　　　图 3-16　落料和冲孔
　　　　　　　　　　　　　　　　　　　a）落料　b）冲孔

冲裁可以直接制成零件，还可以为弯曲、成形、拉深、冷挤压等工序准备毛坯，因此，冲裁是冲压工艺中最基本的工序之一。

3.2.1　冲裁变形过程及受力分析

1. 冲裁变形过程

冲裁变形过程如图 3-17 所示，当冲裁间隙正常时，板料的冲裁变形过程可以分弹性变形、塑性变形和断裂三个阶段。

1）弹性变形阶段。如图 3-17a 所示，当凸模开始接触板料并且下压时，变形区内产生弹性压缩、拉深、弯曲等变形，板料被稍微挤入凹模洞孔中，凸模下端面的板料产生弯曲，凹模断面的板料向上翘曲。间隙越大，弯曲和翘曲就越严重。随着凸、凹模刃口压入板料，刃口处的材料所受到的应力逐渐变大，直到达到板料的弹性界限。若卸去凸模压力，板料能够恢复原状，不会产生永久变形。

微课视频
冲裁工艺概述

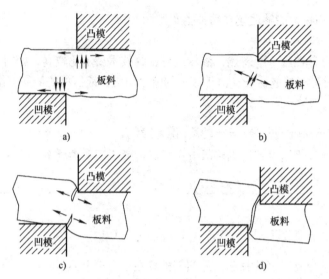

图 3-17 冲裁变形过程
a）弹性变形阶段　b）塑性变形阶段　c）裂纹扩展阶段　d）断裂分离阶段

2）塑性变形阶段。如图 3-17b 所示，凸模继续下压，板料的内应力达到屈服极限，板料在与凸、凹模刃口接触处产生塑性变形，此时凸模切入板料，板料挤入凹模，产生塑性剪切变形，形成光亮的剪切断面。随着塑性变形加大，变形区的材料硬化加剧，冲裁变形力不断增大，当刃口附近的材料由于拉应力的作用出现微裂纹时，说明塑性变形阶段结束。

3）断裂阶段。如图 3-17c、图 3-17d 所示，凸模继续下压，刃口附近产生应力集中，一直达到最大值，裂纹首先产生在凹模刃口附近的侧面，随后产生凸模刃口附近的侧面接触。随着裂纹沿最大切应力方向向材料内部发展，当上、下裂纹汇合时，板料发生分离，凸模继续下压，将分离的材料从板料中推出，完成冲裁过程。

2. 冲裁时板料受力分析

在无边装置的冲裁过程中，板料所受外力如图 3-18 所示。

图中，F_p、F_d 分别是凸、凹模对板料的垂直作用力；F_1、F_2 是凸、凹模对板料的侧压力；μF_p、μF_d 是凸、凹模断面与板料之间的摩擦力，其方向和间隙的大小有关；μF_1、μF_2 是凸、凹模侧面与板料之间的摩擦力。

板料由于受到模具表面的力偶作用而弯曲，并从模具表面上翘起，使模具表面和板料的接触面仅仅局限在刃口附近的狭小区域，宽度为板厚的 0.2~0.4。接触面间相互作用的垂直压力分布不均匀，而是随着模具刃口的逼近而急剧增大。

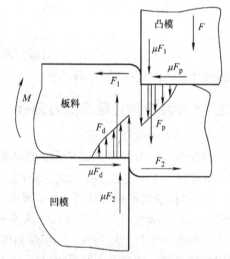

图 3-18 冲裁时作用于板料的力

接下来我们分析下材料内裂纹的产生。材料内裂纹首先在凹模刃口侧面产生，随后才在凸模刃口侧面产生。因为冲裁过程中，只有塑性变形达到一定值时，断裂才能开始。

3. 冲裁变形时的应力状态

冲裁时,由于板料弯曲的影响,其剪切区的应力状态复杂,与变形过程有关。对于无卸料板压紧板料的冲裁,其裁剪区板料的应力状态如图 3-19 所示,其中 σ_1 为径向应力,σ_2 为切向应力,σ_3 为厚向应力。

A 点——σ_1 为凸模侧压力与板料弯曲引起的径向压应力;σ_2 为板料弯曲引起的压应力与侧压力引起的拉应力的合成切向应力;σ_3 为凸模下压引起的厚向拉应力。

B 点——受三向压缩应力,是由凸模下压及板料弯曲引起的。

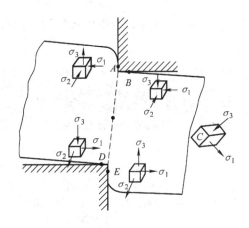

图 3-19 冲裁压力示意图

C 点——σ_1 为板料受拉伸作用而产生的拉应力,σ_3 为板料受挤压而产生的厚向压应力。

D 点——板料弯曲引起径向拉应力 σ_1 和切向拉应力 σ_2,σ_3 是凹模挤压板料产生的厚向压应力。

E 点——σ_1、σ_2 为板料弯曲引起的径向拉应力与凹模侧压力引起的切向压应力合成产生应力,σ_3 为凸模下压引起的厚向拉应力。

从 A、B、C、D、E 各点的应力状态可以看出,凸模与凹模端面静水压应力高于侧面,又因为材料弯曲使材料在凸模一侧受到双向压缩,凹模一侧受到双向拉伸,故凸模刃口附近的静水压应力比凹模刃口附近的高。材料的冲裁裂纹首先在静水压应力最低的凹模刃口侧产生,进而才在凸模刃口侧产生,因此,裂纹形成时就在落料件上留下了毛刺。

3.2.2 冲裁件断面质量与影响因素

1. 冲裁件断面状态

冲裁件的断面具有明显的区域性特征,在断面上明显的区域可分为圆角带(塌角区)、光亮带、断裂带以及毛刺四个部分。

1)圆角带。圆角带(塌角区)是板料在弹性变形时,刃口附近的板料被牵连,产生弯曲和拉伸变形而形成的。它在弹性变形时产生,塑性变形时定形。软材料比硬材料的圆角带大。

2)光亮带。光亮带是板料在塑性剪切变形时,凸、凹模刃口侧压力将毛料压平而形成的光亮垂直的断面,光亮带在这个断面上所占比例小于 1/3,是断面质量最好的区域。板料的塑性越好,冲裁间隙合理,光亮带的宽度就越宽。

3)断裂带。断裂带是由刃口处的微裂纹在拉应力作用下不断扩展而形成的撕裂面,是在断裂阶段产生的。断裂带是断面质量较差的区域,表面粗糙,并且有斜度。材料塑性越差,冲裁间隙就越大,断裂带越宽并且斜度越大。

4)毛刺。毛刺的产生是因为微裂纹产生的位置不是正对刃口,而是在刃口附近的侧面上,加之凸、凹之间的间隙及刃口不锋利等因素,使金属拉断成毛刺而残留在冲裁件上。

2. 冲裁件的断面质量和尺寸精度要求

冲裁后的工件断面精度应该在经济精度范围之内,普通冲裁的精度不高于 IT11,冲孔比落料高一级。对冲裁断面粗糙度和允许的毛刺高度见表 3-3。如果说冲裁件的精度低于上述的要求，就需要在冲裁后进行修整或者采用精密冲裁。

表 3-3　冲裁件断面的粗糙度和毛刺高度

冲裁类型	尺寸精度		冲裁断面粗糙度 Ra		允许毛刺高度 /mm		
	经济级	精密级	料厚 /mm	Ra/μm	料厚	试模时	生产时
普通冲裁	IT12~IT14 冲孔比落料高一级	IT9~IT11 落料低于 IT10，冲孔低于 IT9	≤1	3.2	≤0.3	≤0.015	≤0.05
			1~2	6.3	0.3~0.5	≤0.02	≤0.08
			2~3	12.5	0.5~1.0	≤0.03	≤0.10
			3~4	25	1.0~1.5	≤0.04	≤0.12
			4~5	50	1.5~2.0	≤0.05	≤0.15
整修	IT8~IT9	最高可达 IT6~IT7	Ra 为 0.8~3.2		微小		
精密冲裁	IT8~IT9	最高可达 IT6~IT7	Ra 为 0.4~1.6		微小		

注：Ra 与料厚和材料性能有关，毛刺高度与材料的性能、料厚、冲裁条件有关，表中的数值为金属板冲裁参考值

冲裁件的尺寸精度指的是冲裁件实际尺寸和基本尺寸的差值，差值越小说明冲裁件的尺寸精度越高，一般可分为经济级与精密级。精密级指的是冲压工艺技术上所能达到的精度，模具制造精度较高，冲裁件外形尺寸精度可达到 IT8~IT10 级，内孔尺寸可达到 IT7~IT9 级，表 3-4 所示为冲裁件的外形与内孔尺寸公差。

表 3-4　冲裁件的外形与内孔尺寸公差　　　　　　　　　　（单位：mm）

材料厚度	工件尺寸							
	普通公差等级工件				较高公差等级工件			
	<10	10~50	50~150	150~300	<10	10~50	50~150	150~300
0.2~0.5	0.08/0.05	0.10/0.08	0.14/0.12	0.20	0.025/0.02	0.03/0.04	0.05/0.08	0.08
0.5~1	0.12/0.05	0.16/0.08	0.22/0.12	0.30	0.03/0.02	0.04/0.04	0.06/0.08	0.10
1~2	0.18/0.06	0.22/0.10	0.30/0.16	0.50	0.04/0.03	0.06/0.06	0.08/0.10	0.12
2~4	0.24/0.08	0.28/0.12	0.40/0.20	0.70	0.06/0.04	0.08/0.08	0.10/0.12	0.15
4~6	0.30/0.10	0.35/0.15	0.50/0.25	1.00	0.10/0.06	0.12/0.10	0.15/0.15	0.20

3. 影响冲裁件断面质量的因素

（1）材料的性能

当材料具有较好的塑性时，可以推迟微裂纹的产生，从而延长刃口对板料的塑性剪切时间，扩大光亮带的范围，同时也增大了圆角带。而塑性差的材料容易被拉断，材料被剪切不久就出现裂纹，使断面光亮带所占的比例小，圆角小，大部分是粗糙的断裂面。

（2）模具刃口状态

冲裁凸、凹模要求刃口锋利，以便于材料分离并保持良好的断面质量。但模具使用一段时间后其刃口会磨损变钝，利用磨损的刃口进行冲裁时，由于增大了挤压作用和减小了应力集中现象，使冲压件的圆角带和光亮带增大，产生的裂纹偏离刃口，凸、凹模间金属在剪裂前有很大的拉伸，这就使冲裁断面上产生明显的毛刺。

（3）冲裁模间隙

一般要求冲裁件有较大的光亮带，尽量减小断裂带区域的宽度。为了顺利地完成冲裁过程和提高冲裁件断面质量，不仅要求凸模和凹模的工作刃口必须锋利，而且要求凸模和凹模之间要有适当间隙。

冲裁间隙指的是凸、凹模刃口工作部分尺寸之差，冲裁间隙是直接关系到冲裁件断面质量、尺寸精度、冲裁力大小和模具寿命的重要参数。

1）间隙对断面质量的影响。间隙合适时，冲裁模上、下刃口处所产生的剪切裂纹基本重合，这时光面占板厚的 1/3~1/2，切断面的圆角、毛刺和斜度均较小，完全可以满足一般冲裁的要求，如图 3-20b 所示。

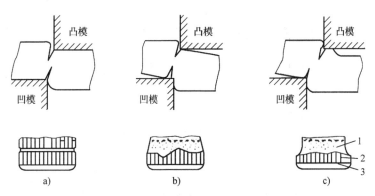

图 3-20　间隙大小对冲裁件断面质量的影响

a）间隙过小　b）间隙正常　c）间隙过大

间隙较小时，凸模刃口处的裂纹比间隙正常时向外错开一段距离。上、下裂纹之间的材料，随冲裁的进行将被第二次剪切，然后被凸模挤入凹模洞口。这样，在冲裁件的切断面上形成第二光面，在两个光面之间形成撕裂面，在断面出现挤长的毛刺。但挤长的毛刺易于去除，且断面的圆角、斜度及冲裁件的翘曲会变得更小。因此，只要中间的撕裂带不是很深，仍可以使用，如图 3-20a 所示。

间隙过大时，凸模刃口处的裂纹比间隙正常时向内错开一段距离，材料的弯曲与拉伸增大，拉应力增大，易产生剪切裂纹，塑性变形较早结束，致使断面光面减小，圆角与斜度增大，形成厚而大的拉长毛刺，且难以去除，同时翘曲严重，如图 3-20c 所示。

2)冲裁间隙对尺寸精度的影响。冲裁件的尺寸精度与多种因素有关,如冲裁模的制造精度、材料性质、冲裁间隙和冲裁件的形状等,但冲裁间隙是影响冲裁件尺寸精度的主要因素之一。

若间隙过大,板料在冲裁过程中除受剪切外还产生较大的拉伸与弯曲变形,冲裁后由于回弹的作用,将使冲裁件的尺寸向实体方向收缩。对于落料件,其尺寸将会小于凹模尺寸;对于冲孔件,孔的尺寸将会大于凸模尺寸。若间隙过小,则板料在冲裁过程中除受剪切外,还会受到较大的挤压作用,冲裁后同样由于回弹作用,将使冲裁件的尺寸向实体的反方向胀大。对于落料件,其尺寸将会大于凹模尺寸;对于冲孔件,孔的尺寸将会小于凸模尺寸。

以上讨论的冲裁件精度都是在一定的模具尺寸前提下进行的,冲裁件尺寸越小、形状越简单,则精度越高。冲裁模制造精度与冲裁件精度之间的关系见表3-5。

表3-5 冲裁模制造精度与冲裁件精度之间的关系

冲裁模制造精度	冲裁件精度								
	材料厚度 t/mm								
	0.5	0.8	1.0	1.5	2	3	4	5	6
IT6~IT7	IT8	IT8	IT9	IT10	IT10				
IT7~IT8		IT9	IT10	IT10	IT12	IT12	IT12		
IT9				IT12	IT12	IT12	IT12	IT12	IT14

3)冲裁模寿命的影响。冲裁过程中,被冲材料会对凸、凹模产生反作用力,如图3-21所示。

由于材料的弯曲,模具表面与材料的接触面仅局限在刃口附近的狭小区域,刃口承受着极大的垂直压力 F 和侧压力 N,这种高压使刃口与被冲材料接触面之间产生局部附着,当接触面相对滑动时,附着部分就产生剪切而引起附着磨损。随着磨损量的加大,会引起刃口磨耗,甚至崩刃。

4)冲裁时各种力的影响。试验证明,随间隙的增大冲裁力有一定的减小,但当单面间隙介于材料厚度的5%~20%时,冲裁力减小5%~10%。间隙对冲裁力的影响不是很大。间隙对卸料力、推件力的影响比较大,一般随着间隙的增大,卸料力、推件力都会减小。

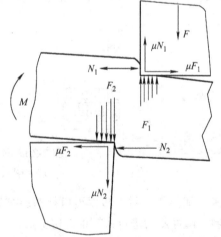

图3-21 冲裁时作用在模具刃口部位的力

3.2.3 冲裁模具间隙的设计

凸模和凹模间单侧的间隙称为单面间隙,两侧间隙之和称为双面间隙。如没有特殊说明,冲裁间隙指的就是双面间隙。

如图3-22所示,冲裁间隙等于凹模与凸模刃口尺寸之差,一般用 Z 表示。

计算如下：
$$Z = D_凹 - d_凸$$
式中　Z——冲裁间隙；
　　　$D_凹$——凹模刃口尺寸；
　　　$d_凸$——凸模刃口尺寸。

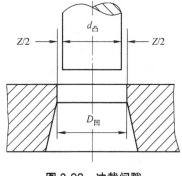

图 3-22　冲裁间隙

1. 间隙值确定原则

由以上分析可知，凸、凹模间隙对冲裁件质量、模具寿命有很大的影响，因此，设计模具时一定要选择一个合理的间隙，以提高冲压件质量和模具寿命，降低冲裁力。考虑到模具制造中偏差及使用中的磨损，通常选择一个适当的范围作为合理间隙。只要间隙在这个范围内，就可以得到合格的冲裁件及较长的模具寿命，这个间隙范围就称之为合理间隙，这个间隙范围的最大值称之为最大合理间隙 Z_{max}，最小值称之为最小合理间隙 Z_{min}。取较大的间隙有利于提高模具寿命，取较小值的间隙则有利于提高冲裁件的质量。

2. 间隙值的确定方法

确定凸凹模合理间隙的方法有理论计算法、经验法和查表法三种。

（1）理论计算法

理论计算法是根据保证裂纹重合，以获得良好的断面。图 3-23 所示为冲裁过程中产生裂纹的瞬时状态。

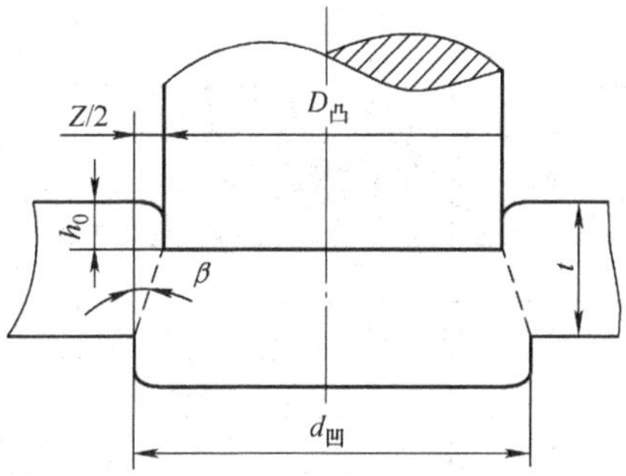

从图中可以得出合理的间隙为：
$$Z = 2(t - h_0)\tan\beta = 2t(1 - \frac{h_0}{t})\tan\beta$$

式中　t——材料厚度；

图 3-23　冲裁产生裂纹的瞬时状态

　　　h_0——产生裂纹时凸模挤入材料深度；
　　　h_0/t——产生裂纹时凸模挤入材料的相对挤入深度；
　　　β——剪切裂纹与垂线间的夹角。

由上式可知，合理间隙值取决于 t、h_0/t、β 等三个因素。由于 β 值变化不大，影响合理间隙值的大小主要取决于板料厚度和材料性质，板料厚度越大，间隙数值也越大；板料厚度越小，间隙数值也就越小。板料塑性好，间隙数值就越小；板料塑性差，间隙数值就越大。表 3-6 所示为常用冲压材料的 h_0/t 和 β 的近似值。

表 3-6　h_0/t 和 β 的近似值

材料	h_0/t	$\beta/(°)$	说明
软钢软黄铜	0.50~0.35	6~5	退火状态取大值 硬化状态取小值
中硬钢硬黄铜	0.30~0.20	5~4	
硬钢软青铜	0.20~0.10	4~35	

（2）经验法

根据研究使用经验，一般情况下间隙值与料厚的关系，可采用下面公式粗略计算。

1）软材料

$$t < 1\text{mm}, Z = (3\% \sim 4\%)t$$

$$t = 1 \sim 3\text{mm}, Z = (5\% \sim 8\%)t$$

$$t = 3 \sim 5\text{mm}, Z = (8\% \sim 10\%)t$$

2）硬材料

$$t < 1\text{mm}, Z = (4\% \sim 5\%)t$$

$$t = 1 \sim 3\text{mm}, Z = (6\% \sim 8\%)t$$

$$t = 3 \sim 5\text{mm}, Z = (8\% \sim 13\%)t$$

（3）查表法

表 3-7、表 3-8 所提供的经验数据为落料、冲孔模具的初始值，可用于一般条件下的冲裁。对于断面质量、尺寸精度要求一般的制件，以降低冲裁力，提高模具寿命为主，选用较大的间隙值；对于断面质量、尺寸精度要求高的制件，则选用较小的间隙值。

表 3-7 冲裁模初始双面间隙 Z（一） （单位：mm）

板料厚度	软铝		纯铜、黄铜、软铜 (w_C0.08%~0.2%)		杜拉铝、中等硬钢 (w_C0.3%~0.4%)		硬钢 (w_C0.5%~0.6%)	
	Z_{min}	Z_{max}	Z_{min}	Z_{max}	Z_{min}	Z_{max}	Z_{min}	Z_{max}
0.2	0.008	0.012	0.010	0.014	0.120	0.016	0.014	0.018
0.3	0.012	0.018	0.015	0.021	0.018	0.024	0.021	0.027
0.4	0.016	0.024	0.020	0.028	0.024	0.032	0.028	0.036
0.5	0.020	0.030	0.025	0.035	0.030	0.040	0.035	0.045
0.6	0.024	0.360	0.030	0.042	0.360	0.048	0.042	0.054
0.7	0.028	0.042	0.035	0.049	0.042	0.056	0.049	0.063
0.8	0.032	0.048	0.040	0.056	0.048	0.064	0.056	0.072
0.9	0.036	0.054	0.045	0.063	0.054	0.072	0.063	0.081
1.0	0.040	0.060	0.050	0.070	0.060	0.080	0.070	0.090
1.2	0.060	0.084	0.072	0.096	0.084	0.108	0.096	0.120
1.5	0.075	0.105	0.090	0.120	0.105	0.135	0.120	0.150
1.8	0.090	0.126	0.108	0.144	0.126	0.162	0.144	0.180
2.0	0.100	0.140	0.10	0.160	0.140	0.180	0.160	0.200
2.2	0.132	0.176	0.154	0.198	0.176	0.220	0.198	0.242
2.5	0.150	0.200	0.175	0.225	0.200	0.250	0.225	0.275
2.8	0.168	0.224	0.196	0.252	0.224	0.280	0.252	0.30
3.0	0.180	0.240	0.210	0.270	0.240	0.300	0.270	0.330
3.5	0.245	0.315	0.280	0.350	0.315	0.385	0.350	0.420
4.0	0.280	0.360	0.320	0.400	0.360	0.440	0.400	0.480
4.5	0.315	0.405	0.360	0.450	0.405	0.490	0.450	0.540
5.0	0.350	0.450	0.400	0.500	0.450	0.550	0.500	0.600
6.0	0.480	0.600	0.540	0.660	0.600	0.720	0.660	0.780

（续）

板料厚度	软铝		纯铜、黄铜、软铜 (w_C0.08%~0.2%)		杜拉铝、中等硬钢 (w_C0.3%~0.4%)		硬钢 (w_C0.5%~0.6%)	
	Z_{min}	Z_{max}	Z_{min}	Z_{max}	Z_{min}	Z_{max}	Z_{min}	Z_{max}
7.0	0.560	0.700	0.630	0.770	0.700	0.840	0.770	0.910
8.0	0.720	0.880	0.800	0.960	0.880	1.040	0.960	1.120
9.0	0.810	0.990	0.900	1.080	0.990	1.170	1.080	1.260
10.0	0.900	1.100	1.000	1.200	1.100	1.300	1.200	1.400

注：1. w_C为碳的质量分数，表示钢中的含碳量。
2. 初始间隙的最小值相当于间隙的公称数值。
3. 初始间隙的最大值是考虑到凸模和凹模的制造公差所增加的数值。
4. 在使用过程中，由于模具工作部分的磨损，间隙将有所加，因而间隙的使用最大数值要超过列表数值。

表3-8 冲裁模初始双面间隙Z（二） （单位：mm）

材料厚度	08钢、10钢、35钢、09Mn2、Q235		16Mn		40钢、50钢		65Mn	
	Z_{min}	Z_{max}	Z_{min}	Z_{max}	Z_{min}	Z_{max}	Z_{min}	Z_{max}
< 0.5	极小间隙							
0.5	0.040	0.060	0.040	0.060	0.040	0.060	0.040	0.060
0.6	0.048	0.072	0.048	0.072	0.048	0.072	0.048	0.072
0.7	0.064	0.092	0.064	0.092	0.064	0.092	0.064	0.092
0.8	0.072	0.104	0.072	0.104	0.072	0.104	0.064	0.092
0.9	0.090	0.126	0.090	0.126	0.090	0.126	0.090	0.126
1.0	0.100	0.140	0.100	0.140	0.100	0.140	0.090	0.126
1.2	0.126	0.180	0.132	0.180	0.132	0.180		
1.5	0.132	0.240	0.170	0.240	0.170	0.230		
1.75	0.220	0.320	0.220	0.320	0.220	0.320		
2.0	0.246	0.360	0.260	0.380	0.260	0.380		
2.1	0.260	0.380	0.280	0.400	0.280	0.400		
2.5	0.360	0.500	0.380	0.540	0.380	0.540		
2.75	0.400	0.560	0.420	0.600	0.420	0.600		
3.0	0.460	0.640	0.480	0.660	0.480	0.660		
3.5	0.540	0.740	0.580	0.780	0.580	0.780		
4.0	0.640	0.880	0.680	0.920	0.680	0.920		
4.5	0.720	1.000	0.680	0.960	0.780	1.040		
5.5	0.940	1.280	0.780	1.100	0.980	1.320		
6.0	1.080	1.400	0.840	1.200	1.140	1.500		
6.5			0.940	1.300				
8.0			1.200	1.680				

注：冲裁皮革、石棉和纸板时，间隙取08钢的25%。

3.2.4 凸模与凹模刃口尺寸设计

凸模与凹模工作部分的尺寸及公差直接影响冲裁件的尺寸精度，合理的间隙值也要靠凸模和凹模工作部分的尺寸及公差来保证。因此，确定合理的凸模和凹模工作部分的尺寸及公差是非常重要的工艺计算，是冲裁模具设计的关键。

1. 凸、凹模刃口尺寸的计算原则

由于冲裁时凸、凹模之间存在间隙，所落的料和冲出的孔的断面都是带有锥度的。落料时工件的大端尺寸近似等于凹模的刃口尺寸；冲孔时，工件的小端尺寸近似等于凸模的刃口尺寸。因此，在计算刃口尺寸时，应按落料、冲孔两种情况分别进行；同时，要考虑磨损后的尺寸变化情况。进行凸、凹模刃口尺寸计算时应考虑以下原则：

1）落料时，工件的大端尺寸近似等于凹模的刃口尺寸，因此落料工序应以凹模为基准件，先确定凹模尺寸，凸模尺寸按凹模尺寸减去最小冲裁间隙确定。冲孔时，工件的小端尺寸近似等于凸模的刃口尺寸，因此冲孔工序应以凸模为基准件，先确定凸模尺寸，凹模尺寸按凸模尺寸加上最小冲裁间隙确定。

2）磨损按照"实体减小"的原则。落料时，为了保证凹模磨损后（尺寸变大）仍能冲出合格零件，凹模刃口尺寸应取制件公差允许范围的最小值；冲孔时，为了保证凸模磨损后（尺寸变小）仍能冲出合格零件，凸模刃口尺寸应取制件公差允许范围的最大值。

3）凸、凹模刃口尺寸制造公差与冲裁件的精度和形状有关，一般模具制造精度比冲裁件精度高 2~3 级，通常为 IT6 左右。

2. 凸、凹模刃口尺寸的加工和计算

根据冲裁件形状的复杂程度，模具的制造加工方法目前有分别加工和配合加工两种。

（1）凸、凹模分别加工

采用分别加工凸、凹模时，为了保证凸、凹模间的间隙值，必须严格规定冲裁模具的制造公差，分别加工主要用于形状简单的制作，如圆形、矩形等。

1）落料。

$$D_{凹} = (D_{max} - x\Delta)^{+\delta_{凹}}_{0}$$

$$D_{凸} = (D_{凹} - Z_{min})^{0}_{-\delta_{凸}} = (D_{max} - x\Delta - Z_{min})^{0}_{-\delta_{凸}}$$

2）冲孔。

$$d_{凸} = (d_{min} + x\Delta)^{0}_{-\delta_{凸}}$$

$$d_{凹} = (d_{凸} + Z_{min})^{+\delta_{凹}}_{0} = (d_{min} + x\Delta + Z_{min})^{+\delta_{凹}}_{0}$$

式中 $D_{凸}$、$D_{凹}$——落料时凹、凸模尺寸；

$d_{凹}$、$d_{凸}$——冲孔时凹、凸模尺寸；

D_{max}——落料件的最大极限尺寸；

d_{min}——冲孔件孔的最小极限尺寸；

Δ——冲裁件制造公差；

Z_{min}——最小初始双面间隙；

$\delta_{凹}$、$\delta_{凸}$——凹、凸模的制造偏差，可以查表 3-9，或取

$$\delta_{凸} \leq 0.4(Z_{max}-Z_{min}), \quad \delta_{凹} \leq 0.6(Z_{max}-Z_{min})$$

x——系数，取值在 0.5~1 之间，可参考表 3-10 取值或按以下关系选取：
当工件公差为 IT10 以上时，取 $x = 1$ ；
当工件公差为 IT13~IT11 时，取 $x = 0.75$ ；
当工件公差为 IT14 以下时，取 $x = 0.5$。

表 3-9 规则形状冲裁时凸模、凹模的制造公差

基本尺寸 /mm	凸模偏差 $\delta_凸$/mm	凹模偏差 $\delta_凹$/mm
≤ 18	0.020	0.020
> 18~30	0.020	0.025
> 30~80	0.020	0.030
> 80~120	0.025	0.035
> 120~180	0.030	0.040
> 180~260	0.030	0.045
> 260~360	0.035	0.050
> 360~500	0.040	0.060
> 500	0.050	0.070

表 3-10 系数 x

材料厚度 /mm	工件公差 Δ/mm				
1	≤ 0.16	0.17~0.35	≥ 0.36	< 0.16	≥ 0.16
1~2	≤ 0.20	0.21~0.41	≥ 0.42	< 0.20	≥ 0.20
2~4	≤ 0.24	0.25~0.49	≥ 0.50	< 0.24	≥ 0.24
> 4	≤ 0.30	0.31~0.59	≥ 0.60	< 0.30	≥ 0.30
磨损系数	非圆形 x 值			圆形 x 值	
	1	0.75	0.5	0.75	0.5

（2）凸模与凹模配合加工

凸模与凹模配合加工就是先按设计尺寸制出一个基准模，落料件选择凹模为基准模，冲孔件选择凸模为基准模，然后根据基准模的实际尺寸再按间隙配制另一件。配合加工的特点是模具间隙由配作保证，工艺简单，不必校核 $|\delta_凸| + |\delta_凹| \leq Z_{max}-Z_{min}$ 条件，同时还可以放大基准模的制造公差，使制造更加容易，降低模具成本。对于冲制薄板材料的冲裁模、冲制复杂形状工件的冲裁模或单件生产的冲裁模，常采用凸模与凹模配合的加工方法。根据冲裁件结构不同，刃口尺寸计算方法如下：

1）落料。图 3-24a 为工件图，图 3-24b 为冲裁该工件的落料凹模刃口的轮廓图，图中虚线

表示凹模刃口磨损后尺寸的变化情况。

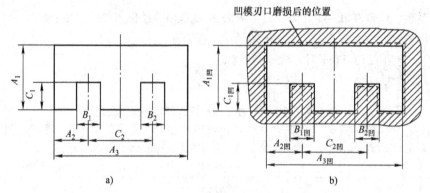

图 3-24 落料凹模刃口磨损后的变化
a）工件尺寸　b）凹模刃口轮廓

落料时应以凹模为基准模配作凸模。由图 3-24b 可知，凹模磨损后刃口尺寸有变大、变小、不变三种情况，故凹模刃口尺寸也应分三种情况进行计算。

① 若凹模磨损后尺寸变小，按一般冲孔凸模尺寸公式计算（如尺寸 B_1、B_2），有

$$B_{凹} = (B_{min} + x\Delta)_{-\delta_{凹}}^{0}$$

② 若凹模磨损后尺寸变大，按一般落料凹模尺寸公式计算（如尺寸 A_1、A_2、A_3），有

$$A_{凹} = (A_{max} - x\Delta)_{0}^{+\delta_{凹}}$$

③ 若凹模磨损后尺寸无变化（如 C_1、C_2），其基本尺寸计算公式为

$$C_{凹} = (C_{min} + x\Delta) \pm 0.5\delta_{凹}$$

为方便起见，随工件尺寸的标注方法不同，将其分为以下三种情况：

a. 工件尺寸为 $C_{0}^{+\Delta}$，则

$$C_{凹} = (C + 0.5\Delta) \pm 0.5\delta_{凹}$$

b. 工件尺寸为 $C_{-\Delta}^{0}$，则

$$C_{凹} = (C - 0.5\Delta) \pm 0.5\delta_{凹}$$

c. 工件尺寸为 $C \pm \Delta'$，则

$$C_{凹} = C \pm \delta'_{凹}$$

式中　$A_{凹}$、$B_{凹}$、$C_{凹}$——相应凹模刃口尺寸；

　　　A_{max}——工件的最大极限尺寸；

　　　B_{min}——工件的最小极限尺寸；

　　　C——工件的基本尺寸；

　　　Δ——工件公差；

　　　Δ'——工件偏差；

　　　$\delta_{凹}$、$0.5\delta_{凹}$、$\delta'_{凹}$——凹模制造偏差，有 $\delta_{凹} = \Delta/4$，$\delta'_{凹} = \Delta'/4$。

落料的凸模按凹模的实际尺寸配作，保证间隙值 Z_{min}。因此凸模只标注基本尺寸，但在图

样上应注明"凸模刃口尺寸按凹模配作,保证间隙 $Z_{min} \sim Z_{max}$"。

2)冲孔。图 3-25a 所示为工件孔尺寸,图 3-25b 所示为冲孔凸模刃口轮廓,虚线为冲孔凸模刃口磨损后尺寸的变化情况。冲孔时以凸模为基准件配作凹模。

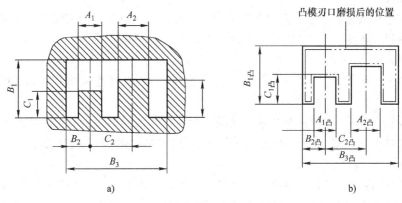

图 3-25 冲孔凸模刃口磨损后的变化

a)工件孔尺寸 b)冲孔凸模刃口轮廓

① 若凸模磨损后尺寸变小(如 B_1、B_2、B_3),变化后的尺寸为

$$B_{凸} = (B_{min} + x\Delta)_{-\delta_{凸}}^{0}$$

② 若凸模磨损后尺寸变大(如 A_1、A_2),变化后的尺寸为

$$A_{凸} = (A_{max} - x\Delta)_{0}^{+\delta_{凸}}$$

③ 若凸模磨损后无变化(如 C_1、C_2)

a. 工作尺寸为 $C_0^{+\Delta}$,则

$$C_{凸} = (C + 0.5\Delta) \pm 0.5\delta_{凸}$$

b. 工作尺寸为 $C_{-\Delta}^{0}$,则

$$C_{凸} = (C - 0.5\Delta) \pm 0.5\delta_{凸}$$

c. 工作尺寸为 $C \pm \Delta'$,则

$$C_{凸} = C \pm \delta'_{凸}$$

式中 $A_{凸}$、$B_{凸}$、$C_{凸}$——相应凸模刃口尺寸;

A_{max}——工件的最大极限尺寸;

B_{min}——工件的最小极限尺寸;

C——工件的基本尺寸;

Δ——工件公差;

Δ'——工件偏差;

$\delta_{凸}$、$0.5\delta_{凸}$、$\delta'_{凸}$——凹模制造偏差,有 $\delta_{凸} = \Delta/4$,$\delta'_{凸} = \Delta'/4$。

冲孔凹模按凸模的实际尺寸配作,保证间隙值 Z_{min}。因此,凹模只标注基本尺寸,但在图样上应注明"凹模刃口尺寸按凸模配作,保证间隙 $Z_{min} \sim Z_{max}$"。

3.2.5 冲裁工艺分析及设计

冲裁件的工艺性指的是冲裁件对冲裁工艺的适应性，即对冲裁件的结构、形状、尺寸及公差等技术要求是否符合冲裁加工的工艺性要求。

1. 排样设计

冲压件在条料或板料上的布置方法叫做排样。排样会影响材料的利用率、制件的质量、模具的结构与寿命、制件的生产率和模具的成本等技术、经济指标。

（1）排样方法

根据材料的利用程度，排样方法可以分为有废料排样法、少废料排样法和无废料排样法三种。

1）有废料排样法。冲裁件与冲裁件之间、冲裁件与条料侧边之间都存在工艺余料，冲裁是沿着冲裁件的封闭轮廓进行，如图3-26所示。此方法排样，冲裁件质量较好，模具寿命较长，但材料利用率比较低。

2）少废料排样法。只在冲裁件与冲裁件之间或只在冲裁件与条料侧边之间留着搭边，而在冲裁件与条料侧边或在冲裁件与冲裁件之间无搭边存在，如图3-27所示。这种方法排样，冲裁只沿着冲裁件的部分外轮廓进行，材料利用率比较高。

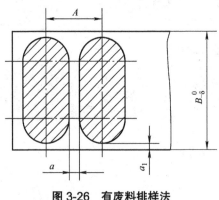

图 3-26 有废料排样法

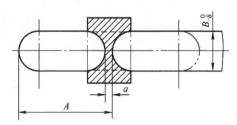

图 3-27 少废料排样法

3）无废料排样法。冲裁件与冲裁件之间、冲裁件与条料侧边之间均没有搭边存在。这种方法排样，冲裁件实际上是直接由切断条料获得，材料利用率可达85%~95%。图3-28所示的是步距为2倍工件宽度的一模两件无废料排样。

采用少、无废料排样法，材料利用率高，但条料本身的宽度误差、条料导向与定位所产生的误差都会直接影响冲裁件尺寸，使冲裁件的精度降低；同时，模具因单面受力而加快磨损，寿命降低。为此，排样时必须全面权衡利弊。

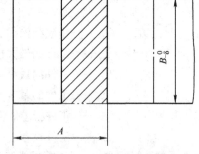

图 3-28 无废料排样法

此外，按工件的形状及排列方式还可以分成直排、斜排、直对排、斜对排、混合排、多行排等，见表3-11。可根据不同的冲裁形状加以选用，形状较为复杂的冲裁件，要采用多方案比较，从中选择一个比较合理的方案设计排样图。

表 3-11 排样方式

	有废料排样法	少、无废料排样法
直排	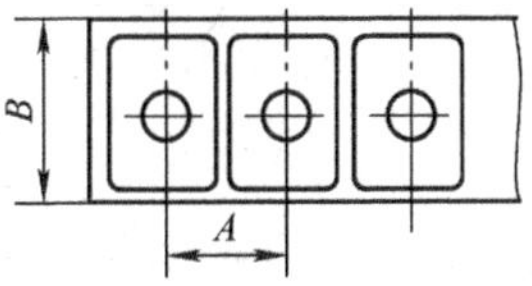	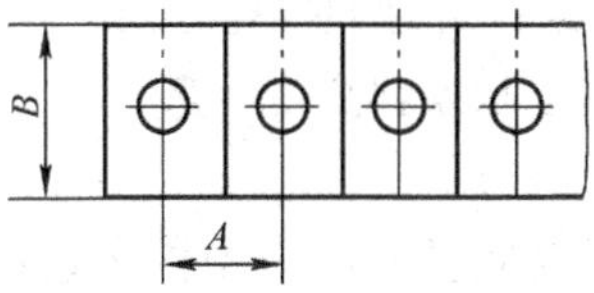
斜排	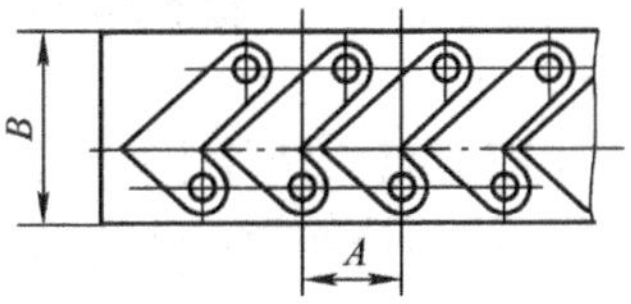	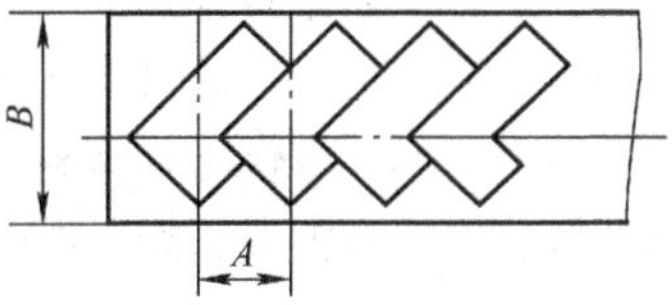
直对排	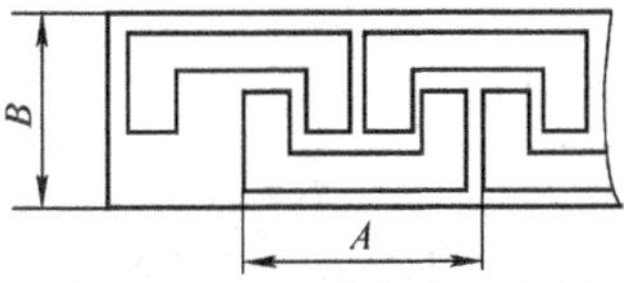	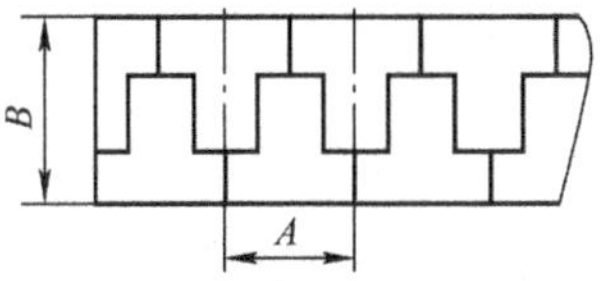
斜对排	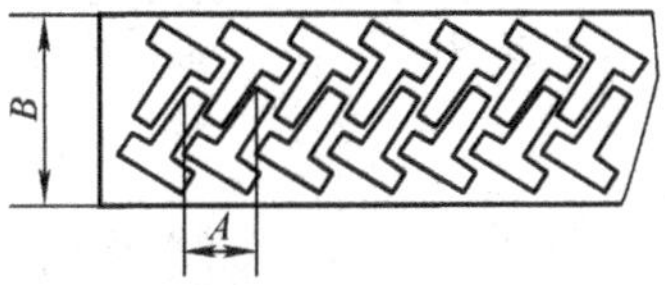	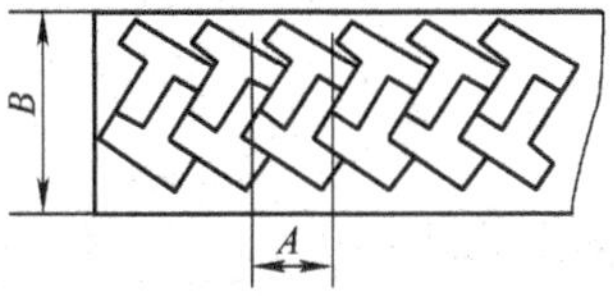
混合排	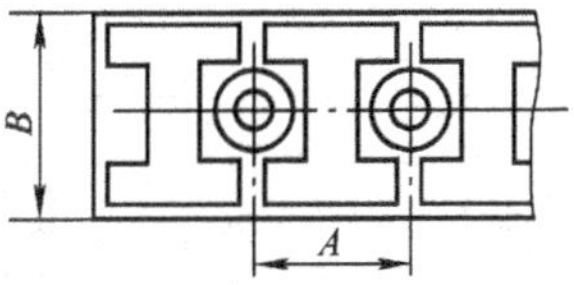	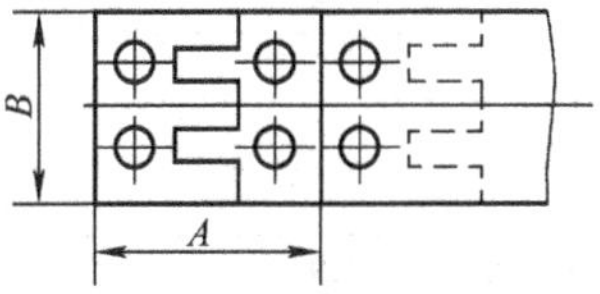
多行排	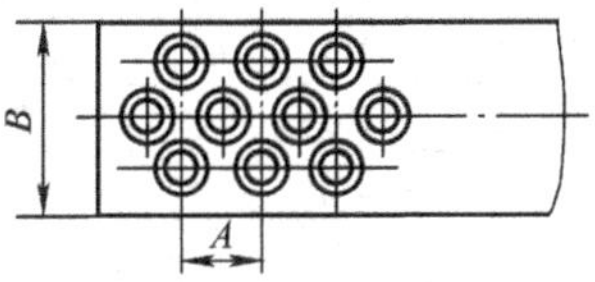	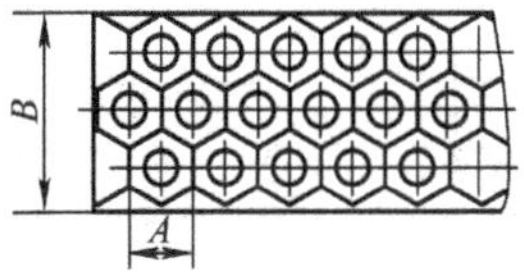

（2）排样目的

排样的目的是为了达到经济利用，在冲压零件的成本中材料费用占60%以上，因此材料的经济利用是一个重要问题。排样不合理就会浪费材料，衡量排样经济程度的标准是材料利用率，也就是工件的实际面积 F_0 与材料面积 F 的百分比，即公式如下

$$\eta = \frac{F_0}{F} \times 100\%$$

式中　　η ——材料利用率；

F_0 ——工作的实际面积；

F ——冲裁此工件所用材料面积，包括工件面积与废料面积。

从上式可以看出，若减少废料面积，则材料的利用率高。

废料分为工艺废料和结构废料两种，如图3-29所示。

搭边和余料属于工艺废料,这是与排样形式及冲压方式有关的废料;结构废料是由工件的形状特点决定的。要提高材料利用率,应从减少工艺废料着手,设计合理的排样方案。

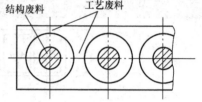

图 3-29 两种废料形式

2. 搭边和条料宽度计算

(1) 搭边

排样时制件之间或制件与条料侧边之间留下的工艺余料,称为搭边。搭边的作用是补偿定位误差,保持条料有一定的刚度,以保证制件定位和送料方便。搭边过大会浪费材料,过小则冲裁时容易翘曲或被拉断。不仅会增大制件毛刺,甚至还会被拉入凸、凹模间隙中损坏模具刃口,降低模具寿命,影响送料。搭边值通常由经验确定,表3-12列出了普通冲裁时最小搭边的经验数据。

表 3-12 最小搭边值

材料厚度 t/mm	圆件及 $r>2t$ 的圆角		矩形件边长 $l<50$ mm		矩形件边长 $l>50$ mm 或圆角 $r<2t$	
	工件间 a	侧边 a_1	工件间 a	侧边 a_1	工件间 a	侧边 a_1
0.25 以下	1.8	2.0	1.8	2.0	1.8	2.0
0.25~0.5	1.2	1.5	1.2	1.5	1.2	1.5
0.5~0.8	1.0	1.2	1.0	1.2	1.0	1.2
0.8~1.2	0.8	1.0	0.8	1.0	0.8	1.0
1.2~1.6	1.0	1.2	1.0	1.2	1.0	1.2
1.6~2.0	1.2	1.5	1.2	1.5	1.2	1.5
2.0~2.5	1.5	1.8	1.5	1.8	1.5	1.8
2.5~3.0	1.8	2.2	1.8	2.2	1.8	2.2
3.0~3.5	2.2	2.5	2.2	2.5	2.2	2.5
3.5~4.0	2.5	2.8	2.5	2.8	2.5	2.8
4.0~5.0	3.0	3.5	3.0	3.5	3.0	6.5
5.0~12	0.6t	0.7t	0.6t	0.7t	0.6t	0.7t

注:表中搭边值适用于低碳钢,对于其他材料,应将表中数值乘相应系数;中等硬度钢取 0.9;软黄铜、纯铜取 1.2;硬钢取 0.8;铝取 1.3~1.4;硬黄铜取 1~1.1;非金属取 1.5~2;硬铝取 1~1.2。

(2) 送料步距和条料宽度的计算

选定排样方法和确定搭边值之后,就要计算送料步距和条料宽度,这样才能画出排样图。

1) 送料步距。条料在模具上每次送进的距离称为送料步距(简称为步距或者进距)。每个步距可冲出一个零件,也可以冲出几个零件。送料步距的大小应为条料上两个对应冲裁件的对应点之间的距离,每次只冲一个零件,步距 A 的计算公式为

$$A = E + a$$

式中 E——平行于送料方向的冲裁件宽度;
       a——冲裁件之间的搭边值。

2）条料宽度。条料是由板料剪裁下料而得，为保证送料顺利，规定条料剪裁的上偏差为零，下偏差为负值（$-\Delta$），Δ 的取值可参照表 3-13。

表 3-13 条料宽度的下偏差　　　　　　　　　　　　　　　　（单位：mm）

条料厚度	条料宽度			
	≤ 50	> 50~100	> 100~200	> 200~400
≤ 1	0.5	0.5	0.5	1.0
> 1~3	0.5	1.0	1.0	1.0
> 3~4	1.0	1.0	1.0	1.5
> 4~6	1.0	1.0	1.5	2.0

条料在模具上送进时一般都有导向，当使用导料板导向而又无侧压装置时，在宽度方向也会产生送料误差。因此，计算条料宽度 B 时，应保证在这两种误差的影响下，仍能保证在冲裁件与条料侧边之间有一定的搭边值 a_1。

① 有侧压装置计算。如图 3-30 所示，测压装置（图中 F 力的施加装置）可使条料始终沿基准导料板送料。

此时条料宽度的计算如下：

$$B = (D + 2a_1 + \Delta)_{-\Delta}^{0}$$

② 无侧压装置计算。如图 3-31 所示，在无侧压装置送条料时，条料与导料板之间可能存在间隙 b_0，（b_0 的取值见表 3-14）。

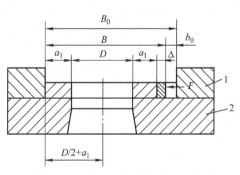

图 3-30　有侧压的条料宽度
1—导料板　2—凹模

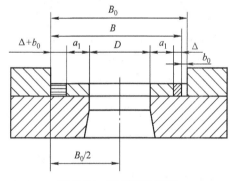

图 3-31　无侧压的宽度

表 3-14 条料和导料板之间的间隙 b_0　　　　　　　　　　（单位：mm）

条料厚度	有侧压装置		无侧压装置		
	条料宽度				
	≤ 100	> 100	≤ 100	> 100~200	> 200~300
≤ 1	5	8	0.5	0.5	1
> 1~5	5	8	0.8	1	1

此时条料宽度的计算如下

$$B = (D + 2a_1 + 2\Delta + b_0)_{-\Delta}^{0}$$

此宽度的条料不论靠向哪一边，即使是最小的极限尺寸（$B-\Delta$），也仍能保证冲裁时的搭边值 a_1。

3. 冲裁件的尺寸基准

冲裁件的尺寸基准应该尽可能与制模时的定位基准重合，以避免产生基准不重合的误差，如图 3-32 所示。

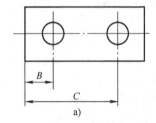 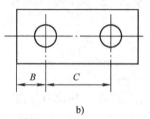

图 3-32 冲裁件的尺寸标注

a) 不合理　b) 合理

图 3-32a 所示尺寸的标注不合理，这样标注一旦模具磨损后就很难保证两孔的中心距；改为图 3-32b 所示的标注，即使模具磨损也不会影响到两孔的中心距。表 3-15 为冲裁件孔中心距的公差。

表 3-15　冲裁件中心距的公差　（单位：mm）

材料厚度	普通冲孔公差			高级冲孔公差		
	孔距公称尺寸					
	≤50	50~150	150~300	≤50	50~150	150~300
≤1	±0.10	±0.15	±0.20	±0.03	±0.05	±0.08
1~2	±0.12	±0.20	±0.30	±0.04	±0.06	±0.10
2~4	±0.15	±0.25	±0.35	±0.06	±0.08	±0.12
4~6	±0.20	±0.30	±0.40	±0.08	±0.10	±0.15

4. 冲裁件的工艺性

1）冲裁件的形状要求简单、对称，有利于材料的合理利用。

2）冲裁件内形及外形的转角处，要求尽量避免尖角，应以圆弧过渡。以便于模具的加工，减少热处理开裂，减少冲裁时尖角处的崩刃和太快磨损。圆角半径 r 的最小值，参考表 3-16。

表 3-16　最小圆角半径 r

工序	圆弧角度 α	最小圆角半径（t 为板厚）/mm		
		合金钢	黄铜、铝	低碳钢
落料	$\alpha \geq 90°$	0.35t	0.18t	0.25t
	$\alpha < 90°$	0.70t	0.35t	0.50t
冲孔	$\alpha \geq 90°$	0.45t	0.20t	0.30t
	$\alpha < 90°$	0.90t	0.40t	0.60t

3）冲裁件的最小孔边距。冲裁件中孔与孔之间的尺寸受凸模强度和刚度的限制不宜过小，否则凸模容易压弯，甚至断裂。其许可值见表 3-17。

表 3-17 最小孔间距

孔型	方孔		圆孔	
料厚 t/mm	≤ 2.3	> 2.3	≤ 1.55	> 1.55
最小孔距 /mm	$4.6t$	$2t$	$3.1t$	$2t$

孔与零件边沿之间的距离不能太小，一般要求 $c \geq 1.5t$，$c' \geq t$，如图 3-33 所示。

若在弯曲件或拉深件上冲孔，冲孔位置与零件壁间距应满足 $l \geq R+0.5t$，$l_1 \geq R_1+0.5t$ 尺寸。如图 3-34 所示。

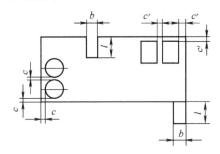

图 3-33 冲裁件结构工艺性

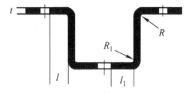

图 3-34 弯曲件冲孔位置

3.2.6 冲模

冲裁模是对金属板料进行压力加工以获得合格冲压件的工具。在冲裁压加工过程中，冲裁模的凸模和凹模直接接触板料使板料产生塑性变形获得预期的零件。冲裁模的分类方法从不同的角度反映了模具结构的不同特点。常见的分类方法：按工序性质分为落料模、冲孔模、切断模、弯曲模、拉深模和成形模；按工序组合分为单工序模、连续模（级进模）和复合模；按导向方式分为无导向模、导板导向模和导柱导套模；按冲裁模的材料分为钢模、低熔点合金模、锌基合金模和聚氨酯冲裁模；按凸、凹模的结构和布置方法分为整体模、镶拼模、正装模和倒装模。

微课视频
冲裁模

1. 单工序模

压力机在一次冲压行程中只完成一道工序的模具称为单工序模，也称为简单模。是一种单工位、单工序的模具，其特点是模具结构简单，但生产率低、冲压件累积误差较大，主要用于批量不大、精度要求不高的工件生产。

图 3-35 所示为导柱式单工序模，上、下模之间的相对运动用导柱和导套的间隙配合导向，并且凹模在下，为正装冲裁模。

此模具的工作原理：冲裁凸模由固定板、螺钉和定位销钉安装在上模上。上模用压入式模柄安装在压力机滑块的固定孔内，可随滑块上下运动。凹模、导料板、挡料销和卸料板安装在下模上，下模用压板固定在压力机的工作台上。工作时，条料由导料板导向送进，由挡料销定位。当上模随着滑块下降时，凸模冲落凹模上面的板料，获得与模具刃口形状一致、大小相近的工件。冲裁结束后，工件卡在凹模刃口内，由后续冲裁时凸模的推压，实现逐个自然漏料。紧紧箍在凸模上的废料，随凸模一起上升一小段距离，由固定卸料板将其从凸模上脱卸下来。至此，完成一个落料过程，条料再送进一个步距，进行下一个工件的落料。

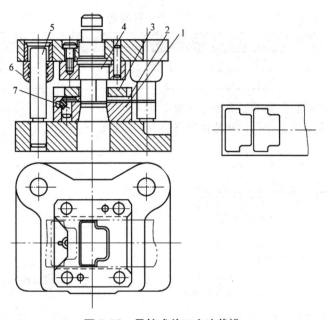

图 3-35 导柱式单工序冲裁模

1—凹模 2—导料板 3—刚性卸料板 4—凸模 5—导柱 6—导套 7—挡料销

采用导柱式导向机构,虽然模具的轮廓尺寸和质量有所增加,制造难度有所增大,但动作可靠,凸、凹模间隙均匀,制件尺寸精度较高,模具使用寿命长。凸模与凹模采用正装布置,凹模在下,制件从落料孔中自然漏料,操作方便,是单工序冲裁模的第一选择。

2. 连续模

连续模又称级进模,它能在压力机一次行程中,在不同工位上连续冲出一个或多个制件,生产效率高。

图 3-36 所示为冲孔-落料冲裁连续模结构。其模具由上模、下模两部分组成并由导柱、导套导向连接在一起成为整体冲裁模。

上模由上模板、垫板、凸模固定板以及工作零件落料凸模、冲孔凸模,通过内六角螺钉、圆柱销固定结合在一起;而下模则是由底座、凹模、卸料板及导料板由圆柱销及螺钉连接在一起。其侧刃凸模、挡料块均为条料定位零件,分别固定在上模与下模上。

模具在工作时,条料从右向左按

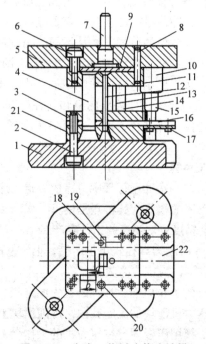

图 3-36 冲孔-落料冲裁连续模

1—模座 2、6—内六角螺钉 3—卸料板 4—落料凸模 5—上模板
7—模柄 8、18—圆柱销 9—垫板 10—导套 11—凸模固定板
12、13—冲孔凸模 14—侧刃凸模 15—导柱 16—导料板
17—螺钉 19—挡料块 20—安全销 21—凹模 22—脱料板

导料板向前送进，并由挡料块定位，当凸模、冲孔凸模随着压力机下降时，第一步首先由凸模与凹模相应孔刃作用先冲出方孔或小圆孔（图 3-37）并在侧刃凸模作用下，在条料边缘冲出一窄条落下。

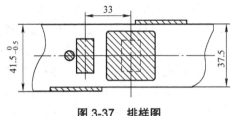

图 3-37 排样图

待上模回升时，将条料向前推进，则由侧刃凸模冲下窄条后的凸台被卸料块挡住，实现条料定位。在第二次冲压时，落料凸模冲下制件外形，并由漏料孔落下。而冲孔凸模又冲下下一个制件的内孔。这样，随着条料的不断向前送进，送冲裁模进行连续冲孔、落料，并在每一个行程中（除首次、末次）都冲下一个完整带内孔的制件，实现连续冲压。其模具最大特点是由侧刃凸模，通过每次截下窄条并由挡料块定位。

对于一些无法在复合模上生产的小件，往往可采用连续模生产。一般情况下，连续模的制件精度低于复合模。近年来，由于模具加工技术的提高出现了高精度连续模，其制件可以达到较高的精度。

3. 复合模

几个工序能同时在一个工位上完成的冲压模具称为复合模，复合冲裁模是几个冲裁工序复合在一起的冲裁模。

图 3-38 所示为落料冲孔倒装复合模。

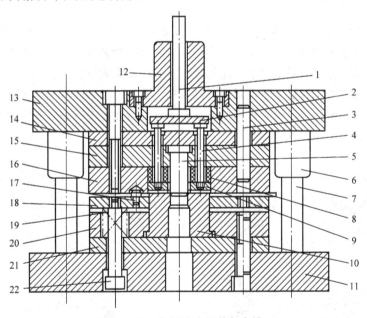

图 3-38 落料冲孔倒装复合模

1—打杆 2—推板 3—圆柱销 4—连接推杆 5—凸模 6—导套 7—导柱 8—橡胶弹性体 9—推件板
10—凸凹模 11—下模座 12—模柄 13—上模座 14、21—垫板 15、20—固定板 16—凹模 17—定位销
18—卸料板 19—弹簧 22—卸料螺钉

凸凹模安装在下模，冲孔凸模和落料凹模安装在上模上。条料由定位销定位，冲裁时，上模向下运动，因弹性卸料板和安装在凹模型孔内的推件板分别高出凸凹模和落料凹模的工作面

约 0.5mm，且落料凹模上与定位销对应的部分加工出了凹窝，条料首先被压紧。随上模的继续下降，冲孔与落料的冲裁同时完成。此时，冲下的工件卡在凹模型孔内，冲孔废料聚积在凸凹模的型孔中，板料箍紧在凸凹模上，而弹簧被压缩，弹性卸料板相对凸凹模的上表面向下移动一个工作距离。上模回程时，被压缩的弹簧回弹，推动卸料板向上移动而复位，就将箍紧在凸凹模上的板料脱卸。卡在凹模型孔内的工件，借助打料横杆（随着滑块一起上下运动）与挡头螺钉（固定在压力机的机身上）之间的撞击力，被打杆、推板、推杆和推件板组成的刚性推件装置推出，人工引出。积聚在凸凹模型孔中的冲孔废料，由后续冲裁时凸模的推压，实现逐个自然漏料。

复合模的优点是结构紧凑、生产效率高、工作精度高、安全可靠。由于复合模的结构复杂，构件之间具有相对运动的占多数，此外制造精度高、加工难度大，自动连续送料较为困难，而且工件形成也要受凸凹模强度的限制。因此某些狭小区域的工件就不能使用复合模型生产。

课程育人

> 断裂是冲裁工艺的变形结果，如何设定条件，让断裂在可控条件下发生，满足设计要求，是冲裁工艺的核心。变化需要在约束条件下发生才会可控。

3.3 弯曲工艺

弯曲是利用模具或其他工具将板料、型材或管材弯成具有一定角度和圆角的塑性成形方法。它是冲压的基本工序之一，应用广泛，加工的零件种类很多，板料裁剪的如 V 形件、U 形件，管类件如圆管、方管、异型管的弯曲件等。生产中弯曲成形所用的模具和设备不同，弯曲的方法也不同，如有在压力机上用模具进行的压弯，有在专用弯曲机上进行的折弯或滚弯，以及在拉弯设备上的拉弯等。尽管各种弯曲方法不同，但弯曲变形过程有着共同的变形特点和规律。常见的加工方法如图 3-39 所示。

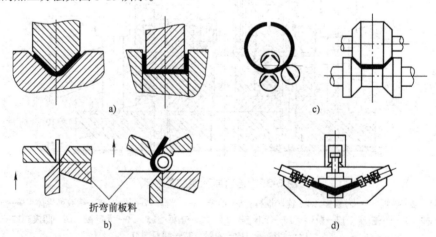

图 3-39 弯曲加工方法

a）V、U 形模具弯曲　b）折弯　c）滚弯　d）拉弯

3.3.1 板料弯曲变形及特点

1. 弯曲变形过程

V 形件弯曲是板料弯曲中最基本的一种,任何复杂弯曲都可以看成是由多个 V 形弯曲组成的,这里以 V 形弯曲为代表分析弯曲变形过程。如图 3-40 为 V 形弯曲变形过程示意图。

微课视频
板料弯曲变形
工艺及特点

如图 3-40 所示,弯曲时,板料毛坯放在凹模上,凸模下行接触毛坯并逐渐下压,使其毛坯产生的弯曲半径 r_1、r_2、r_3……r_n 和凹模与毛坯接触的两个支点之间的距离 S_1、S_2、S_3……S_n 逐渐减小,一直到毛坯和凹模、凸模完全贴合。

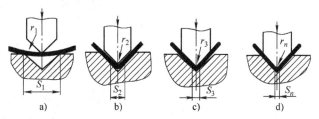

图 3-40　V 形件弯曲变形过程示意图

弯曲分为自由弯曲和校正弯曲,自由弯曲是指弯曲终了时,凸模、坯料、凹模三者贴合后,凸模不在下压。校正弯曲是指在弯曲终了前,凸模给板料施加足够大的压力使其进一步地产生塑性变形,从而得到校正。校正弯曲得到的弯曲件的质量明显要好于自由弯曲。

2. 弯曲变形的特点

分析材料的弯曲变形特点通常采用网格法,如图 3-41 所示。

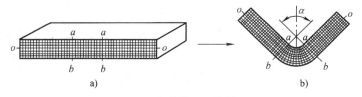

图 3-41　弯曲前后网格的变化
a)弯曲前　b)弯曲后

在弯曲前的板料侧面用机械刻线或照相腐蚀制作网格,然后用显微镜观察、测量弯曲后网格尺寸和形状的变化情况,可以看出弯曲变形的特点。

(1)通过对网格的观察

可以看出弯曲圆角部分的网格发生了显著的变化,原来的正方形网格变成了扇形。靠近圆角部分的直边有少量变形,其余直角部分没有发生变形,说明弯曲变形的区域主要发生在弯曲圆角部分。

(2)在弯曲变形区内

从网格的变化情况来看,板料在长、宽、厚三个方向都发生了变形。

1)长度方向。板料内区的纵向网格线长度缩短,越靠近内区越短,最内区的圆弧最短,其长度远小于弯曲前的直线长度,说明区内的材料受到压缩。而板料外区的纵向网格线长度伸长,越靠近外区越长,最外区的圆弧最长,其长度明显大于弯曲前的直线长度,说明外区材料受到拉伸。

2)厚度方向。由于内侧长度方向缩短,因此厚度应增加,但由于凸模紧压坯料,厚度方向增加不易。外侧长度伸长,厚度要变薄。因为增厚量小于变薄量,因此板料厚度在弯曲变形区内有变薄现象。弯曲变形程度越大,弯曲部位的变薄越严重。值得注意的是,弯曲时的厚度变薄不仅会影响零件的质量,而且在多数情况下会导致弯曲部位长度的增加。

3)宽度方向。根据实验结果发现,在宽度方向的变形情况根据板料的宽度和厚度之比(B/t)的不同,分为两种情况:

① 窄板。宽度与厚度之比小于或等于 3($B/t \leq 3$)的板料弯曲,由于板料在长度方向上内侧受压缩,外侧受拉伸,而窄板材料在宽度方向的变形不受约束,断面变成内宽外窄的扇形,如图3-42a所示。变形区横断面形状尺寸发生的改变称为畸变。

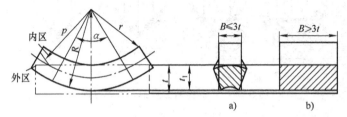

图 3-42 弯曲变形时板料断面形状的变化
a)窄板 b)宽板

② 宽板。板料宽度和厚度之比大于 3($B/t > 3$)的板料弯曲,宽板材料在宽度方向的变形会受到宽度方向相邻金属间的制约,内侧与外侧在宽度方向上几乎不变,基本保持矩形,如上图3-42b所示。

3. 弯曲变形的应力与应变

板料弯曲时变形区域内的应力应变状态与弯曲变形的程度有关。因为板料的相对宽度(B/t)直接影响弯曲时板料沿宽度方向的应变,进而影响应力,所以板料在塑性弯曲时,随着 B/t 的不同,变形区有着不同的应力应变状态,具体见表3-18。

表 3-18 弯曲过程中的应力应变状态

	窄板		宽板	
板宽	$B \leq 3t$		$B > 3t$	
内侧	σ_2, σ_1	ε_2, ε_1, ε_3	σ_2, σ_1, σ_3	ε_2, ε_1
外侧	σ_2, σ_1	ε_2, ε_1, ε_3	σ_2, σ_1, σ_3	ε_2, ε_1

由表 3-18 可知，对应力而言，宽板弯曲是三向应力状态，窄板弯曲则是两向的平面应力状态；对应变而言，窄板弯曲是三向应变状态，宽板弯曲则是两向平面应变状态。

3.3.2 弯曲件质量分析

弯曲件在生产中经常出现的质量问题有回弹、弯裂、偏移三种，影响弯曲件质量的因素有很多，在制定弯曲工艺以及弯曲模型设计时应综合考虑。

1. 弯曲回弹分析及工艺设计

（1）回弹现象

对弯曲变形过程的分析可知，任何塑性弯曲变形都是由弹性变形过渡到塑性变形的，变形过程不可避免地残存着弹性变形，导致弯曲后工件的形状和尺寸都将发生与加载时变形方向相反的变化，从而造成弯曲件的弯曲角度和弯曲半径与模具尺寸不一致。这种现象称为弯曲件的回弹，如图3-43所示。

微课视频
弯曲件的回弹及
工艺设计

回弹现象通常表现为两个几何参数的变化，回弹值的大小主要由以下两个指标确定：

1）弯曲半径的改变，由回弹前弯曲半径 r 变为回弹后的 r_0。

2）弯曲角度的改变，由回弹前弯曲角度 α 变为回弹后的工件实际中心角度 α_0。

（2）影响回弹的因素

1）材料的力学性能。材料卸载时弹性恢复的应变量与材料的屈服强度 σ_s 与弹性模量 E 有关。σ_s 越大，材料在一定的变形程度时，变形区断面内的应力也越大，因而引起更大的弹性变形，因此回弹值也越大。E 越小，材料抵抗弹性变形的能力越小，回弹值越小。

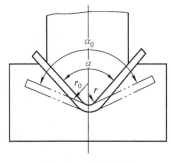

图 3-43 弯曲回弹

2）相对弯曲半径。相对弯曲半径 r/t 越小，弯曲变形区的变形程度越大，回弹也就越小。

3）弯曲中心角。弯曲中心角 α 越大，变形区的长度越长，回弹累积值越大，回弹值越大。

4）弯曲方式。校正弯曲时，回弹量小。校正力越大，回弹量越小，有时还会出现负回弹。自由弯曲的回弹大。

5）弯曲件形状。弯曲件形状复杂，一次弯曲成形的部位多，则在弯曲过程中各部位的材料相互牵制，弯曲后的回弹较小。

6）模具尺寸和间隙。弯曲V形件时，增大凹模V形工作面开口尺寸能够减小回弹。弯曲U形件时，减小凸、凹模间隙也可以减小回弹。

（3）减小回弹的措施

弯曲件产生回弹造成形状和尺寸的误差，很难获得合格的制件。因此，生产中要采取措施来控制和减小回弹。常用控制弯曲件回弹的措施如下：

1）合理选材。在满足弯曲件使用要求的条件下，应尽可能选用弹性模量大、屈服极限小、力学性能稳定的材料，以减小弯曲时的回弹。

2）改进弯曲件的局部结构。在变形区压出加强筋或压成形边翼，增加弯曲件的刚性，使弯曲件回弹困难，如图3-44所示。

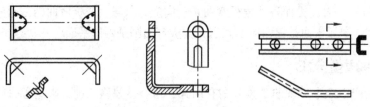

图 3-44 改进零件的结构设计

3) 采取热处理工艺。对一些硬材料和已经加工硬化的材料，弯曲前先进行退火处理，降低硬度以减少弯曲时的回弹，待弯曲后再淬硬。条件允许的情况下，甚至可以使用加热弯曲。

4) 采取拉弯工艺。对于相对弯曲半径很大的弯曲件，由于变形区部分处于弹性变形状态，弯曲回弹量很大。这时可采取拉弯工艺，如图 3-45 所示。

工件在弯曲变形过程中受到了切向拉伸力的作用。施加的拉伸力应使变形区内的合成应力大于材料的屈服点，中性层内侧压应转化为拉应变，从而使材料的整个横断面都处于塑性拉伸变形的范围，如图 3-46 所示。卸载后内、外两侧的回弹趋势相互抵消，因而可大大减少弯曲件的回弹。

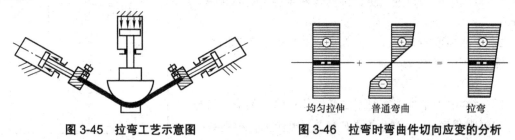

图 3-45 拉弯工艺示意图   图 3-46 拉弯时弯曲件切向应变的分析

5) 改进模具结构。一般小型弯曲件可采用在毛坯直边部分加压边力来限制非变形区材料的流动；或减小凹、凸模间隙使变形区的材料作变薄挤压拉伸，以增加变形区的拉应变，如图 3-47、图 3-48 所示。

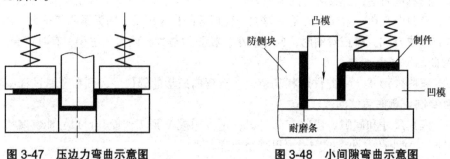

图 3-47 压边力弯曲示意图   图 3-48 小间隙弯曲示意图

6) 补偿法。利用弯曲件不同部位回弹方向相反的特点，按预先估算或试验所得的回弹量，修正凸模和凹模工作部分的尺寸和几何形状，以相反方向的回弹来补偿工件的回弹量，如图 3-49 所示。

单角弯曲时如图 3-49a，根据工件可能产生的回弹量，将回弹角做在凹模上，使凹模的工作部分具有一定的斜度。图 3-49b 为双角弯曲时的凸、凹模补偿形式。双角弯曲时，可以将弯曲凸模两侧修去回弹角，并保持弯曲模的单面间隙等于最小料厚，促使工件贴住凸模，开模后工件两侧回弹至垂直。图3-49c是将模具底部做出圆弧形,利用开模后底部向下的回弹作用来补偿工件两侧向外的回弹。

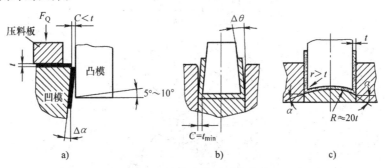

图 3-49 补偿法修正模具结构

7）校正弯曲法。将凸模的角部设计成局部凸的形状,弯曲变形终了时,凸模压力集中作用在弯曲变形区,加大变形区的变形程度,迫使内侧也产生伸长变形,改变弯曲变形区外拉内压的应力状态,使其成为三向受压的压力状态,从而减小回弹,如图3-50所示。

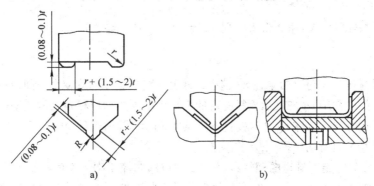

图 3-50 校正弯曲法示意图

校正弯曲适用于厚度大于0.8mm、塑性较好的材料,当弯曲变形区金属的校正压缩量为板厚的2%~5%时,就会产生较好的效果,因此,校正弯曲成为减小回弹最常用的方法。

2. 弯裂分析及工艺设计

弯曲时板材外侧受拉,当外侧拉应力超过材料的抗拉强度以后,板材外侧就会产生裂纹,这种现象称之为弯裂,如图3-51所示。

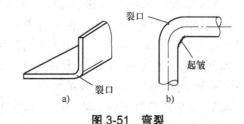

图 3-51 弯裂
a）平面弯曲时外侧开裂
b）管形弯曲时内侧起皱,外侧开裂

实践证明,板料是否会产生弯裂,在材料性质一定的情况下,主要与弯曲半径r和板料厚度t的比值r/t（称为相对弯曲半径）有关,r/t越小,其变形程度就越大,越容易产生裂纹。

（1）最小相对弯曲半径

图3-52所示为板料弯曲时的变形情况。设中性层半径为p,弯曲中心角为α,则最外层金属（半径为R）的伸长率为$\delta_{外}$为

$$\delta_{外} = \frac{\widehat{aa} - \widehat{oo}}{\widehat{oo}} = \frac{(R-p)\alpha}{p\alpha} = \frac{R-p}{p}$$

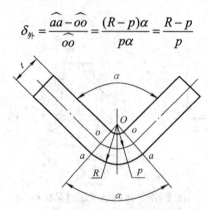

图 3-52 弯曲时的变形情况

设中性层位置在半径为 $p = r + t/2$ 处,且弯曲后厚度保持不变,则 $R = r + t$,且有

$$\delta_{外} = \frac{(r+t)-(r+t/2)}{r+t/2} = \frac{t/2}{r+t/2} = \frac{1}{2r/t+1}$$

如将 $\delta_{外}$ 以材料断后伸长率 δ 带入,则 r/t 转化为 r_{min}/t,且有

$$r_{min}/t = \frac{1-\delta}{2\delta}$$

从上式可以看出,相对弯曲半径 r/t 越小,外侧材料的延伸率就越大,即板料切向变形程度越大,因此,生产中常用 r/t 来表示板料的弯曲变形程度。当外层材料的伸长率达到材料断后伸长率后,就会导致弯裂,故称 r_{min}/t 为板料不产生弯裂时的最小相对弯曲半径。

(2)影响最小相对弯曲半径 r_{min}/t 的因素

1)材料的力学性能。材料的塑性越好,塑性指标如伸长率、断面收缩率等越高,便可采用越小的弯曲半径。材料的力学性能还受材料热处理状态的影响,如退火或正火后,材料的塑性提高,r_{min}/t 也可减少。

2)弯曲中心角 α。弯曲中心角 α 是指弯曲件圆角变形区圆弧所对应的圆心角。理论上弯曲变形区局限于圆角区域,直边部分不参与变形,似乎变形程度只与相对弯曲半径 r/t 有关,而与弯曲中心角 α 无关。但实际上由于材料的相互牵制作用,接近圆角的直边也参与了变形,扩大了弯曲变形区的范围,分散了集中在圆角部分的弯曲应变,使圆角外表面受拉状态有所缓解,从而有利于降低最小弯曲半径的数值。

3)板料的纤维方向。冲压所用的板材多为冷轧板材,由于经过多次轧制,板材具有方向性,顺着纤维方向的塑性指标大于垂直于纤维方向的指标。因此当弯曲件的折弯线与板料纤维方向相垂直时,最小相对弯曲半径 r_{min}/t 的数值最小(图 3-53a);如果折弯线与板料纤维方向平行,r_{min}/t 数值最大(图 3-53b)。

在弯制 r/t 较小的弯曲件时,弯曲件在板料上的排样应使折弯线尽可能地垂直于板料的纤维方向。当 r/t 较大时,折弯线的布置主要是考虑材料利用率的大小。如果在同一零件上具有不同方向的弯曲,在考虑弯曲件排样经济性的同时,应尽可能使弯曲线与纤维方向夹角不小于 30°(图 3-53c)。

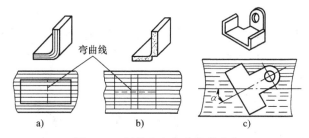

图 3-53 纤维方向与弯曲线夹角

4）板料的冲裁断面质量和表面质量。弯曲用的板料毛坯一般由冲裁或剪裁获得，材料剪切断面上的毛刺、裂口和加工硬化以及板料表面的划伤、裂纹等缺陷，将会造成弯曲时应力集中，材料容易破裂，因此表面质量和断面质量差的板料弯曲，其最小相对弯曲半径 r_{min}/t 较大。

生产实际中需要用到较小的 r_{min}/t 值时，可以采用弯曲前去除毛刺或将材料有小毛刺的一面朝向弯曲凸模、切除剪切断面上的硬化层或者退火的处理等方法，以避免工件破裂。

由于上述各种因素对 r_{min}/t 的综合影响十分复杂，r_{min}/t 的数值一般用试验方法确定。各种金属材料在不同状态下的最小相对弯曲半径的数值参见表 3-19。

表 3-19 最小相对弯曲半径 r_{min}/t

材料	退火状态		冷作硬化状态	
	弯曲线的位置			
	垂直纤维方向	平行纤维方向	垂直纤维方向	平行纤维方向
08、10、Q195、Q215	0.1	0.4	0.4	0.8
15、20、Q235	0.1	0.5	0.5	1.0
25、30、Q255	0.2	0.6	0.6	1.2
35、40、Q275	0.3	0.8	0.8	1.5
45、50	0.5	0.1	1.0	1.7
55、60	0.7	1.3	1.3	2.0
铝	0.1	0.35	0.5	1.0
纯铜	0.1	0.35	1.0	2.0
软黄铜	0.1	0.35	0.35	0.8
半硬黄铜	0.1	0.35	0.5	1.2
磷铜			1.0	3.0
Cr18Ni9	1.0	2.0	3.0	4.0

注：1. 当弯曲线和纤维方向不平行也不垂直时，可取平行和垂直方向二者的中间值。
2. 冲裁或剪裁后的板料若未作退火处理，则应作为硬化的金属选用。
3. 弯曲时应使板料有毛刺的一边处于弯角的内侧。

（3）控制弯裂的措施

为了消除或防止弯曲时开裂，可以采取以下措施：

1）通过热处理工艺或采用塑性较好的材料，降低其 r_{min}/t 值，改善弯曲成形性能。

2）采用加热弯曲或多次弯曲、中间退火的工艺方法，提高材料塑性，减少最小弯曲半径。

3）对于较小的毛刺，弯曲时将毛刺的一面朝向弯曲内侧。

4）去除板料剪切面的毛刺，采用整修、挤光、滚光等方法改善板料表面和侧面质量，消除或减轻应力集中。

5) 在弯曲较厚板料时，如结构允许，可采取先在弯角内侧开出工艺槽后再进行弯曲的工艺，以增大实际相对弯曲半径，如图 3-54a、图 3-54b 所示。

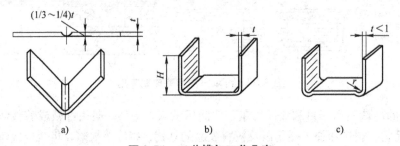

图 3-54　工艺槽与工艺凸肩

a) V 形件开槽　b) U 形件开槽　c) 工艺凸肩

对于薄料，可在弯角处压出工艺凸肩，减小弯曲中心角和局部变形量，如图 3-54c 所示。

6) 合理排样和剪裁板料，使弯曲方向与材料纤维垂直，当弯曲件具有两个相互垂直的弯方向时，应使两个弯曲线与纤维方向成 45° 夹角。

7) 采用整体工艺。即先以大于 r_{min}/t 的弯曲半径进行弯曲，然后通过整形工艺使零件形状尺寸达到要求。

3. 弯曲偏移分析及工艺设计

偏移一般是零件或模具不对称使工件两侧受到的摩擦力不相等，引起毛坯在弯曲过程中在水平方向移动造成的。

为了防止偏移现象的发生，应在模具在设置弹顶压料装置或利用弯曲件上的工艺孔采用定位销定位，如图 3-55、图 3-56 所示。

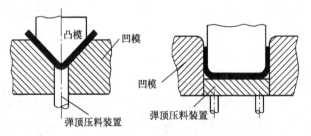

图 3-55　压料装置

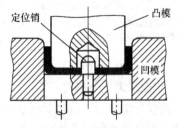

图 3-56　定位销定位

对于弯曲形状复杂或需要多次弯曲的工作，也应预先在弯曲件上设计出定位工艺孔。

3.3.3 弯曲工艺计算

在进行弯曲模结构设计之前，需要进行弯曲工艺计算，通常包括弯曲力和毛坯尺寸等工艺参数的计算。

1. 弯曲力的计算

弯曲力是设计弯曲模和选择压力机吨位的重要依据，必须对弯曲力进行计算。弯曲力的大小和毛坯尺寸、材料力学性能、凹模支点间的距离、弯曲半径、凸凹模间隙等因素有关，计算过程非常的复杂，生产中常用经验公式进行计算。

图 3-57 所示为各阶段弯曲力变化曲线。弹性弯曲阶段的弯曲力较小；自由弯曲阶段的弯曲力较大，而且基本上不随着行程的变化而变化；校正弯曲阶段，由于模具与坯料的刚性接触，弯曲力急剧增加，远远大于自由弯曲阶段的弯曲力。

（1）自由弯曲的弯曲力

弯曲力的计算按弯曲件的形状可分为两种情况：V 形件、U 形件。如图 3-58 所示。

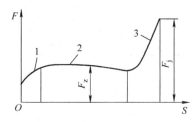

图 3-57 弯曲力变化曲线

1—弹性弯曲阶段 2—自由弯曲阶段 3—校正弯曲阶段

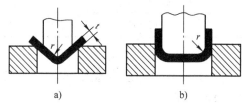

图 3-58 自由弯曲示意图

a）V 形件自由弯曲 b）U 形件自由弯曲

1）对于 V 形件，计算如下

$$F_z = \frac{0.6kbt^2\sigma_b}{r+t}$$

2）对于 U 形件，计算如下

$$F_z = \frac{0.7kbt^2\sigma_b}{r+t}$$

式中　F_z——自由弯曲力（冲压结束时的弯曲力），N；

　　　k——安全系数，一般取 $k = 1.3$；

　　　b——弯曲件宽度，mm；

　　　t——弯曲件厚度，mm；

　　　σ_b——材料的抗压强度，MPa；

　　　r——弯曲半径（内角半径），mm。

（2）校正弯曲时的弯曲力

校正弯曲时在自由弯曲阶段之后进行的，两个力并非同时存在，且校正弯曲力比自由弯曲力大得多，因此，在校正弯曲时，只需要计算校正弯曲力，如图 3-59 所示。

校正弯曲力可按下列公式进行计算

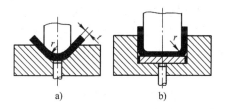

图 3-59 校正弯曲示意图

a）V 形件校正弯曲 b）U 形件校正弯曲

$$F_j = Ap$$

式中 F_j——校正弯曲力，N；

A——工件被校正部分在凹模上的投影面积，mm^2；

p——单位校正力（可查询表3-20），MPa。

表3-20 单位校正力 p （单位：MPa）

材料	材料厚度 t/mm	
	≤ 3	> 3~10
铝	30~40	50~60
黄铜	60~80	80~100
10钢~20钢	80~100	100~120
25钢~35钢	100~120	120~150
钛合金（BT1）	160~180	180~210
钛合金（BT3）	160~200	200~260

（3）顶件力和压料力

对于设有顶件装置或压料装置的弯曲模，顶件力或压料力可近似取自由弯曲力的30%~80%。即

$$F_Q = (30\%~80\%) F_z$$

式中 F_Q——顶件力或压料力；

F_z——自由弯曲力。

（4）压力机的确定

弯曲时所用压力机是根据弯曲时所需的总弯曲工艺力 F 来选取的。总弯曲工艺力 F 的确定方法如下：

1）自由弯曲时：$F = F_z + F_Q$。

2）校正弯曲时：$F = F_j + F_Q \approx F_j$。

在校正弯曲时，校正弯曲力远大于自由弯曲力 F_z，顶件力或压料力 F_Q。因此，在计算总工艺力 F 时，顶件力或压料力 F_Q 可以忽略不计，只需要考虑校正弯曲力 F_j。选择压力机时，一般应使压力机的公称压力 $F_p ≥ 1.3F$。计算弯曲件展开长度时，一定要注意弯曲，半径 r 的大小不同，选用的计算方式也不同，弯曲力的计算与模具结构形式有关，因此计算时要确定模具结构设计方案，是采用自由弯曲形式还是校正弯曲方式。

2. 弯曲件毛坯尺寸的确定

弯曲件毛坯尺寸展开的长度指的是弯曲件在弯曲之前的展平尺寸。它是毛坯下料的数据，保证弯曲出合格零件。由于弯曲件的结构形状、弯曲半径及弯曲方法不同，毛坯尺寸的计算方法也不相同。

（1）圆角半径 $r ≥ 0.5t$

此类弯曲件又称为有圆角半径的弯曲件，在弯曲过程中，按毛坯的应变中性层尺寸不变原则，在计算其展开长度时，只需要计算其中性层展开的尺寸即可，如图3-60所示。

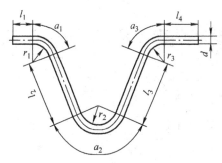

图 3-60 多角弯曲件的展开长度

展开长度等于所有直线段和弯曲部分中性层展开长度之和，计算如下：

$$L = a_1 + a_2 + a_3 + \cdots + a_n + l_1 + l_2 + l_3 + \cdots + l_n$$

式中　　　　　L——弯曲件展开长度，mm；

a_1、a_2、a_3 …… a_n——各圆弧线段的展开长度，mm；

l_1、l_2、l_3 …… l_n——各直线段的长度，mm。

（2）圆角半径 $r < 0.5t$

此类弯曲件的中性层变化复杂，其毛坯展开的长度是按体积不变的原则进行计算的，计算时应注意以下两点：

1）对于同一形状的弯曲件，若弯曲方法不同，则毛坯的展开尺寸也不同。

2）对于尺寸精度要求高的弯曲件，其毛坯展开长度应在试件弯曲后进行校正，修改模具后才能批量下料。

计算公式见表 3-21。

表 3-21　圆角半径 $r > 0.5t$ 的弯曲件展开尺寸计算

序号	弯曲特征	简图	公式
1	弯一个 90° 角		$L = l_1 + l_2 + 0.4t$
2	弯一个 180° 角		$L = l_1 + l_2 - 0.43t$
3	一次同时弯两个角		$L = l_1 + l_2 + l_3 + 0.6t$

(续)

序号	弯曲特征	简图	公式
4	一次同时弯三个角		$L = l_1 + l_2 + l_3 + l_4 + 0.75t$
5	第一次同时弯两个角，第二次弯曲另一个角		$L = l_1 + l_2 + l_3 + l_4 + t$
6	一次同时弯四个角		$L = l_1 + 2l_2 + 2l_3 + t$
7	分两次弯曲四个角		$L = l_1 + 2l_2 + 2l_3 + 1.2t$

（3）卷圆毛坯展开长度计算

对于 r 为 $(0.6\sim3.5)t$ 的铰链式弯曲件，可用卷圆方法进行弯曲，如图3-61所示。

铰链卷圆时，凸模对毛坯一段施加的是压力，因此会产生不同于一般压弯的塑性变形，材料不是变薄而是增厚了，中性层由板料厚度中间向弯曲外层移动，因此中性层位移系数大于或等于0.5。

表3-22列出了两种卷圆形式的毛坯展开长度计算公式，卷圆时中性层位置系数 K 见表3-23。

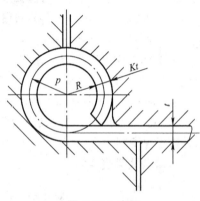

图3-61 卷圈

表3-22 卷圈形式毛坯展开长度计算公式

类别	图式	公式
铰链卷圈		$L = \dfrac{\pi(R + Kt)}{180°}\alpha + L_1$
吊环卷圈		$L = \dfrac{\pi(R + Kt)}{180°}\alpha + L_1 + L_2$

表 3-23 卷圈中性层系数 K

r/t	0.5~0.6	0.6~0.8	0.8~1.0	1.0~1.2	1.2~1.5	1.5~1.8	1.8~2.0	2.0~2.2	>2.2
K	0.76	0.73	0.70	0.67	0.64	0.61	0.58	0.54	0.5

3.3.4 弯曲模

弯曲模的结构主要取决于弯曲件的形状和弯曲工序的安排。

与冲裁模具一样，弯曲模具结构也可分为工作零件（凸模、凹模、凸凹模）、定位零件（定位板、定位钉等）、顶件及压料装置、导向零件、固定零件（模架、固定板、垫板、模柄、紧固件等）等五个部分。且常常根据弯曲件的形状和精度要求省去某些组成部分。

微课视频
弯曲模

1. 弯曲模的要求

弯曲工序可以在普通的压力机上进行，也可以在专用的弯曲机或弯曲设备上进行，为了保证达到工作的需求，在进行弯曲模的结构设计时，必须注意以下几点：

1）坯料放在模具上应保证可靠的定位。
2）在压弯过程中，应防止毛坯的窜动。
3）为了减少回弹，在行程结束时应使工件在模具中得到校正。
4）弯曲模的结构应考虑到制造与维修中减小回弹的可能。
5）毛坯放入模具上和压弯后从模具中取出工件要方便。

2. 弯曲模的典型结构

（1）V形件弯曲模

V形件形状简单，可以一次弯曲成形。常用的弯曲方法有两种：一种是沿弯曲件的角平分线方向弯曲，叫做V形弯曲；另一种是垂直于一边方向的弯曲，叫做L形弯曲。

1）V形件弯曲模。这类模具结构简单，在压力机上安装调整方便。凸、凹模之间的间隙是靠调节压力机的装模高度来控制，对材料的厚度公差要求不严，可实现校正弯曲，弯曲件的回弹小，平面度好，适用于两直边相差不大的V形弯曲件，如图 3-62 所示。板料前后方向有定位销定位，顶杆既起顶料作用，又起压料作用，可防止材料偏移。

2）L形件弯曲模。图 3-63 所示的L形弯曲模，用于弯曲两直边长度相差较大的单角弯曲件。

长度较大的直边夹紧在凸模和压料板之间，另一边沿着凹模圆角滑动，而成直立状态。由于有压料板及定位销，可有效防止弯曲时坯料的偏移。靠板的作用是克服上、下模之间水平方向的错移力，同时也为

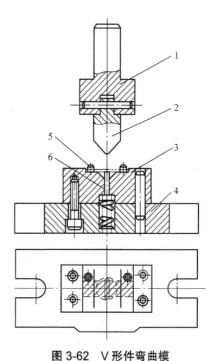

图 3-62 V形件弯曲模
1—模柄 2—凸模 3—凹模 4—下模座
5—定位销 6—顶杆

压料板起导向作用,防止窜动。

(2) U形件弯曲模

1) U形件弯曲模。图3-64所示为一般U形件弯曲模,在凸模的一次形成中能将两个角同时弯曲。

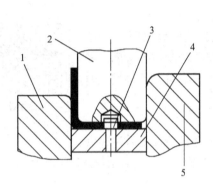

图3-63 L形件弯曲模
1—凹模 2—凸模 3—定位销 4—压料板 5—靠板

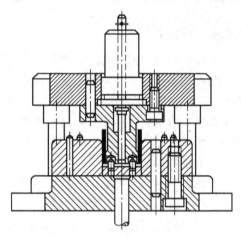

图3-64 U形件弯曲模

该模具因为有回弹现象,所以工件一般不会包紧在凸模上,一般不需要卸料装置,且两竖边无法得到校正,回弹率大。

当U形件的外侧尺寸要求较高,或内侧尺寸要求较高时,可分别采用图3-65a和图3-65b所形式的弯曲模。

凸模和凹模为活动结构,在冲程末端,由于斜楔的作用,活动凸模或凹模水平运动,可对侧壁施加水平作用力,进行校正。

2) 闭角弯曲模。弯角小于90°的U形件弯曲叫做闭角弯曲。图3-66所示为斜楔式闭角弯曲模,毛坯首先在凸模的作用下被压成U形件。随着上模座继续向下移动,弹簧被压缩,装于上模座上的两块斜楔压向滚柱,使装有滚柱的活动凹模块分别向中间移动,将U形件两侧边向里弯成小于90°的角度,当上模回程后,弹簧使凹模块复位。

图3-67所示为摆动式闭角弯曲模。两侧的活动凹模镶块可以在圆腔内回转,当凸模上升后,弹簧使活动凹模镶块摆动、复位。

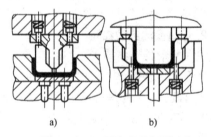

图3-65 U形弯曲校正模

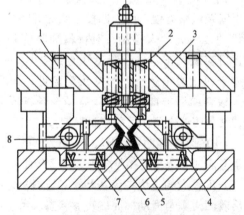

图3-66 斜楔式闭角弯曲模
1—斜楔 2、7—弹簧 3—上模座 4、6—凹模块 5—凸模 8—滚柱

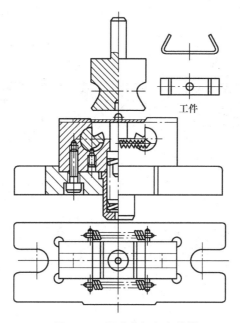

图 3-67 摆动式闭角弯曲模

（3）帽形件弯曲模

帽形件弯曲件如图 3-68 所示。帽形件的成形有两种典型工艺，一种是使用两套工序弯曲模分两次弯曲成形，另一种是使用一套复合弯曲模一次弯曲成形。

使用两套 U 形弯曲模，模具结构简单。先弯曲成 U 形，然后再弯曲成帽形，如图 3-69 所示。

图 3-68 帽形件弯曲件

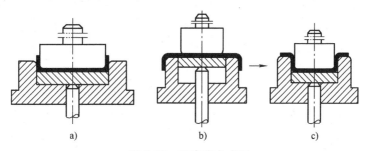

图 3-69 两套弯曲成形

a）弯曲成 U 形　b）初始位置　c）弯曲成形

当使用如图 3-70 所示的弯曲模结构一次弯曲成帽形零件时，在弯曲过程中是内角先成形（图 3-70a）、外角后成形（图 3-70b），且外角处弯曲变形区的位置在弯曲过程中是变化的，毛坯在弯曲外角时有拉长现象，脱模后外角形状不准确，直边有变薄现象。此结构是一种不合理结构，生产中不采用。

当使用如图 3-71 所示的复合弯曲模一次弯曲成形零件时，是先弯曲外角、后弯曲内角，且内、外角的弯曲变形区位置在弯曲过程中是固定不变的。弯曲时，先将坯料弯曲成 U 形，再弯曲成帽形。与复合冲裁模的结构一样，在复合弯曲模中也有一个既起凸模作用又起凹模作用的凸凹模。

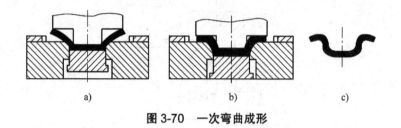

图3-70 一次弯曲成形

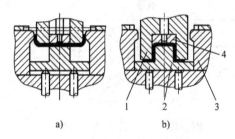

图3-71 复合弯曲模一次弯曲成形
a）弯曲外角 b）弯曲内角
1—凸凹模 2—活动凸模 3—凹模 4—顶板

（4）圆形件弯曲模

圆形件的弯曲方法根据直径的大小分为大圆弯曲和小圆弯曲两类。

1）大圆弯曲模。圆筒内径 $d \geqslant 20mm$ 的称为大圆，其弯曲方法是将毛坯弯成波浪形，然后再弯曲成圆筒形，如图3-72所示。弯曲完毕后，工件套在凸模上，可顺凸模轴向取出工件。

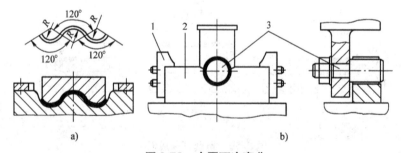

图3-72 大圆两次弯曲
a）首次弯曲 b）二次弯曲
1—定位板 2—凹模 3—凸模

对于直径为10~30mm，材料厚度大约1mm的圆形件。为了提高生产率，可采用图3-73所示的大圆一次弯曲成形模。凸模下行，现将坯料压成U形。凸模继续下行，摆动凹模将U形弯成圆形。完毕后，推开支撑，将工件从凸模上取下。这种弯曲的方式缺点是弯曲件上部得不到校正，回弹较大。

2）小圆弯曲模。圆筒内径 $d \leqslant 5mm$ 的称为小圆。一般也是采用两道工序，先将坯料弯曲成U形，再将其弯曲成圆形，如图3-74所示。弯曲成形后，对其进行有效的校正。

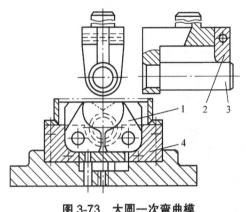

图 3-73 大圆一次弯曲模
1—摆动凹模　2—支撑　3—凸模　4—顶板

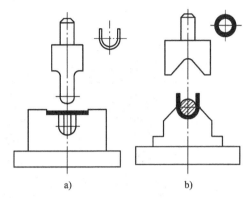

图 3-74 小圆两次弯曲成形

当零件太小时，分两道工序弯曲操作不便，可采用一次弯曲模结构，如图 3-75 所示。

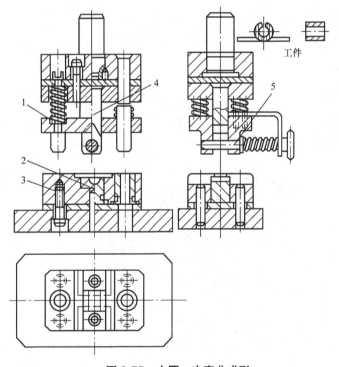

图 3-75 小圆一次弯曲成形

1—压料板　2—下凹模　3—凹模固定板　4—上凹模　5—芯轴凸模

毛坯以凹模固定板的定位槽定位。当上模下行时，芯轴凸模与下凹模首先将毛坯弯成 U 形。上模继续下行时，芯轴凸模带动压料板压缩弹簧，由上凹模将工作最后弯曲成形。上模回程后，工件留在芯轴凸模上。拔出芯轴凸模，工件自动落下。该结构中，上模弹簧的压力必须大于首先将毛坯压成 U 形时的压力，才能弯曲成圆形。

一般圆形件弯曲后，必须手工将工件从芯轴凸模上取下，操作比较麻烦。图 3-76 所示为自动推件圆形件一次弯曲模。

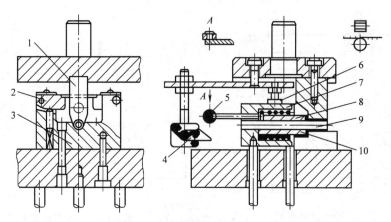

图 3-76 自动推件圆形件一次弯曲模

1—上凹模 2—摆快 3—下凹模 4—推块 5—滑轮 6—调整螺钉 7—升降架
8—滑套 9—芯轴凸模 10—弹簧

该模具功能强大,自动化程度高,零件成形精度高,但模具结构复杂,制造装配调试困难,成本也相对较高。对于大批量生产、自动化程度要求高的小圆形件弯曲成形,可以采用此类模具。

(5)级进弯曲模

级进弯曲模是将冲孔、弯曲、切断等工序依次布置在一副模具上,以实现级进工艺成形。在图 3-77 所示的模具中,坯料从右端送入,在第一工位上冲孔,在第二工位上首先由上模和下剪刃将板料剪断,随后进行弯曲。上模上行后,由顶件销将工件顶出。

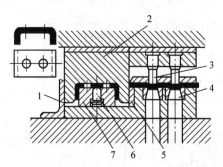

图 3-77 冲孔、弯曲、切断级进模

1—挡料块 2—上模 3—冲孔凸模 4—冲孔凹模 5—下剪刃 6—顶件销 7—弯曲凸模

(6)Z 形件弯曲模

Z 形件的弯曲模的结构如图 3-78 所示。图 3-78a 所示的是常用的结构。弯曲前由于橡胶的作用,使凸模与凹模的下端平齐,此时压柱与上模座是分离的,顶件板和下模板的上面是平齐的。弯曲时,凸模与顶件板将毛坯夹紧,由于橡胶的弹力大于顶件板上弹顶装置的弹力(弹顶装置安装在下模板的下面),迫使顶件板向下运动,完成左端弯曲。当顶件板接触下模板后,上模继续下降,迫使橡胶压缩,凹模随上模继续下降,和顶件板完成右端的弯曲。当压柱与上模座接触时,工件得到校正(但两个直边得不到校正)。设计时上模橡胶的弹力要大于顶件板弹顶装置的弹力。

图 3-78b 所示结构与图 3-78a 所示结构相近,不同的是将工件位置倾斜了 20°~30°,使整个

零件在弯曲结束时可以得到更为有效的校正，因而回弹较小。这种结构适合于冲压折弯边较长的弯曲件。

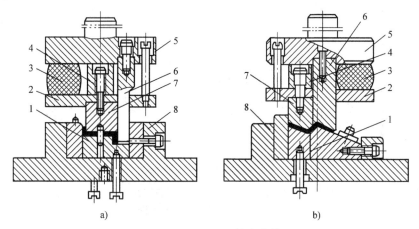

图 3-78 Z 形件弯曲模
1—顶件板　2—托板　3—橡胶　4—压柱　5—上模座　6—凹模　7—凸模　8—下模板

 课程育人

过犹不及，特别是针对弹性过程，良好的分析预测是基础，逆向补偿是措施，学会补偿是关键。

3.4 拉深工艺

拉深是利用拉深模将已冲裁好的平面毛坯压制成各种形状的开口空心零件，或将已压制的开口空心毛坯进一步制成其他形状、尺寸的开口空心零件的冲压成形工序。拉深又称为拉延或压延。

3.4.1 拉深件的类型及特点

拉深时所用的模具与冲裁模不同，其凸模与凹模没有锋利的刀口，而具有较大的圆角半径，并且凸、凹模之间的间隙一般稍大于板厚。拉深工艺的主要特征在于拉深时金属有较大的流动，要求凸、凹模采用较大的圆角及较大的间隙就是为了金属的流动。

用拉深工艺可以压制出圆筒形、阶梯形、球形、锥形以及其他不规则形状的开口空心零件，如图 3-79 所示。如果与其他成形工艺配合，还可制成形状极其复杂的零件。

微课视频
拉深件的类型及特点

拉深件的尺寸范围很大，大至几米，小至几毫米，拉深件的精度比较高，可达到 IT10 级的精度。因此，拉深成形方法在汽车、飞机、军工产品、电子仪表以及日用品等工业部门的冲压生产中，应用十分的广泛。

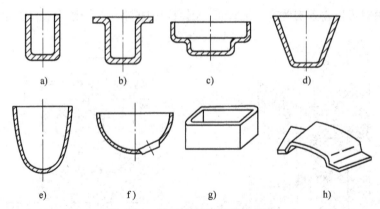

图 3-79 拉深成形的各种零部件

a）圆筒形零件 b）带凸缘的圆筒形零件 c）阶梯形零件 d）锥形零件 e）抛物线形零件 f）球形零件
g）盒形零件 h）复杂曲面形状零件

拉深件种类很多，形状各异，各种零件的变形区位置、受力情况、变形特点和成形机理等也不相同，因此确定工艺参数、工序顺序及设计模具的原则和方法也有很大差异。为了便于工艺分析，在设计模具时，可按拉深件的变形力学特点，将其分为直壁旋转件（如圆筒形件）、盒形件以及非直壁旋转件（如球形件）。

表 3-24 所示为拉深件的类型及特点，从表中列出的变形特点来看，每类零件都有自己的变形特点，因而可用相同的原则和方法去研究、分析该类型的拉深成形问题，并解决所出现的质量问题。

表 3-24 拉深件的类型及特点

拉深件类型		变形特点
直壁旋转件	圆筒形件 带凸缘圆筒形件 阶梯圆筒形件	凸缘部分圆形区域为变形区，筒壁部分为传力区，变形区毛坯径向受拉、切向受压，其变形是拉深变形
盒形件		盒形件圆角部分接近拉深变形，直边部分基本上是弯曲变形，其变形是拉深与弯曲变形复合 毛坯周边变形不均匀，变形大的部分与变形小的部分相互制约与影响
非直壁旋转件	球形体 锥形体 抛物线形件	这类零件的变形区有三部分：凸缘为拉深变形区；凹模口内悬空部分为拉深变形区；凸模顶端至变形过渡环间材料是胀形变形区，其变形是拉深变形与胀形变形的复合

需要说明的是，对于非直壁旋转件来说，它们的成形是外周边拉深和内部胀形的复合。

1. 圆筒形零件的拉深

（1）圆筒形零件拉深变形过程及特点

拉深工艺所利用的是金属塑性流动而产生形状改变这一特征，与冲裁模不同，其凸模和凹模没有锋利的刃口，为了金属的流动，凸模和凹模采用较大的圆角半径及较大的间隙，间隙一般稍大于板厚。

图 3-80 所示为圆筒形零件的拉深成形过程示意图。圆形平板毛坯置于拉深凹模之上，拉深凸模和凹模分别装在压力机的滑块与工作台上。

当凸模向下运动时，凸模的平底首先压住直径为 d 的坯料中间部分，凸模继续下行，即将坯料的环形部分 $D-d$ 凸缘逐渐拉入凹模腔内，凸缘材料便不断转化为零件的筒壁。由此可见，拉深成形的实质就是凸缘部分金属产生塑性流动，或者说是拉深成形过程就是凹模使坯料凸缘部分 $D-d$ 向直径为 d 的筒壁转化，径向受拉、切向受压，逐步成为工件的过程。

为了更直观地了解金属的流动状态，可在圆形毛坯上画出间距相等的同心圆和分度相等的辐射线组成网格，如图3-81所示。

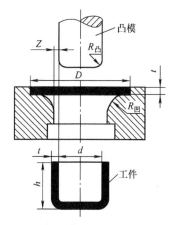

图 3-80 圆筒形零件拉深成形过程示意图

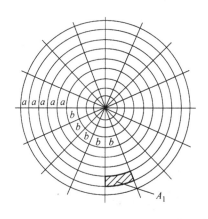
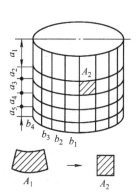

图 3-81 拉深件的网格示意图

拉深前，在圆形平板毛坯上画出由等间距为 a 的同心圆和等分度的辐射线组成的网格。拉深后，可以看到不同区域的网格发生了不同程度的变化，以下通过网络的变化分析金属在拉深过程中流动情况。

1）圆筒的底部和拉深前基本没有变化，说明凸模底部的金属没有明显的流动。

2）切向不等径的同心圆转变为筒壁上平行的同周长圆，间距 a 增大，越靠近圆筒的上部增加越多。$a_1 > a_2 > a_3 > \cdots > a_n$，说明金属径向应变为拉应变，越靠近外圆的金属径向流动越大。

3）径向等分度的同心辐射线转变为筒壁上平行的竖直线，且竖直线间距相等均为 b。说明切向应变为压应变，越靠近外圆的金属切向流动越大。

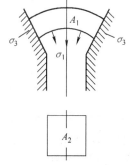

图 3-82 扇形小单元的变形

4）若从网格取一单元体，在拉深前是扇形网格，面积为 A_1，拉深后变为矩形网络，面积为 A_2，相当于在一个楔形槽中拉着扇形网格通过一样，受到切向压应力和径向拉应力的作用，金属产生径向伸长变形和切向压缩变形形成矩形网络，如图3-82所示。

金属塑性流动的结果主要是增加了筒壁高度 Δh，同时也使板料厚度改成（筒壁底部减薄顶部增厚）和硬度增加。如图 3-83 所示。

越靠近凸缘外缘，变形程度越大，板厚增加越多。因而当凸缘部分全部转化为侧壁时，拉深件在侧壁的上部厚度增加得最多。从凸缘区内某处开始一直到工件底部，厚度方向都是压缩变形，只是各点变形大小不同而已。从侧壁下部的某点开始，工件的厚度开始变薄，越接近圆角，工件变得越薄，筒壁与凸模圆角相切处板料变薄最严重。因此这里是拉深时最容易被拉断的地方，通常称此断面为危险断面。

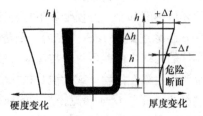

图 3-83 拉深时高度方向硬度和壁厚的变化

筒壁底部内圆角偏上的部位是拉深件最薄弱部位，因为此处参与变形的金属较少，冷作硬化程度小，变薄又最严重，此部位称为危险断面。

（2）拉深过程中的应力与应变

通过分析板料在拉深过程中的应力与应变，将有助于解决拉深工作中的工艺问题，保证产品的质量。在拉深过程中，材料在不同的部位具有不同的应力状态和应变状态。图 3-84 所示为拉深时有压料装置的坯料各部分的应力 - 应变状态，可将其分为五个区域。

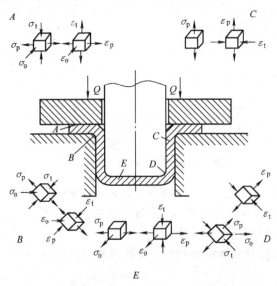

图 3-84 拉深时有压料装置的坯料各部分的应力 - 应变状态

1）凸缘部分（A）。凸缘部分材料受径向拉应力 σ_p 和切向应力 σ_θ，同时在径向和切向分别产生伸长 ε_p 和压缩 ε_θ 变形，使板厚 ε_t 增大，在凸缘外缘厚度增加最多。为了防止在厚度方向变形失稳形成"起皱"现象，应用压料装置，厚向为压应力 σ_t。

2）凹模圆角处（B）。当凸缘材料向凹模腔内流动进入凹模圆角区域时，由直—弯曲—直—弯曲过程。这两次弯曲变形为材料成形附加了弯曲阻力和摩擦阻力，造成拉深力大大增加。在凹模圆角区域，材料的应力状态为径向受拉 σ_p、切向 σ_θ 和厚向 σ_t 受压；应变状态为径向拉伸 ε_p、切向压缩 ε_θ、厚度 ε_t 减薄。

3）筒壁部分（C）。因为凸、凹模的间隙（单边间隙）略大于材料厚度，材料被拉入凹模腔内转化为筒壁后，直径基本不变了，所以筒壁区域的材料处于径向受拉应力 σ_p 的单向应力状

态和径向伸长 ε_p、厚度 ε_t 变薄（筒底变薄而筒顶增厚）的平面应变状态。压力机施加于凸模的压力（拉深力）就是靠该区的材料传递到凹模圆角区及凸缘区域，因此，该区域又叫做传力区。

4）凸模圆角处（D）。该区域材料也经历了两次弯曲，材料的变形流动方向为由筒底流动到筒壁方向，该区域材料由于受到凸模圆角的顶压和成形力的拉伸作用，板厚减薄严重，是整个圆筒形零件上变薄最严重的区域。拉深时成形极限是由该区域的承载能力决定的。在凸模圆角区域，材料的应力是三维的，径向 σ_p 和切向 σ_θ 为拉应力，厚度为压应力 σ_t；应变状态是二维的，径向拉伸变形 ε_p，厚向压缩变形 ε_t。

在凸模圆角转角处稍上一点的地方是筒壁变薄最严重的地方，因而该处断面是拉深件的"危险"断面，拉深件的拉裂破坏多在此处发生。

5）筒底部分（E）。凸模圆角处材料与模具的摩擦作用，大大减轻了筒壁轴向拉应力对筒底材料的拉伸变形，使筒底区域的变形程度很小，通常其拉伸变形量为 1%~2%，厚度减薄量为 2%~3%，因此可称筒底区域为小变形区（或不变形区）。筒底区域材料处于切向 σ_θ 和径向 σ_p 受拉的平面应力状态；应变状态是三维的，切向 ε_θ 与径向 ε_p 均为拉伸变形，厚向 ε_t 为压缩变形。

2. 盒形零件的拉深

（1）盒形零件的拉深特点

盒形件的拉深成形与圆筒形件的拉深成形相比，在变形性质上是一致的，变形区的材料都是在拉、压应力状态下产生塑性变形。它们之间的差异在于，盒形零件拉深变形时，沿变形区周边的应变分布是不均匀的，并随零件的几何参数、坯料形状及拉深成形条件的不同，这种不均匀变形程度也不相同。因此，盒形零件的拉深成形比圆筒形件拉深成形的变形情况要复杂得多。

盒形件可以看成由直边部分及圆角部分组成。盒形件拉深成形时，圆角部分近似圆筒形件拉深，直边部分近似板料弯曲。因此，盒形件拉深成形是圆角部分拉深、直边部分弯曲两种变形方式的复合。盒形件拉深的变形特点可以归纳为下面几点。

1）盒形零件拉深时，圆角部分变形基本与圆筒形件拉深相似，只是由于金属向直边流动，使得切向应力 σ_θ 和径向应力 σ_p 在圆角部位的分布是不均匀的，圆角中部最大，逐渐向两边减少，如图 3-85 所示。

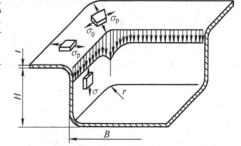

图 3-85 盒形件拉深时应力分布

2）拉深时，直边部分除弯曲变形外，在与圆角的连接部分，还有横向压缩及纵向伸长，因而其应力也包括纵向拉应力和横向压应力两部分。

3）盒形件拉深时，圆角部分的径向拉应力是分布不均匀的，而其平均拉应力比之相同半径的圆筒件径向拉应力要小得多。因而盒形件的极限变形程度可相应加大，拉深系数可相应减小。

4）盒形件的最大应力出现在圆角部，因而破裂、起皱等现象也多在圆角部产生。在远离圆角部的直边部分一般不会产生起皱。

5）盒形件变形时，圆角和直边相互影响的大小，取决于其相对圆角部圆角半径 r/B 的比值。r/B 数值越小，两者的变形影响越显著，圆角部的变形情况与圆筒形件的变形情况差别越大。当 $r/B = 0.5$ 时，盒形件就变成了圆筒件了。

6）盒形件拉深时，容易出现裂纹的形式，除了在圆角侧壁底部与凸模圆角相切处发生的拉裂外（拉深拉裂），还会因凹模角半径过小等，引起盒形件凸缘根部圆角附近侧壁产生的拉裂——侧壁破裂，如图 3-86 所示。

（2）盒形零件初次拉深极限

盒形件拉深的成形极限指在一定的拉深条件下，变形区坯料不产生失稳起皱而拉深出工件壁部最高（传力区濒于破裂或者集中缩颈）时的变形程度。其极限成形参数可用拉深相对高度 H/r 来表示。

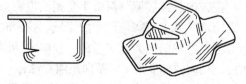

图 3-86　盒形件拉深时易拉裂的部位

盒形件拉深极限变形程度的大小，主要取决于盒形的形状参数，相对圆角半径 r/B，相对厚度 t/B 和板材的性能。相对高度 H/r 的极限数值见表 3-25。

表 3-25　盒形件初次拉深的最大相对高度

相对圆角半径 r/B	0.4	0.3	0.2	0.1	0.05
相对高度 H/r	2~3	2.8~4	4~6	8~12	10~15

当盒形件的相对厚度较小（$t/B < 0.01$），且 $A/B \approx 1$ 时，取表中的较小值；相对厚度较大（$t/B > 0.015$），且 $A/B \geq 2$ 时，取表中的较大值。

如果盒形件的相对高度 H/r 不超过表中所列的极限值，则盒形件可以用一道拉深工序冲压成功，否则必须采用多道工序拉深的方法进行加工。

3. 非直壁旋转件的拉深

（1）球形件的拉深

对于球形、抛物线等非直壁类拉深件，其变形区除了凸缘环形部分之外，在凹模口内的毛坯材料也参与变形。多数情况下，凹模口内的材料反倒成为这类拉深的主要变形区。

现以球形拉深件为例，图 3-87 所示为球形件拉深过程中的应力与应变状态示意图。球形件拉深时，其凸缘部分和圆筒形件类似——径向受拉、切向受压、厚度方向受到压料力作用，但凹模口内的毛坯受力情况和圆筒形件大不相同。

按应力应变状态，可将球形件分为三个区域。

1）胀形变形区（A）。在开始拉深时，毛坯与凸模只有小区域的接触，由于是球形，接触区域凸模的展开面积要比接触区域的毛坯面积大，在凸模拉力的作用下，使接触区的材料屈服而变薄，并紧紧地贴合凸模。这部分材料处于切向和径向两向受拉、厚度方向受压的应力状态，为胀形应力状态，这一区域就称之为胀形变形区。

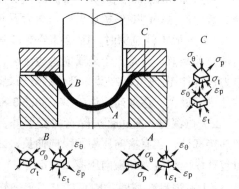

图 3-87　球形件拉深的应力与应变状态示意图

随着拉深变形的进行，凸模贴模区域逐渐增大，作用到贴模区域的单位压力逐渐减小，毛坯变薄也减小，因而毛坯的变薄量是从球形件的顶端往外逐渐的减小。

2）拉深变形区（B）。在凹模口内，一部分材料不与凹模、凸模相接触，被称为悬空状态的毛坯。这部分的毛坯和凸缘一样，径向受拉，切向受压。由于切向压力的作用，材料也要增厚，材料的增厚量从凹模口起，向内逐渐减小。因而在凹模口内接近贴模处，必然存在着某一环，这环材料不增厚、不减薄，可称之为变形过渡环。变形过渡环以外的为拉深变形区，以内的为胀形变形区，如图 3-88 所示。

应该指出的是，变形过渡环是在贴模区以外，即胀形变形区略大于贴模区。

拉深变形区材料径向受拉、切向受压，厚度方向不受力，且材料与凸、凹模都不接触，处于悬空状态，抗失稳能力比凸缘部分差，起皱的可能性最大，因而防止该区域材料的起皱是球形件等非直壁拉深件存在的主要问题。

3）凸缘变形区（C）。压料圈下圆环部分是凸缘变形区，与圆筒形件凸缘一样，其径向受拉、切向受压。

（2）抛物线形件拉深

抛物线形件的拉深，其应力和变形特点都与球形件的拉深相似。因为抛物线形件曲面部分的高度和口部之间直径直比（高径比）h/d 比球形件大，所以拉深的难度更大。在生产中将抛物线件分为两类：

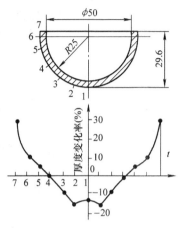

图 3-88 球形件拉深后壁厚的变化

1）浅抛物线零件。浅抛物线零件的高径比小于 0.5，这类零件的高径比和球形件一致，因此拉深方法也和球形件一致。

2）深抛物线零件。深抛物线零件的高径比大于 0.6，这类零件拉深的主要问题是防止起皱。通常要采用多次拉深或反拉深的方法进行。

在顶部圆角半径较大时，仍然可以采用有两道拉深筋的模具，以增加径向拉力的方法，直接拉出，如汽车灯罩的拉深，如图 3-89 所示。

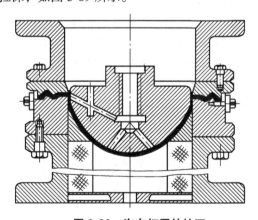

图 3-89 汽车灯罩的拉深

但在零件深度大、顶部圆角半径又比较小时，单纯地增加径向拉应力会导致坯料顶端开裂，因此必须采用多道工序逐步成形的方法进行拉深。其特点如下：第一道工序采用正拉深法拉出深度较小而顶端圆角较大的中间坯件，在以后的工序中采用正拉深或反拉深的方法，再逐渐增加深度和缩小顶端圆角半径，直到最后成形。为了确保工件的精度和表面质量，在最后一道工序时，要使中间坯件的面积略小于最后成形工件的面积，从而获得胀形效果。

目前，对一些复杂的抛物线形工件已广泛采用液压拉深方法成形。采用液压拉深时，毛坯在液压力的作用下，在凸模与凹模的间隙处形成与拉深筋相似的凸筋，同时使毛坯紧贴凸模，如图 3-90 所示。这样成形的零件壁厚均匀，尺寸精确，表面光滑美观。对于高径比大于 0.6 的某些深抛物线形件，采用液压拉深一次就可成形。

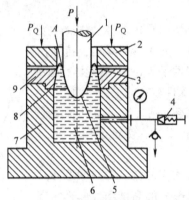

图 3-90　液压拉深示意图

1—凸模　2—压料圈　3、8—密封圈　4—液压系统　5—工件　6—液垫　7—液压腔
9—凹模　A—形成的凸筋

3.4.2　拉深中的质量问题及解决措施

拉深工艺出现质量问题的形式主要是凸缘变形区起皱和传力区拉裂，其根源均为拉深件厚度的变化。

1. 起皱和拉裂

1）起皱。拉深时坯料凸缘区出现波浪状的连续皱折称为起皱，起皱是一种受压失稳现象。

凸缘部分是拉深过程中的主要变形区，而该变形区受最大切向压应力作用，其主要变形是切向压缩变形。当切向压应力较大而板料又相对较薄时，凸模部分的料厚与切向压应力之间失去了应有的比例关系，凸缘区材料便会失去稳定，从而在凸缘的整个周围产生波浪形的连续弯曲，这就是拉深时的起皱现象，如图 3-91 所示。

微课视频
拉深中的起皱问题及解决措施

2）拉裂。坯料经过拉深后，圆筒形件壁部的厚度与硬度都会发生变化，在筒壁与凸模圆角相切处，板料变薄最为严重，成为筒壁部分最薄弱的地方，是拉深时最容易破裂的"危险断面"。当筒壁的拉应力超过了危险断面处材料的有效抗拉强度时，拉深件便会产生拉裂，如图 3-92 所示。

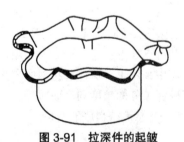

图 3-91　拉深件的起皱

图 3-92　拉深件的拉裂

另外，当凸缘区起皱时，坯料难以或不能通过凸、凹模间隙，使得筒壁拉应力急剧增大，也会导致拉裂。

2. 防止起皱和拉裂的措施

（1）防止起皱的措施

防止起皱，一般不允许改变毛坯的相对厚度，因为相对厚度是在冲压件设计时定制的。因而在生产中要从改变冲压件拉深变形时的变形方式以及受力特点出发，采用有效的措施来防止起皱。

1）控制拉深系数。在设计拉深工艺时，一定要使拉深系数在安全的范围内（大于极限拉深系数），以减小变形区的切向压应力。

2）设置压料装置。实际生产中，常常采用压料装置来防止起皱，或者增大压边力来消除起皱，带压料装置的拉深如图3-93所示。

拉深时压边圈以一定的压力将坯料凸缘区材料压在凹模平面上，提高了材料的刚度和抗失稳能力，减小了材料的极限拉深系数。但并不是任何情况下都会发生起皱现象，在变形程度较小，坯料相对厚度较大时，一般不会起皱，此时就可不必采用压料装置。

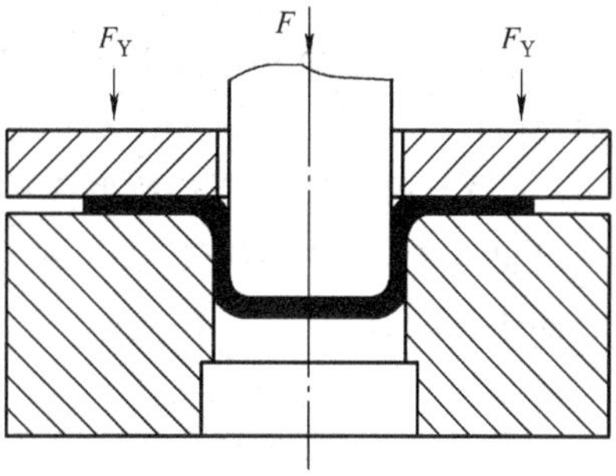

判断是否采用压料装置可按表3-26确定。

图3-93 带压料装置的拉深

表3-26 采用或不采用压料装置的条件

拉深方法	首次拉深		以后各次拉深	
	$(t/D)(\%)$	m_1	$(t/D)(\%)$	m_n
采用压料装置	< 1.5	< 0.6	< 1.0	< 0.8
可用不可用	1.5~2.0	0.6	1.0~1.5	0.8
不用压料装置	> 2.0	> 0.6	> 1.5	> 0.8

3）采用软模拉深。所谓软模就是指以橡胶弹性体或液体充当凸模或凹模的冲压模具，它可用以完成弯曲、拉深、翻边、胀形等工序。

图3-94所示为以橡胶弹性体代替凹模的软拉深模，拉深时软凹模产生很大的压力，将毛坯紧紧地压紧在凸模上，增加毛坯与凸模间的摩擦力，防止毛坯变薄拉深，因而筒壁的传力能力强。拉深时还能减少毛坯与凹模间的滑动与摩擦，降低径向拉应力，因而能显著降低极限拉深系数，使拉深系数达0.4~0.45，并能很好地防止毛坯起皱。

4）采用反拉方式。反拉是指多次拉深时，后次拉深的方向与前次拉深相反的拉深方式，如图3-95所示。

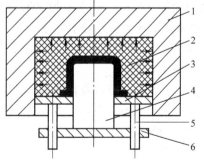

图3-94 橡胶拉深示意图
1—模框 2—橡胶弹性体 3—压料圈 4—凸模 5—顶杆 6—凸模座

反拉时，材料对凹模的包角为180°（一般拉深为90°），坯料的刚度得到了提高，同时，增大了材料流入凹模的阻力，即径向拉应力增大、材料的切向堆积减小，坯料不容易起皱。一般用于拉深尺寸大、板料较薄且一般拉深不便压边的拉深件后次拉深。

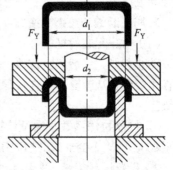

图 3-95　反拉深工作原理图

5）采用锥形凹模。采用锥形凹模拉深，毛坯的过渡形状呈曲面形，有利于料的流动，还可降低凹模圆角半径处的摩擦阻力和弯曲变形阻力；凹模锥面对毛坯变形的作用力也利于变形区的切向压缩变形，这就使得拉深力相应减小，拉深系数也较平面凹模小，有利于拉深成形，从而使凸缘变形区具有更强的抗失稳能力，且能较好地防止起皱，图 3-96 所示为锥形拉深凹模简图。

6）设置拉延筋。拉延筋也称拉延沟，它是在压边圈和凹模面上设置起伏的沟槽和凸起，拉深时材料流向凹模型腔的过程中需经过多少次弯曲，增大了材料的径向流动阻力即径向拉应力，如图 3-97 所示。

图 3-96　锥形拉深凹模简图

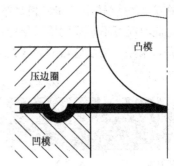

图 3-97　拉延筋

利用拉延筋防止起皱的原理及应用主要有两种情况：

① 对于曲面拉深、锥面拉深等情况，由于在拉深初始阶段中间悬空部分的坯料宽度大、刚度差（图 3-97），容易失稳起皱，使用拉延筋可使凸缘区材料的变形抗力增大，径向流动趋缓，而使中间部分材料的胀形成分增加，材料的切向压应力减小，并得到硬化、强化，刚度和抗失稳能力提高，降低了起皱倾向。

② 对于沿周变形不均匀的非对称形状拉深，凸缘区各区域材料流进凹模的阻力和速度不同，如图 3-98 所示。

在材料流进快处设置拉延筋，可以调节沿周径向拉应力，使其均匀；控制变形区不同部位材料流入凹模的速度使其均衡；消除因拉应力不均匀而导致的局部切向压应力过大，从而引起的变形区局部起皱、波纹等缺陷。

上面所介绍的防止起皱的措施，各有其特点，使用时应该根据具体情况选择，有时往往是两种措施同时使用。

（2）防止拉裂的措施

拉裂是拉深工艺中出现的主要问题之一。裂口一般出现在凸模圆角稍上一点筒壁处，如图 3-99 所示。

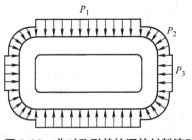 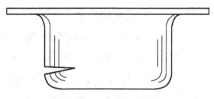

图 3-98 非对称形状拉深的材料流动　　　　图 3-99 制件拉裂

若此处径向拉应力大于板料的抗拉强度，拉深件就会破裂。除此以外，压边力太大和凸缘起皱均会导致拉深零件破裂。

采用适宜的拉深比 D/d 和压边力、增加凸模端面的粗糙度均可防止拉深零件出现拉裂。此外，毛坯材料的力学性能、毛坯直径及厚度、拉深系数、凸凹模圆角半径、压料力及摩擦系数等，对极限变形程度均有影响。因此，为了防止工件严重变薄、拉裂，在拟定拉深工艺、设计模具及进行生产时，应采取有效的措施，来预防拉裂。

1）合理选取拉深系数。筒壁所受到总拉应力与拉深系数成反比，即拉深系数越小，受到的总拉应力就越大。较小的拉深系数虽可加大拉深变形的程度，但却大大增加了拉深力，使制件筒壁变薄拉裂。

2）合理选用材料。选用材料时应考虑下列几个指标：

① 屈强比 σ_s/σ_b 要小。屈强比小，屈服应力 σ_s 小，凸缘材料容易变形；强度极限 σ_b 高，材料则不容易裂皮。

② 厚向异性指数 r 要大。r 值越大，壁厚应变越小，筒壁变薄越小，越不易破裂。

3）选择合理的凸、凹模圆角半径。凹模圆角半径太小，材料在拉深成形中弯曲阻力增加，从而使筒壁传力区的最大拉应力增加，危险断面易拉裂；凹模圆角半径太大，又会减少有效压边面积，使凸缘材料易起皱。同样，凸模圆角半径虽然对筒壁传力区拉应力影响不大，但却影响危险断面的抗拉强度。凸模圆角半径太小，材料绕凸模弯曲的拉应力增加，危险断面抗拉强度降低；凸模圆角半径太大，既会减少传递凸模载荷的承载面积，又会减少凸模断面与材料的接触面积，增加坯料的悬空部分，易使悬空部分起皱。

4）热处理。在拉深过程中，除了铅和锡外，其他金属都会产生加工硬化，使金属强度指标增加，而塑性指标降低。同时由于塑性变形不均匀，拉深后材料内部还存在残余应力。在多次拉深时，一般拉深工序间常采用低温退火，拉深工序后还要安排去应力退火。

5）酸洗。退火后工件表面必然有氧化皮和其他污物，在继续加工时会增加模具的磨损，因此必须要酸洗，否则使拉深不能正常进行。退火、酸洗是延长生产周期和增加生产成本、生产环境污染的工序，应尽可能地避免。

6）合理进行润滑。拉深时采用必要的润滑，有利于拉深变形的顺利进行，且筒壁变薄得到改善，但必须注意润滑剂只能涂抹在凹模和压边圈与坯料接触的表面，而在凸模表面不要润滑，因为凸模与坯料表面的摩擦属于有益的摩擦，它可以防止制件在拉深过程中的滑动和变薄。但矩形件拉深不受此限制。

3.4.3 拉深工艺设计

圆筒形零件是最典型的拉深件,掌握了它的工艺设计方法后,其他零件的工艺计算可以借鉴其计算方法。

1. 计算拉深件毛坯的原理

1) 体积不变原理。拉深前和拉深后材料的体积不变。对于不变薄拉深因假设变形中材料厚度不变,则拉深前毛坯的表面积与拉深后工件的表面积可认为近似相等,即等面积原则。

2) 相似原理。拉深毛坯的形状一般与拉深件的横截面形状相似,即零件的横截面为圆形或椭圆形时,其拉深前毛坯展开的形状也基本上是圆形或椭圆形。对于异形件拉深,其毛坯的周边轮廓必须采用光滑曲线连接,应无急剧的转折和尖角。

3) 确定修边余量 δ。拉深过程中由于材料的各向异性以及拉深时金属流动条件的差异,拉深后工件口部或凸缘周边不齐,一般拉深后都需要修边,因此计算毛坯尺寸时应在工件高度上(无凸缘件)或凸缘上增加一修边余量 δ。修边余量 δ 的值可根据零件的相对高度或相对凸缘直径查表3-27、表3-28确定。

表3-27 有凸缘拉深件的修边余量 (单位:mm)

凸缘直径 d_t 或 B_t	相对凸缘直径 d_t/d 或 B_t/B				图例
	≤ 1.5	> 1.5~2	> 2~2.5	> 2.5	
≤ 25	1.8	1.6	1.4	1.2	
25~50	2.5	2.0	1.8	1.6	
50~100	3.5	3.0	2.5	2.2	
100~150	4.3	3.6	3.0	2.5	
150~200	5.0	4.2	3.5	2.7	
200~250	5.5	4.6	3.8	2.8	
> 250	6.0	5.0	4.0	3.0	

注:1. B 为正方形的边宽或长方形的短边宽。
2. 对于高拉深件必须规定中间修边工序。
3. 对于材料厚度小于 0.5mm 的薄材料做多次拉深时,应按表值增加30%。

表3-28 无凸缘拉深件的修边余量 (单位:mm)

拉深高度 h	拉深相对高度 h/d 或 h/B				图例
	0.5~0.8	0.8~1.6	1.6~2.5	2.5~4	
≤ 10	1.0	1.2	1.2	2	
10~20	1.2	1.6	2	2.5	
20~50	2	2.5	3.3	4	
50~100	3	3.8	5	6	
100~150	4	5	6.5	8	
150~200	5	6.3	8	10	
200~250	6	7.5	9	11	
> 250	7	8.5	10	12	

2. 拉深件毛坯尺寸的确定

为了便于计算，把零件分解成若干个简单的几何体，分别求出表面积后再相加。若毛坯厚度 $t < 1mm$ 且外径和外高以内部尺寸来计算时，毛坯尺寸的误差不大。若毛坯的厚度 $t \geq 1mm$，则各个尺寸应以零件厚度的中线尺寸代入进行计算。

1) 无凸缘圆筒形件毛坯尺寸的计算。图 3-100 所示为简单旋转体拉深件零件，把此零件分解成圆筒直壁部分、圆弧旋转而成的球台部分以及底部圆形平板三部分。

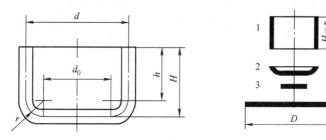

图 3-100 简单旋转体拉深件坯料尺寸的确定

圆筒直壁部分的表面积为

$$A_1 = \pi d(H - r)$$

圆角球台部分的表面积为

$$A_2 = \pi(2\pi r d_0 + 8r^2)/4$$

底部表面积为

$$A_3 = \pi d_0^2/4$$

工件的总面积 A 为 $A_1 + A_2 + A_3$ 部分之和。

式中 d_0——底部平板部分的直径；

r——工件中线在圆角处的圆角半径。

设毛坯的直径为 D，根据毛坯变面积等于工件表面积的原则，则

$$D = \sqrt{\frac{4}{\pi}\sum A_i}$$

将 $d = d_0 + 2r$ 代入上式整理后可得

$$D = \sqrt{d^2 + 4dH - 1.72dr + 0.56r^2}$$

2) 有凸缘圆筒形件毛坯尺寸的计算。图 3-101 所示为有凸缘圆筒形件拉深坯料尺寸的确定。

有凸缘圆筒形件毛坯尺寸的计算公式为

$$D_0 = \sqrt{d_F^2 - 1.72d(r_1 + r_2) - 0.56(r_1^2 - r_2^2) + 4dh}$$
$$= \sqrt{(d_{凸1} + 2\delta)^2 - 1.72d(r_1 + r_2) - 0.56(r_1^2 - r_2^2) + 4dh}$$

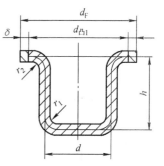

图 3-101 有凸缘圆筒形件拉深坯料尺寸的确定

式中 $d_{凸1}$——不包含切边余量 δ 的凸缘部分外径；

d_F——包括修边余量在内的凸缘直径，$d_F = d_{凸1} + 2\delta$；

r_1——筒底部内圆角半径；

r_2——凸缘翻边外圆角半径；

h——零件中线高度；

δ——凸缘端头切边余量。

3）常见旋转体拉深件坯料直径的计算。常见旋转体拉深件坯料之间的计算公式可查阅表 3-29。

表 3-29 常见旋转体拉深件坯料直径计算公示表

序号	零件形状	坯料直径 D
1	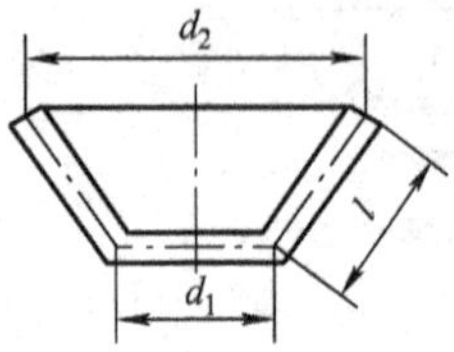	$\sqrt{d_1^2 + 2l(d_1 + d_2)}$
2	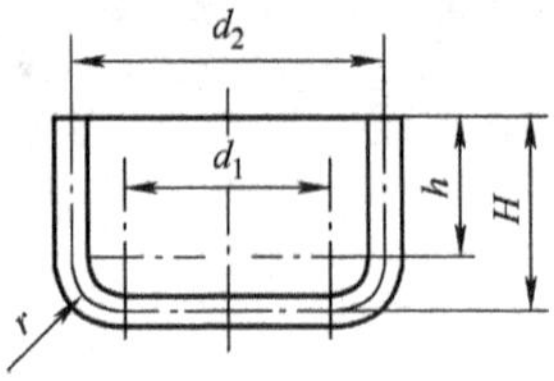	$\sqrt{d_1^2 + 4d_2h + 6.2rd_1 + 8r^2}$ 或 $\sqrt{d_2^2 + 4d_2H - 1.72d_2r - 0.56r^2}$
3	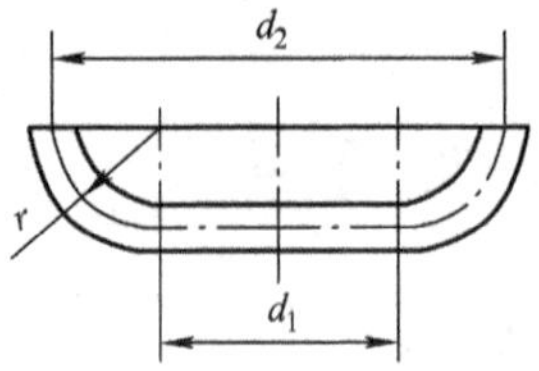	$\sqrt{d_1^2 + 2r(\pi d_1 + 4r)}$
4	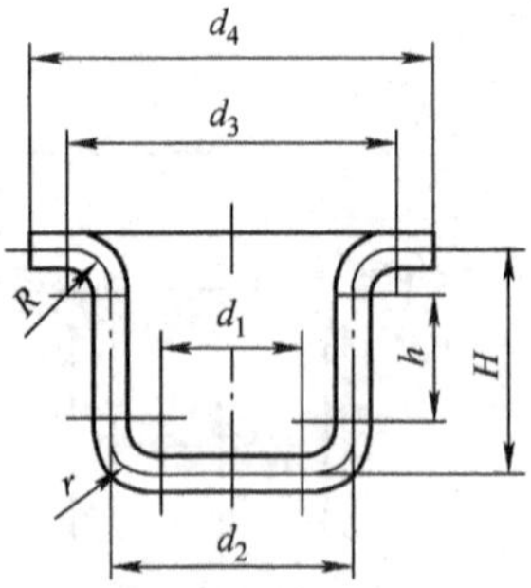	当 $r \neq R$ 时，$\sqrt{d_1^2 + 6.28rd_2 + 8r^2 + 4d_2h + 6.28Rd_2 + 4.56R^2 + d_4^2 - d_3^2}$ 当 $r = R$ 时，$\sqrt{d_4^2 + 4d_2H - 3.44rd_2}$
5	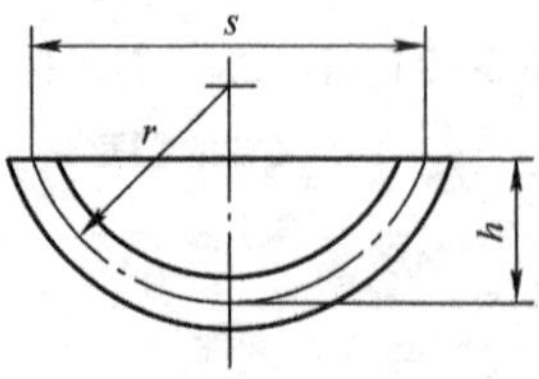	$\sqrt{8rh}$ 或 $\sqrt{s^2 + 4h^2}$

（续）

序号	零件形状	坯料直径 D
6	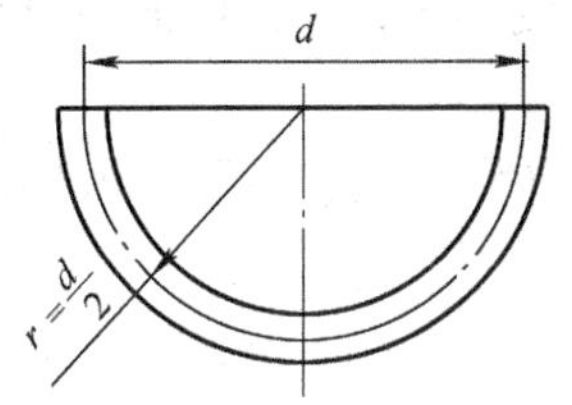	$\sqrt{2d^2}=1.414d$
7	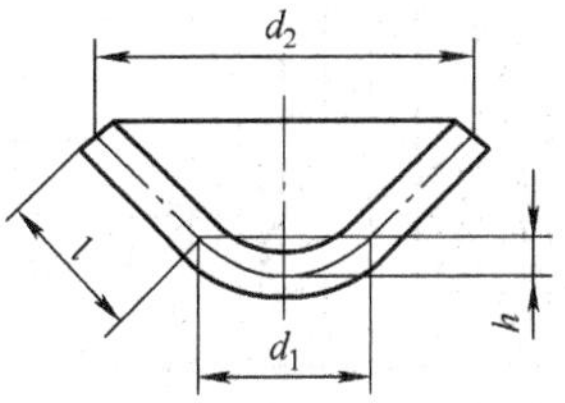	$\sqrt{d_1^2+4h^2+2l(d_1+d_2)}$
8	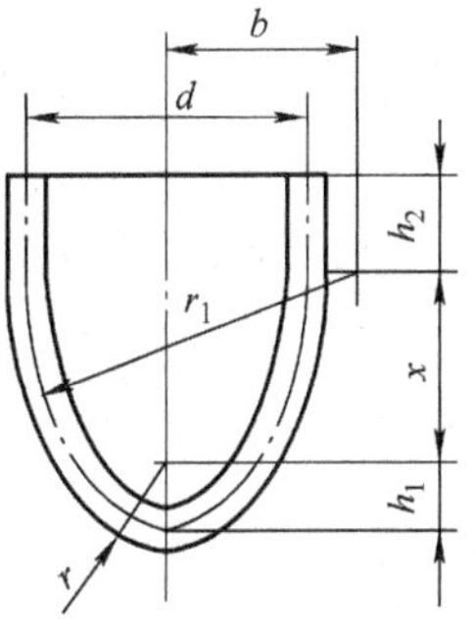	$\sqrt{8r_1\left[x-b\left(\arcsin\dfrac{x}{r_1}\right)\right]+4dh_2+8rh_1}$
9	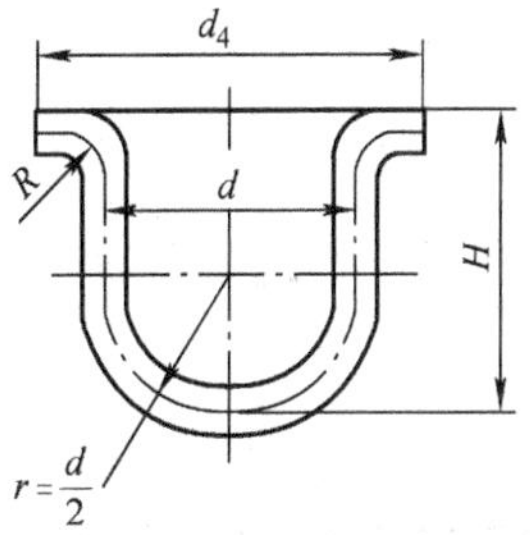	$\sqrt{8r^2+4dH-1.72dR+0.56R^2+d_4^2-d^2}$
10	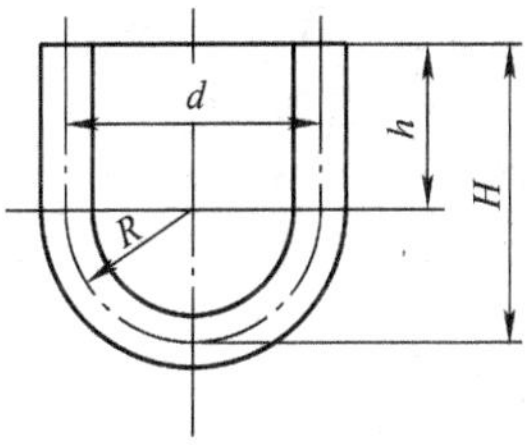	$1.414\sqrt{d^2+2dh}$ 或 $2\sqrt{dH}$

注：1. 尺寸按工件材料厚度中心层尺寸计算；
  2. 对于部分未考虑工件圆角半径的计算公式，在计算有圆角半径的工件时，计算结果要偏大，在此情况下可不考虑或少考虑修边余量；
  3. 对于厚度小于 1mm 的拉深件，可不按工件厚度中心层计算，而根据工件外壁尺寸计算。

3. 拉深系数

拉深系数是指拉深后的工件直径与拉深前的工件（或毛坯）直径直比。拉深系数是拉深变形程度的标志。拉深系数小，表示拉深前后工件直径的变化大，即拉深的变形程度大，反之则小。

图 3-102 所示为用直径为 D 的毛坯经过多次拉深制成直径为 d_n，高度为 h_n 的工件的工艺过程。

由图 3-102 可知其各次的拉深系数如下：

第一次拉深

$$m_1 = \frac{d_1}{D}$$

第二次拉深

$$m_2 = \frac{d_2}{d_1}$$

……

第 n 次拉深

$$m_n = \frac{d_n}{d_{n-1}}$$

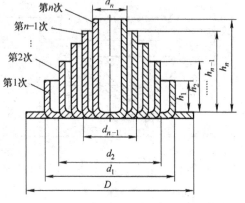

图 3-102　多次拉深时筒形零件尺寸的变化

式中　m_1、m_2……m_n——第 1、2……n 次拉深系数；

　　　d_1、d_2……d_n——第 1、2……n 次拉伸后的直径，mm。

总拉深系数 m 等于工件直径 d_n 与毛坯直径 D 之比，即：

$$m = \frac{d_n}{D} = \frac{d_1}{D} \times \frac{d_2}{d_1} \times \cdots \times \frac{d_n}{d_{n-1}} = m_1 \times m_2 \times \cdots \times m_n$$

（1）极限拉深系数

使拉深件不破裂的最小拉深系数称为极限拉深系数。无凸缘圆筒形件带压边圈的极限拉深系数如表 3-30 所示。

表 3-30　无凸缘圆筒形件带压边圈时的极限拉深系数

拉深系数	毛坯相对厚度 t/D（%）					
	0.08~0.15	0.15~0.3	0.3~0.6	0.6~1.0	1.0~1.5	1.5~2.0
m_1	0.60~0.63	0.58~0.60	0.55~0.58	0.53~0.55	0.50~0.53	0.48~0.50
m_2	0.80~0.82	0.79~0.80	0.78~0.79	0.76~0.78	0.75~0.76	0.73~0.75
m_3	0.82~0.84	0.81~0.82	0.80~0.81	0.79~0.80	0.78~0.79	0.76~0.78
m_4	0.85~0.86	0.83~0.85	0.82~0.83	0.81~0.82	0.80~0.81	0.78~0.80
m_5	0.87~0.88	0.86~0.87	0.85~0.86	0.84~0.85	0.82~0.84	0.80~0.82

注：1. 表中拉深系数适用于 08、10 和 15Mn 等普通拉深用钢及 H62。对拉深性能较差的材料如 20、25、Q215、Q235 钢及硬铝等应比表中数值大 1.5%~2.0%；面对塑性较好的材料，如软铝应比表中的数值小 1.5%~2.0%。
2. 表中数据适用于未经中间退火的拉深，若采用中间退火，比表中的数据应小 1.5%~2.0%。
3. 表中较小值使用与大的凹模圆角半径 [r_A = (8~15)t]，较大值适用于小的凹模圆角半径 [r_A = (4~8)t]。

无凸缘圆筒形件不带压边圈的极限拉深系数见表3-31。

表 3-31 无凸缘圆筒形件不带压边圈的极限拉深系数

拉深系数	毛坯相对厚度 t/D（%）				
	1.5	2.0	2.5	3.0	> 3
m_1	0.65	0.60	0.55	0.53	0.50
m_2	0.80	0.75	0.75	0.75	0.70
m_3	0.84	0.80	0.80	0.80	0.75
m_4	0.87	0.84	0.84	0.84	0.78
m_5	0.90	0.87	0.87	0.87	0.82
m_6	—	0.90	0.90	0.90	0.85

（2）影响极限拉深系数的因素

不同的条件下极限拉深系数是不相同的，影响极限拉深系数的因素主要有以下几个方面。

1）材料内部结构组织和力学性能。一般来说，板料属性好，组织均匀、晶粒大小合适，屈强比小，板料厚度方向系数值大、板平面方向性系数值小，硬化指数值大，板料拉深性能好，可以采用较小的极限拉深系数。

2）材料的相对厚度。材料的相对厚度是拉深系数的一个重要影响因素。相对厚度越大对拉深越有利，因为 t/D 越大，抵抗凸缘处失稳起皱的能力提高，因而可以减少甚至不需要压边力，也就相应地减少甚至完全消除了压边圈对毛坯的摩擦阻力，使变形抗力相应地减少。因此说 t/D 大，则极限拉深系数可小，反之极限拉深系数要大。

3）拉深模的几何参数。模具间隙小时，材料进入间隙后的挤压力增大，摩擦力增加，拉深力大，因此极限拉深系数提高。凹模圆角半径过小，则材料沿圆角部分流动时的阻力增加，引起拉深力加大，故极限拉深系数应取较大值。凸模圆角半径过小时，毛坯在此处弯曲变形程度增加，危险断面强度过多地被削弱，故极限拉深系数应取大值。模具表面光滑，粗糙度小，则摩擦力小，极限拉深系数小。

4）拉深方式（用或不用压边圈）。有压边圈时，因为不容易起皱，m 可取得小一些，但要防止拉裂。不用压边圈时，m 要取大一些。

5）拉深速度。一般情况下，拉深速度对拉深系数影响不大。但对于复杂大型拉深件，由于变形复杂且不均匀，如果拉深速度过快，会使局部的变形加剧。不容易向邻近部位扩展，而导致破裂。另外，对速度敏感的金属，如钛合金、不锈钢、耐热钢，拉深速度越快时，拉深系数应适当加大。

6）拉深条件。拉深时若不采用压边圈，变形区起皱的倾向增加，每次拉深时变形不能太大，故极限拉深系数增大。拉深时润滑好，则摩擦小，极限拉深系数可小一些。但凸模不必润滑，否则会减弱凸模表面摩擦对危险断面处的有益作用，但盒形件例外。

4. 拉深次数的确定

拉深件一般要经过多次拉深才能达到最终尺寸形状，因此需要确定生产时所需要的拉深次数。拉深次数的确定方法有两种，一种用拉深系数确定，另一种是通过查表确定。

（1）用拉深系数确定

1）当拉深件的拉深系数 m 大于第一次极限拉深系数 m_1 时，工作只需一次拉深。极限拉深系数可据有关冲压资料或根据表 3-29、表 3-30 查取。

2）若 $m \leq m_1$，则需要多次拉深（当 $m = m_1$ 时，最好采用两次拉深）。

① 从表 3-29 或表 3-30 中查得极限拉深系数 m_1、m_2……m_n。

② 计算各次拉深后的工件直径。

第一次拉深后的工件直径

$$d_1 = m_1 D$$

第二次拉深后的工件直径

$$d_2 = m_2 d_2 = m_1 m_2 D$$

……

第 n 次拉深后的工作直径

$$d_n = m_n d_{n-1} = m_1 m_2 \cdots m_n D$$

当 $d_n \leq d$（工件直径）时，说明第 n 次拉深工序直径已够达到拉深工件直径的要求，故 n 为拉深次数。

（2）查表确定

根据拉深件的相对高度 h/d 和毛坯的相对厚度 t/D 查表确定拉深次数。无凸缘圆筒形件拉深时，若拉深件的相对高度 h/d 小于极限相对高度，则可一次拉出。无凸缘圆筒形件拉深的相对高度 h/d 与拉深次数的关系见表 3-32。

表 3-32 无凸缘圆筒形件拉深的相对高度 h/d 与拉深次数的关系（材料：08F、10F）

拉深次数	坯料相对厚度 t/D（%）					
	2.0~1.5	1.5~1.0	1.0~0.6	0.6~0.3	0.3~0.15	0.15~0.08
1	0.94~0.77	0.84~0.65	0.71~0.57	0.62~0.50	0.52~0.45	0.46~0.38
2	1.88~1.54	1.60~1.32	1.36~1.10	1.13~0.94	0.96~0.83	0.90~0.70
3	3.50~2.70	2.80~2.20	2.30~1.80	1.90~1.50	1.60~1.30	1.30~1.10
4	5.60~4.30	4.30~3.50	3.60~2.90	2.90~2.40	2.40~2.00	2.00~1.50
5	8.90~6.60	6.60~5.10	5.20~4.10	4.10~3.30	3.30~2.70	2.70~2.00

5. 拉深工艺力的计算

（1）拉深力的计算

拉深力随凸模形成的变化曲线如图 3-103 所示。

可以看出拉深开始时，拉深力并不大，然后材料加工硬化的增长速度超过了变形区面积的减小速度，拉深力逐渐增大，然后到达最高点，随后变形区面积减小速度超过了加工硬化速度，拉深力逐渐下降。拉深完毕，由于还要从凹模里推出，曲线出现缓慢下降，这是摩擦力作用的结果。

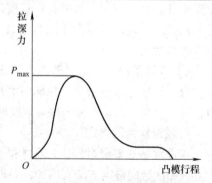

图 3-103 拉深力变化曲线图

计算拉深力是为了正确地选择拉深设备。在生产中，采用的经验拉深力计算公式如下：

第一次拉深的拉深力为

$$P_1 = K_1 \pi d_1 t \sigma_b$$

以后各次拉深的拉深力为

$$P_i = K_2 \pi d_i t \sigma_b$$

$$i = 2, 3, 4, \cdots$$

式中　P_1、P_i——第 1 次和第 i 次拉深力；

　　　d_1、d_i——第 1 次和第 i 次拉深时工件的直径；

　　　　　t——板料厚度；

　　　　　σ_b——拉深材料的抗拉强度；

　　　K_1、K_2——修正系数。

修正系数的取值与拉深系数有关，见表 3-33。

表 3-33　修正系数 K_1、K_2 的取值

m_1	0.57	0.60	0.62	0.65	0.67	0.70	0.72	0.75	0.77	0.80		
K_1	0.93	0.86	0.79	0.72	0.66	0.60	0.55	0.5	0.45	0.40		
$m_2\cdots m_i$						0.70	0.72	0.75	0.77	0.80	0.85	0.90
K_2						1.0	0.95	0.90	0.85	0.80	0.70	0.60

（2）压边力的计算

为了防止拉深时起皱，有时候须采用压边圈，压边圈应有一定的压边力。压边力的大小，根据工件不起皱、又不会拉裂的原则来决定。

在设计模具时，压边力可按以下经验公式计算：

任何形状的拉深件的压边力

$$P_Y = AP$$

圆筒形件首次拉深的压边力

$$P_Y = \frac{\pi}{4}\left[D^2 - (d_1 + 2r_d)^2\right]P$$

圆筒形件以后各次拉深的压边力：

$$P_Y = \frac{\pi}{4}\left[d_{i-1}^2 - (d_i + 2r_d)^2\right]P$$

式中　P_Y——压边力；

　　　　A——压边圈下坯料的投影面积；

　　　　P——单位面积压边力，参考表 3-34；

　　　　D——坯料直径；

　　d_i、d_{i-1}——第 i 次拉深与第 $i-1$ 次拉深工序件的直径；

　　　　r_d——拉深凹模圆角半径。

表 3-34　单位面积压边力　　　　　　　　　　（单位：MPa）

材　料	单位压边力 P
铝	0.8~1.2
紫铜、硬铝（已退火）	1.2~1.8
黄铜	1.5~2.0
软钢（$t > 0.5$mm）	2.0~2.5
软钢（$t < 0.5$mm）	2.5~3.0
镀锡钢板	2.5~3.0
软化状态的耐热钢	2.8~3.5
高合金钢、不锈钢、高锰钢	3.0~4.5

（3）压力机的确定

1）双动压力机。对于双动压力机，应使内滑块额定压力 $P_{S内}$ 和外滑块的额定压力 $P_{S外}$ 分别大于拉深力 P 和压边力 P_Y，即

$$P_{S内} > P,\ P_{S外} > P_Y$$

2）单动压力机。对于单动压力机，其额定压力 P_d 可按下式确定

$$P_d > P + P_Y$$

3）机械式拉深压力机。机械式拉深压力机可按下式确定额定压力 P_J

① 浅拉深

$$P_J \geqslant (1.6 \sim 1.8) P_\Sigma$$

② 深拉深

$$P_J \geqslant (1.8 \sim 2.0) P_\Sigma$$

式中　P_Σ——冲压工艺总力。

冲压工艺总力的取值和模具结构有关，包括拉深力、压边力、冲裁力等。

3.4.4　拉深模

根据使用的压力机类型的不同，可分为单动压力机上用拉深模和双动压力机上用拉深模；根据拉深顺序可分为首次拉深模和以后各次拉深模；根据工序组合情况的不同可分为单工序拉深模、复合工序拉深模、级进拉深模；根据有无压料可分为有压料装置拉深模和无压料装置拉深模。

微课视频
拉深模

1. 首次拉深模

（1）无压边圈的首次拉深模

图 3-104 所示为无压边圈的首次拉深模具，这种类型的模具结构简单，常用于板料塑性好、相对厚度较大时的拉深。

半成品工件以定位板定位，拉深凸模向下运行，直至拉深凸模将板料压入拉深凹模拉成工件，拉深结束。拉深凸模向上运行，靠拉深凹模下部的卸件环脱下拉深件。因为拉深凸模要深入到拉深凹模下面，所以该模具最适合于浅拉深。为使工件在拉深后不紧贴在凸模上难以取下，在拉深凸模上开有通气小孔。

（2）带上压边装置的首次拉深模

图 3-105 所示为带上压边装置的首次拉深模，这种模具结构的凸模比较长，只适宜拉深深度不大的工件。同时，由于上模空间位置受到限制，不可能使用很大的弹簧或橡胶件，因此上压边装置的压边力小。这种装置主要用于压边力不大的场合。

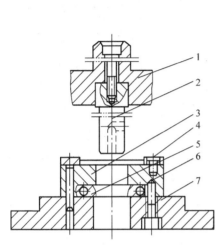

图 3-104 无压边圈的首次拉深模具
1—模柄 2—凸模 3—凹模 4—定位板
5—卸件环 6—拉簧 7—下模座

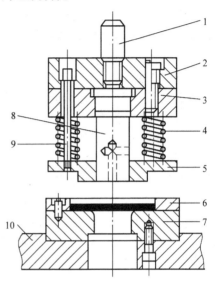

图 3-105 带上压边装置的首次拉深模
1—模柄 2—上模座 3—凸模固定板 4—弹簧
5—压边圈 6—定位板 7—凹模 8—凸模
9—卸料螺钉 10—下模座

拉深前，半成品工件以定位板定位。拉深时，凸模向下运行，半成品工件因受到弹簧的作用首先被压边圈平整地压在拉深凹模表面，凸模继续向下运行，弹簧继续受压，直至拉深成形出工件。拉深结束，凸模向上运行，压边圈在弹簧的作用下回复，将包在拉深凸模上的工件刮下来。这种具有弹性压边装置的首次拉深模，是应用最广泛的首次拉深模结构形式，压边力由弹性元件的压缩产生。

（3）双动压力机上使用的首次拉深模

双动压力机有两个滑块，其凸模与拉深滑块（内滑块）相连，而上模座（上模座上装有压边圈）与压边滑块（外滑块）相连，如图 3-106 所示。

拉深时，压边滑块首先带动压边圈压住毛坯，然后拉深滑块带动拉深凸模下进行拉深，此模具因装有刚性压边装置，所以结构简单，制造周期短，成本低，但设备投资较高。

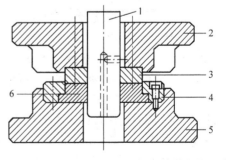

图 3-106 双动压力机上使用的首次拉深模
1—凸模 2—上模座 3—压边圈
4—凹模固定板 5—下模座 6—凹模

（4）落料首次拉深复合模

图 3-107 所示为在单动压力机上用的落料首次拉深复合模。

它一般采用条料为坯料，故需设置导料板与卸料板。拉深凸模的顶面稍低于落料凹模刃面约一个料厚，使落料完毕后才进行拉深。拉深时由压力机气垫通过顶杆和压边圈进行压边。这种压边装置可提供恒定不变的压边力。拉深完毕后由顶出杆推动顶出块将拉深件从上模中推出，卸料则由弹性卸料板承担。

2. 以后各次拉深模

以后各次拉深用的毛坯是已经经过拉深的半成品筒形件，而不再是平板毛坯，因此其定位装置及压边装置与首次拉深模完全不同。以后各次拉深模的定位方法常用的有三种：第一种是采用特定的

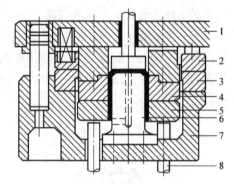

图 3-107　落料首次拉深复合模

1—上模座　2—卸料板　3—落料凹模　4—凸凹模
5—压边圈　6—拉深凸模　7—下模座　8—顶杆

定位板；第二种是凹模上加工出供半成品定位的凹窝；第三种为用半成品内孔用凸模外形或压边圈外形来定位。以后各次拉深模所用压边装置已不再是平板结构，而是筒形结构。

（1）无压边装置的以后各工序拉深模

图 3-108 和图 3-109 所示为无压边的再次拉深模，不同之处有两点：一是前者用定位板，后者利用凹模外形来定位前次拉深后的半成品；二是前者为正向拉深，后者为反向拉深。所谓反向拉深是指拉深凸模从已拉深件的外底部反向加压，使原已拉深的毛坯的内表面翻转为外表面的一种拉深方法。

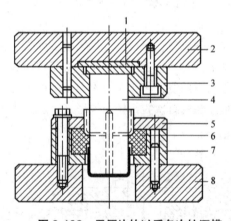

图 3-108　无压边的以后各次拉深模

1—垫板　2—上模座　3—凸模固定板　4—凸模
5—定位板　6—凹模　7—凹模固定板　8—下模座

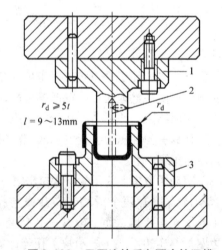

图 3-109　无压边的反向再次拉深模

1—凸模　2—通气孔　3—凹模

这种模具结构因无压边圈，不能进行严格的多次拉深，用于直径缩小较少的拉深或整形等，要求侧壁料厚一致或者要求尺寸精度高时采用。

（2）有压边装置的以后各次拉深模

图 3-110 所示为有压边装置的以后各次拉深模，这是一般最为常见的结构形式。

拉深前，毛坯套在压边圈上，压边圈的形状必须与上一次拉出的拉深件相适应。拉深后，压边圈将冲压件从拉深凸模上托出，推件板将冲压件从凹模中推出。

3. 拉深模的主要特点

1）当拉深模结构中没有导向机构时，安装时要使用校模圈来完成拉深凸、凹模的对中，以保证拉深间隙均匀。

2）为了避免拉深后卸料时出现真空使卸料困难，在拉深凸模中心必须加工出气孔，直径一般为5~10mm。

3）拉深件也有回弹现象，一般不设计专用的卸料机构，压边圈兼起卸料作用。

4）在拉深过程中，材料由于加工硬化而使其硬度升高、塑性降低，正常生产时需要很多辅助工序。

① 拉深工序前材料的软化热处理、清洗、润滑等。

② 拉深工序间的软化处理、涂漆、润滑等。

③ 拉深工序后的清除应力退火、清洗、打毛刺、表面处理等。

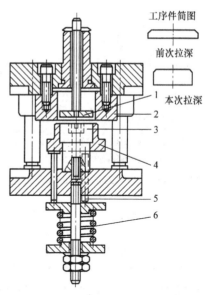

图 3-110 有压边装置的以后各次拉深模
1—推件板 2—拉深凹模 3—拉深凸模
4—压边圈 5—顶杆 6—弹簧

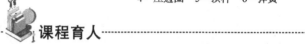

课程育人

在拉深工艺的制定中，极限是可以判定而不能达到的。达到极限就意味着失败，因而在极限允许的条件下，分步实施，效果会更好。

3.5 局部成形工艺

用各种不同变形性质的局部变形来改变毛坯的形状和尺寸的冲压成形工序被称为局部成形工艺，主要有胀形、翻边、校平和整形等。

3.5.1 胀形工艺

胀形是利用模具强迫板料厚度减薄和表面积增大，以获得所需要的几何形状的零件的冲压加工方法。常用的胀形有起伏胀形、平板毛坯的胀形和圆柱形毛坯（或管形毛坯）的胀形。汽车覆盖件等形状复杂的零件也经常包含胀形成分，图 3-111 所示为车身覆盖件的成形就属于胀形工艺。

微课视频
胀形和翻边工艺

胀形可采用不同的方式来实现，为刚性凸模胀形、橡胶胀形和液压胀形。

刚性凸模胀形如图 3-112 所示。凸模做成分瓣式，利用锥形芯块将分瓣凸模顶开，使工件胀出所需形状。分瓣凸模的数目越多，则工件的形状和精度就越好；但其缺点是很难得到精度较高的正确旋转体，变形不均匀，模具结构复杂。

橡胶胀形如图 3-113 所示。工作时，作为凸模的橡胶在压力作用下被迫变形，工件沿凹模胀开，最终得到所需形状的工件。橡胶胀形的模具结构简单，工件变形均匀，能成形复杂形状的工件。

图 3-111 胀形工艺成形的车身覆盖件

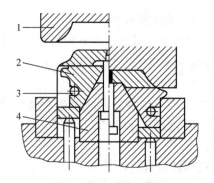

图 3-112 刚性凸模胀形
1—凹模 2—分瓣凸模 3—拉簧 4—锥形芯块

液压胀形如图 3-114 所示。图 3-114a 所示为直接将高压液体灌注到预先拉深好的毛坯中，迫使毛坯贴向凹模表面而成形。图 3-114b 所示为将高压液体先灌入橡胶囊中，使高压液体的压力通过橡胶囊作用到毛坯上而成形。由于工序件经过多次拉深工序，伴随有冷作硬化现象，故在胀形前应进行退火，以恢复金属的塑性。

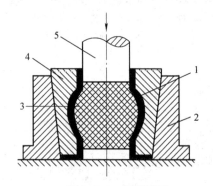

图 3-113 橡胶胀形
1—工件 2—外框 3—橡胶弹性体
4—凹模 5—凸模

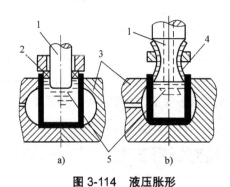

图 3-114 液压胀形
a）圆筒形件胀形 b）管形件胀形
1—凸模 2—密封装置 3—凹模 4—橡胶囊 5—液体介质

1. 胀形成形的特点

图 3-115 所示为平板毛坯胀形示意图。直径为 D_0 的平板毛坯由压边圈压紧，压边圈带有拉深筋，以防止凸缘区材料的塑性流动，将变形区限制在筋以内的毛坯上。

凸模对毛坯施加胀形力 F，与凸模球形面接触的板料处于两向受拉的应力状态，在两向拉应力的作用下，板料沿切向和径向产生拉深变形，厚度方向产生压缩变形。这样变形区材料厚度减薄，表面积增大，得到与凸模球面形状一致的凸包，如图 3-116 所示。

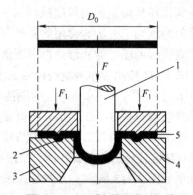

图 3-115 平板毛坯胀形示意图
1—凸模 2—拉深筋 3—压边圈 4—凹模 5—毛坯

由于胀形时板料处于双向拉应力状态，板料的失效形式是拉裂。因此，胀形的成形极限是以是否发生破裂来评定的，极限变形程度取决于材料的塑性，主要是材料的伸长率和材料的加工硬化指数。一般认为，材料的伸长率越大，破裂前允许的变形量越大，成形极限也越大，有利于胀形。材料的硬化指数越大，变形后的材料的硬化

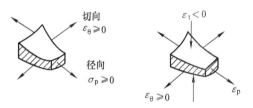

图 3-116　平板毛坯胀形的应力应变状态

能力越强，变形部分的转移及扩展能力也越强，使应变分布趋于均匀，不容易出现拉伸失稳和颈缩，成形极限大，也有利于胀形。

2. 平面胀形

平面胀形是指平板毛坯在模具的作用下，产生局部凸起（或凹下）的冲压方法，常称为起伏成形。起伏成形主要用于增加工件的强度和刚度，如加强筋、凸包等，如图 3-117 所示。起伏成形常采用金属冲裁模。

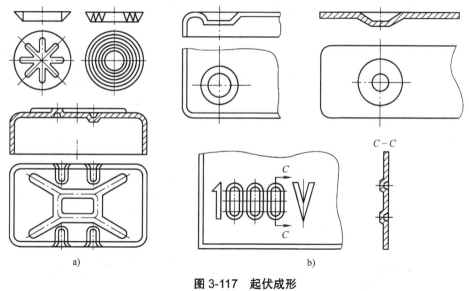

图 3-117　起伏成形
a）加强筋　b）凸包

（1）压加强筋

1）加强筋的变形尺寸计算。加强筋能否一次冲压成形，与筋的几何形状和材料性质有关。能够一次成形加强筋的条件为

$$\varepsilon_p = \frac{L - L_0}{L_0} \leq (0.70 \sim 0.75)\delta$$

式中　ε_p——断面变形程度；
　　　L——成形后加强筋的断面轮廓长度；
　　　L_0——变形区横断面的原始长度；
　　　δ——材料的延伸率。

常用的加强筋的形式和尺寸见表 3-35。

表 3-35 加强筋的形式和尺寸

简 图	R	H	B 或 D	t	$a/(°)$
(图示)	$(3\sim4)t_0$	$(2\sim3)t_0$	$(7\sim10)t_0$	$(1\sim2)t_0$	—
(图示)	—	$(1.5\sim2)t_0$	$\geqslant 3h$	$(0.5\sim1.5)t_0$	15~30

加强筋与制件边缘的距离应大于 $(3\sim5)t$，以防止边缘材料收缩影响外形尺寸和美观。否则要加大边缘外形尺寸，压形后再修边。

若加强筋不能一次成形，则应采用多次冲压成形，先压制成半球形过渡形状，然后再压出所需形状，如图 3-118 所示。

2）加强筋的胀形力计算。冲压加强筋的胀形力 P 按下式计算

$$P = KLt\sigma_b$$

式中　P——胀形力；

　　　K——系数，取 $K = 0.7\sim1.0$，加强筋形状窄而深时取较大值，宽而浅时取较小值；

　　　L——加强筋长度；

　　　t——板厚；

　　　σ_b——材料强度极限。

（2）压凸包

图 3-119 所示为压凸包的示意图，其成形特点与拉深不同。

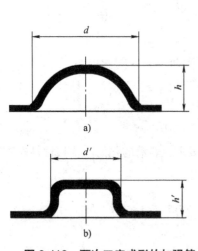

图 3-118 两次工序成形的加强筋
a）首次成形　b）最后成形

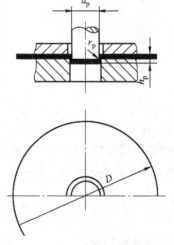

图 3-119 压凸包示意图

平板坯料上压凸包时要求毛坯直径与凸模直径的比值应大于4，此时凸缘部分不会向里收缩，属于胀形性质的起伏成形，即压凸包；如果毛坯直径与凸模直径的比值小于4，成形时毛

坯凸缘将会收缩，则属于拉深成形。

压凸包时，凸包的高度受到材料的塑性限制因此不能太大。表3-36列出了压凸包时的许用成形高度。

表3-36 平板毛坯局部压凸包时的许用成形高度和尺寸 （单位：mm）

材料	许用凸包成形高度 h_p
铝	≤（0.1~0.15）d
软钢	≤（0.15~0.2）d
黄铜	≤（0.15~0.22）d

D	L	l
6.5	10	6
8.5	13	7.5
10.5	15	9
13	18	11
15	22	13
18	26	16
24	34	20
31	44	26
36	51	30
43	60	35
48	68	40
55	78	45

如果制件的凸包高度超出了表中所列数值，则需要采用多道工序的方法冲压凸包。

3.5.2 翻边工艺

利用模具将工件的孔边缘或外边缘翻成竖直的直边，称为翻边。翻边包括内孔翻边和外缘翻边两种，如图3-120所示。翻边成形主要用于零件的边部强化，改进外貌，增加刚性，去除切边，以及在零件上制成与其他零件装配、连接的部位（如铆钉孔、螺纹底孔等）或焊接面等。

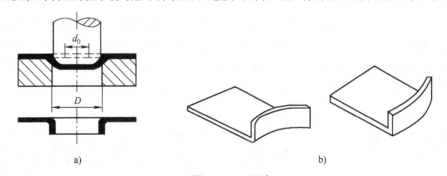

图3-120 翻边
a) 内孔翻边 b) 外缘翻边

翻边可代替某些复杂零件的拉深工序，改善材料塑性流动以免发生破裂或起皱。用翻孔代替先拉深后切底的方法制取无底零件，可减少加工次数，并节省材料。

1. 内孔翻边

（1）内孔翻边的特点

图 3-121 所示为内孔翻边的示意图。翻孔时，变形区是直径 d_0 的内孔、外径为 D 的环形部分。

带有圆孔的环形毛坯被压边圈压死，变形区基本上限制在凹模圆角以内，并在凸模轮廓的约束下受单向或双向拉应力作用，随着凸模的下降，毛坯中心的圆孔不断扩大，凸模下面的材料向侧面转移，直到完全贴靠凹模侧壁，形成直立的竖边。

在翻孔变形区，应力为平面应力状态，径向 σ_ρ 受拉，切向 σ_θ 受拉；应变为立体应变状态，径向 ε_ρ 和切向 ε_θ 均为伸长应变，厚度 ε_t 减薄。翻孔结束时，孔边缘只受切向拉应力作用，厚度减薄最为严重。因此，主要危险在于孔缘拉裂，如图 3-122a 所示。

在圆孔翻边的中间阶段，如果停止变形，就会得到如图 3-123 所示的成形方式，这种成形方式叫做扩孔，是伸长类翻边的特例。其主要的破坏形式为扩孔破裂，如图 3-122b 所示。

（2）翻边时成形极限

圆孔翻边时成形的变形程度，用坯料上的预制孔的初始直径 d 与翻边成形完成后竖边的直径 D 比值 K 表示

$$K = \frac{d}{D}$$

K 称为翻边系数，K 值越小，则变形程度越大。相反，K 值越大，则变形程度就越小。

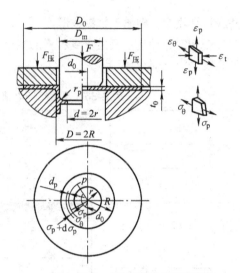

图 3-121 内孔翻边过程示意图

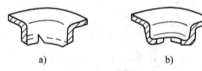

图 3-122 伸长类翻边破裂
a）翻边破裂 b）扩孔破裂

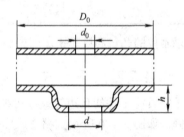

图 3-123 扩孔成形

翻边时孔边不破裂所能达到的最小 K 值称为极限翻边系数。极限翻边系数的大小取决于材料的塑性、待翻边孔的边缘质量、材料的相对厚度和凸模的形状等因素。表 3-37 与表 3-38 分别为低碳钢和其他金属的极限翻边系数。当翻边壁上运行有不大的裂痕时，可以用 K_{min} 数值，一般情况下均采用 K 值。

表 3-37 低碳钢极限圆孔翻边系数

凸模形式	孔的加工方法	比值 d_0/t_0							
		100	50	20	15	10	5	3	1
球形凸模	钻孔	0.7	0.6	0.45	0.4	0.36	0.3	0.25	0.2
	冲孔	0.75	0.65	0.52	0.48	0.45	0.42	0.42	—
圆柱形凸模	钻孔	0.8	0.7	0.5	0.45	0.42	0.35	0.3	0.25
	冲孔	0.85	0.75	0.6	0.55	0.52	0.48	0.47	—

表 3-38 其他金属的极限翻边系数

经退火的毛坯材料	翻边系数	
	K	K_{min}
镀锌钢板	0.7	0.65
软钢（$t=0.25\sim2.0$mm）	0.72	0.68
软钢（$t=3.0\sim6.0$mm）	0.78	0.75
黄铜 H62（$t=0.5\sim6.0$mm）	0.68	0.62
铝（$t=0.5\sim5.0$mm）	0.70	0.64
硬质合金	0.89	0.80
钛合金 TA1（冷态）	0.64~0.68	0.55
钛合金 TA1（加热 300~400℃）	0.40~0.50	0.45
钛合金 TA5（冷态）	0.85~0.90	0.75
钛合金 TA5（加热 500~600℃）	0.70~0.65	0.55
不锈钢、高温合金	0.69~0.65	0.57~0.614

改善圆孔翻边成形性的方法如下：

1）提高材料的塑性，材料的延伸率和硬化指数大，K_{min} 就小，有利于翻边，翻边时不易出现破裂。

2）用球形、锥形和抛物线形凸模翻边时，孔缘会被圆滑地胀开，变形条件比平底凸模优越。

3）板料相对厚度越大，在断裂前可能产生的绝对伸长变形越大，K_{min} 越小，成形极限越大。

4）翻边圆孔边缘无毛刺和硬化层时，K_{min} 就小，成形极限大。因此可在冲孔后进行修整，消除毛刺、撕裂带和硬化层或在冲孔后退火。为消除孔缘表面的硬化，也可以用钻削代替钻孔。为避免毛刺造成的成形极限的下降，翻边时可将预制孔有毛刺的一面朝向凸模放置。

2. 翻边的工艺计算

1）平板坯料翻边的工艺计算。图 3-124 所示为平板坯料翻边的尺寸计算。

在进行翻边之前，需要在坯料上加工出待翻边的孔，其孔径 d 按弯曲展开的原则求出

$$d = D - 2(H - 0.43r - 0.72t)$$

竖边高度则为

$$H = \frac{D-d}{2} + 0.43r + 0.72t$$

$$H = \frac{D}{2}(1-K) + 0.43r + 0.72t$$

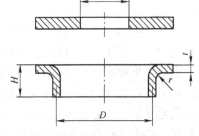

图 3-124 平板坯料翻边的尺寸计算

如将极限翻边系数 K_{min} 带入式子中，便求出一次翻边可达到的极限高度为

$$H_{max} = \frac{D}{2}(1-K_{min}) + 0.43r + 0.72t$$

当零件要求的高度 H 大于 H_{max} 时，就不能一次翻边达到制件高度，这时可以采用加热翻边、多次翻边或先拉深后冲底孔再翻边的方法。采用多次翻边时，应在每两次工序间进行退火。第一次翻边以后的极限翻边系数 K_{min}' 可取为

$$K_{min}' = (1.15\sim1.20)K_{min}$$

2）拉深后再翻边。若制件要求的翻边高度较大，可采用先拉深冲底孔后翻边的方法，如图 3-125 所示。

这时，先确定翻边高度 h_2，在确定翻边圆孔的初始直接 d_0 和拉深高度 h_1，有

$$h_2 = 0.5 D_m (1-K) + 0.75 r$$

$$d_0 = D_m + 1.14 r - 2 h_1$$

$$h_1 = h - h_2 + r + t_0$$

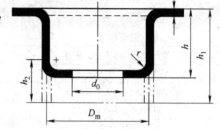

图 3-125　先拉深后翻边

对于翻边高度较大的制件，除了采用先拉深后翻边的方法外，也可以采用多次翻边方法成形，但在工序间需要退火，而且每次所用的翻边系数应比前次增大 15%~20%。

3）翻边力的计算。翻边力一般不大，用圆柱形平底凸模翻边时，可按下列式子计算

$$F = 1.1 \pi (D-d) t \sigma_s$$

式中　D——翻边后直径（按中线算），mm；

　　　d——坯料预制孔直径，mm；

　　　t——材料厚度，mm；

　　　σ_s——材料屈服强度，MPa。

3. 外缘翻边

外缘翻边是沿坯料的边缘，通过对材料的拉伸或压缩，形成高度不大的竖边。根据变形的性质不同，外缘翻边可分为伸长类翻边（内曲翻边、内凹外缘翻边）和压缩类翻边（外曲翻边、外凸外缘翻边）。

1）伸长类翻边。伸长类翻边是指在坯料或零件的外缘，沿不封闭的内凹曲线进行的翻边，如图 3-126 所示。

伸长类翻边又称为内凹外缘翻边，与孔的翻边类似。翻边时，凸缘内产生拉应力而容易发生破裂。故其成形极限根据翻边后竖边的边缘是否发生破裂来确定。如果变形程度过大，竖边边缘的切向伸长和厚度的减薄也比较大，容易发生破裂，在制定伸长类翻边工艺时，翻边变形程度不能超出极限变形程度的数值。

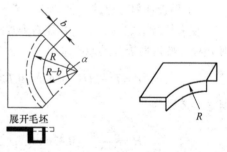

图 3-126　伸长类翻边

为了消除这一缺陷，得到高度平齐、两端垂直的翻边件，可修正坯料端部的尺寸和形状，修正值根据材料变形程度和 α 角的大小而不同，可通过试模确定。翻边高度小、翻边线曲率半径大、要求不高时也可不做修正。

伸长类翻边的成形极限是材料中部边缘拉应力最大处开裂，是否开裂取决于变形程度，伸长类翻边的变形程度可表示如下

$$\varepsilon_{伸} = \frac{b}{R-b}$$

2）压缩类翻边。压缩类翻边是指在坯料或零件的外缘，沿不封闭的外凸曲线进行的翻边，

如图 3-127 所示。

压缩类翻边又称为外凸外缘翻边，类似于拉深变形，但由于翻边线不封闭，凸缘区是不封闭的扇形，使得沿翻边线的应力、变形都不均匀。中部的切向压应力最大，两端最小，导致两端的材料向外倾斜，不垂直翻边线，而翻边高度比中部低。

为了消除这一缺陷，得到高度平齐、两端垂直的翻边件，可修正坯料端部的尺寸和形状，修正方向与伸长类翻边相反。

图 3-127 压缩类翻边

压缩类翻边的成形极限为材料失稳起皱。对于压缩类翻边，其变形程度可表示如下

$$\varepsilon_{压} = \frac{b}{R+b}$$

常见的几种材料外缘翻边的极限变形程度见表 3-39。

表 3-39 伸长类和压缩类翻边时材料允许变形程度

材料名称		伸长类变形程度（%）		压缩类变形程度（%）	
		橡胶成形	模具成形	橡胶成形	模具成形
铝合金	L4M	25	30	6	40
	L4Y	5	8	3	12
	LY12M	14	20	6	30
	LY12Y	6	8	0.5	9
黄铜	H62 软	30	40	8	45
	H62 半硬	10	14	4	16
	H68 软	35	45	8	55
	H68 半硬	10	14	4	16
钢	10	—	38	—	10
	20	—	22	—	10

3.5.3 校平和整形

校平和整形属于成形工序，它们大都在冲裁、弯曲、拉深和翻孔等冲压工序后进行，其作用是消除制件的平面误差和提高制件形状及尺寸精度。一般来说，对表面形状和尺寸精度要求较高的冲压件都要经过校平和整形。

微课视频
校平和整形
工艺

1. 校平和整形的工艺特点

1）校平和整形允许的变形量都很小，因此必须使坯件的尺寸和形状相当接近制件。校平和整形后制件的精度较高，因而对模具成形部分的精度要求也相应提高。

2）校平与整形时，应使坯件的应力、应变状态有利于减少卸载过程中由于材料的弹性变形而引起制件形状和尺寸的弹性恢复。在各种不同整形工艺中，由于制件的形状和精度要求不同，坯件所处的应力状态和产生的变形都不一样，要比一般成形过程复杂得多。

3）由于校平与整形需要在压力机的下止点进行，因此对所使用设备的刚度、精度要求较高,通常都在专用的精压机上进行。若采用普通的压力机,则必须设有过载保护装置,以防损坏设备。

2. 校平

校平工序多对冲裁件进行,以消除冲裁件的拱弯不平。U形制件若不用压料板,底部也有拱曲小现象,也需要对底部进行校平。

对于薄的板料或表面不允许有压痕的制件,一般用光面校平模,如图3-128所示。

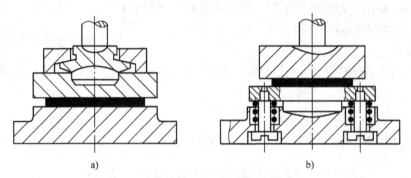

图3-128 光面校平模

a) 浮动上模 b) 浮动下模

对于较厚的板料通常采用齿形校平模。齿形有细齿和粗齿两种,工作时上下齿相互交错,其尺寸和形状如图3-129、图3-130所示。

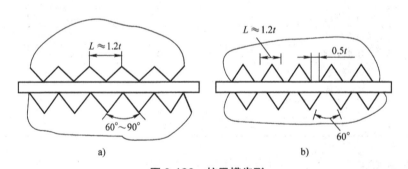

图3-129 校平模齿形

a) 细齿校平模齿形 b) 粗齿校平模齿形

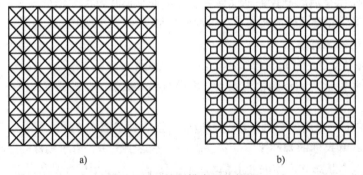

图3-130 校平模齿形俯视图

3. 整形

所谓整形就是指将弯曲、拉深或其他成形件校正成最终的形状。整形是利用模具使弯曲或拉深后的冲压件局部或整体产生少量塑性变形以得到较准确的尺寸和形状，常常在弯曲、拉深、成形工序之后。

整形时，必须根据制件形状的特点和精度要求，正确地选定产生塑性变形的部位、变形的大小和适当的应力状态。

拉深件的整形用负间隙拉深整形法，如图 3-131 所示。其拉深模的间隙可取 (0.9~0.95) t（t 为板厚）。

采用负间隙拉深整形法时，可以把整形工序与最后一次拉深工序结合为一道工序来完成。

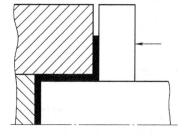

图 3-131 拉深件的整形

弯曲件的镦校所得到的制件尺寸精度较高，是目前常采用的一种校形方法，如图 3-132 所示。但是对于带有孔的弯曲件或宽度不等的弯曲件，不宜采用，因为镦校时容易使孔产生变形。

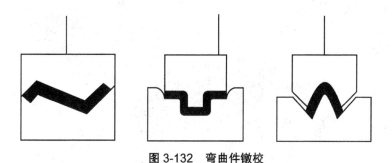

图 3-132 弯曲件镦校

4. 校平和整形力的计算

用模具校平和整形时的压力，主要取决于材料的力学性能、板料厚度等因素。校平和整形力可按下列式子计算

$$P = Aq$$

式中　P——校平和整形力；

　　　A——校平面积；

　　　q——校平和整形单位压力，其值参考表 3-40。

表 3-40　校平和整形单位压力

方法	单位压力 q/MPa
光面校平模校平	5~8
敞开形制件整形	5~10
细齿校平模校平	8~12
粗齿校平模校平	10~15
拉深件减小圆角及对底面、侧面整形	15~20

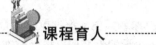

局部与整体的关系在不同的条件下会有不同的考量，在汽车车身产品的工艺制定过程中，需要先整体，后局部；但是同时需要满足整体为局部留变形裕度。对车身产品，最终细节决定质量成败。

3.6 车身覆盖件的冲压工艺

车身由车身骨架、覆盖件组成。覆盖件通常由 0.6~1.2mm 的 08 系列冷轧薄钢板制成。与一般的冲压件相比较，覆盖件具有材料薄、结构尺寸大、形状复杂、表面质量好等特点，它是冲压加工难度最大的零件。汽车车身的覆盖件如图 3-133 所示。

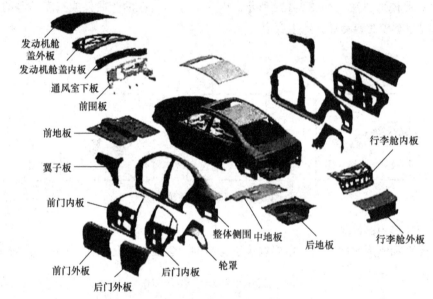

图 3-133 车身覆盖件

3.6.1 车身覆盖件的成形工艺

1. 车身覆盖件成形分类

根据形状的复杂程序和变形特点，覆盖件可分为浅拉深件、一般拉深件和复杂拉深件三类，见表 3-41。

2. 覆盖件的冲压工序

车身覆盖件的尺寸大、形状复杂，因此一般不可能在一道冲压工序中直接获得，有的需要十几道工序才能获得，最少的也要三道工序。覆盖件冲压的基本工序有落料、拉深、修边、翻边和冲孔。

以图 3-134 所示轿车的侧围冲压为例，其基本冲压工序见表 3-42，根据需要和可能，可以将一些工序合并，如修边、翻边等。

微课视频
车身覆盖件的
成形工艺

表 3-41 覆盖件的分类

分类	零件名称	简图	零件拉深深度 /mm
浅拉深件	外门板		< 90
一般拉深件	前翼子板		< 100
复杂拉深件	侧围		170~240

图 3-134 侧围零件

表 3-42 侧围冲压的基本工序

工序	图例	工序内容及举例
落料		沿封闭轮廓曲线冲切，冲下部分是零件
拉深		将板料压制成开口空心零件

（续）

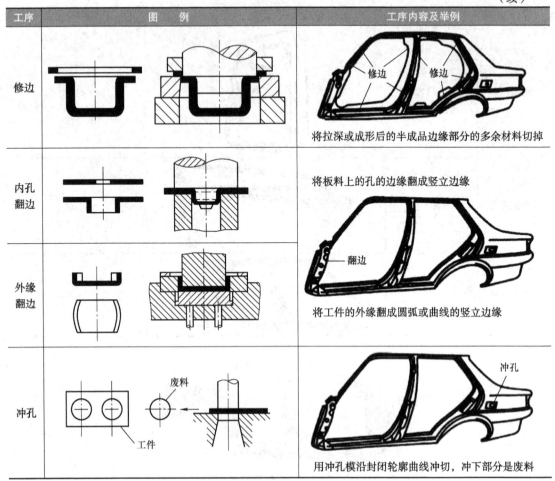

落料工序是为了获得拉深工序所需的毛坯外形；拉深工序是关键工序，覆盖件的形状是由拉深工序成形的；修边工序是覆盖件为了切除拉深件的工艺补充部分，这些工艺补充只是拉深工序的需要，因此拉深后切掉；翻边工序位于修边工序之后，它使覆盖件边缘的竖边成形。冲孔工序是加工覆盖件上的孔洞。冲孔工序一般在拉深工序之后，以免孔洞破坏拉深时的均匀应力状态，避免孔洞在拉深时变形。

3.6.2 车身覆盖件拉深工艺设计

汽车造型的发展方向是更好地将空气动力学设计方案与乘坐舒适性相结合，车身特点显示出棱角分明、线条分明、浑圆和流线风格。这会不断给车身覆盖件成形工艺提出更高的要求。

汽车覆盖件的分块是将设计定型的车身分为合适的几个部分来分别加工，以便成形后组装成符合要求的汽车车身。分块时要充分考虑零件的成形难易程度和材料的极限变形能力，以便制订出合理的车身覆盖件成形工艺。

1. 工艺设计原则

在进行车身覆盖件的拉深工艺设计时，应遵循以下设计原则：

1) 分块零件一次拉深成形。不管分块零件有多大，形状有多复杂，尽可能在一道拉深工序中全部成形。如果分几次成形，则难以把握每次成形的规律，造成几何形状的不一致和表面质量恶化。

2) 零件各部分的变形量应尽可能趋于一致。多道工序成形时，应考虑前后工序的协调性，保证各道工序具有良好的成形条件。

3) 拉深较为平坦的覆盖件时，其主要变形方式应为胀形变形。适当地设置拉深筋和设计合适的压料面，以调整各个部位的材料变形流动状况，可以达到良好的效果。

4) 零件形状突变比较大的部位，可通过加大过渡区域和过渡圆角、增设工艺切口等方法，改善材料的流动和补充条件，满足成形要求。

5) 对覆盖件的焊接面易出现褶皱、回弹等不良现象的，可考虑采用拉深工艺加工。

6) 覆盖件上的孔一般应在零件拉深成形后冲出，以预防预先冲制的孔在拉深过程中发生变形。孔位于零件不变形或变形极小的部位时，也可在零件拉深前制出。

7) 覆盖件拉深的压料圈形状设计，应使材料不发生皱折、翘曲等质量问题为原则，保证压料面材料变形流动顺利。同时，压料面的形状还应保证坯料定位的稳定性、可靠性，以及送料、取件的方便性和安全性。

8) 在进行拉深工序的坯料形状尺寸和拉深工艺设计时，应充分考虑为后续翻边、修边等工序提供良好的工艺条件，包括变形条件、模具结构、零件定位、送料、取件等。

9) 坯料的送进和拉深件的取出装置应安全、方便，有利于覆盖件的自动化、流水线生产。当拉深模具的内表面与坯料发生干涉时，有必要在模具内设置导向装置。

2. 车身覆盖件拉深工艺的设计

覆盖件形状复杂，多为非轴对称、非回转体的复杂曲面形状零件，决定了覆盖件拉深时的变形不均匀，起皱和开裂是拉深的主要成形障碍。工艺设计时应考虑采取措施防止起皱及开裂，可从拉深方向、工艺补充等方面考虑。

（1）拉深方向的确定

拉深件的拉深方向是拉深工艺设计中首先要确定的问题，它关系到能否拉深处合格的覆盖件，也是确定拉深件工艺补充部分的尺寸和压料面形状以及拉深后续各方案的依据。确定拉深方向要考虑以下几点。

1) 保证凸模能够进入凹模。将工件的拉深部位一次拉深成形，避免"倒钩"出现。一些覆盖件的某一部位形状呈凹形或有反拉深处，不容易使凸模顺利地进入凹模。如图 3-135 所示的覆盖件上存在侧凹形，图 3-135a 所示的拉深方向不合理，不能保证凸模全部进入凹模拉深，会形成"死区"，无法冲出所要求的形状。若将覆盖件旋转一定的角度后，就能使凸模全部进入凹模，得到所要求的全部形状，如图 3-135b 所示。

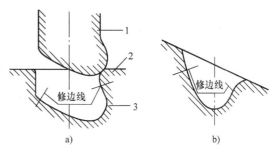

图 3-135 凹模口与拉深方向的关系

a）不能进入　b）能进入
1—凸模　2—压料面　3—凹模

有些覆盖件在一个方向拉深的同时,相反方向也可以进行拉深,要保证正反方向拉深都要顺利。图3-136所示为按覆盖件底部的反拉深处最有利于成形确定拉深方向,若不按此拉深方向则不能保证窗口呈水平方向和90°角部分的合格拉深。

图3-136 正反方向拉深都顺利

2)凸模与毛坯的接触状态

① 开始拉深时,凸模与毛坯的接触面积要大,同时其中心应与冲裁模重新重合(图3-137a)。若接触面积小,且接触面与水平面夹角 α 大,会使应力集中,容易产生裂纹。

② 凸模与毛坯的开始接触点应选择在接近中间部分(图3-137b),这样凸模在拉深过程中使材料均由拉深凹模,如果接触点不接近中间,则在拉深过程中,由于凸模顶部的窜动将影响工件的表面质量。

③ 凸模开始拉深时与毛坯接触点数量要求多且位置分散,并应同时接触,如图3-137c所示。

④ 若拉深方向因拉深件确定了不能改变,则只能在工艺补充部分想办法,即改变压料面形状为倾斜面(图3-137d),使两个地方同时接触。

图3-138所示为微型货车顶盖。若按箭头1所示的拉深方向(图3-138a),虽满足了窗口部分的凸模能够进入凹模的要求,但凸模开始拉深时与拉深毛坯接触面积小而又不在中间,这样在拉深过程中拉深毛坯容易产生开裂和坯料窜动而影响表面质量,因而不采用。考虑到整个拉深形状的条件,改变为按箭头2所示的拉深方向,如图3-138b所示。其优点是凸模顶部是平的,凸模开始拉深时与坯料接触面积大而又在中间,有利于拉深,但是窗口部分凸模不能进入凹模,则必须改变窗口部分凹形的形状,其方法如下:从 A 线往左完成水平面,在拉深后的适当工序中再整形回来。改变部分与整形回来部分的材料应使相等的。

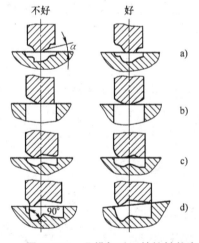

图3-137 凸模与毛坯的接触状态

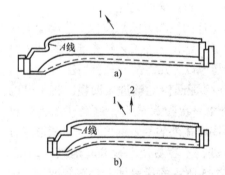

图3-138 顶盖的拉深方向

(2)覆盖件工艺补充部分的设计

工艺补充是指为了顺利拉深成形合格的制件,在冲压件的基础上添加的那部分材料。因为这部分材料是成形需要而不是零件需要,所以在拉深成形后的修边工序要将工艺补充部分切除掉。

为了实现覆盖件的拉深，需要将覆盖件的孔、开口、压料面、修边线等结构根据拉深工序的要求进行设计。

1）压料面的设计。压料面设计是汽车覆盖件工艺补充部分的一个组成部分，压料面是指位于凹模圆角半径以外的那部分材料。在拉深开始成形之前，压料圈将要成形的覆盖件坯料压紧在凹模表面上，被压住的坯料部分就是压料面。

通常用于压料面的形状不规则，覆盖件的拉深深度也不一致。变形沿覆盖件周边分布不均匀，应力在各处大小也不等，容易引起回弹、起皱和拉裂。为了使毛坯沿周边产生较为均匀的径向拉应力，使毛坯中间部位各个方向都产生比较均匀的胀形，在拉深时要增加工艺补充面或在凹模面上加拉深筋等来控制材料的流向及流速，这样可以防止拉深筋的起皱和拉裂。

压料面与拉深零件的关系存在两种情况：

① 压料面可以是覆盖件本身的凸缘面，即为覆盖件本体的一部分。这种压料面的形状是确定的，为便于拉深成形过程的进行，虽然也可以做局部的变动，但必须在以后的适当工序中加以整形，以达到覆盖件的整体形状要求。

② 压料面也可以由工艺补充部分所组成，在拉深工序之后的修边工序中，这种压料面将被切除，所以应尽量减少这种压料面的材料消耗。

设计压料面应遵循的基本原则有以下几个：

① 压料面形状尽量简单化。在保证良好的拉深条件的前提下，为减少材料消耗，压料面可设计成斜面、平滑曲面或平面曲面组合等形状，不要设计成平面大角度交叉、高度变化剧烈的形状，否则会造成材料流动和塑性变形的极不均匀分布，在拉深成形时产生起皱、堆积、破裂等现象。图3-139所示为几种常用的压料面形式。

② 合理选择压料面与拉深方向的相对位置。水平压料面（图3-140a）的应用最多，其阻力变化相对容易控制，有利于调模时调整到最有利于拉深成形所需要的最佳压料面阻力状态。向内倾斜的压料面（图3-140b），对材料流动阻力较小，可在塑性变形较大的深拉深件的拉深时采用；但为保证压边圈强度，一般控

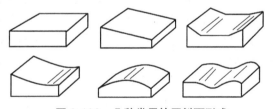

图3-139 几种常用的压料面形式

制压料面倾斜角 α < 40°~50°。向外倾斜的压料面（图3-140c）的流动阻力最大，对浅拉深件拉深时可增大毛坯的塑性变形；但倾斜角 α 太大，会使材料流动条件变差，易产生破裂，而且凹模表面磨损严重，影响模具寿命，应尽量少选用。

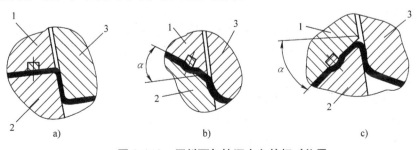

图3-140 压料面与拉深方向的相对位置

1—压边圈 2—凹模 3—凸模

③ 凸模对拉深毛坯一定要有拉深作用。只有压料面展开长度比凸模表面展开长度短时，凸模才能对拉深毛坯产生拉深作用，保证在拉深过程中毛坯处于紧张状态，并能平稳地、逐渐地进阶凸模，以防止皱纹的产生，如图 3-141 所示。

④ 压料面应使成形深度小且各部分深度接近一致。这种压料面可使材料流动和塑性变形趋于均匀，减小成形难度。同时，用压边圈压住毛坯后，毛坯不产生皱折、扭曲等现象。

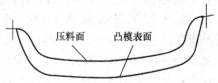

图 3-141　压料面展开长度与凸模表面展开长度的示意图

⑤ 压料面使毛坯在拉深成形和修边工序中部有可靠的定位，并考虑送料和取件的方便。

⑥ 凹模里的凸包必须低于压料面。拉深时，拉深毛坯受凹模内的凸包弯曲而变形，压料面没压到坯料，即没有起到压料的作用，这时拉深可能出现起皱、开裂，得不到合格的零件，如图 3-142 所示。

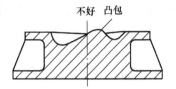 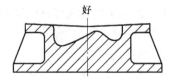

图 3-142　凹模里的凸包示意图

2）修边线的设计。需要保留的冲压形状与工艺补充部分的分界线为修边线，修边线位置确定了工艺补充部分的大小和位置。为了实现拉深，将覆盖件的翻边展开，窗口补满，再加上工艺补充部分构成一个拉深件。工艺补充部分是拉深件不可缺少的组成部分，它的确定直接影响到拉深成形，以及拉深后修边、整形、翻边等工序的方案。因此，必须慎重考虑工艺补充部分。

① 确定修边线应考虑的问题。

a. 拉深深度尽量浅，拉深深度的大小直接影响到拉深成形。拉深深度深时容易开裂；拉深深度浅时，拉深成形容易。

b. 尽量采用垂直修边。

c. 工艺补充部分尽量小。

d. 定位可靠。拉深时可通过穿刺孔、冲压工艺或局部形状来定位。

e. 拉深条件。对斜面大的拉深件要考虑凸模对拉深毛坯的拉深条件，如图 3-143b 中凸模 1 和凸模 2 中间就形成一段垂直料厚间隙 AB，在拉深直壁 AB 过程中，增大了进料阻力，使拉深毛坯紧贴凸模成形，这样就可以减少或消除拉深过程中产生的皱纹，同时也增加了拉深件的刚度。直壁 AB 一般取 10~20mm，因此表面质量要求高的拉深件最好加一段直壁。

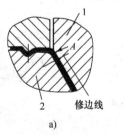 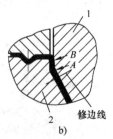

图 3-143　拉深条件
a）没有直壁　b）有直壁
1—凸模　2—凹模

② 修边线的位置。

a. 修边线在拉深件压料面上，垂直修边，压料面就是覆盖件本身的凸缘面，如图 3-144a 所示。

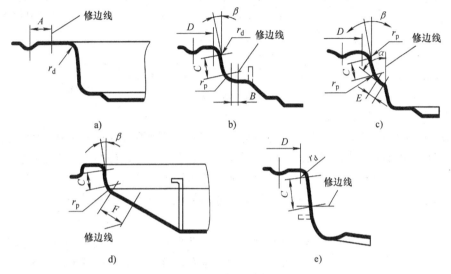

图 3-144 修边线的位置

b. 修边线在拉深件地面上，垂直修边，如图 3-144b 所示。

c. 修边线在拉深件翻边展开的斜面上，垂直修边，如图 3-144c 所示。

d. 修边线在拉深件的斜面上，垂直修边，如图 3-144d 所示。

e. 修边线在拉深件的侧壁上，水平修边，如图 3-144e 所示。

图 3-145 所示为修边线在拉深件的底部，其工艺补充部分是最大的一种，其各部分的作用和尺寸见表 3-43。

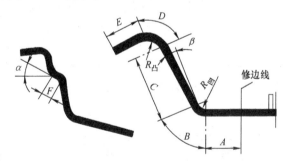

图 3-145 最大的工艺补充部分示意图

表 3-43 工艺补充部分各部分的作用和尺寸

代号	名称	性质	作用	尺寸
A	底面	从工件的修边线到凸模圆角	1. 调整时，不致因为 $R_凸$ 修磨变大则影响工件尺寸 2. 保证修边刃口的强度要求 3. 满足定位结构的要求	用拉深槛定位时，$A \geq 8mm$ 用侧壁定位时，$A \geq 5mm$
B	凸模圆角面	凸模圆角 $R_凸$ 处的表面	降低变形阻力	一般拉深件，$R_凸 = (4 \sim 8)t$ 复杂拉深件，$R_凸 \geq 10t$
C	侧壁面	使拉深件沿凹模周边形成一定的深度	1. 控制工作表面有足够的拉应力 2. 调节深度，配置理想的压料面 3. 满足定位和取件要求 4. 满足修边刃口强度要求	$C = 10 \sim 20mm$ $\beta = 6° \sim 10°$

（续）

代号	名称	性质	作用	尺寸
D	凹模圆角面	拉深材料流动面	$R_凹$的大小直接影响毛坯流动的变形阻力，$R_凹$越大，阻力越小，越容易拉深，$R_凹$越小则反之	$R_凹 = (4\sim10) t$ 料厚或深度大时取大值，允许在调整中变化
E	凸缘面	压料面	1. 控制拉深时进料阻力大小 2. 布置拉深（槛）筋的定位	$E = 40\sim50 \text{mm}$
F	棱台面		使水平修改为垂直修边，简化冲裁模结构	$F = 3\sim5 \text{mm}$ $\alpha \geq 40°$

3) 工艺孔和工艺切口设计。

① 工艺孔。对一些不能用侧壁和拉深槛定位的零件，应采用拉深时穿刺孔或冲工艺孔来定位，防止零件在模具中窜动。拉深件在修边时和修边以后工序的定位必须在确定拉深件工艺补充部分时考虑，一定要定位可靠，否则会影响修边和翻边的质量。深的拉深件如汽车前围板、左右车门内蒙皮、后围板等用侧壁定位；浅的拉深件如汽车顶盖、左右车门外蒙皮、地板等用拉深槛定位。

② 工艺切口。当需要在覆盖件的中间部位反成形出某些深度较大的局部凸起窗口或鼓包时（属于胀形变形性质），往往加大过渡圆角，并使侧壁有斜度，形成良好的成形条件，以避免圆角处破裂，并在以后的适当工序中，将大圆角或侧壁整形回复。而当上述措施仍不能满足反成形深度的需要时，往往是由于不能从毛坯的外部得到材料补充而导致零件的局部破裂。这时则应考虑在局部凸起变形区的适当部位冲出工艺切口或工艺孔，改善材料的流动情况，使容易破裂的区域从变形区内部得到补充材料。

工艺切口位置必须设置在容易破裂的区域附近，而这个切口又必须处在拉深件的修边线以外，以便在修边工序中切除，不影响覆盖件形体。例如上后围和内板，成形部位工艺切口布置如图 3-146、图 3-147 所示。

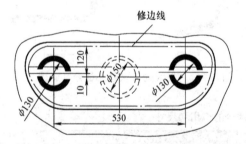

图 3-146　上后围成形部位工艺切口布置

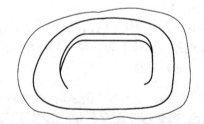

图 3-147　门内板成形部位工艺切口布置

工艺孔和工艺切口的冲制方法有两种：一种是在落料时冲出，一般适用于局部成形或程度较小的情况；另一种是在拉深过程中冲出，这是一种常用的方法。后者可以充分地利用材料的塑性变形能力，在拉深的开始阶段利用材料的径向延伸切出工艺切口，然后再利用材料的切向延伸，从而使成形深度所有增加。

③ 工艺切口设置原则。设置工艺切口时应注意以下几项原则：

a. 应与局部成形的形状相适应，使得材料能合理流动。

b. 切口之间应留有足够的搭边，以使模具能张紧材料，保证成形出清晰的棱边，并避免出现波纹等缺陷，并且修边后可获得良好的翻边质量。

c. 切口的切断部分在邻近凸起部位的边缘或容易破裂区域。

d. 切口数量应保证凸起部位各处材料变形趋于均匀,防止裂纹产生。

4)拉深筋的设计。拉深筋的位置在凹模圆角以外的压料面内。拉深筋的作用是增加进料的阻力,使各处进料阻力均匀;降低了对压边面接触的要求,调整压边力。

拉深筋的种类分为拉深筋和拉深槛。拉深筋的剖面形状有圆形、半圆形。拉深槛的剖面形状为方形,如图 3-148 所示。

图 3-148 拉深筋的种类

a)圆形拉深筋 b)半圆形拉深筋 c)方形拉深槛

拉深槛与压边圈的压边一起仿形加工,拉深槛的剖面呈梯形时,阻力作用大,所以多在深度浅的大型曲面的拉深件中采用。拉深件与凹模做成一体,放置在凹模口部。

3.6.3 汽车覆盖件冲压成形模具

通常一个汽车覆盖件成形所用的各套模具的设计、制造顺序为拉深模—翻边模—修边模,其中拉深模的设计、制造是关键。拉深成形是汽车覆盖件成形的主要和关键变形方式,拉深模设计、制造是否合理,直接关系到汽车覆盖件的成形质量和生产效率;同时,拉深成形得到的中间过渡零件又是翻边模、修边模等设计、制造的依据。汽车覆盖件冲压成形所用的模具有三种:拉深模、翻边模和修边模。

微课视频
车身覆盖件冲压成形模具

1. 拉深模

拉深模根据冲压件大小和使用的设备可分为单动拉深模和双动拉深模;根据生产批量的不同可采取不同材料的模具,如锌基合金模等。

(1)单动拉深模

图 3-149 所示为单动拉深模的结构,单动拉深模是按单动压力机设计的,此模具主要有凹模、凸模和压料圈三部分组成。

凹模安装在压力机的滑块上,凸模安装在压力机下工作台面上,凸模和凹模之间、凹模和压料圈之间都有导板导向。

图 3-150 所示为微型载货车左右车门外板单动拉深模。此拉深模是按 J36—800 闭式双点单动压力机设计的,模具由凸模、凹模、压料圈三部分以及一些辅助零件组成。限位螺钉用于限制压料圈向上的位置;限位块用于模具在冲压

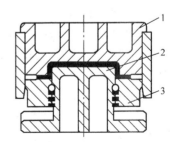

图 3-149 单动拉深模结构示意图

1—凹模 2—凸模 3—压料圈

到位时限位，同时也可调节凹模与压料圈之间的间隙；限位器是检验拉深件压到的标志；导板12用于凸模与压料圈导向；导板4用于凹模与压料圈导向；定位块用于坯料定位；定位键用于模具在压力机工作台的丁形槽中定位；顶杆用于顶件和压料。

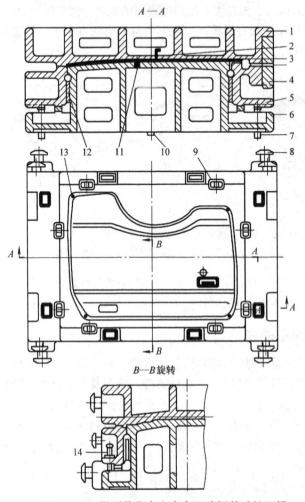

图 3-150 微型载货车左右车门外板单动拉深模

1—凹模 2、11—通气孔 3—限位块 4、12—导板 5—压料圈 6—凸模 7—顶杆 8—起重棒 9—定位块 10—定位键 13—限位器 14—限位螺钉

（2）双动拉深模

图 3-151 所示为双动拉深模的结构示意图，双动拉深模是按双动压力机设计的。此模具主要由凸模、压料圈、凹模组成。

凸模安装在双动压力机的内滑块上，压料圈安装在双动压力机的外滑块上，凹模安装在双动压力机的工作台面上，凸模和压料圈之间、凹模和压料圈之间都有导板导向。

图 3-152 所示为微型载货汽车后围板双动拉深模，由闭式四点双动压力机安装驱动的。

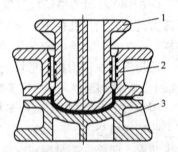

图 3-151 双动拉深模

1—凸模 2—压料圈 3—凹模

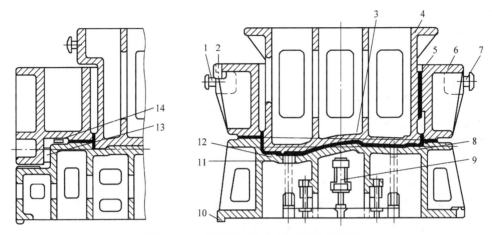

图 3-152　微型载货汽车后围板双动拉深模

1、7—起重棒　2—定位孔　3、11—通气孔　4—凸模　5—导板　6—压料圈　8—凹模
9—顶件装置　10—定位键　12—到位标志器　13—防磨板　14—限位块

（3）锌基合金模

锌基合金以锌为基体，加入少量的铜、铝和微量的镁，将其用铸造方法制成的模具叫做锌基合金模。一般设计时应注意顶件器与凹模之间必须留有足够的间隙，通常取单边间隙 0.5mm，避免顶件器与凹模直壁之间的摩擦。

图 3-153 所示为锌基合金模，该模具的落料凹模与冲孔凸模用锌基合金制造，凸凹模用模具钢制造。

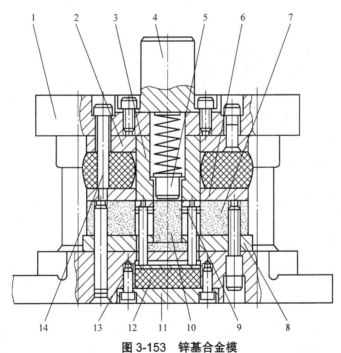

图 3-153　锌基合金模

1—模架　2—凸凹模固定板　3—凸凹模　4—模柄　5—推件块　6—卸料板　7—落料凹模　8—凸模固定板
9—顶件块　10—冲孔凸模　11—盖板　12—顶件托板　13—顶杆　14—卸料螺钉

此模具结构与普通冲裁模基本相同，只是由于用锌基合金模冲裁的板料厚度一般不大，冲压力较小，推件和顶件均采用了弹性推件与顶件装置。

2. 翻边模

（1）翻边模的类型

根据翻边凸模或翻边凹模的运动方向及特点，翻边模主要有以下几类：

1）垂直翻边模。凸模或凹模作垂直方向运动，其结构简单。

2）凹模单面向内作水平或倾斜方向运动斜楔翻边模。翻边后制件能够取出，因此凸模是整体的。

3）凹模对称的两面向外作水平或倾斜方向运动的斜楔翻边模。翻边后制件可以取出。

4）凹模对称的两面向内作水平或倾斜方向运动的斜楔翻边模。翻边之后制件包在凸模上，无法取出。必须将凸模做成活动可分的，翻边时将凸模扩张成翻边形状。这类翻边模的结构比较复杂。

5）凸模三面或封闭向内作水平或倾斜方向运动的翻边模。翻边之后制件包在凸模上，无法取出。必须将凸模做成活动可分的，翻边时将凸模扩张成翻边形状。这类翻边模的结构更加复杂。

6）汽车覆盖件窗口封闭向外翻边的斜楔翻边模。翻边后制件包在凸模上，无法取出，必须将凸模做成活动可分的，翻边时缩小成翻边形状，而翻边凹模时扩张向外翻边的。这类翻边模是最复杂的。

（2）翻边模的结构

图 3-154 所示为是一种通过向下倾斜运动进行单面翻边的斜楔翻边模。

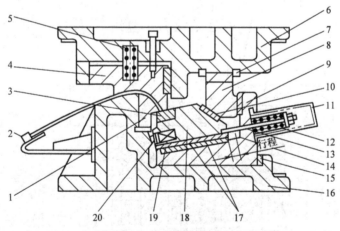

图 3-154　向下倾斜运动斜楔翻边模

1—凹模　2—定位装置　3—凸模　4—压料器　5—复位弹簧　6—上模座　7—键　8—斜楔传动器　9—后挡块　10—传动板　11—弹簧罩　12—复位弹簧　13—双头螺栓　14—停止器　15—垫板　16—下模座　17—导板　18—斜楔滑块　19—辅助弹簧　20—弹性销

当压力机滑块下行时，斜楔传动器 8 向下运动，推动斜楔滑块 18 作向下倾斜运动，完成翻边加工。压力机滑块回程后，由复位弹簧和辅助弹簧使斜楔滑块回到初始状态。手工将翻边件向前上方推出，从翻边凸模镶件上退下来，最后取出。

图 3-155 所示为一种单向斜楔和上模滑动斜楔组合的斜楔结构。

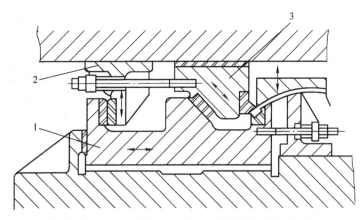

图 3-155 单向斜楔和上模滑动斜楔组合的斜楔结构
1、3—斜楔滑块　2—斜楔传动器

当上模下行时，斜楔传动器先推动斜楔滑块向左移动，使固定在斜楔滑块的翻边凸模到达预定位置；随着斜楔继续下行，斜楔滑块也在下行的同时，沿上模向右滑动，完成翻边加工过程。这种结构一般用于向内翻边加工，当斜楔回程后，斜楔滑块在弹簧作用下复位，使翻边凸模脱离翻边件，避免翻边件包在凸模上，从而可以顺利地将翻边件从模具上取下来。

图 3-156 所示为某汽车后围上盖板翻边凸模镶件的扩张结构。

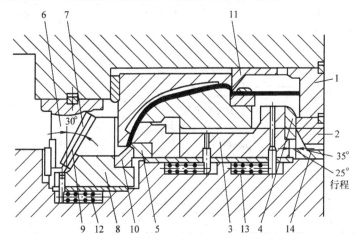

图 3-156 后围上盖板翻边凸模镶件的扩张结构
1—斜楔座　2、6—斜楔　3、8—滑块　4—楔形块　5—翻边凸模镶件　7、9—防磨板
10—翻边凹模镶件　11—凸模镶件　12、13—弹簧　14—限位块

该修边件中间的后窗孔已在上道工序冲出，本道工序进行外缘翻边和压窗口部位的圆角。由于修边件的后窗孔已经冲出，从而在上模向下运动时，可以使斜楔通过制件的窗孔向下推动楔形块，实现翻边凸模镶块的扩张运动。当压力机滑块行程向下时，固定在斜楔座上的斜楔块作用于固定在滑块上的楔形块，使滑块扩张，安装在滑块上的翻边凸模镶件被扩张成翻边轮廓形状后停止不动。压力机滑块继续向下，固定在斜楔上的防磨板作用于固定在滑块上的防磨板，使滑块向里运动，安装在滑块上的翻边凹模镶件进行翻边加工。与此同时，压圆角的凸模镶件也完成压四角加工过程。翻边加工完成以后，压力机滑块回程向上，翻边凹模镶件先在弹簧的

作用下返回复位,然后翻边凸模在弹簧的作用下返回到初始位置,最后取出翻边件。

3. 修边模

汽车覆盖件的形状比较复杂,修边轮廓大多数是立体不规则的,而且孔与形状混合,尺寸变化比较大,修边模的结构是否合理,直接影响到修边件的质量,也会影响到翻边件的质量以及稳定性。修边模是用于将拉深件工艺补充部分和压料面多余材料切掉的模具。修边模根据修边镶块的运动方向,可分为以下三类:

(1)垂直修边模

修边镶块的运动方向同压力机滑块运动方向一致的修边模叫做垂直修边模。在设计汽车覆盖件拉深工艺时,要尽量为垂直修边创造条件。采用垂直修边,模具结构简单,制造容易,是优先考虑的结构型式,如图 3-157 所示。

(2)斜楔修边模

修边镶块作水平或倾斜方向运动的修边模称为斜楔修边模。修边镶块的水平运动或倾斜运动是靠斜楔驱动而实现的,斜楔安装在上模,由压力机带动,斜楔是将压力机压力方向改变的机构。这种修边模的工作部分占据较大面积,模具外轮廓尺寸大,结构复杂,制造比较困难,如图 3-158 所示。

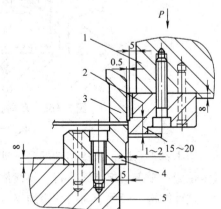

图 3-157 垂直修边模结构示意图
1—上模 2—凹模镶块 3—卸件器
4—凸模镶块 5—下模

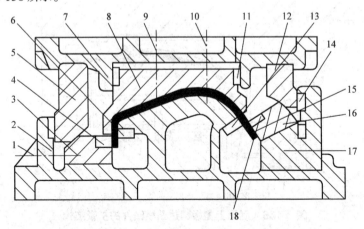

图 3-158 斜楔修边模结构示意图
1、15—复位弹簧 2—下模 3、16—滑块 4、18—修边凹模镶块 5、12—斜楔 6、13—凸模镶块
7—上模座 8—卸料器 9—弹簧 10—螺钉 11、14—防磨板 17—背靠块

(3)垂直斜楔修边模

修边镶块的一部分作垂直方向运动,另一部分作水平或倾斜方向运动,这类的修边模叫做垂直斜楔修边模,如图 3-159 所示。

它有以下两种情况:

1)垂直方向运动和水平或倾斜方向运动的修边镶块成简单的合并。

2)垂直方向运动和水平或倾斜方向运动的修边镶块成相关的交接。

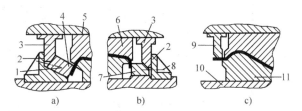

图 3-159 垂直斜楔修边模结构示意图

a）倾斜修边部分 b）水平修边部分 c）垂直修边部分

1、8—复位弹簧 2—背靠块 3—斜楔 4、7—倾斜及水平修边凹模镶块 5—上模座
6—压件器 9—垂直修边凹模 10—下模座 11—垂直修边凸模

3.6.4 车身覆盖件的冲压工艺示例

汽车车身的外覆盖件主要由四门（左/右前门、左/右后门）、三盖（发动机舱盖、顶盖、行李舱盖）、两翼（左/右前、后翼子板）以及两侧（左/右侧围板）组成。这些覆盖件的形状各不相同，各有特点，其冲压成形工艺也不相同。

1. 车身顶盖的冲压工艺

车身顶盖是一面弯曲并需要冲制安装玻璃孔的浅拉深件，其四周需要翻边，面积比较大，形状比较简单，为典型的覆盖件，如图 3-160 所示。

表 3-44 所示为轿车顶盖的冲压工艺过程。

图 3-160 轿车顶盖

表 3-44 顶盖冲压工艺

工序	工艺说明	简 图	设备
1	下料 1700mm × 2500mm		开卷线
2	拉深及两侧切边	切口(两处)／冲压方向／切边(两侧)	双动压力机 20000kN
3	修边冲孔	修边／冲压方向／切边／冲孔	单动压力机 10000kN

（续）

工序	工艺说明	简图	设备
4	整形翻边	整形翻边	单动压力机 10000kN
5	修边冲孔整形	冲压方向；修边整形；斜楔	单动压力机 10000kN

2. 发动机舱盖的冲压工艺

发动机舱盖如图 3-161 所示，是最醒目的车身构件，是整辆汽车的"脸面"。发动机舱盖应符合质量轻、刚性强、曲面光顺、棱线清晰等要求。

图 3-161 发动机舱盖

表 3-45 所示为汽车发动机舱盖外部冲压工艺。

表 3-45 发动机舱盖外部冲压工艺

工序	工艺说明	简图	设备
1	下料 1320mm × 1560mm		开卷线
2	拉深，镀锌面向上	冲压方向；送料方向	双动压力机 14000kN

（续）

工序	工艺说明	简 图	设备
3	修边冲孔：周围修边，冲通风孔		单动压力机 6000kN
4	翻边：周围翻边，通风孔翻口		单动压力机 6000kN
5	翻边：前后翻边		单动压力机 6000kN

3. 车身侧围外板的冲压工艺

汽车车身侧围外板如图 3-162 所示，是轿车冲压零件中外形尺寸最大、形状最复杂、最为关键的覆盖件，其成形难度大，模具结构复杂，质量要求高，装饰棱线应清晰且平滑过渡，不允许出现划痕、皱折、波浪、麻点、凹陷等表面缺陷，同时也不允许出现拉延不足造成的零件刚性不够的情况。与侧围搭接的零件有很多，这就对侧围的尺寸精度提出很高的要求。

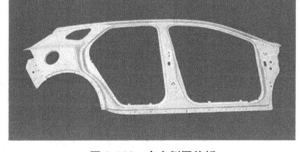

图 3-162　车身侧围外板

表 3-46 所示为汽车车身侧围外板冲压工艺。

表 3-46 车身侧围外板冲压工艺

工序	工艺说明	简图	设备
1	下料并落料 1340mm×3175mm	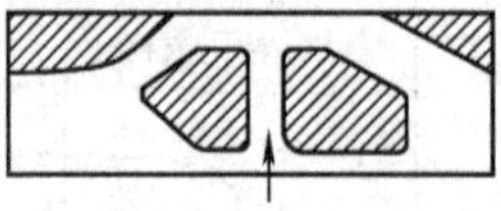	下料：开卷线；落料：单动压力机 6300kN
2	拉深	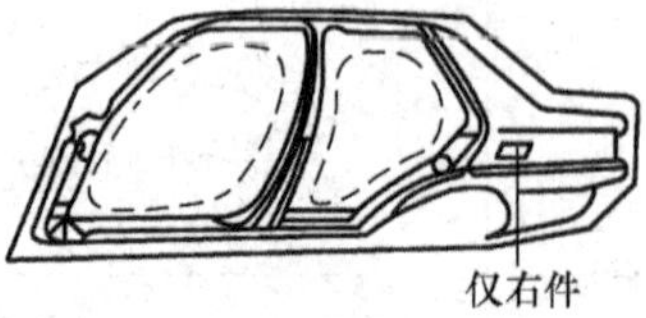 仅右件	双动压力机 20000kN
3	修边冲孔	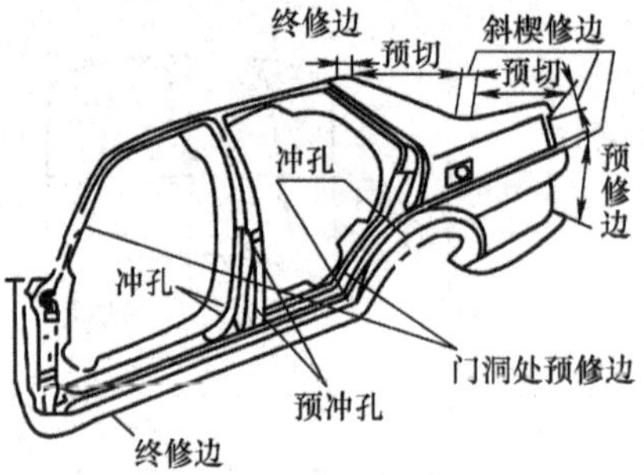	单动压力机 10000kN
4	翻边整形冲孔	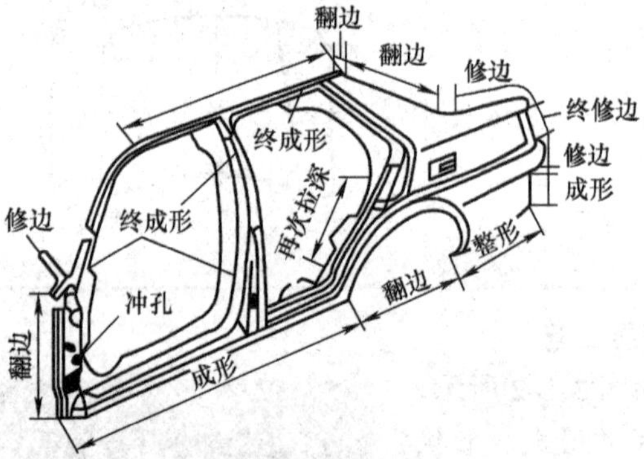	单动压力机 10000kN
5	翻边整形冲孔	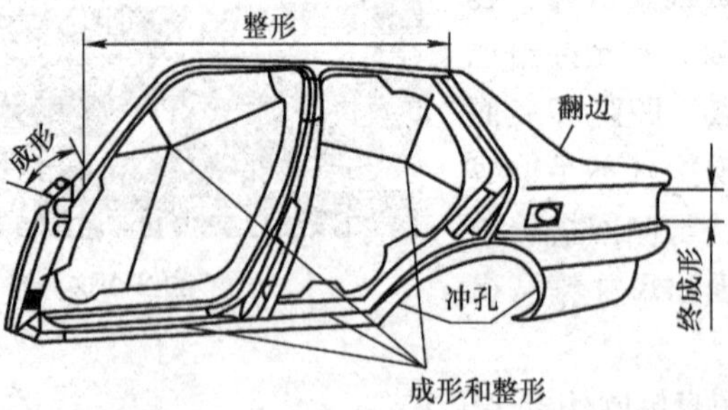	单动压力机 10000kN

（续）

工序	工艺说明	简　图	设备
6	修边冲孔	修边、冲孔、翻边、斜楔冲孔、门洞修边、冲孔仅右边、修边、翻边整形、冲孔仅左边	单动压力机10000kN
7	修边冲孔整形	整形、修边、翻边、翻边、成形、斜楔冲孔、斜楔冲孔、用斜楔、终成形、冲孔	单动压力机10000kN

4. 车身翼子板的冲压工艺

翼子板是遮盖车轮的车身侧外板，安装位置和形状对车身的刚度和造型影响重大，如图3-163所示。翼子板的棱线和与其他部件过渡要连续光顺，而且还要有前照灯、保险杠等部件进行装配，因此对其制造精度要求高。

表3-47所示为汽车前车轮翼子板冲压工艺。

图 3-163　前车轮翼子板

表 3-47　前车轮翼子板冲压工艺

工序	工艺说明	简　图	设备
1	下料并落料 0.8mm×（650×1030）mm×1445mm		开卷线
2	拉深		双动压力机14000kN
3	修边冲孔	异型孔　2×ϕ9.1　异型孔　送料方向	单动压力机6000kN

（续）

工序	工艺说明	简　图	设备
4	翻边整形	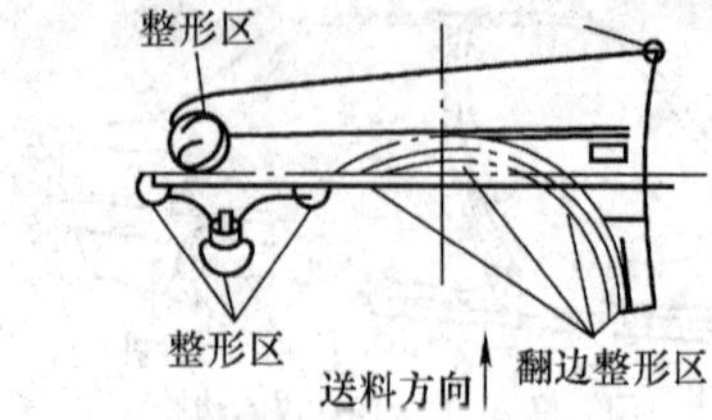 整形区 整形区 送料方向 翻边整形区	单动压力机 6000kN
5	侧成形	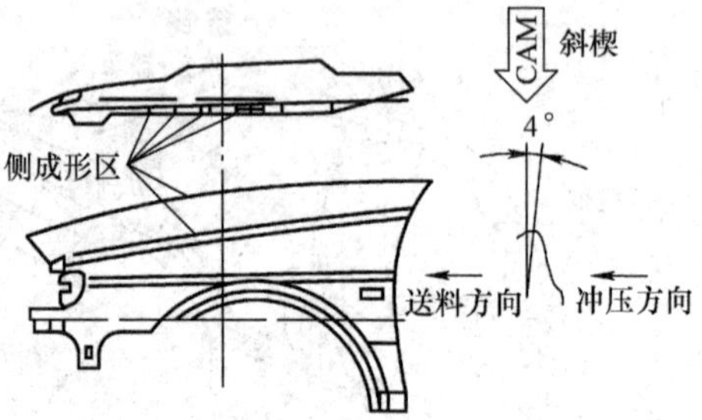 CAM 斜楔 4° 侧成形区 送料方向 冲压方向	单动压力机 6000kN
6	侧冲孔成形修边	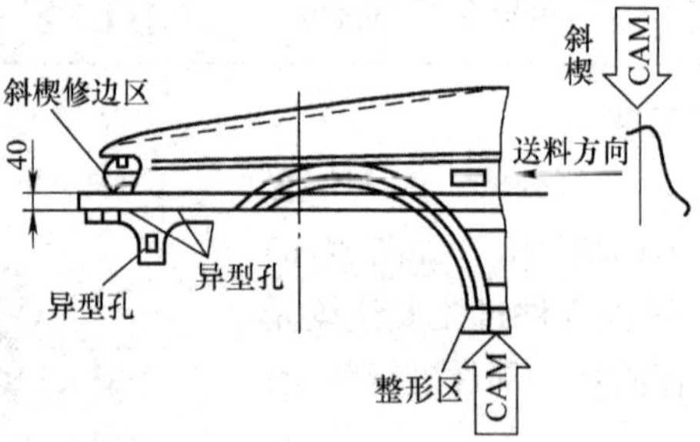 斜楔 CAM 斜楔修边区 40 送料方向 异型孔 异型孔 整形区 CAM	单动压力机 6000kN
7	侧翻边冲孔	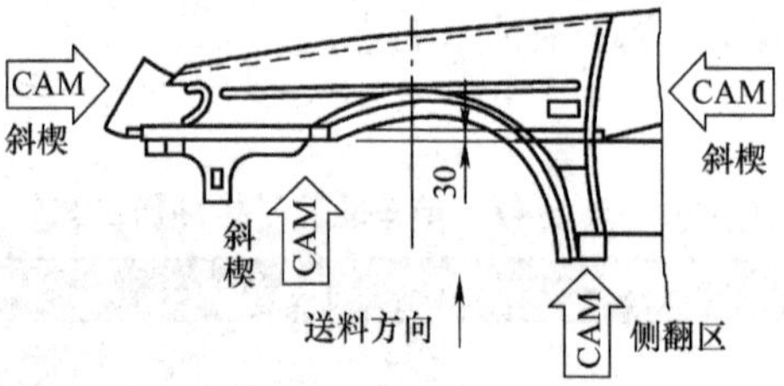 CAM 斜楔 CAM 斜楔 30 斜楔 CAM 送料方向 CAM 侧翻区	单动压力机 6000kN

课程育人

复杂的问题简单化，是汽车覆盖件工艺在制定时必须遵循的原则。制定汽车覆盖件产品工艺时，一方面需要考虑材料的变形极限，变形顺序；另一方面，还需要考量模具的具体结构以及实现顺序；同时还得考虑生产设备和场地的适应性。因此，借鉴已有工艺进行优化是比较科学的办法，对于新的从业者来说，经验的累积至关重要。

项目 4
汽车车身焊装工艺

任务描述

车身壳体是一个复杂的结构件，一辆轿车由数百个冲压件，经过点焊、凸焊、CO_2气保护焊、钎焊以及粘接等工艺连接而成，定位迅速准确的焊装夹具、日益精湛的焊接技术、日臻完善的质量控制手段、立体布置的自动化生产线和大量焊接机器人的应用，构成了现代汽车车身焊装技术。

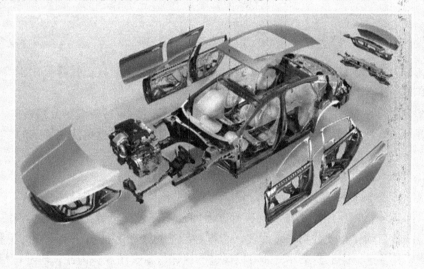

学习目标

1. 能够描述车身焊装工艺概述。
2. 能够掌握车身焊接工艺方法。
3. 能够掌握车身焊装夹具及焊装生产线。

知识与技能点清单

序号	学习目标	知识点	技能点
1	能够描述车身焊装工艺概述	1. 车身焊装工艺的特点 2. 汽车白车身焊装程序	能够正确认识、描述车身焊装工艺的特点、程序
2	能够掌握车身焊接工艺方法	1. 电阻焊 2. CO_2 气体保护焊 3. 激光焊接	1. 能够掌握车身焊接工艺方法 2. 能够正确掌握电阻焊、CO_2 气体保护焊、激光焊接的方法原理、特点
3	能够掌握车身焊装夹具及焊装生产线	1. 夹具的分类与要求 2. 车身焊装件定位与夹紧 3. 车身总成焊装夹具 4. 焊接机器人 5. 车身焊装生产线	能够正确掌握车身焊装夹具及焊装生产线

4.1 车身焊装工艺概述

汽车车身壳体是一个复杂的结构件，它是由百余种甚至数百种薄板冲压件经焊接、铆接、机械连接及粘接等方法联结而成的。

焊接设计的基本要求：尽量减少焊接点数和焊缝长度；不使焊缝过分接近、过于集中，零件的形状与尺寸应便于焊接，零件结构应尽量避免使用复杂的焊接装置，相互重叠的焊合钢板数量应尽量限制在两层。

微课视频
车身焊装
工艺概述

1. 薄板点焊件

汽车车身钢板厚度为 0.7~1.6mm，车身构件多是三维空间的复杂形状。因此，除应分析冲压成形的难易程度外，有时还需把它进行分割，使之具备便于焊接的形状。特别是随着自动化程度的提高，为使一个零件能在另一个零件上移到正确的位置，冲压加工时就应使之具备这样的工艺条件，如可以通过凸缘保持重合精度。为此，应进行相应的焊接设计，确定焊缝形式与凸缘长度的标准。

2. 厚板电弧焊零件

在电弧焊情况下，存在着焊接部位的间隙问题。由于进行自动焊接时必须控制焊合线，为此对有关冲压件的质量要求极严。在零件设计时，应避免出现形状急骤变化的曲线，尽量设计成简单的二次圆锥曲线。

汽车车身零件结构多为薄钢板制件，车身冲压件的材料大都是具有良好焊接性能的低碳钢，焊接成为现代车身制造中应用最广泛的连接方式，表 4-1 列举了车身制造中常用的焊接方法以及典型应用实例。

在车身的焊接工艺中，电阻焊由于热源来自于金属内部，加热集中，冶金过程简单，热影响区较小，车身焊接变形小，容易获得优质接头，因此最适合薄钢板连接，是目前应用最广泛的焊接工艺，占整个焊接工作量的 70% 以上。

表 4-1 车身制造中常用的焊接方法及典型应用实例

焊接方法				典型应用实例
电阻焊	点焊	单点焊	悬架式点焊机	车身总成、车身侧围等分总成
			固定式点焊机	小型板类零件
		多点焊	压床式多点焊机	车身底板总成
			C 形多点焊机	车门、发动机舱盖等总成
	缝焊		悬架式缝焊机	车身顶盖流水槽
			固定式缝焊机	油箱总成
	凸焊			螺母、小支架
电弧焊	CO_2 气体保护焊			车身总成
	氩弧焊			车身顶盖后两侧接缝
	焊条电弧焊			原料零部件
气焊	氧乙炔焊			车身总成补焊
钎焊	锡铅焊			散热器
特种焊	微弧等离子弧焊			车身顶盖后角板
	激光焊			车身底板

CO_2 气体保护焊，主要用于车身骨架和车身总成中点焊不能进行的连接部位的补焊。如有一些焊接件的组成结构较为复杂或接头在车身底部等，点焊焊钳无法达到，只能用 CO_2 气体保护焊进行焊接。

激光焊是新兴的应用在车身的焊接方法。激光焊接的能源为高密度的单色光电磁能，通过聚焦作用于微小的区域轰击金属，使之熔化，然后冷却，凝固在一起。激光束聚焦后，光斑直径可缩小至 0.01mm，焊接速度快，强度高，焊点质量高，近些年越来越多地应用在车身要求焊接质量高的部位，例如前风窗玻璃框架、车门内板、车身底板、中立柱、顶盖与侧面车身的焊接等。激光焊具有减少零件和模具数量、减少点焊数目、优化材料用量、降低零件质量、降低成本和提高尺寸精度等优点，目前已经被许多大的汽车制造商和配件供应商所采用。

4.1.1 车身焊装工艺的特点

车身是具有复杂形面的壳体零件构成的一个完整车体，其中焊接是其主要的连接方法。车身装配焊接具有以下特点：

1）车身薄板冲压件的材料多为具有良好焊接性能的低碳钢。焊接是车身制造中应用最广泛的工艺方法。

2）车身制造中应用最多的是电阻焊，占整个焊接工作量的 70% 以上，有的几乎全部采用的是电阻焊，其次应用较多的是 CO_2 气体保护焊，主要用于车身骨架总成的焊接。

3）车身的焊装面几乎都沿空间分布，施焊难度大，故要求使用的焊装夹具的定位要迅速而准确，质量控制手段要完善，要应用先进的自动化生产线和大量焊接机器人，才能满足大批量的生产要求，如图 4-1 所示。

4）车身薄壁板件或薄壁杆件刚性很差，焊装过程中必须使用多点定位夹紧的专用夹具，以保证各零件或合件在焊接处的贴合及相互位置，特别是门窗、孔洞的尺寸等。

图 4-1 自动化生产线上的大量焊接机器人焊接白车身

5）为了便于制造，在车身设计时通常将车身划分为若干个分总成，各分总成又划分为若干个合件，合件又是由若干个零件组成。车身焊装的顺序则是上述过程的逆过程。

6）除了在冲压中要保证车身刚性外，合理的焊接工艺也是保证车身整体刚性的重要手段。在现代汽车制造中，先进的焊接工艺同时也是保证车身安全性的重要手段。

7）车身焊装的方式与生产批量密切相关。对于单件小批量生产，一般采用手工方式和少量的焊装夹具，在一个或几个工位上完成全部焊装工作。对于大批量生产，焊装工作则转为使用大量焊装夹具和焊接机器人及完善的质量控制手段保证的自动化生产线来完成。

4.1.2 汽车白车身焊装程序

为了便于制造，车身设计时，通常将车身划分为若干个分总成，各分总成又划分为若干个合件，合件由若干个零件组成。车身焊装是将分总成和合件、零件焊装成车身总成。例如，图 4-2 所示的轿车白车身结构，其焊装流程如图 4-3 所示。焊接过程是在底板的基础上将这几个大片分总成焊合成车身骨架总成，最后在骨架上蒙上蒙皮，就成为白车身总成。

微课视频
汽车白车身
焊装程序

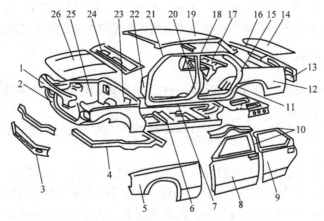

图 4-2 轿车白车身结构图

1—发动机舱盖前支撑板 2—散热器固定框架 3—前裙板 4—前框架 5—前翼子板 6—地板总成 7—门槛
8—前门 9—后门 10—门窗框 11—车轮挡泥板 12—后翼子板 13—后围板 14—行李舱盖 15—后立柱
16—后围上盖板 17—后窗台板 18—上边梁 19—顶盖 20—中立柱 21—前立柱
22—前围侧板 23—前围板 24—前围上盖板 25—前挡泥板 26—发动机舱盖

图 4-3 所示为车身焊装流程图。

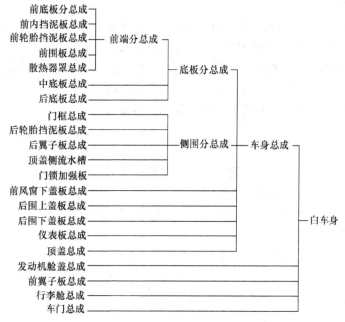

图 4-3 车身焊装流程图

车身焊装方式与生产率密切相关。在单件小批量生产中，大都是采用手工焊装的方式，只有少量的焊装夹具，全部焊装工作都在一个或几个工位上完成。随着批量的增大，焊装工作转为流水线式，特别是车身总装常常是在有多个工位的流水焊装线上完成的。每个工位都有保证焊装质量的夹具。若是大批量生产，焊装工作则是在具有定位迅速准确的焊装夹具和完善的质量控制手段的自动化生产线上完成的。有的自动线上还大量的使用了焊接机器人，以适应快的生产节奏和保证焊接质量。

 课程育人

排队是最科学经济的获取方式之一，顺序在排队过程至关重要。汽车车身零件数量多，零件结构复杂，连接方式多样，选择合适的排队顺序进行焊接装配是获得质量稳定车身的关键。

4.2 车身焊接工艺方法

车身钣金件的连接方式应用最多的是电阻焊，然后是 CO_2 气体保护焊以及激光焊等，它们主要用于车身骨架和车身总成的焊接。

4.2.1 电阻焊

电阻焊又称为接触焊，是汽车车身主要的焊接方法之一。一辆轿车至少有 5000 个焊点，焊缝长达 40m 以上。

微课视频
电阻焊技术概述

微课视频
点焊技术

汽车车身大都采用了电阻焊生产自动线，有的自动线上还大量使用了机械手和机器人。

1. 电阻焊的概述

将准备连接的工件置于两电极之间加压，并且对焊接处通以电流，利用工件电阻产生的热量加热，形成局部熔化，断电后，在压力继续作用下，形成牢固接头。这种工艺过程就叫电阻焊。点焊时，工件只在有限的接触面上（即所谓的"点"上）被焊接起来，并形成扁球形熔核，其工作原理如图4-4所示。

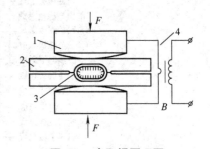

图 4-4 电阻焊原理图
1—电极 2—板件 3—熔核 4—变压器

电阻焊有下列优点：

1）加热时间短、热量集中，热影响区小，变形与应力也小，通常在焊后不必安排校正和热处理工序。

2）熔核形成时，始终被塑性环包围，熔化金属与空气隔绝，冶金过程简单。

3）不需要焊丝、焊条等填充金属，以及氧、乙炔、氩等焊接材料，焊接成本低。

4）操作简单，易于实现机械化和自动化，改善了劳动条件。

5）生产效率高且无噪声及有害气体，在大批量生产中，可以和其他制造工序一起编到组装线上，但闪光对焊因有火花喷溅，需要隔离。

电阻焊有下列缺点：

1）目前还缺乏可靠的无损检测方法，焊接质量只能靠工艺试样和工件的破坏性试验来检查，以及靠各种监控技术来保证。

2）点焊、缝焊的搭接接头不仅增加了构件的重量，并且因在两板间熔核周围形成尖角，致使接头的抗拉强度和疲劳强度均较低。

3）设备功率大，机械化、自动化程度较高，使设备成本较高、维修较困难，并且常用的大功率单相交流焊机不利于电网的正常运行。

2. 电阻点焊的焊接设备

点焊设备主要是指点焊机，点焊机一般由机体、加压机构、供电系统、控制系统和水冷系统等几部分组成。

（1）固定式点焊机

固定式点焊机的机体是由型钢和钢板拼焊而成的，其主要功能是支撑和固定焊机的其他部件，如变压器、加压机构等，如图4-5所示。

1）加压机构。加压机构包括加压气缸和中间传递机构，其压缩空气作为加压动力，电极的上下移动是靠电磁阀控制的。加压机构的作用是使电极间产生足够的压力，以满足点焊中压力规范的要求。

2）供电系统。供电系统包括焊接变压器和焊机的二次回路，其功能是转换并传递焊接所需的电能，工作原理如图4-6所示。

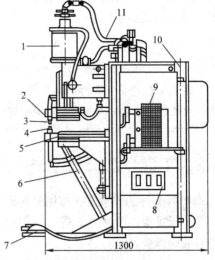

图 4-5 固定式点焊机构造
1—加压气缸 2—上机臂 3—上电极 4—下电极
5—下机臂 6—电极冷却水管 7—脚踏板开关
8—接触器 9—变压器 10—机体 11—电磁气阀

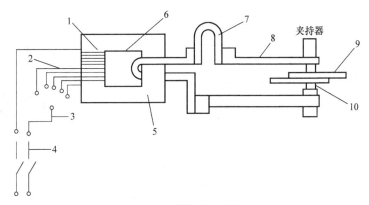

图 4-6 点焊机的二次回路

1—二次绕组　2——次绕组　3—电流调节器　4—开关　5—变压器　6—变压器铁心
7—汇流排　8—机臂　9—工件　10—电极

将开关闭合后，变压器一次绕组中有电流 I_1 通过，并在二次绕组中感应出二次电流 I_2，I_2 通过汇流排、机臂、夹持器、电极和工件构成二次回路。二次回路中除工件以外，都是铜制导体。

点焊机的二次回路通常由上机臂、下机臂、两个电极夹头和两个电极组成。电极直接固定在电极夹头里，其功能是焊件传送电流和传递压力。因此，要求它们不仅要有足够的导电性，可靠的接触及良好的冷却，而且还要有足够的强度和刚性，同时结构上应当保证能方便地调节电极位置。

夹持器是连接机臂和电极之间的构件（电极固定在它里面），除了起导电作用外，还有冷却电极的作用，其结构如图 4-7 所示。

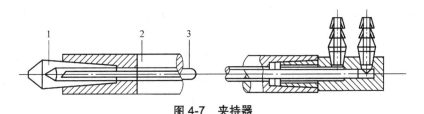

图 4-7 夹持器

1—电极　2—夹持器本体　3—冷却水管

夹持器的本体由黄铜制造，中间空心，内有冷却水管。电极与夹持器本体靠锥面贴紧或通过管接头连接。为了杜绝漏水，两件的锥角必须一致。本体尾端有螺纹和冷却水管接头连接，接合处有密封垫，以防漏水。

3）冷却系统。冷却系统是使点焊机保证正常工作的重要条件之一，这是因为点焊机的一些基本构件在工作过程中要发热，只有冷却才能很好地工作。如电源（焊接变压器），由于铁损和铜损发热，温度一旦超过允许的范围，绝缘会被烧毁，造成变压器击穿。但是有冷却系统的变压器，同样的容量，体积可缩小很多，节约材质，变压器功率越大，此优点就越明显。接触器里的引燃管，由于整流电流较大，为了防止引燃管过热烧毁也需要冷却。电极除了防止由于过热而软化变形，降低其使用寿命外，为更好地保持其高导电性（温度升高，电阻系数增大），更需要冷却。因而在相关接触焊机维护标准中，对于点焊机总进水口的冷却水温度有明确的规定。

4）控制系统。控制系统根据焊件的材质和厚度，对焊点形成所需要的电流、压力、通电时间等焊接参数进行操作和设置。

（2）一体化悬架式点焊机

车身上有些焊接部位是焊接机器人无法接近的，这种情况下就需要采用人工焊接，人工焊接工位采用最多的是一体化悬架式点焊机，如图4-8所示。

它将主变压器与焊钳连为一体，铝合金机身，水冷式环氧树脂浇注变压器，配双行程气缸，具有体积小、出力大、高效节能、轻便灵活等特点。操作时点焊机可沿 X、Y、Z 三轴360°任意转动和移动。

图4-8 一体化悬架式点焊机

3. 点焊的焊接特点

（1）点焊的热源

电阻点焊的热源是电流通过焊接区所产生的电阻热，根据焦耳定律，总析热量 Q 为

$$Q = \int_0^t i^2(R_e + 2R_{ew} + 2R_w)dt$$

式中 i——焊接电流的瞬时值，是时间的函数；

R_e——焊件间接触电阻的动态电阻值，是时间的函数；

R_{ew}——电极与焊件间接触电阻的动态电阻值，是时间的函数；

R_w——焊件内部电阻的动态电阻值，是时间的函数；

t——通过焊接电流的时间。

（2）电流对点焊加热的影响

焊接电流是产生内部热源——电阻热的外部条件，从上面公式可知，电流对析热的影响比电阻和时间两者都大。

调节焊接电流有效值的大小会使内部热源的析热量发生显著变化，影响加热过程。另外，薄件点焊时，电流波形特征对加热效果亦有影响。焊接电流有效值 I 与其脉冲幅值 I_M 之间有如下关系：

① 当电容式焊机或工频交流焊机在全相导通下焊接时，其焊接电流脉冲幅值为

$$I_M = \sqrt{2}I$$

② 当直流式焊机焊接时，其焊接电流脉冲幅值为

$$I_M = \frac{I}{\sqrt{1-\left(\frac{3}{2}\right)a_i t}}$$

式中 a_i——指数值，与电路的时间常数有关。

电阻焊与熔化焊时的外部热源（电弧、气体火焰等）相比，对焊接区的加热更为迅速、集中。内部热源使整个焊接区发热，为获得合理的温度分布，散热作用在电阻焊的加热中具有重要意义。在点焊、对焊中主要依靠内部水冷的铜合金电极对焊接区的急冷作用来实现散热。电阻焊的加热过程与金属材料的热物理性质（尤其是材料的电导性和热导性）密切相关，一般来说，电导性、热导性良好的金属材料，由于析热少而散热快，其焊接性较差；而电导性、热导

性较差的金属材料则易于焊接。

（3）点焊电阻对焊接加热的影响

点焊时的电阻是形成焊接温度场的内在因素。点焊的电阻可分为接触点电阻和内在电阻，而接触点电阻又包括焊件间接触电阻和电极与焊件间的接触电阻。点焊焊接区示意图和等效电路图如图 4-9 所示。

总电阻 R 为

$$R = 2R_{ew} + 2R_w + R_c$$

式中　R_{ew}——电极与焊件之间的接触电阻；
　　　R_w——焊件内部电阻；
　　　R_c——焊件与焊件之间的接触电阻。

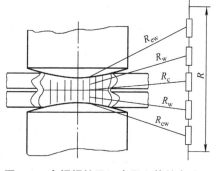

图 4-9　点焊焊接区示意图和等效电路图

R_{ew}、R_w、R_c 都是动态电阻，它们并不是固定的，而是随时间变化。

1）焊件间接触电阻 R_c。任何零件的表面都不是绝对光滑的，即使经过抛光的零件表面，在显微镜（25~100 倍）以下也是凹凸不平的，如图 4-10 所示。在压力作用下，两零件总是部分点的接触，当电流从这些点通过时，由于导电面积突然减小，造成电流线弯曲与收缩，增强带电粒子运动时的碰撞和阻尼，从而形成了接触电阻。

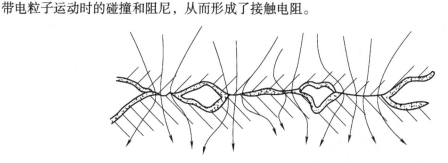

图 4-10　接触电阻形成示意图

影响接触电阻的主要因素有下列几点：

① 随着电极压力的增大，电极间金属的弹性与塑性变形也增大，焊件表面的凸出点被压溃使接触点的数量和面积随之增加，接触电阻也随着减小。图 4-11 所示为 20℃低碳钢的接触电阻与电极压力的关系。

② 零件表面上的氧化膜、锈皮及污物等皆为不良导体，通电初期，会使接触电阻显著增大，加热极不均衡，甚至会造成板件烧伤、飞溅、降低焊件的表面质量。

③ 接触电阻和温度有关。在焊接加热的过程中，随着焊件温度的不断升高，接触点金属的压溃强度不断下降，接触点的面积和数目必然增加，接触电阻会随之下降，如图 4-12 所示为焊接低碳钢时焊件间的接触电阻与温度的关系。

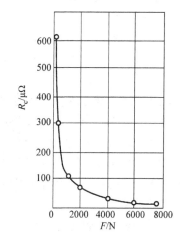

图 4-11　接触电阻与电极压力的关系

④ 不同的金属材料在加热过程中焊接区动态电阻的变化规律相差很大，如图 4-13 所示。

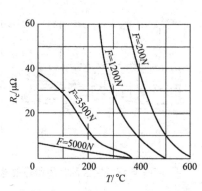
图 4-12 接触电阻与温度的关系

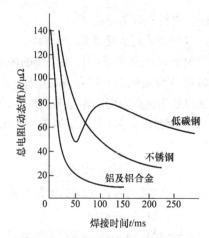
图 4-13 典型材料的动态电阻比较

从图中可以看出，不锈钢材料的动态电阻随焊接时间增加逐渐下降；铝及铝合金在焊接初期呈迅速下降后趋于稳定；而低碳钢的变化曲线上却明显的有一峰值。由于动态电阻标志着焊接区加热和熔核长大的特征，可用来作为监控焊点质量的物理参数。

2）焊接的内部电阻 R_w。焊件内部电阻是加热的主要热源，其大小与焊件的厚度（或长度）、截面（或电极与焊件的接触面）以及材料的电阻系数有关。假定加热时电流在电极直径 d 所限定的焊件金属柱中通过，则焊件电阻 R_w 可按下式计算

$$R_w = \rho_T \frac{\delta}{S}$$

式中　δ——焊件厚度（或长度）；

S——电极与焊件的接触面积；

ρ_T——温度为 T 时，焊件金属电阻系数。

这种计算方法没有考虑焊件的接触情况和电流密度的分布情况，因此计算出的 R_w 值只是焊件内部电阻值的近似值。

实际上，R_w 除了与电极直径 d 和焊件厚度 δ 有关，还与电极压力 F 有关。当电极压力 F 增大时，因焊件间的接触面加大，因此 R_w 减小；而电极直径 d 减小，焊件厚度增加，却会使 R_w 加大。

R_w 与温度高低也有关，当温度升高时，材料的压溃强度下降，同一压力下接触点的数目和面积增加，电流点分布均匀，因而 R_w 降低。但是在温度增高的同时，焊接区金属的电阻率 ρ 也增大，因此焊接区内电流线必然向 ρ 较低的区域扩展，并在接触面边缘密集，这又增加了电流线分布的不均匀性，使 R_w 略有增加。当温度达到板材熔化温度时，核心中液态金属的电阻率 ρ 急速增大，电流线又迅速向外围温度较低处扩展，使接触面边缘电流密度急剧增大，有利于核心尺寸的增长。

常见的金属材料物理的性能见表 4-2。

3）焊件与电极间的接触电阻 R_{ew}。焊件与电极间的接触电阻 R_{ew} 对焊接是不利的。R_{ew} 大容易使焊件和电极间过热而降低电极寿命，甚至使电极和焊件接触表面烧坏。因此，在焊前要尽可能减小接触电阻，此外，电极必须具有良好的冷却条件，使此处热量能够迅速导散。

表 4-2　常见金属材料的物理性能

材料种类	20℃电阻系数 /μΩ·cm	熔点 /℃	20℃时导热系数 /[W/(m·℃)]
低碳钢（20）	15.900	1530	15.08
硬铝 2Al2（M）	3.346	638	117.20
黄铜（95Cu-5Zn）	3.100	1065	244.93
黄铜（60Cu-40Zn）	7.100	905	125.60
奥氏体不锈钢	70.000	1440	15.90

（4）点焊的热平衡

点焊时，电阻热只有较小部分用于形成熔核，而较大部分通过传导、辐射等方式损失掉了，如图 4-14 所示。

其热平衡方程式为

$$Q = Q_1 + Q_2 + Q_3 + Q_4$$

式中　Q——焊接区总析热量；

Q_1——熔化金属形成熔核的热量；

Q_2——为通过电极热传导损失的热量；

Q_3——通过焊件热传导损失的热量；

Q_4——通过对流、辐射散失到空气中的热量。

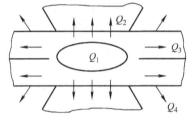

图 4-14　点焊热平衡组成

Q 的大小主要取决于焊接参数和焊件金属的热物理性能。Q_1 仅取决于金属的热物理性能及熔化金属量，而与热源种类和焊接参数无关。点焊时，$Q_1 = (10\%\sim30\%)Q$，电阻率低、导热性好的金属取下限，电阻率高、导热性差的金属取上限。Q_2 与电极形状、材料及冷却条件有关。点焊时，$Q_2 = (30\%\sim50\%)Q$，是最主要的散热损失。Q_3 与板厚、金属的热物理性能及焊接参数有关，$Q_3 = 20\%Q$；$Q_4 = 50\%Q$。

由于有效热量与焊接时间无关，而损失热量则随加热时间的增长而增大，因此焊接时间 t_w 越长，完成焊接所需的总热量越多，而且焊接影响区也越大。

焊接所需的平均热功率 q（及单位时间内所产生的热量）为

$$q = \frac{Q}{t_w}$$

平均热功率越大，加热越快，焊接时间就越短。当平均功热功率减小时，所需焊接时间将增长，如 4-15 所示。

当平均热功率小于临界热功率 q_4 时，则由于热功率不足，无法达到焊接温度 T_w。

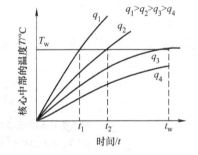

图 4-15　热功率与 t_w 的关系

4. 点焊的焊接循环

焊点的形成过程是在电极压力作用下通电加热实现的，通常把一个焊点的形成过程称为一个点焊循环。点焊循环如图 4-16 所示，它反映了点焊中电极压力 F 与焊接电流 I 与时间 t 的关系。一个点焊循环分四个阶段，即预压阶段、焊接阶段、锻压阶段和休止阶段，每个阶段的作用时间分别为 $t_预$、$t_焊$、$t_锻$、$t_休$。

这四个阶段以此相互衔接，作用如下：

（1）预压阶段

在预压阶段，通过电极对焊件施加压力，使焊接处相互紧密接触，电极与焊件、焊件与焊件之间保持着一定的接触电阻，接触电阻的大小与压力的大小成反比。如果预压力不足，接触电阻增大，瞬时间析出大量热力，导致焊点烧毁，如图4-17所示。

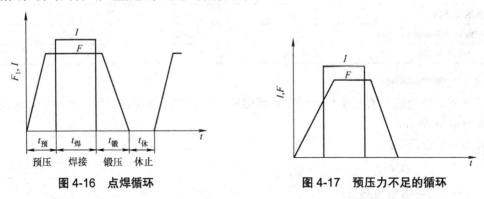

图4-16 点焊循环　　　　　　　　　　图4-17 预压力不足的循环

因此，在接通焊接电流前，电极压力就应达到正常值。如果预压力超过正常值，焊接接触电阻减小，瞬时析出的能量不够，导致焊点未焊透。

（2）焊接阶段

焊接是整个循环中最关键的阶段，是形成熔核的过程。熔核形成的过程是加热和散热相互作用的结果。点焊时，两个电极接触表面之间的金属柱范围内电流密度较大，被激烈加热，而金属柱以外的金属，则因电流密度小而加热缓慢。由于水冷的铜电极很快散失热量，因此电极与焊件接触面附近温度上升缓慢；只有两焊件接触表面处，由于接触电阻热而使电阻率增大，析热强烈，而散热又最困难，于是最先开始熔化，形成椭圆形熔化核心，如图4-18所示。

与此同时，其周围金属达到塑性温度区，在电极作用下形成将液态金属核心紧紧包围的塑性环，防止液态金属在加热及压力的作用下向板缝中心飞溅，并避免了外界空气对高温液态金属的侵袭。如果塑性金属环不够紧密，则熔化金属就会被挤到塑性金属之外，在加热过度的情况下，形成点焊过程中的飞溅现象，如图4-19所示。

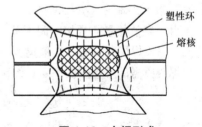

图4-18 点焊形成

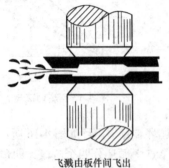
飞溅由板件间飞出

飞溅由板件表面飞出

图4-19 点焊前期飞溅

（3）锻压阶段

锻压就是在焊接电流切断后，电极极限对熔核进行挤压，同时熔核冷却结晶称为焊点。锻压时间的大小与金属种类和焊件的厚度有关。厚度越大，锻压时间越长。点焊钢件时，厚度若为 1~8mm，锻压时间则为 0.1~2.5s。锻压时间太短，无锻压作用；锻压时间太长，使熔核冷却速度增大，影响焊点的机械性能。

（4）休止阶段

在休止时间内，升起电极，移动焊件，准备进行下一个点的焊接。

以上是典型的点焊循环的各个阶段，但并非所有的金属和合金的点焊都要遵循这个过程。有的金属根据其具体的焊接特性，点焊时要增加新的阶段，如预热阶段、缓冷阶段和回火阶段等。

5. 点焊的焊接工艺

（1）焊点直径

点焊结构靠单个或若干个合格的焊点实现接头的连接强度，接头质量的好坏完全取决于焊点质量及点距。影响接头强度的焊点尺寸主要有焊点直径、焊透率以及表面压坑深度等。焊点直径 d 是影响焊点强度的主要因素。试样正面，d 与焊点强度近似成正比关系。d 的大小可根据焊件厚度和对接强度的要求选取。低碳钢的焊点直径 d 一般为

$$d = (5 \sim 6)\sqrt{\delta}$$

式中　δ——被焊件的厚度。

例如，在车身制造中，焊接 0.8~1mm 的覆盖件时，焊点直径可取 4~6mm。在板件搭接量允许的条件下，焊点直径可选大一些。焊点高度用焊透率 A 表示，单板焊透率 A 按下式计算（图 4-20）。

$$A = \frac{h}{\delta - c} \times 100\%$$

式中　h——单板上熔核高度；

　　　δ——单板厚度；

　　　c——压痕深度。

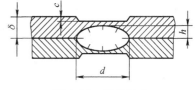

图 4-20　焊点尺寸

（2）对点焊接头质量的一般要求

点焊的质量要求首先体现在点焊接头要具有一定的强度，而强度主要取决于熔核尺寸（直径和焊透率）、熔核本身及其周围热影响区的金属显微组织及缺陷情况。前者是"量"的因素，后者是"质"的因素。一般来说，由于点焊的工艺特点使其与熔焊相比，"质"的因素产生的问题较少。

为保证点焊接头质量，接头的设计应能使金属在焊接时具有尽可能好的焊接性，为此推荐点焊接头尺寸见表 4-3、表 4-4。

（3）点焊规范参数与质量

点焊的规范参数有焊接电流、通电时间、电极压力以及电极工作表面尺寸等，如图 4-21 所示。

焊接过程中各参数之间并非孤立的变化，通常变动一个参数会引起另一个参数的改变，而几个参数按一定的要求各自向不同的方向变化，从而获得不同加热效果的规范。

表 4-3　推荐点焊接头尺寸

薄件厚度 δ/mm	熔核直径 d/mm	单排焊缝最小搭边 b/mm		最小工艺点距 e/mm			备注
		轻合金	钢、钛合金	轻合金	钢、钛合金	不锈钢、耐热钢、耐热合金	
0.3	2.5	8.0	6	8	7	5	
0.5	3.0	10	8	11	10	7	
0.8	3.5	12	10	13	11	9	
1.0	4.0	14	12	14	12	10	
1.2	5.0	16	13	15	13	11	
1.5	6.0	18	14	20	14	12	
2.0	7.0	20	16	25	18	14	
2.5	8.0	22	18	30	20	16	
3.0	9.0	26	20	35	24	18	
3.5	10	28	22	40	28	22	
4.0	11	30	26	45	32	24	
4.5	12	34	30	50	36	26	
5.0	13	36	34	55	40	30	
5.5	14	38	38	60	46	34	
6.0	15	43	44	65	52	40	

注：1. 搭接尺寸不包括弯边圆角半径 r；点焊双排焊缝或链接三个以上零件时，搭接应增加 25%~35%。
　　2. 若要缩小点距，则应考虑分流而调整规范；焊件厚度比大于 2mm 或连接三个以上零件时，点距应增加 10%~20%。

表 4-4　点焊接头尺寸的大致确定

序号	经验公式	简图	备注
1	$d = 2\delta + 3$		h——熔核高度，mm；
2	$A = 30 \sim 70$		d——熔核直径，mm；
3	$c' \leq 0.2\delta$		A——焊透率，%；
4	$e > 8\delta$		c——压痕深度，mm；
5	$s > 6\delta$		e——点距，mm；

注：焊透率 $A = \dfrac{h}{\delta - c} \times 100\%$。

s——边距，mm；
δ——薄件厚度，mm。

根据焊接时间长短和焊接电流大小，通常把焊接规范分为硬规范和软规范两种。硬规范是指在短的时间内通以较大的焊接电流，而软规范则是在较长的时间内通以较小的焊接电流。

1）硬规范。采用硬规范具有生产率高、焊点压坑浅、电极寿命长、焊件变形小以及能焊接导电性和导热性好的金属等优点。但是，采用硬规范也有其缺点和局限性。首先是因为通电时间短，焊接电流大，对通电时间必须精确控制。不然，时间的微小变化就有可能引起加热不足或过烧等缺陷。其次，由于网路电压的瞬间变化也会引起与上述同样的结果。另外，当焊机功率不

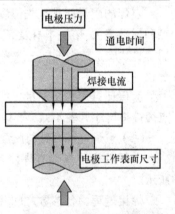

图 4-21　点焊的四大规范

足或点焊脆性和淬硬性比较大的焊件金属时，也不适合采用硬规范。

2）软规范。采用软规范焊接时，由于加热时间较长，与此同时，散走的热量也较多，因此对于高导热性和导电性的金属，如铝合金就不能采用软规范，而必须采用硬规范。但在焊机功率不足或焊接焊后容易产生脆性淬火组织倾向的金属（如30CrMnSiA钢）时，均采用软规范。

图4-22所示为硬、软两种规范点焊时，焊接区的温度分布。图中虚线表示软规范，实线表示硬规范。

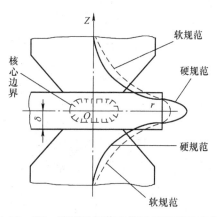

图4-22 硬、软两种规范电焊焊接区的温度分布

硬规范使用大功率点焊机，缩短点焊时间，提高生产率，减少电能消耗，缩小热影响区，近年来点焊趋向于采用大功率焊机；而软规范使用小功率点焊机，因电流小，必须延长焊接时间。焊接一定厚度的焊件，焊机的功率必须足够的大。

在实际的生产中，为了保证焊接的质量，提高生产效率、减少能源的消耗，一些生产工厂总结了常用材料的点焊规范。表4-5给出了低碳钢的点焊规范。表4-6给出了不锈钢1Cr18Ni-9Ti、1Cr18Ni19以及2Cr18Ni9的点焊规范。表4-7给出了铝合金LF21、LF3、LF6用交流弧单机点焊规范。表4-8给出了铝合金LY12、LC4在直流冲击波点焊机上的点焊范围。

表4-5 低碳钢的点焊规范

焊件厚度 /mm	焊接电流 /A	通电时间 /s	电极压力 /N	电极接触表面直径 /mm
0.5+0.5	3500~5000	0.08~0.3	400~500	3.4~4.0
0.8+0.8	5000~6000	0.1~0.3	500~600	4.0~4.5
1.0+1.0	6000~8000	0.2~0.5	800~900	5.0~6.0
1.5+1.5	7000~9000	0.3~0.7	1400~1600	6.0~7.0
2.0+2.0	8000~10000	0.4~0.8	2500~2800	7.0~9.0
3.0+3.0	12000~16000	0.8~1.5	5000~5500	9.0~10.0

表4-6 不锈钢的点焊规范

焊件厚度 /mm	焊接电流 /A	通电时间 /s	电极压力 /N	电极接触表面直径 /mm
0.2+0.2	2000~3000	0.02~0.04	450~600	2.5
0.35+0.35	2500~3500	0.04~0.06	800~1200	3
0.5+0.5	3000~4000	0.08	1500~1700	4
0.8+0.8	4000~5000	0.1	2400~2700	4.5
1+1	5800~6700	0.12	3300~3800	5
1.2+1.2	6000~7000	0.16	3800~4300	6
1.5+1.5	7200~8200	0.20	5800~6000	6.5
2.0+2.0	8500~9800	0.24	7500~8500	8
2.5+2.5	10000~11000	0.30	8500~9500	8~9

表 4-7 铝合金点焊规范

焊件厚度 /mm	焊接电流 /A	通电时间 /s	电极压力 /N	电极端头的球面半径 /mm
0.5+0.5	18000	0.08~0.12	1000	75
0.8+0.8	20000	0.10~0.14	1500	75
1.0+1.0	22000	0.12~0.20	2000	75
1.2+1.2	25000	0.20~0.24	2500	75
1.5+1.5	28000	0.22~0.28	3000	100
2.0+2.0	34000	0.26~0.32	4000	100
2.5+2.5	37000	0.30~0.34	5000	100

表 4-8 铝合金直流冲击波点焊规范

焊件厚度 /mm	焊接电流 /A	电流脉冲时间 /s	电极压力 /N		电极端头球面半径 /mm	焊点核心直径 /mm
			焊接时	锻压时		
1.5+1.5	38000	0.16	550~660	20000	75	5.5
2.0+2.0	47000	0.22	650~700	20000~22500	100	7
3.0+3.0	56000	0.3	800~850	25000~30000	100	9
3.5+3.5	64000	0.35	900~950	30000~40000	100	10.5
4.0+4.0	75000	0.35	950~1100	40000~50000	100	13

6. 电阻焊的分类

电阻焊的种类很多，按接头形式可分为对接电阻焊和搭接电阻焊两种。结合工艺方法，对接电阻焊一般有电阻对焊和闪光对焊两种，搭接电阻焊分为点焊、缝焊、凸焊三种。

（1）点焊

点焊是汽车车身制造中应用最广的焊接方法，可以说，车身是一个典型的点焊结构件。广泛使用点焊工艺的主要理由有以下几点。

1）与熔焊方法相比，点焊是在压力作用下通过内部电阻热加热金属而形成焊点，其冶金过程简单，且加热集中，热影响区域小，易于获得品质优良的焊接接头。

2）与铆接相比，不需其他金属，结构质量轻，这对有着较高行驶速度的乘用车十分重要，可以达到轻量化、节省能源的要求。

3）焊接过程中不产生弧光、有害气体及噪声，工人工作环境好。

4）点焊过程因机械化、自动化程度高，通用点焊机焊接速度达 60 点 /min，快速点焊机可达到 600 点 /min，可提高生产效率，减轻操作者的劳动强度。适合于自动生产线的要求。

但是点焊仍然存在一些缺点，主要表现在：焊接设备费用较高，投资较大；需要电力网供电功率大，一般电焊机的功率为几十甚至上百千瓦；焊接件的尺寸、形状和厚度受到设备的限制。

图 4-23 所示为点焊过程示意图。

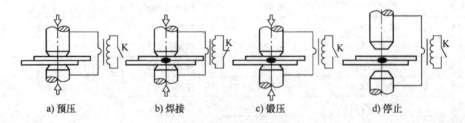

a) 预压　　b) 焊接　　c) 锻压　　d) 停止

图 4-23 点焊过程示意图

点焊的形式很多，但按供电方向来分只有单面点焊和双面点焊两种。在这两种点焊中按同时完成的焊点数又可分为单点、双点和多点焊。

如图 4-24 所示为双面点焊，其中图 4-24a、图 4-24b 和图 4-24d 电极在工件的两侧向焊接处馈电；如图 4-24c 所示一侧是电极，另一侧是接触面积较大的导电板。这样可以消除或减轻下面工件的压痕，经常使用在汽车车身外表面或装饰性面板的点焊。图 4-24b 所示为同时焊接两个或者多个焊点的双面电焊，使用一个变压器将各个电极并联，这就要求各个通路的阻抗必须基本相等，而且各焊接部分的材料厚度、表面状态、电极压力都必须相同，这样才能保证通过各个焊点的电流基本一致。图 4-24d 为采用多个变压器的双面多点焊，可以避免图 4-24b 中的不足。

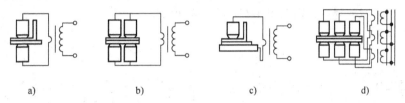

图 4-24　不同形式的双面点焊

a) 双面单点焊　b) 双面双点焊　c) 无压痕双面单点焊　d) 双面多点焊

单面点焊时，电极由工件的一侧向焊接处馈电。典型的单面点焊如图 4-25 所示。单面点焊多用于工件较大或受焊机机臂尺寸限制的场合。

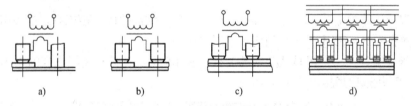

图 4-25　不同形式的单面点焊

a) 单面单点焊　b) 无分流单面双点焊　c) 有分流单面双点焊　d) 单面多点焊

在汽车车身的大量生产中，单面多点焊获得广泛的应用。这时可采用由一个变压器供电，各对电极轮流压住工件的形式，如图 4-26a 所示，也可以采用各对电极均由单独的变压器供电，全部电极同时压住工件的形式，如图 4-26b 所示。后一种形式具有较多有点，应用也比较广泛。

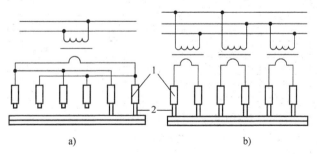

图 4-26　单面多点焊

1—液压缸　2—电极

焊点质量必须由合理的工艺条件来保证。点焊结构靠单个或若干个合格的焊点实现接头的连接，接头质量的好坏完全取决于焊点质量及点距。焊点质量除了取决于焊点尺寸外，还与焊点表面与内部质量有关。

焊点外观上要求表面压坑浅、平滑且均匀过渡，无明显凸肩或局部挤压的表面鼓起；外表面没有环状或颈项裂纹，也无熔化、烧伤或黏附的铜合金。从内部看，焊点形状应规则、均匀，无超标的裂纹和缩孔等。

点焊用于薄板重叠搭接，虽然损失了重叠部分的材料，但使总成装配加工变得容易。如果板材厚度较大的话，重叠部分的材料也随之增大，如果用对接接缝，熔焊焊接也不困难。与之相反，随着点焊板厚的增加，由于焊机电气设备等机械电气容量成倍增大，点焊变得十分不利。不同厚度板和多层板的焊接分别如图4-27、图4-28所示。

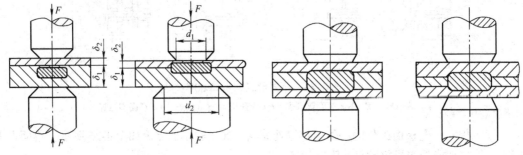

图 4-27 不同厚度板的焊接　　　　　图 4-28 多层板的焊接

一般点焊的板厚为 1.6mm 以下。如果板厚在 1.6~3.2mm 之间，很难判定是采用熔焊还是采用点焊；板厚在 3.2mm 以上，多数结构不采用点焊。

汽车车身覆盖件大部分都是低碳钢的薄板，表 4-9 所示为低碳钢板点焊的最小间距、最小搭接及强度，可供选取焊接规范时参考。

表 4-9　低碳钢板点焊的最小间距、最小搭接及强度参照表

板厚/mm	最小间距/mm	最小搭接/mm	A级		B级		C级		示意图
			焊点直径/mm	强度/MPa	焊点直径/mm	强度/MPa	焊点直径/mm	强度/MPa	
0.6	10	11	4.5	≥2450	3.5	≥1350	3	≥1600	
0.8	12	11	5	≥3550	4	≥1850	3	≥2550	
1	18	12	5.5	≥4700	4.5	≥2400	3	≥3700	
1.2	20	14	6	≥6050	5	≥3300	3.5	≥4900	
1.4	23	15	6.5	≥7850	5.5	≥3700	3.5	≥6000	
1.6	27	16	7	≥9250	6	≥4700	4	≥7300	
1.8	31	17	7	≥10000	6	≥5250	4	≥8150	
2	35	18	7.5	≥11600	6.5	≥6600	4.5	≥9900	
2.4	40	20	8	≥14650	6.5	≥7650	4.5	≥11500	
2.8	45	21	8.5	≥17900	7	≥9800	5	≥14200	
3.2	50	22	9	≥20450	7	≥11200	5	≥16250	

注：1. 本表所示的被焊件材料的抗拉强度为 300~320MPa。

2. 强度为剪切强度。

3. 强度是按《焊接手册》的数值，并按焊点直径成比例计算出来的，不是试验数据。

4. 最小焊点间距表示了实质上能忽略相邻点点焊分流效应的极限值。

5. 最小搭接是如本表示意图中所表示的长度。

6. 不等厚板焊接时，按薄板考虑。

在现代汽车车身制造中，点焊的应用不断发展。统观近年来国内外电阻焊技术向着保证焊接质量、扩大使用范围和提高自动化程度及生产率三方面迅速发展。

（2）缝焊

缝焊是一种连续进行的点焊方法，如图 4-29 所示，可获得密封性优良的焊缝，适用于燃油箱、后桥壳等部件。

点焊机的利用率为 3%~7%，与此对比，由于缝焊机以连续电流断续工作，其利用率可达 50%。为此，一般在焊接过程中，应将电极与焊接部位用水冷却。现在普遍是先将焊接零件装在夹具内自动定位夹紧，而后回转焊接。此外，缝焊是一种经过一段时间通电后略作停顿又复通电的方法，可看成是一连串点焊过程，也可称为滚压点焊，适用于汽车顶盖周边焊接。

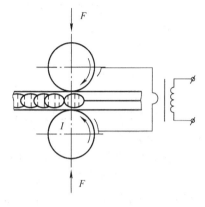

图 4-29 缝焊

缝焊的焊接过程与点焊一样，也存在加压、通电加热熔化和冷却结晶三个阶段，但它与点焊有两点主要区别：一是传递压力和通电加热的滚盘不断转动而变换焊接的位置；二是由于点距极小而不可避免地存在较大的分流。

（3）凸焊

凸焊是在焊件的贴合面上预先加工出一个或多个凸点，使其与另一焊件表面接触并通电加热，然后压塌，使这些接触点形成焊点的电阻焊方法，其原理如图 4-30 所示。

凸点的作用是将电流和压力局限在工件的特定位置上。凸焊主要用于将螺母、螺柱、垫圈等小零件焊接到较大的冲压件上。

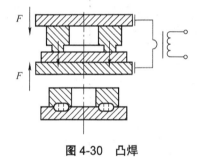

图 4-30 凸焊

1）凸焊的特点。凸焊是点焊的一种变形。与点焊相比，凸焊有以下优点：

① 在一个焊接循环内可同时焊接多个焊点。不仅生产率高，而且没有分流影响，因此可在窄小的部位上布置焊点而不受点距的限制。

② 由于电流密集于凸点，电流密度大，故可用较小的电流进行焊接，并能可靠地形成较小的熔核。

③ 凸点的位置准确、尺寸一致，各点的强度比较均匀。因而对于相同的强度，凸焊焊点的尺寸可以小于点焊。

④ 由于采用大平面电极，且凸点设置在一个工件上，可最大限度地减轻另一个工件外露表面上的压痕。同时大平面电极的电流密度小，散热好，电极的磨损要比点焊小得多，因此大大降低了电极的保养和维修费用。

⑤ 与点焊相比，工件表面的油、锈、氧化皮、镀层和其他涂层对凸焊的影响比较小，但干净的表面仍能获得较稳定的质量。

凸模的缺点之处在于需要预制凸点的附加工序、电极比较复杂，由于一次要焊多个焊点，需要使用高电极压力、高机械精度的大功率焊机。

2）凸点形状尺寸。凸点的作用是将电流和应力局限在工件的特定位置上，其形状和尺寸取决于应用的场合和需要的焊点强度。

凸点形状有两种：圆球形和圆锥形，如图 4-31 所示。

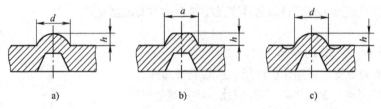

图 4-31　凸点形状
a）圆球形　b）圆锥形　c）带环形溢出槽形

圆锥形的凸点可以提高凸点刚度，在电极压力较高时不致于过早压溃，也可以减小因电流密度过大而产生飞溅。

通常多采用圆球形凸点，为防止挤出金属残留在凸点周围而形成板间间隙，有时也采用带环形溢出槽的凸点。多点凸焊时，凸点高度不一致将引起各点电流不平衡，使接头强度不稳定，因此凸点高度误差应不超过 ±0.12mm。表 4-10 为推荐的凸点尺寸。

表 4-10　凸焊的凸点尺寸

凸点所在板厚 /mm	平板厚 /mm	凸点尺寸 /mm	
		直径 d	高度 h
0.5	0.5	1.8	0.5
	2	2.3	0.3
1	1	1.8	0.5
	3.2	2.8	0.8
2	1	2.8	0.7
	4	4	1
3.2	1	3.5	0.9
	5	4.5	1.1
4	2	6	1.2
	6	7	1.5
6	3	7	1.5
	6	9	2

3）凸焊工艺规范。不同种类的金属、不同厚度的材料不易点焊时，可考虑采用凸焊方法焊接，但并非每一种金属均可以凸焊，关键在于金属材料必须具有支持电极压力的强度。

① 含碳量（质量分数，后同）在 0.20% 以下的低碳钢均易焊接，含碳量在 0.20% 以上时需要预热，但一般多用凸焊。耐酸、耐蚀及耐热等不锈钢可以用凸焊，但由于电阻较高，若有过热情况，如控制不好，则焊接处容易发生多孔或熔化较劣。镀锌钢板和镀锡钢板也能凸焊，在焊接中金属的接触面和电极表面必须清洁。

② 在有色金属中，青铜、铝合金均可以凸焊，但焊接强度不大，铜及其他铜合金在大量生产中不采用凸焊；铝及铝合金、镁及镁合金则不易凸焊；镍及镍合金可用大电流、较大压力、短时间凸焊。不同金属的焊接可用凸焊，例如银与铜的焊接和镍与铜的焊接。

通常凸焊多为双面焊接，但如果从两面接近焊接处有困难，或者零件之一有绝缘的包覆层（如贴塑料的钢板）时，也可用单面凸焊，如图 4-32 所示。

凸焊和点焊两者的焊接方法相同，可以用点焊机来进行凸焊；但当焊点数目很多时，则需要大电极压力和大电流，即承受大电极压力仍然能保持高的机械精度和大电流的凸焊机。

焊接低碳钢板材时，每一个凸点所需要的功率大约为

$$t = 1\text{mm}, P = 40 \sim 50\text{kW}$$
$$t = 3\text{mm}, P = 80 \sim 100\text{kW}$$

每个凸点所需的电极压力为

$$t = 1\text{mm}, F = 1000\text{N}$$
$$t = 3\text{mm}, F = 6000\text{N}$$

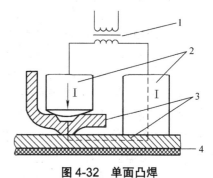

图 4-32　单面凸焊

1—变压器　2—电极（右边为"空载"电极）
3—焊件　4—绝缘包覆层

（4）对焊

对焊可分为电阻对焊和闪光对焊两种，如图 4-33 所示，电阻对焊是用夹具产生夹紧力，并使断面相互挤紧，然后通电加热。当焊件断面加热至塑性状态时，断电并加大压力进行顶锻，直至两焊件冷却结晶而形成牢固的对接接头。

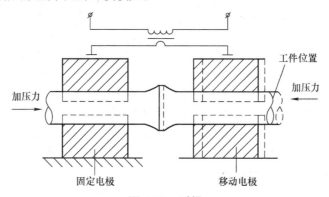

图 4-33　对焊

闪光对焊也是用夹具将两焊件夹紧并通电，然后使两焊件缓慢靠拢并轻微接触，因断面个别点的接触而形成喷射状火花，加热至一定温度时，断电，进行迅速顶锻，最后在压力作用下冷却结晶而形成牢固接头，如图 4-34 所示。

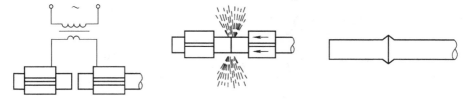

图 4-34　闪光对焊

汽车车轮的轮辋总成是一种典型的闪光对焊部件，由于在直角焊缝上不能施加充分的抵紧压力，焊缝强度较差，但对于窗框之类零部件，闪光对焊仍然是一种广泛使用的有效焊接方法。

4.2.2 CO_2 气体保护焊

CO_2 气体保护焊是一种新的焊接技术,现已发展成为一种重要的熔焊方法。由于它具有适应性强、效率高、成本低、变形小和焊接质量好等特点,获得了广泛的应用,逐步代替了氧乙炔及手工电弧焊,还有利于实现焊接过程的机械化和自动化,在汽车车身的生产中已成为必不可少的焊接工艺之一。

微课视频
CO_2 气体保护焊技术

1. CO_2 气体保护焊的定义和原理

CO_2 气体保护焊是利用 CO_2 气体作为保护气的气体保护电弧焊,简称 CO_2 焊。它利用焊丝与工件间产生的电弧来熔化金属,由 CO_2 气体作为保护气并利用焊丝作为填充金属。CO_2 气体保护焊主要用于车身骨架和车身总成中点焊不能进行的连接部位的补焊。如有些焊接件的组成结构较复杂或接头在车身底部等,点焊焊钳无法达到,只能用 CO_2 焊进行焊接,如图 4-35 所示。

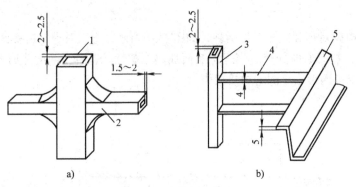

图 4-35 车身骨架接头
a) 十字接头 b) 双 T 形接头
1—立柱 2—横梁 3—侧围立柱 4—支撑梁 5—纵梁

CO_2 气体保护焊工作原理如图 4-36 所示。

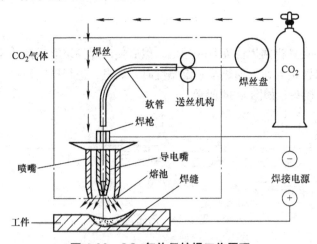

图 4-36 CO_2 气体保护焊工作原理

焊接时,在焊丝与焊件之间产生电弧,焊丝自动送进,被电弧熔化形成熔滴并进入熔池;CO_2 气体经喷嘴喷出,包围电弧和熔池,起到隔离空气和保护焊接金属的作用。同时 CO_2 气体还参与冶金反应，在高温下的氧化性有助于减少焊缝中的氢，防止气孔等缺陷的产生。

2. CO_2 气体保护焊设备

CO_2 气体保护焊设备有半自动焊设备和自动焊设备，其中半自动 CO_2 焊设备在生产中应用比较广泛，常用的 CO_2 半自动焊设备组成如图 4-37 所示，主要由焊接电源、送丝机构、焊枪、供气系统等几部分组成。

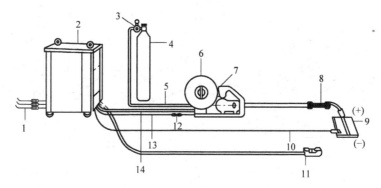

图 4-37 CO_2 半自动焊设备

1——次侧电缆 2—焊接电源 3—气体流量调节器 4—气瓶 5—同期软管 6—焊丝 7—送丝机构
8—焊枪 9—母材 10—母材侧电缆 11—遥控盒 12—电缆接头 13—焊接电缆 14—控制电缆

（1）焊接电源

焊接电源是提供 CO_2 气体保护焊焊接能量的装置，如图 4-38 所示。

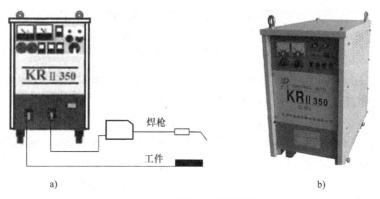

图 4-38 CO_2 气体保护焊焊接电源

a）示意图 b）实物图

目前，焊接电源大都选用逆变式直流电源，焊接时一般采用反极性接法（因为使用交流电源焊接时电弧不稳定），用平外特性焊机或缓降外特性焊机，只有在粗丝 CO_2 气体保护焊中选用陡降外特性焊机。

（2）送丝机构（送丝机）

送丝机构是驱动焊丝向焊枪输送的装置。CO_2 气体保护焊的焊接质量不仅与焊机电源的性能有关，而且取决于送丝机构的稳定性和可靠性。送丝机构一般由送丝电动机、减速装置、送丝滚轮和压紧机构等组成。CO_2 半自动焊采用等速送丝。常见的送丝方式有推丝式、拉丝式、推拉式，如图 4-39 所示。

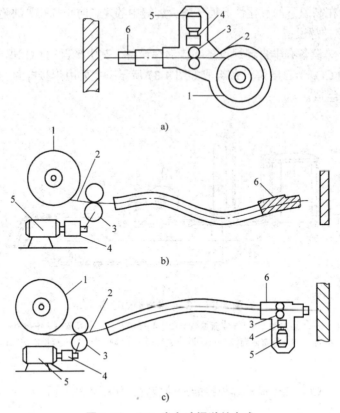

图 4-39 CO_2 半自动焊送丝方式
a) 推丝式　b) 拉丝式　c) 推拉式
1—焊丝盘　2—焊丝　3—送丝滚轮　4—减速器　5—电动机　6—焊枪

1) 拉丝式。图 4-39a 所示为拉丝式，焊丝盘、送丝机构与焊枪连接在一起，这样就不要软管，避免了焊丝通过软管的阻力，送丝均匀稳定，但结构复杂，重量增加。拉丝式只适用细焊丝（直径为 $\phi 0.5 \sim \phi 0.8mm$），操作的活动范围较大。

2) 推丝式。图 4-39b 所示为推丝式，焊丝盘、送丝机构与焊枪分离，焊丝通过一段软管送入焊枪，因而焊枪结构简单，重量减轻，但焊丝通过软管时会受到阻力作用，故软管长度受到限制，通常推丝式所用的焊丝直径宜在 $\phi 0.8mm$ 以上，其焊枪的操作范围在 2~4m 以内，目前半自动 CO_2 焊多采用推丝式焊枪。

3) 推拉式。图 4-39c 所示为推拉式，具有前两种送丝方式的优点，焊丝送给时以推丝为主，而焊枪内的送丝机构，起着将焊丝拉直的作用，可使软管中的送丝阻力减小，因此增加了送丝距离（送丝软管可增长到 15m 左右）和操作的灵活性，但焊枪及送丝机构较为复杂。

（3）焊枪

焊枪是输送焊丝、馈送电流和保护气直接用于完成焊接工作的工具。半自动焊枪一般采用推丝式和拉丝式，也是常见的通用焊枪，用量很大，由专业厂家配套生产。推拉丝式焊枪输送不同材质的焊丝，要用不同的送丝套管。自动焊枪多用于专用焊机上。

1) 推丝式焊枪。推丝式焊枪有鹅颈式和手枪式两种，常用的是鹅颈式，用于 1mm 以上的焊丝焊接，其结构如图 4-40 所示。

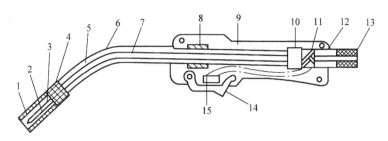

图 4-40 鹅颈式焊枪结构示意图

1—喷嘴 2—导电嘴 3—气室 4—绝缘套 5—弹簧管 6—绝缘外套 7—导电杆 8—定位块
9—手柄 10—卡箍 11—电缆 12—绝缘橡胶 13—塑料导送管 14—扳机 15—开关

2）拉丝式焊枪。拉丝式焊枪的结构如图 4-41 所示，其主要特点是送丝均匀稳定，焊枪活动范围大，但较为笨重，结构复杂，适用于直径 0.5~0.8mm 的细焊丝。

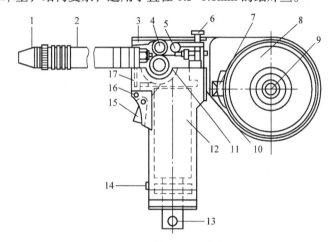

图 4-41 拉丝式焊枪结构

1—喷嘴 2—外套 3—绝缘外套 4—压丝滚轮 5—导丝杆 6—调节螺钉 7、13、16—螺钉 8—焊丝盘
9—压栓 10—焊丝挡板 11—减速器 12—电动机 14—退丝按钮 15—扳机 17—触点

（4）供气系统

CO_2 气体保护焊设备的供气系统由气瓶、预热器、干燥器、减压流量计以及气阀等组成。其功能是将钢瓶内的液态 CO_2 变成符合要求的、具有一定流量的气态 CO_2，并及时地输送到焊枪。

1）气瓶。储存液体 CO_2 的装置，外形与氧气瓶相似，外涂黑色标记，满瓶时压力可达 5~7MPa。

2）预热器。预热器结构简单，一般采用电热式，通以 36V 交流电，功率约为 100W，用于 CO_2 由液态转化为气态时的热量供给。

3）干燥器。吸收 CO_2 气体中的水分和杂质，以避免焊缝出现气孔。

4）减压流量计。高压 CO_2 气体减压及气体流量的表示，目前常用的是 301-1 型浮标式流量计。

5）气阀。控制保护气体通断的一种机构，常采用电磁气阀。

3. CO_2 气体保护焊的焊接方法

（1）焊接位置的确定

CO_2 气体保护焊的焊接位置有平焊、横焊、立焊以及仰焊四种。

1)平焊。这种焊接位置一般容易进行操作,而且焊接速度较快,焊接质量易于保证,如果不是在车身上进行施焊操作,应尽量采用平焊,如图4-42所示。

2)横焊。水平焊缝进行横焊时,应使焊枪向上倾斜,以尽可能避免重力对熔池的影响。如图4-43所示。

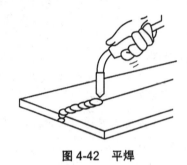

图4-42 平焊

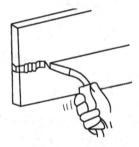

图4-43 横焊

3)立焊。立焊时,可根据具体情况选用向上立焊或向下立焊,对于CO_2气体保护焊应以向上立焊为主,焊条电弧焊则以向下立焊为主,如图4-44所示。

4)仰焊。仰焊是最难掌握的,为避免熔化金属脱离引起事故,一定要用较低的电压,短电弧、小熔池相配合。施焊时,将喷嘴推向工件,防止焊丝向熔池之外移动,如图4-45所示。

图4-44 立焊

图4-45 仰焊

(2)焊接形式的选择

CO_2气体保护焊的焊接形式有六种,如图4-46所示。

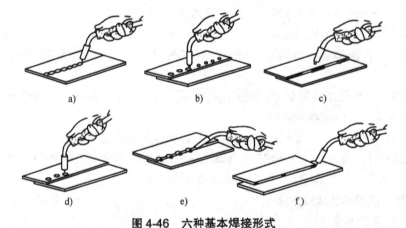

图4-46 六种基本焊接形式

a)连续焊 b)塞焊 c)连续点焊 d)点焊 e)搭接点焊 f)定位焊

1）定位焊。定位焊是用于保持两焊件相对位置固定不变的一种代替措施。定位焊各焊点之间的距离和母材的厚度有关，大约是厚度的15~30倍，如图4-47所示。

2）连续焊。焊枪连续、稳定地沿焊缝移动形成连续焊缝，如图4-48所示。

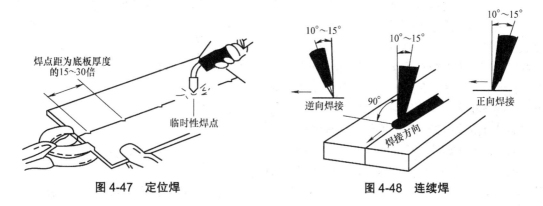

图4-47 定位焊　　　　　图4-48 连续焊

3）塞焊。两块金属板叠在一起，在其中一块板上钻有通孔，将电弧穿过此孔并被熔化金属所填满而形成的焊点称为塞焊。用塞焊代替铆接、螺钉连接是使用非常广泛的工艺方法。

4. CO_2 气体保护焊的焊接过程

CO_2 焊的焊接过程由无数个熔滴过渡组成。焊接时，电弧燃烧热大部分用来加热焊件，使其形成熔池，小部分电弧热用于加热焊丝，使其不断地被熔化而形成熔滴，离开焊丝末端而进入熔池的过程被称为熔滴过渡。

气体保护焊有两种熔滴过渡：一种是使用细焊丝的短路过渡；另一种是使用粗焊丝的细颗粒过渡。熔滴过渡对焊接过程的稳定性、焊缝成形、飞溅程度以及焊接接头的质量有很大影响。下面介绍汽车车身制造中用得较多的细焊丝气体保护焊短路过渡的短弧焊。

气体保护焊短路过渡的短弧焊，其特点是采用小电流、低电压（电弧长度短），熔滴细小，而过渡频率高（一般在250~300次/s）。常用的焊丝直径为0.6~1.6mm，焊接电流为50~250A，电弧电压为15~25V。

在短路过渡时，一般弧长较短，在熔滴还没有脱离焊丝之前即与熔池发生短路。此时电弧熄灭，电压急剧下降，短路电流迅速增大。在电磁收缩力及表面张力的作用下，连接焊丝与熔池金属液柱开始出现缩颈。当短路电流增大到一定数位时，缩颈达到临界尺寸，称为液态金属小桥。最后，在各种力的作用下小桥被拉断，电弧重新引燃，完成一个熔滴过渡。短路过渡过程如图4-49所示。

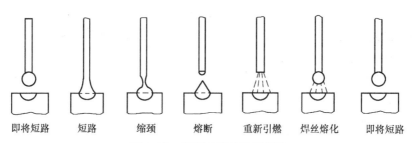

即将短路　短路　缩颈　熔断　重新引燃　焊丝熔化　即将短路

图4-49 短路过渡过程示意图

在短路过渡过程中，焊接电流与电弧电压值都不是稳定的，而是做周期性的脉动变化。由图 4-50 可知，每一周期内有短路期和电弧燃烧期两个阶段。

短路过渡的优点为能在小功率电弧下实现金属过渡和保持稳定的焊接过程。短路过渡电弧的加热特点：在短路期间，焊机供给的电能大部分用于加热焊丝伸出长度部分和短路桥的液体金属，而焊件受热不多；又因为焊件的体积大，散热作用强，因此在短路期间焊件和熔池得到一定的冷却，即焊件处于加热—冷却—加热的变化状态下。这种加热状态减少了焊件上的热量输入，使熔池容

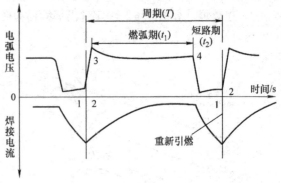

图 4-50 电弧电压与电流波形

易控制，液体金属不易往下淌，焊件也不容易烧穿。因此，气体保护焊短路过渡的短弧焊适用于薄板及全位置的焊接。

5. CO_2 气体保护焊的特点

与其他电弧焊接方法相比较，具有以下优点：

（1）生产率高

CO_2 气体保护焊在车身焊接中采用较细焊丝进行焊接，其焊接电流密度较大，电弧热量利用率较高，以及焊后不需清渣，因此比手工电弧焊的生产效率提高 1~2 倍。

（2）焊接质量高

CO_2 气体保护焊是一种低氢的焊接方法，焊缝含氢量少，抗裂性好，其抗裂性能优于低氢焊条手弧焊，焊缝金属机械性能优良，CO_2 气体保护焊时，优于 CO_2 气流有较强的冷却作用，在用细焊丝焊接车身薄板件时，使焊接变形和内应力均小，焊后可不必调修。

（3）适用范围广

CO_2 气体保护焊常用于碳钢及低合金钢的焊接，不仅适用于焊接汽车车身覆盖件和车身骨架，而且适用于传动轴、后桥、转矩管、摇臂、减振器、油缸等焊接，同时可进行全位置的焊接。

（4）成本低

CO_2 气体保护焊时，电弧在 CO_2 气体的压缩作用下，热量集中，使熔池体积较小，热影响区窄、焊接变形小，所以它适用于大型薄板的焊接，在焊接时也不需要像手弧焊那样要求那种结构复杂、制造费用昂贵的焊接夹具。CO_2 气体的价格便宜，CO_2 气体保护焊的成本仅仅是手弧焊的 40% 左右。

（5）操作简便

焊接时可以观察到电弧和熔池的情况，容易掌握。与手弧焊相比，不容易焊偏，有利于实现机械化和自动化焊接。

但是，CO_2 气体保护焊也存在着一些缺点：采用大电流焊接时，焊缝表面质量不及埋弧焊，飞溅较多；不能焊接容易氧化的有色金属等材料。

由于 CO_2 气体保护焊的优点是显著的，而不足之处，我们随着对其认识的深化，对焊接设备以及工艺的不断改进，将逐步得到克服。

基于以上的特点，CO_2 气体保护焊在汽车制造业，尤其是客车车身骨架焊接中已经普遍采

用，因为客车车身均采用骨架和蒙皮结构，其骨架由冲压成形焊合件或薄壁矩形钢管组焊而成，如图 4-51 所示。

图 4-51　客车车身骨架构件图

这些材料属于薄板，如矩形钢管壁厚 1.75~2.5mm，也有些车身构架使用 1.5~2mm 厚的板材，均适于 CO_2 气体保护焊。

6. CO_2 气体保护焊的焊接规范参数

CO_2 气体保护焊的规范参数，主要有焊接电流、焊接速度、电弧电压、气体流量及纯度、焊丝伸出长度等。选择这些参数的原则是，要在保证焊接质量的前提下，尽可能提高劳动生产率，并要注意焊接规范参数对飞溅、气孔、焊缝形成以及焊接过程稳定性的影响，在汽车车身焊接中，常用的 CO_2 气体保护焊焊接规范见表 4-11。

表 4-11　CO_2 气体保护焊焊接规范

板厚/mm	焊丝直径/mm	电流/A	电压/V	焊速/(m/min)	CO_2流量/(L/min)	焊脚/mm	接头形式
0.6~1	0.5~0.8	50~60	18	0.42~0.58	6~7		
1.2	0.8	70	18	0.45	10~15		
1.6	0.8~1.0	100	19	0.50	10~15		
2.3	0.8~1.2	120	20	0.55	10~15		0~1.5
3.2	1.0~1.2	140	20	0.50	10~15		
4.5	1.2	220	23	0.50	10~15		
1.2	0.8~1.2	90	19	0.50	10~15		
1.6	1.0~1.2	120	19	0.50	10~15		
2.3	1.0~1.2	130	20	0.50	10~15		
3.2	1.0~1.2	160	20	0.50	10~15		
4.5	1.0	210	22	0.50	10~15		
1.6	0.8~1.0	90	19	0.50	10~15	3.0	
2.3	1.0~1.2	120	20	0.50	10~15	3.0	40°~50°
3.2	1.0~1.2	140	20.5	0.50	10~15	3.5	
4.5	1.0~1.2	160	21	0.45	10~15	4.0	

（1）焊接电流

焊接电流应根据焊件厚度、接头形状、焊丝直径来选择。进行熔化极气体保护焊时，焊接电流取决于焊丝给送的速度,两者成正比关系。可通过调节焊丝给送速度来实现对焊接电流的调节。

(2) 焊接速度

焊接速度指焊枪沿接缝中心线方向的相对移动速度。随着焊接速度的增加,焊缝的熔宽、熔深和余高都会减少。焊速过高,容易产生咬边和未焊透等缺陷,同时使气体保护效果变坏,易产生气孔;焊速过低,容易产生烧穿、变形增大等缺陷,使生产率降低。在保证质量的前提下,适当加快焊接速度,可以提高生产率。半自动细丝气体保护焊的速度一般控制在40~50cm/min 的范围内。

(3) 电弧电压

进行熔化极气体保护焊时,电弧电压与焊接电流之间存在严格的匹配关系。电弧电压应随焊接电流的增大而调高,以保持焊接过程的连续性。在一定的焊丝直径和焊接电流下,最合适的电弧电压范围见表4-12。

表 4-12 焊丝直径与焊接电流、电弧电压的关系

焊丝直径 /mm	0.8	1.0	1.2	1.6	1.6	2.0
焊接电流 /A	100	125	150	200	250	300
电弧电压 /V	19~22	20~23	21~24	23~26	25~27	27~30

(4) 气体流量及纯度

气体流量太大会浪费气体,产生不规则湍流,保护效果反而变差,易使焊缝产生气孔。通常焊接电流在 200A 以下时,气体流量为 10~15L/min;焊接电流大于 200A 时,气体流量为 15~25L/min。CO_2 气体保护焊气体纯度不得低于 99.5%。

(5) 焊丝伸出长度

焊丝伸出长度直接影响它的熔化速度。焊丝伸出长度越长,则焊丝的电阻加热越大,焊丝熔化速度越快。合理的细丝 CO_2 焊的伸出长度为焊丝直径的 10~20 倍,即 8~15mm,具体数值视焊丝直径确定。进行氩弧焊时,短路过渡焊丝的伸出长度以 6.5~13mm 为宜。其他形式的熔滴过渡,推荐将伸出长度保持在 13~25mm 的范围内。焊丝直径越小,则伸出长度越短。焊丝伸出长度过长会导致电弧电压下降,熔化速度过快,焊缝成形不良,焊缝熔深减小及电弧不稳定;伸出长度过短,会导致焊接熔池的可见度差,容易烧坏导电嘴,增加气体喷嘴被金属飞溅堵塞的可能性。

7. CO_2 气体保护焊设备操作规程

(1) CO_2 保护焊设备操作规程

1) 接通焊机电源,观察电源指示灯是否点亮。

2) 接通预热器电源,开启减压阀。

3) 按下送丝开关并检查是否提前送气,管路系统是否漏气,以及送丝速度是否均匀。

4) 松开送丝开关,检查送丝是否立即停止,CO_2 气体是否滞后停流。

5) 选择适当的工艺参数。

6) 进行气体保护焊时,不宜在野外和有风的地方操作。

7) 焊接过程中,不允许调节焊接规范旋钮,须待停止焊接后再调节。

8) 发现故障后,必须停机检查。

9）选择合理的焊接电流、焊接速度、电源极性、焊丝伸出长度、气体流量等参数，先进行试焊，再进行焊接。

（2）气体保护焊机的安全操作规程

1）操作者必须掌握焊机的一般构造和正确的使用方法。

2）焊机应按外部接线图正确安装，外壳必须可靠搭铁。

3）进行气体保护焊时，要穿好工作服，选用合适的点焊护目镜。

4）进行气体保护焊时，要注意排气和通风。

5）CO_2气瓶应远离热源，避免太阳暴晒。严禁对气瓶进行激烈撞击，以防爆炸。焊接现场及周围一定范围内禁止存放易燃易爆品。

6）开启CO_2气瓶时，阀门口不得朝向人体。

7）进行CO_2气体保护焊时，环境温度不能低于-10℃。

（3）气体保护焊机的维护保养

1）应按照相应负载持续率使用焊机。

2）应经常检查电源和控制系统的接触器及继电器的工作情况，发现故障应及时排除。

3）必须经常检查送丝机构、干燥器、预热器等部件，发现问题及时处理。

4.2.3 激光焊接

激光焊接是以聚焦的激光束作为能源轰击焊件所产生的热进行焊接的方法。它具有输入热量少、焊接速度高、接头热变形和热影响区小、熔池形状深度比大、组织细、韧性好等优点。焊接时无机械接触，有利于实现在线质量监控和自动化生产，具有减少零件和模具数量、减少点焊数目、优化材料用量、降低零件质量、降低成本和提高尺寸精度等好处。一些车身生产厂家已经将激光焊用于地板拼接、顶盖与侧面车身的焊接、后围板总成等的焊接。

微课视频
激光焊接
技术基础

1. 激光焊接的原理及分类

（1）激光焊接的原理

激光焊接是20世纪80年代兴起的一项新技术。其焊接原理是利用原子受激辐射的原理，使工作物质受激而产生的一种单色性好、方向性强、强度很高的光束。聚焦后的激光束最高能量密度可达$10^{13}W/cm^2$，在千分之几秒甚至更短的时间内，将光能转换成热能，温度可高达10000℃以上，可以用来切割和焊接，激光焊接原理如图4-52所示。

激光焊接激光技术采用偏光镜反射激光产生的光束，使其集中在聚焦装置中产生巨大能量的光速，如果焦点靠近工件，工件就会在几毫秒内熔化和蒸发，这一效应可用于焊接工艺。

（2）激光焊的分类

根据实际作用在工件上的功率密度，激光焊

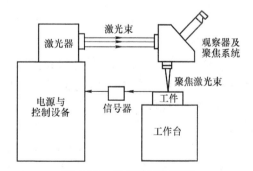

图4-52 激光焊接原理图

可分为传热焊（功率密度小于$10^5W/cm^2$）和深熔焊（小孔焊，功率密度大于$10^6W/cm^2$）。

1）传热焊。传热焊激光光斑的功率密度小于$10^5W/cm^2$，焊接时，焊件表面将所吸收的激光能转变为热能后,其表面温度升高而熔化,然后通过热传导的方式把热能传向金属内部,使熔化区迅速扩大,随后冷却凝固形成焊点或焊缝,其熔池形状近似为半球形。这种焊接机理称为传热焊,如图4-53a所示。

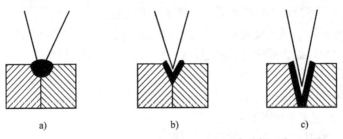

图4-53 激光焊不同功率密度时的加热状态
a) 传热焊 b) 深熔焊 c) 穿透焊

传热焊的特点是激光光斑的功率密度小,很大一部分激光被金属表面所反射,激光的吸收率较低,熔深浅,焊点小,主要用于厚度小于1mm的薄板、小零件的精密焊接加工。

2) 深熔焊。深熔焊激光光斑的功率密度大于$10^6 W/cm^2$,金属表面在激光束的照射下被迅速加热,表面温度在极短的时间内升高到沸点,使金属熔化和汽化。产生的金属蒸气以一定的速度离开熔池表面,从而对熔池的液态金属产生一个附加压力,使熔池金属表面向下凹陷,在激光光斑下产生一个小凹坑,如图4-53b所示。当激光束在小孔底部极限加热时,所产生的金属蒸气一方面压迫坑底的液态金属使小坑进一步加深;另一方面,向坑外溢出的蒸气将熔化的金属挤向熔池的四周。随着加热过程的连续进行,激光可直接射入坑底,在液态金属中形成一个细长的小孔。当光束能量所产生的金属蒸气的反冲压力与液态金属的表面张力和重力平衡后,小孔不再继续加深,形成一个深度稳定的孔而实现焊接,因而被称为激光深熔焊。

光斑功率密度很大时,所产生的小孔将贯穿整个板厚,形成深穿透焊缝,如图4-53c所示。在连续激光焊时,小孔随着光束相对于工件而沿焊接方向前进。金属的小孔前方熔化,随后绕过小孔流向后方,冷却凝固形成焊缝。

2. 激光焊设备

激光焊的设备主要包括激光器、光束偏转及聚焦系统、光束检测器、工作台和控制系统,如图4-54所示。

(1) 激光器

激光器是整个激光焊接系统的中心,用来产生激光。激光器的种类有很多种,但是结构都是基本相同的,即由激励系统、激光活性介质和光学谐振腔三部分组成。激励系统用于产生光能、电能或化学能。目前使用的激励手段主要有光照射、通电或化学反应等。激光活性介质是能够产生激光的物质,如二氧化碳、红宝石、YAG、钕玻璃棒、氩气、半导体、有机染料等。使用光学谐振腔来加强输出激光的亮度,调节和选定激光的波长和方向等。在焊接加工中,最常用的是气体激光器(CO_2激光器)和固体激光器(二极管泵浦 Nd:YAG 激光器),二者的性能比较见表4-13。

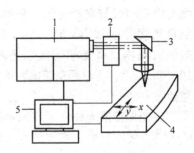

图4-54 激光焊接设备
1—激光器 2—光束检测器
3—光束偏转及聚焦系统
4—工作台 5—控制系统

表 4-13　CO_2 激光与 YAG 激光性能比较

激光类型	CO_2 激光	YAG 激光
光束波长 /μm	1.06	10.6
输出功率等级 /kW	0.1~5	0.5~45
脉冲能力 /kHz	DC-60	DC-5
光束模式	多模	TEM_{00}~ 多模
光束传播系数 K	≤ 0.15	0.1~0.8

1）固体激光器的基本机构。图 4-55 所示为固定激光器基本结构示意图。

激光工作物质（又称激光棒）是激光器的核心，全反射镜和部分反射镜成谐振腔，件 8 为泵浦灯，固体激光器一般都采用光泵抽运，可用氙灯或氪灯。聚光腔用以将泵浦源发出的光通过反射，尽量多地照射到激光棒上以提高效率，并可使泵浦光在激光棒表面分布均匀，形成较好的光耦合，提高输出激光的质量。理想的激光腔为椭圆形，泵浦灯和激光棒分别放在两个焦点上，聚光腔反射面镀有金膜或银膜并进行抛光，以提高反射率。高压充电电源用以对电容器组充电，充电电源常设计为恒流充电，并具有参数预置、自动停止

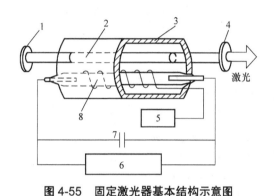

图 4-55　固定激光器基本结构示意图

1—全反射镜　2—激光工作物质（激光棒）　3—聚光腔
4—部分反射镜　5—触发反射镜　6—高压充电电源
7—电容器组　8—泵浦灯

以及手工放电等功能。触发电路发出触发脉冲后，已充电的电容器通过泵浦灯放电，电能部分转换为光能。

2）CO_2 激光器。

① CO_2 激光器的类型。根据气体的流动方式，CO_2 激光器可以分为密封式、轴流式以及横流式三种类型。

密封式激光器的特点是激光气体在封闭的放电管中不流动，这类激光器结构简单，制造容易，但是连续输出功率不高，常见作中小功率激光器。

轴流式激光器和横流式激光器的共同特点是激光气体通过放电区循环流动，快速流动的气体可以将激光腔中的废热迅速带走。这类激光器光电转换效率高，输出功率大，可以获得 10kW 以上的输出功率。所谓轴流式激光器，即气体流动方向、激光束方向和放电方向三者同轴。根据气体流速的大小，轴流式激光器又可以分为慢速轴流式激光器和快速轴流式激光器。快速轴流式激光器体积较小，易维修，输出模式为 TEM_{00} 和 TEM_{01}，特别适用于焊接与切割。其缺点是压气机稳定性要求高，气耗最大。慢速轴流式激光器可获得稳定的单模输出，但尺寸庞大，维修困难。

横流式激光器是指气体流动方向、激光束方向和放电方向三者互相垂直。这种激光器的气体压力较大，并且气体直接与热交换器进行热交换，因而冷却效果好，易获得高输出功率，但只能获得多模输出，效率低。

各种不同类型 CO_2 激光器的性能特征见表 4-14。

表 4-14　CO_2 激光器的性能特征

类型	封闭式	低速轴流式	快速轴流式	横流式
气流速度 /(m/s)	0	≈1	≈500	10~100
气体压力 /kPa	0.66~1.33	0.66~2.67	≈6.66	≈13.33
单位长度输出 /(W/m)	≈50	50~100	≈1000	≈5000
输出功率 /W	≈100	1000	5000	15000

② CO_2 激光器的结构。CO_2 激光器通常由放电管、放电管两端反射镜构成的谐振腔、激励电源和电极等部分组成，反射镜之一带一个可透射激光的小孔作为输出窗口，如图 4-56 所示。

放电管中充以 CO_2、N_2 和 He 的混合气体，加在阴极和阳极间的直流高压使混合气体辉光放电，激励 CO_2 分子产生激光。

密封式 CO_2 激光器的放电管一般用玻璃管制成，要求高的激光器可采用石英管制作。放电管的直径一般为几厘米，管长随要求的输出功率变化。通常，每米长的管子可获得 50W 左右的激光输出功率。为了增大

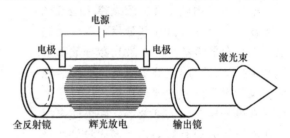

图 4-56　CO_2 激光器的基本结构

输出功率并减小体积，可将多节放电管串联或并联起来，构成组合式放电管。谐振腔多采用平凹腔，即谐振腔的一端为平面反射镜，另一端为凹面反射镜。

轴流式 CO_2 激光器除了放电管和谐振腔以外，还包括热交换器和气体循环系统。放电管可有多个放电区，高压直流电源在其间形成均匀的辉光放电。高速罗茨风机使气体以亚声速通过放电管，风机进出口处的两台高效热交换器使激光工作气体得以迅速冷却。

横流式 CO_2 激光器由密封外壳、谐振腔、高速风机、热交换器以及放电电极等组成。气体用高速风机连续循环地送入谐振腔，并直接与热交换器进行热交换。谐振腔为多反射镜、折叠镜，其优点是在保持器件总尺寸不太大的前提下，能够获得足够的激活介质长度，从而获得较高的输出功率。阴极为表面抛光的水冷铜管，上面均匀地布有一排细铜丝触发针；阳极为分割成许多块的铜板，相邻的铜板间填充绝缘介质，并用水进行冷却。

（2）光束偏转及聚焦系统

光束偏转由反射镜来实现，聚焦由抛物面反射镜或透镜来实现。在固体激光器中，常用光学玻璃制造反射镜和透镜。而对于 CO_2 激光器，由于激光波长较长，常用铜或反射率高的金属制造反射镜，用具有良好的传输特性的 GaAs 或 ZnSe 制造透镜。中小功率的激光加工设备使用透射式聚焦，而大功率激光加工设备使用反射式聚焦。两种光束偏转及聚焦系统的光路如图 4-57 所示。

当激光器输出激光的模式为 TEM_{00} 时，聚焦后的最小光斑直径 d 可用下面的公式估算

$$d = \frac{4\lambda F}{\pi D} + C\frac{D^3}{8F^2}$$

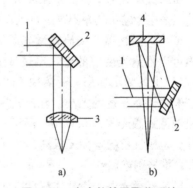

图 4-57　光束偏转及聚焦系统
a）透镜式聚焦　b）反射式聚焦
1—激光束　2—平面反射镜
3—透镜　4—球面反射镜

式中　d——聚焦后最小光斑直径，mm；

　　　λ——激光波长，pm；

　　　F——透镜焦距，mm；

　　　D——聚焦前透镜上的光束直径，mm；

　　　C——透镜球差常数，取值见表 4-15。

表 4-15　透镜球差常数 C

透镜材料	GaAs	GaAs	ZnSe	ZnSe
透镜形状	平凸镜	凹凸镜	平凸镜	凹凸镜
C	2.31×10^{-2}	0.91×10^{-2}	2.29×10^{-2}	1.5×10^{-2}

激光焊时熔池的熔深和形状除了与材料本身的热物理性质有关外，主要受激光光斑性质、功率密度、焊接速度及保护气体等因素影响。

（3）光束检测器

光束检测器有两个作用：一是可以随时监测激光的输出功率；二是可检测激光束横断面上的能量分布来确定激光器的输出模式。激光器的输出模式指的是光束横截面上的能量分布情况。输出模式与光束的聚焦特性密切相关，输出模式越低，功率密度就越大，聚焦后的光点就越小。对切割和焊接，要求激光输出模式为基膜或低阶模。因此，大多数的光束检测器只有第一个作用，因而又叫做激光功率计。

3. 激光焊过程中的等离子云和保护气体的选择

在高功率密度的条件下进行激光焊时。可以发现：激光与金属作用区域里，金属蒸发极为剧烈，不断有红色金属蒸气溢出小孔，而在金属面的熔池上方存在着一个蓝色的等离子云，它伴随着小孔而产生。激光焊接时产生的等离子云对焊接过程产生不利影响，位于熔池上方的等离子云，对激光的吸收系数很大，它相当于一种屏蔽，吸收部分激光，使金属表面得到的激光能量减少，焊接熔深减小，焊缝表面增宽，形成"图钉"状焊缝，而且焊接过程不稳定。

焊接过程中克服等离子云影响的最常规方法是通过喷嘴对熔池表面喷吹惰性气体。常用的保护气体有氩气、氦气和氮气。可利用保护气体的机械吹力驱除等离子云，使其偏离熔池上方。还可以利用较低温度的气体降低熔池上方高温气体的温度，抑制产生等离子云的高温条件。

4. 激光焊接的应用

与传统的点焊工艺不同，激光焊接可以达到两块钢板之间的分子结合，通俗而言就是焊接后的钢板硬度相当于一整块钢板，从而将车身强度提高 30%，车身的结合精度也同样大大提升。采用激光焊接，可以减少搭接宽度和一些加强部件，还可以压缩车身结构件本身的体积，减轻车身的质量，有利于汽车的轻量化。

激光焊接用于汽车车身的焊装的例子如图 4-58 所示。

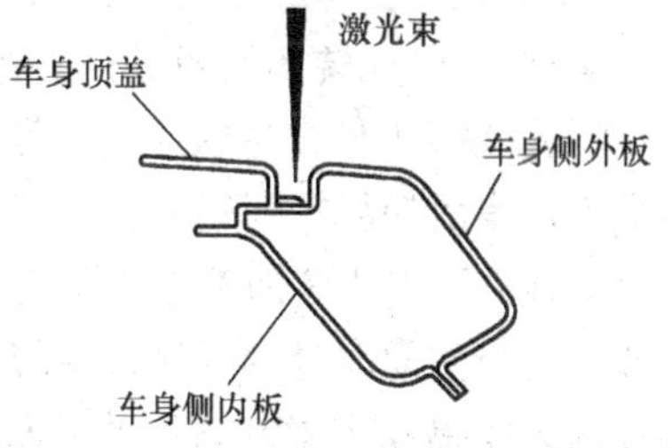

激光焊接焊还用于全铝车身的焊装，用于钢制车身面板的焊接时，可将不同厚度和具有不同表面涂镀层的金属板焊在一起，然后再进行冲压，这样制成的面板可以达到最合理的金属组合。激光焊接的速度为 5m/min，是点焊速度的 10 倍。激光焊接和切割技术在汽车零件的加工中也得到了广泛的应用，如轿车驱动轴和汽车齿轮

图 4-58　车身顶盖与侧面的激光焊机

的加工等，如图 4-59 所示。

在欧美的发达工业国家中，有 50%~70% 的汽车零部件是用激光加工来完成的，其中主要以激光焊接和切割为主，激光焊接在汽车工业中已成为标准工艺，如图 4-60 所示。

激光焊接在汽车制造领域的大量成功应用显示出激光焊接强大的生命力和非常广阔的应用前景。虽然我国激光焊接技术的整体应用水平还比较低，在激光器的制造技术上跟发达国家有一定的差距，但是应当看到我国一些汽车制造厂家已经在部分新车车型中采用激光焊接技术，而且从激光焊接技术本身研究的角度看，我国一些科研院所在一些具有特色的领域取得了具有特色的成果。随着我国汽车工业的快速发展，激光焊接技术一定会在汽车制造领域取得丰硕的成果和广泛的应用。

图 4-59　汽车齿轮焊接加工

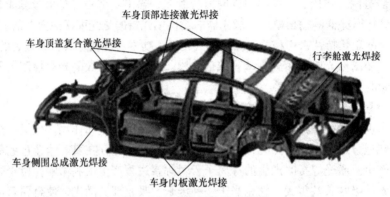

图 4-60　车身整体激光焊接

5. 激光焊接的特点

激光焊接技术具有以下特点：

1）由于激光束的频谱宽度窄，经汇聚后的光斑直径可小到 0.01mm，功率密度可达到 $10^9 W/cm^2$，它和电子束焊同属于高能焊，可焊 0.1~50mm 厚的工件。

2）脉冲激光焊加热过程短、焊点小、热影响区小。

3）与电子束焊相比，激光焊不需要真空，也不存在 X 射线防护问题。

4）能对难以接近的部位进行焊接，能透过玻璃或其他透明物体进行焊接。

5）激光不受电磁场的影响。

6）激光电光转换效率低，工件加工和组装精度要求高，夹具要求精密，因而焊接成本高。

激光焊接工件变形极小，几乎没有连接间隙，例如焊缝宽 1mm，深为 5mm，因此焊接极为牢固，表面焊缝宽度很小，连接间隙实际为零，焊接质量比传统方法高。在一些用激光焊接的汽车顶盖不需要装饰条遮蔽焊接线。在汽车制造中，激光焊接主要用于车身框架结构的焊接，例如顶盖与侧面车身的焊接，传统焊接方法的电阻点焊已经逐渐被激光焊接所取代。用激光焊接技术，既提高了工件表面的美观，又降低了板材使用量，由于零件焊接部位几乎没有变形，不需要焊后热处理，提高了车身的刚度。

> **课程育人**
>
> 新的焊接工艺和方法不断涌现，但是焊接的本质未变，即材料熔合。熔合过程会始终伴随着热量的交互过程，热量的变化会导致变形的发生，同时时间的长短会影响变形的固化。因此学习焊接需要时刻关心时间和温度。

4.3 车身焊装夹具及焊装生产线

汽车焊装夹具是对薄板零件进行装配的定位夹紧工具。焊装夹具通过合理的定位、装夹，将工件固定在三维工作空间，以保证各零件之间相对位置准确且实现有效的固定连接。汽车车身结构总成是由数百个冲压零件经过焊接工艺连接在一起，焊装夹具的主要作用是定位和夹紧。

4.3.1 夹具的分类与要求

由于汽车产品的形式与种类繁多，在焊接、装配过程中使用的夹具种类和要求也不一样，因而各种夹具在构造上有着很大差别。

微课视频
汽车生产
夹具概述

1. 夹具的分类

按夹具的功能及用途可分为装配夹具、焊接夹具、焊装夹具和检验夹具。

1）装配夹具。这类夹具主要是按车身图样和工艺上的要求，把焊件中各零件或组件的相互位置能准确地固定下来，工件只在它上面进行定位焊，而不完成整个焊接工作，如图4-61所示。

图4-61 车身零件装配夹具

2）焊接夹具。已点固好的焊件放在焊接夹具上完成所有焊缝的焊接。夹具的主要任务是防止焊接变形，并使处在各种位置的焊缝都尽可能地调整到最有利于施焊的位置。图4-62所示为汽车侧围的焊接夹具。

3）焊装夹具。这类夹具能完成整个焊件的装配和焊接工作，它具有装配用夹具和焊接用夹具的性能。汽车车身的大型焊装夹具往往就是这类夹具。图4-63所示为行李舱盖焊装夹具。

图 4-62 汽车侧围的焊接夹具

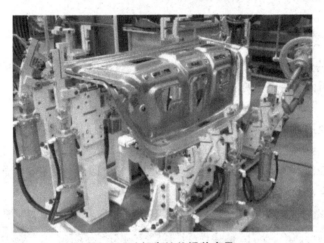

图 4-63 行李舱盖焊装夹具

4）检验夹具。对于采用一般测量手段无法进行尺寸测量的焊件，如汽车车身及其部件，采用样板或检验夹具来检测不常见的形状尺寸，夹具在此起量规的作用。图 4-64 所示为轻型乘用车后背门检验夹具。

图 4-64 轻型乘用车后背门检验夹具

2. 焊装夹具的基本要求

不论哪一类焊装夹具，都应满足下列要求：

1) 保证焊件焊后几何形状和尺寸精度符合图样和技术要求。特别是车身的门窗等孔洞的尺寸和形状。在装配时，夹具必须使被装配的零件或部件获得正确的位置和可靠的夹紧，并且在焊接时能阻止焊件产生变形。

2) 使用时安全可靠。在夹具上，凡是受力的各种器件，都应具有足够的强度和刚度，足以承受重力和因焊件变形所引起的各个方向的力。

3) 便于施工和操作。在保证强度与刚度的前提下，应轻便灵巧；定位夹紧和松开应省力而又迅速；夹紧应使装配和焊接过程简化、操作程序合理；能保证装配焊接工艺的正常进行。例如：采用反作用焊枪的夹具上应设置有支撑装置，并将制件的一些配合面压紧以便进行焊接；采用焊枪的夹具，应考虑电极的结构型式和必要的导电绝缘装置，以减少阻抗和分流，能使焊缝处于最方便施焊的位置；具有供焊枪、焊钳、焊具进出和移动的空间和工人自由操作的位置；在夹具上便于进行中间质量检查等。

4) 容易制造和便于维修。夹具零部件应尽量标准化、通用化、易于加工制作；易磨损的零件要便于更换。

5) 降低夹具的制造成本，夹具设计结构应简单，制造维修应容易，尽量采用标准化夹具元件。

6) 为了得到稳定的焊接质量宜将焊缝调整在平焊位置进行焊接，为此要求夹具设计成可翻转式，对电阻焊夹具的选材，要求尽量少用磁性物质材料。

3. 焊装夹具的功能

1) 提高生产装配精度，优化产品质量。采用焊装夹具可以精确地对零件进行定位并牢固地夹紧，保证装配件的相对位置，减少了由于人工划线的误差带来的定位不精确。同时焊装夹具在焊接过程中使零件的变形受到一定的限制，可以大大减少焊接变形，使焊后零件的结构尺寸容易达到图纸要求。

2) 缩短焊装时间，能够批量生产，减少加工费，降低产品成本。采用了焊装夹具，零件由定位元件定位，不用划线，不用测量就能得到准确的装配位置，加快了装配作业的进程。另外在焊装夹具上备有扩力机构牢固夹紧，可减轻工人的体力劳动，提高装配效率。

夹具可强行夹固焊件或预先给予反变形，能控制和消除焊接变形，提高焊接质量，减少或取消焊后矫正变形或修补工艺缺陷的工序，使整个产品的生产周期缩短。

虽然制作焊装夹具增加了产品成本，但焊装夹具的使用减少了装配和焊接工时的消耗，提高了产量，易形成大批量生产，从而减少加工费，使产品总成本降低。

3) 增加了产品的均匀性，能得到具有互换性的产品。采用焊装夹具后，保证了装配精度，控制了焊接变形，使焊接质量稳定，因此可提高焊件的互换性能。

4) 减轻了工人劳动强度，使不熟练的工人操作也成为可能。如果不使用夹具，在装配定位焊时，要求工人在生产节拍时间内划线来保证装配焊接零件的互相位置是不可能的。在焊接时，装配钳工要始终扶持住工件，保证其位置在焊接过程中不发生变动，这项工作非常困难工人也极易疲劳。焊装夹具的使用降低了对工人的技能要求，也减轻了工人的劳动强度。

4.3.2 车身焊装件定位与夹紧

装配焊接夹具随着焊接结构与生产工艺的发展，也在不断发展，虽然夹具的种类和形式各种各样，但就其作用、组成及原理来说具有一定的共性。在夹具上进行装配焊接时，一般分三步进行：

1）定位。准确地确定被焊装的零件或部位相对于夹具的位置。

2）夹紧。将定好位置的部件压紧、夹压紧、夹牢，以免产生位移。

3）点固。对已经定好位置的各个零部件以一定间隔焊一段焊缝，把这些零部件的相互位置固定。如果焊点很少或焊缝很短，也可不进行点固，直接焊接即可。如果装配好的零部件不需要卸下，就在夹具上焊接，也可省去点固。

1. 薄板的焊接步骤

电阻点焊工艺在实施过程中可分为预压—焊接通电—断电锻压—休止推压，四个工艺步骤，如图4-65所示。

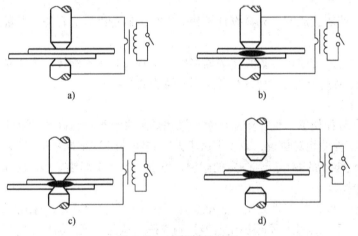

图4-65 点焊焊接过程

a）预压 b）焊接通电 c）断电锻压 d）休止推压

基于电阻点焊工艺流程，一个典型的金属薄板焊接装配过程可以分解为以下四个步骤：

1）零件定位（图4-66a）。通过定位块和定位钉的共同作用，工件被定位在夹具系统中；与此同时，夹紧装置闭合，夹紧力迫使工件与定位元件完全贴合。

2）焊枪预压（图4-66b）。薄板焊接面在焊枪预压力作用下紧密配合在一起，预压力大小与焊点处的偏差有关。

3）通电焊接（图4-66c）。电极通电，两薄板间形成熔核，零件被连接在一起。

4）释放回弹（图4-66d）。焊接完成，焊枪释放预压力，夹具释放夹持力，薄板发生回弹变形。

定位和夹紧这两步在装配焊接过程中必须密切配合，把零件的位置定准确是前提，如果位置定得不准确，夹得再紧也毫无意义；反之，位置定准夹得不牢固，后面的加工过程可能引起位置的变动，就前功尽弃。因此，夹具的定位与夹紧是缺一不可的。

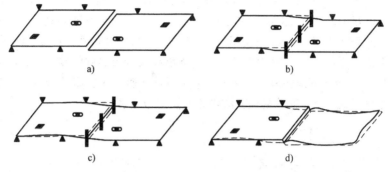

图 4-66 薄板焊接装配过程

a）零件定位　b）焊枪预压　c）通电焊接　d）释放回弹

2. 定位基准

焊装件要获得正确的定位，首先要解决的问题就是如何选择定位基准。这不仅仅关系到工件的焊装精度，而且还会影响到整个装配和焊接的工艺过程以及夹具的结构方案。

一般来说，选择定位基准要考虑以下原则：

1）当被焊装的零件或部件既有平面也有曲面时，应优先选择平面作为主要定位基准面，尽量避免选择曲面，否则夹具制造困难。如果有几个平面时，则应选择其中较大的平面作为主要定位基准。但为了保证车身的曲面外形，车身覆盖件或骨架有时也选用曲面作为主要定位基准。

2）对于较复杂的车身冲压件，曲面上经过整形的平台，可以作为主要定位基准。例如：工件经过拉深和压弯形成的台阶，经过修边的窗口和外部边缘，装配用孔或工艺孔。

3）应当尽量选择零件或部件的设计基准作为定位基准。消除基准不符合误差，提高定位精度。

4）为了保证车门、车窗的正确安装，其车身焊装夹具应该用门孔作为主要定位基准。

上述原则要综合考虑，灵活应用。检验定位基准选择得是否合理，评定标准如下：能否保证焊装件的尺寸精度、位置精度和技术要求；焊装是否方便；是否有利于简化夹具的结构等。在这些标准中，最重要的就是保证焊装件的尺寸、位置精度和技术要求。例如在车身门框总成的焊装中，为了保证车门与门框四周的间隙均匀，以利于密封和美观，应当选择门框组件的内表面作为主要定位基准。同样的道理，为了保证窗玻璃能顺利地安装，在焊装窗框时也应以窗框内表面作为主要定位基准。

由于在焊装夹具上焊装的零件不是单个的，而是两个或两个以上，整个组装过程就是把许多个零件按顺序逐个地在夹具上进行定位和夹紧，待点固或焊接完后才形成一个部件。对这种情况，主要是选择一个供待装部件定位用的组装基准面，这个基准面就是许多零件在组合成部件的过程中作定位的依据。

由理论力学知识，空间的任何刚体都有相对于相互垂直的三个平面（基准面）xOy、yOz、xOz 六个自由度，即沿 Ox、Oy、Oz 轴向的相对移动和绕 x、y、z 轴的相对转动，如图 4-67a 所示。要使其完全定位，必须且只需消除其在空间存在的六个自由度。为了便于理解，我们以典型的长方体为例，分析其定位规律。

首先，运用空间几何学中"不在同一直线上的三点可确定一个平面"的原理，在 xOz 平面（水平面）上设置三个等高的固定刚性支点，相应支承在长方体的底面，并配以恰当的夹紧

力 F_1（图 4-67b），便可消除该零件沿 Oy 轴向的相对移动和绕 x 轴、z 轴的相对转动——去除了三个自由度；再选择 yOz 平面上的两个刚性支点，相应支承在长方体的侧面，同时恰当施以夹紧力 F_2，又可消除该零件沿 Ox 轴向的相对移动和绕 y 轴的相对转动——又去除了两个自由度；最后，在 xOy 平面上再设置一个刚性支点，相应支承在长方形零件的端面上，同时在另一端面上恰当施以夹紧力 F_3，则可消除零件沿 Oz 轴向的相对移动——去掉了最后一个自由度；从而实现了刚体零件的可靠定位。这就是经典的刚体六点定位原理。

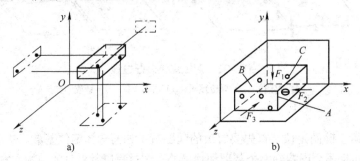

图 4-67 零件的完全定位实体图

应当指出，对于刚体零件而言，空间定位只需恰当地选择六个支承点，不需要用两个或更多的支承点来限制一个自由度，否则就造成了"过定位"（产生多余约束）。过定位属于不合理设计，会影响工件的定位精度。但是对于汽车，特别是汽车车身零部件大多是薄板冲压件，尺寸大、刚性小、易变形，允许过定位，在保证可靠定位和变形小的情况下，过定位是越少越好。

3. 工件的定位

装配焊接夹具最主要的元件就是定位件，它不仅可以用来确定工件在夹具上的相对位置，保证了被装配的所有零件间相互位置的技术要求，而且有时还直接确定焊接结构的外形。因此，定位件的制造和安装精度直接影响着工件的精度和互换性。

定位件的种类和形式多种多样，但就其基本作用、组成以及基本原理来说具有一定的共性。零部件的定位是通过其定位基准（如平面、曲面、孔及型面）与夹具上的定位元件相接触，来保证零部件得到正确装配的位置。通常根据定位基准的不同而选择不同的定位器，常用的定位器有挡块、定位销、V 形块、支承板（钉）和样板（模板）。

（1）常见的定位器

1）挡块。挡块是应用最普遍、结构最简单的一种定位元件。主要应用于车身骨架的焊装夹具中。图 4-68 所示为几种常用的挡块。

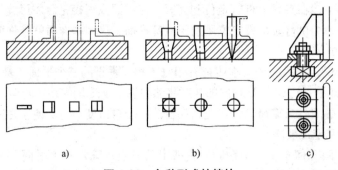

图 4-68 各种形式的挡块

其中图4-68a所示为固定挡块，直接被焊在钢制的支承上；图4-68b所示为可拆挡块直接插入支承件的锥孔中，不用时可以拔除；图4-68c所示为用螺栓固定在支承件上，可以改变挡块的固定位置，亦可以拆卸。为了便于工件的装卸，可以使用活动挡块，只要将活动销拔出，挡块即可退出，如图4-69所示。

2）定位销。定位销适用于零部件上有定位孔的表面定位。在汽车车身薄板零件焊装中，多用短定位销，一个销钉锁定一个孔而言，可消除两个自由度。定位销除固定在夹具上使用的以外还可设计成可拆卸的。图4-70所示为三个定位销的定位器，可用于把一短角钢焊装到长的角钢上。

由于实际焊接过程中有的焊接接头是不可拆卸的，为了获得符合技术要求的产品，在装配焊接过程中更要注意各焊件之间相互正确定位。焊件能否在夹具上快速准确地定位，关键在于科学地运用定位原理和恰当选择工艺基准。

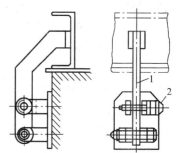

图4-69 活动挡块

1—挡块 2—活动销

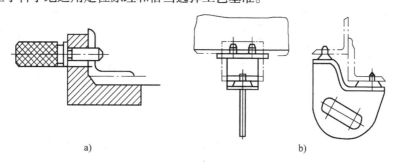

图4-70 可拆的定位销

a）插式定位销 b）削边式定位销

（2）车身专用定位元件

由于车身覆盖件是面积较大而又易变形的薄板件，为了增加其刚性，往往需要增加支承点。这些增加的支承又由于工件弹性大而不能像刚性工件那样用浮动支承来消除过定位，所以车身焊装夹具上的过定位是常见的。这些过定位不仅没有产生不良后果，而且增加了工件的刚性，减少了焊接变形。

1）支承板（钉）。支承板位于零件表面的法平面内，通常需要一定数量的、合理支承间距的支承板与零件表面相接触。支承板分平面和曲面两种。平面支承板主要用于工件定位表面是平面的场合，其形式可与一般夹具设计用的支承板相同或类似，适用于刚性小的薄板件或大件（如汽车车身覆盖件）。如果工件的定位表面是曲面，则要用曲面支承板定位。曲面支承板如图4-71所示，适用于阶梯表面或曲面零件的定位。

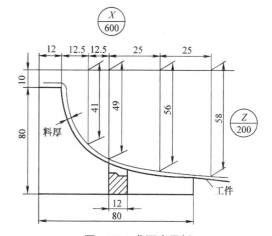

图4-71 曲面支承板

曲面支承板主要用于刚性大的零件的曲面定位，还可以采用适当数量的支承板（钉）构成的平面与零件接触，既可解决因支承零件曲面大，加工面积量大，定位不准的问题，又减少了夹具与零件接触的面积，从而使夹具吸收焊接热量减少，夹具就可以避免吸热造成变形，同时焊接热量流失少，有利焊接控制质量和提高生产效率。

2）样板。样板预先按各零件的相互位置制作。装配时使它与工件紧靠来实现工件的定位。角尺实质上就是最简单的样板。图 4-72 所示是应用样板定位的例子。

有些产量不大的客车厂，常将客车的几根主要轮廓线制成样板，在焊装车身骨架或覆盖件时就用这些样板来确定其位置，以保证所有客车的外形基本相同。

3）胎模。胎模是利用一个或几个按零件对应表面的形状和相互位置而制作的胎模面与零件接触来实现定位的。由于接触面较大，胎模对刚性较弱的车身覆盖件的定位是很有利的，图 4-73 所示的是汽车车门焊装胎模。

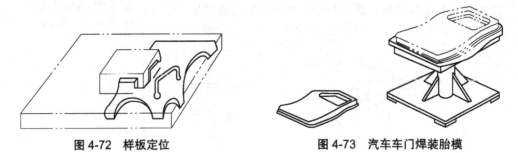

图 4-72　样板定位　　　　　　　　图 4-73　汽车车门焊装胎模

胎模在整个焊装过程中一般是始终与工件的定位表面相接触的，而样板则多是在工件定位后被撤走的，这是胎模与样板的不同区别。

4. 工件的夹紧

在焊装过程中，工件定位后将其固定，使其在加工过程中保持定位位置不变的操作称为夹紧。夹具中用来完成对工件夹紧的装置称为夹紧装置。装配焊接夹具的设计将直接影响工件的质量和效率，在焊接夹具中对零件的夹紧十分重要。

（1）夹紧件的作用

1）使工件的定位基准与定位元件紧密接触。焊接装配夹具要有足够数量的夹紧件以产生足够大的夹紧力，保证零件的定位可靠。特别是在定位焊时，必须保证零件的正确定位。

2）焊接过程中使零件保持正确的位置不发生变动，能够实现工件的可靠变位。在焊接工序中，有时需借助焊接变位机对工件进行倾斜或回转。这时，吊装在变位机工作台或翻转机上的工件也必须采取可靠的夹紧措施，以确保操作过程的安全，防止工件在焊接过程中产生相对窜动。

3）实现工艺反变形。在解决焊接构件的挠曲变形、角变形等工艺问题时，经常采用装配反变形工艺措施。尤其是采用外力强制下的弹性反变形装配工艺时，为了有效控制工件的形状、变形量及位置稳定等，首先必须通过某些夹具使工件整体稳固，然后再运用专门设置在特定部位的夹具对工件施加反变形力。

4）消除工件的形状偏差。由于上游各种工艺因素的影响（如回弹等），使冲压成形的板壳类零件往往产生不同程度的形状（如圆度、直线度）偏差。为了消除前道工序的不良影响，有效控制产品的装配质量（如装配间隙控制、工件圆度控制），在装配工序中利用一些专用夹具来弥补工件本身存在的加工偏差，保证精度。

（2）对夹紧件的要求

由于夹紧件对装配焊接的质量和生产率有重要影响，应满足如下要求：

1）夹紧和松开动作要准确迅速，操作方便省力，效率高，夹紧安全可靠，结构简单，易于制造。

2）夹紧时不要破坏工件的定位所得到的准确位置，夹紧力要足以保证在装配焊接过程中零件位置不发生变动，同时夹紧件不应损伤零件或使零件产生过大的变形。

3）夹紧装置的夹紧力应是可调节的，夹紧力要自锁，同时夹紧装置必须保证不会因为工件制造误差而产生夹不紧的现象。

4）夹紧件要有一定的强度和刚度，但体积应最小，在保证零件位置夹紧可靠的前提下，夹紧件数量应最少。

5）夹紧机构的自动化程度与复杂度应与工件的生产批量相适应。

（3）夹紧力三要素

夹紧力的三要素包括夹紧力的大小、作用点、方向。这三个要素是夹紧装置设计和选择的最核心的问题。

1）夹紧力的大小。确定夹紧力的大小，要实现夹紧的作用，应从以下因素考虑：

① 夹紧力应能克服工件的局部变形，使每个装配焊接零部件都能达到要求的位置。

② 当工件在胎模上实现翻转或回转时，夹紧力要足以克服重力和惯性力，把工件牢牢地夹持在夹具上。

③ 需要在夹具上实现焊件预反变形时，需具有使焊件获得预定反变形量所要的夹紧力。

④ 夹紧力要足以应付焊接过程热变形而引起的约束反力。

并不是每一个夹紧器都会有上述受力情况，但是从安全角度出发，应当全面考虑这些因素，把最不利的受力状态所需要的最大夹紧力确定下来，然后再增加一定安全系数，作为设计夹紧元件的基本数据。

2）夹紧力的作用点。夹紧力的作用点应使工件与支承力达到力和力矩平衡。一般应使着力点正好位于定位支承点上或尽量使着力点位于几个支承组成的定位面内，如图4-74所示。

夹紧力的作用点应在两个基准点上并和定位基准垂直，当工件的刚性很好时，也可以位于几个定位元件所组成的平面内，否则夹紧力会使工件产生变形，如图4-75所示。

另外还应该注意不能使夹紧力产生附加力矩，图4-76中夹紧力使工件转动破坏了定位。

3）夹紧力的方向。夹紧力应朝向主要定位基准，如图4-77a所示。因工件被加工孔与左端A面有一垂直度要求，因此在加工时应以A面作为主要定位基面，夹紧力F_j的方向应朝向A面。如果夹紧力朝向B面，由于工件侧面A与底面B的夹角存在误差，夹紧时工件的定位位置将会受到破坏，影响孔与左端A面的垂直度要求。

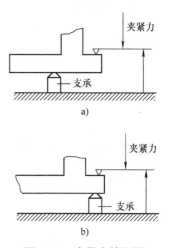

图4-74 夹紧力的位置

a）错误 b）正确

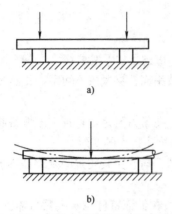
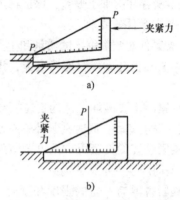

图 4-75 夹紧力不能使工件产生变形　　　　图 4-76 夹紧力不能使工件翻转
　　　a) 正确　b) 错误　　　　　　　　　　　　　a) 错误　b) 正确

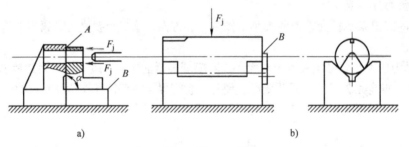

图 4-77 夹紧力的朝向

又如图 4-77b 所示,夹紧力 F_j 的方向朝向 V 形块,工件的装夹稳定可靠。若夹紧力朝向端面 B,则夹紧时,工件有可能会离开 V 形块工作面而影响工件的定位。

另外,夹紧力的方向还应该有利于减小夹紧力的大小,如图 4-78 所示。

钻削孔 A 时,当夹紧件 F_j 与轴向切削力 F_H、工作重力 G 同方向时,加工过程中所需的夹紧力最小。

（4）常用的夹紧件

焊装时,对零件施加外力使零件始终保持既定位置的装置叫作夹紧结构或夹紧器。在实际的

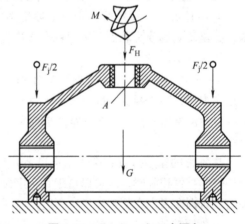

图 4-78 F_j、F_H、G 三力同向

焊装焊接过程中,选择夹紧件的类型,主要依据被装配焊接的工件的结构特点、被夹紧位置的确定性、生产效率及特定的装配焊接工艺要求等多方面因素综合考虑后决定;其次是依据夹紧力的三要素考虑,工件装卸操作灵活方便,夹紧件自身结构设计合理、有足够的刚度和强度,夹紧件体积小,有足够的行程,夹紧时不损伤车身覆盖件的外表面。

此外,由于车身焊装夹具的夹紧点较多,为减少装卸工件的时间,可采用高效快速或多点联动的夹紧机构。夹紧件的种类有很多种,按外力的来源分,有手动式、气动式、液压式以及

电磁力式等；按作用原理分，有铰链式夹紧件、螺旋夹紧件、偏心轮夹紧件和弹簧夹紧件等。常用的夹紧机构大都是各种铰链式夹紧器，很多已经标准化，也有些是由标准型组合派生出来的。下面介绍几种常用的夹紧器。

1）铰链式夹紧器。图4-79所示为常用的铰链式夹紧器。其特点是由一定的自锁性，夹紧力随铰链倾角的大小而变化，夹紧和松开动作迅速，压板张开量大。

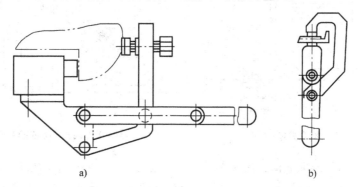

图4-79　常用的铰链式夹紧器

图4-79a所示为固定式的，例如在驾驶室总装夹具中与车门洞本体固定，用于前、后围立柱上的夹紧点。图4-79b所示为活动式的，其特点是灵活、方便、随处可夹。

图4-80所示则是一种快速铰链式夹紧器。其特点是压紧力大，装卸迅速。

图4-81所示为钩式夹紧器，定位销钩式夹紧器的结构新颖，安全可靠，可定位夹紧两用。

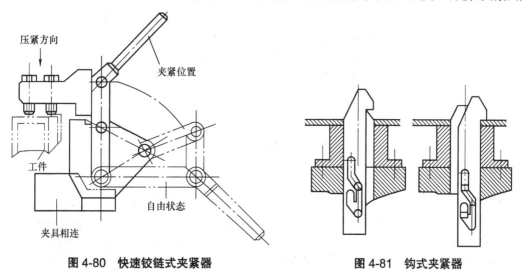

图4-80　快速铰链式夹紧器　　　　图4-81　钩式夹紧器

2）螺旋夹紧器。螺旋夹紧器一般由螺杆、螺母和主体三部分组成，配合使用的有压块、手柄等零件，其结构如图4-82所示。

使用时，通过螺杆与螺母的相对旋动达到夹紧工件的目的。旋压时，若螺杆直接压紧工件，容易造成零件表面的压伤和产生位移，因此，通常是在螺杆的端部装有可以摆动的压块，即可使夹紧的零件不随螺旋拧动而转动，又不致压伤零件。

图4-83所示为摆动压块的结构形式。

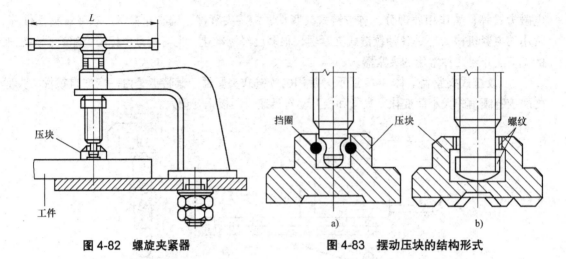

图 4-82 螺旋夹紧器　　　　图 4-83 摆动压块的结构形式

图 4-83a 所示压块端面光滑,用来夹紧已加工表面；图 4-83b 所示压块端面带有螺纹,用于比较粗糙的零件表面。压块与螺杆间采用螺纹或钢丝挡圈略微活动的连接方式。

图 4-84 所示为三种能快速退出或快速夹紧的螺旋夹紧器。

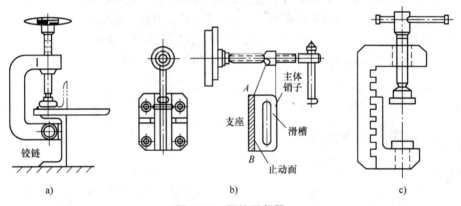

图 4-84 螺旋压紧器

图 4-85 所示为螺旋—杠杆夹紧器。

图 4-86 所示为螺旋推撑器和螺旋拉紧器。这两种夹紧机构在车身总成的焊装夹具中可以用来调整各分总成的位置。

3）偏心轮夹紧器。偏心轮夹紧器也是由楔块夹紧器转化而来的,它是将楔块包在圆盘上,旋转圆盘使工件得以夹紧。偏心轮夹紧器通常与压板联合使用。常用的偏心轮有圆偏心和曲线偏心。曲线偏心为阿基米德曲线或对数曲线,

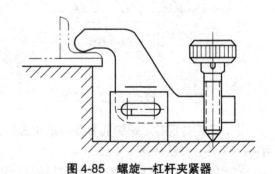

图 4-85 螺旋—杠杆夹紧器

这两种曲线的优点是升角变化均匀,可使工件夹紧稳定可靠,但由于制造困难,故很少使用。由于圆偏心制造容易,夹紧动作迅速,因而在汽车车身焊接中广泛使用。图 4-87 所示为偏心轮夹紧器。

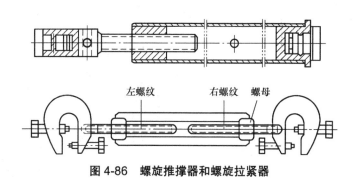

图 4-86 螺旋推撑器和螺旋拉紧器

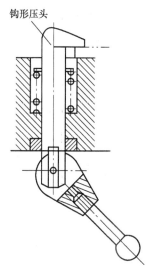

图 4-87 偏心轮夹紧器

偏心夹紧和螺旋夹紧相比,夹紧行程小,夹紧力小,受振动容易松开,自锁性能差,但夹紧迅速,结构紧凑,因此常常用于夹紧力小的场合。直接使用偏心夹紧器的情况比较少,通常都和其他构件结合使用。

4)弹簧夹紧器。弹簧夹紧器结构如图 4-88 所示,弹簧夹紧器可分为板簧和圆柱簧两种,它也是快速作用式夹具。板簧很适合用于薄板件的装配,厚度为 4~8mm。

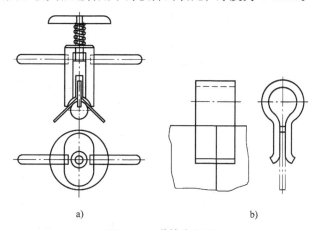

图 4-88 弹簧夹紧器
a)圆柱簧 b)板簧

5)气动及液压夹紧器。气动夹紧器是以压缩空气为传力介质,推动气缸活塞与连杆动作,实现对焊件的夹紧作用。气压传动用的气体工作压力一般为 0.4~0.6MPa。气动夹紧器具有夹紧动作迅速,夹紧力比较稳定,结构简单,操作方便,不污染环境及有利于实现程序控制等优点。

气动夹紧器的结构类型有很多,列举其中两个较为典型的实例,供选用时参考。

① 气动杠杆夹紧器。图 4-89 所示为气缸通过杠杆进一步增力或减力后实现夹紧作用的结构,该机构形式多样,使用范围广,在焊装生产线上应用较多。

② 气功斜楔夹紧器。图 4-90 所示是气缸通过斜楔进一步增力后实现夹紧作用的机构。该机构增力比较大，可自锁，但是夹紧行程小，机械效率低，其夹紧力即为气缸推力。

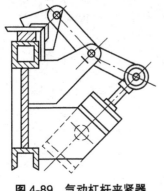

图 4-89 气动杠杆夹紧器

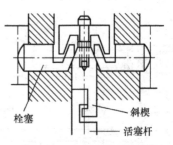

图 4-90 气动斜楔夹紧器

液压夹紧器是以压力油为传力介质，推动液压缸活塞与连杆产生动作实现夹紧的。液压传动用的液体工作压力一般为 3~8MPa，在输出力相同的情况下液压缸尺寸较小，结构紧凑。液压油不可压缩性，故液压夹紧器夹紧刚度较高且工作平稳，夹紧力大，有较好的抗过载能力。液压油有吸振能力，便于频繁换向。但液压系统结构复杂，制造精度要求高，成本较高，控制部分复杂，不适合远距离操纵。

这类夹紧器除了气缸（或油缸）外，多与连杆、杠杆等组合，如图 4-91 所示。

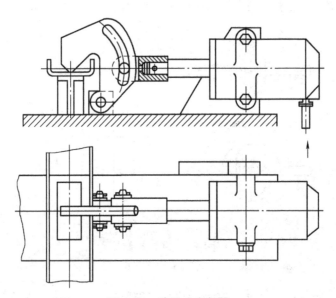

图 4-91 液压式夹紧器

4.3.3 车身总成焊装夹具

汽车车身的焊装占整个汽车焊装比例最大，且有的部件尺寸较大、组成零件多、结构和焊装的过程复杂。由于大量生产必须是流水线式的焊装，车身焊装中大量使用焊装夹具。车身焊装夹具可分为合件焊装夹具、分总成焊装夹具和车身总成焊装夹具。

1. 合件焊装夹具、分总成焊装夹具

汽车车身的前后围、左右侧围、顶盖和地板等几大片骨架总成的焊装夹具都是属于分总成焊装夹具，这些夹具的结构虽然比较大，但结构都很简单。这些夹具基本上都是用型材焊制的，上面布有许多螺旋夹紧件或快速铰链式夹紧件。工件大多是用曲面外形定位，各梁的焊接部分需夹紧。图4-92所示为驾驶室的车门支柱和内盖板点焊用的焊装样板。

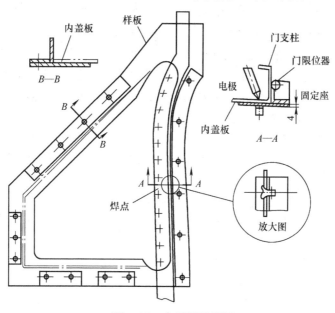

图4-92 车门焊装样板

样板是最简单的焊装夹具，这个样板用铝板制造，重量仅1.6kg。车门支柱靠其外形及限位器固定座来定位，内盖板靠其三面翻边来定位。零件用手压紧，在固定式点焊机上进行焊接。样板中部有孔洞，以便进行点焊或减轻样板重量。

2. 车身总成焊装夹具

车身总成焊装夹具尺寸大、结构较为复杂，精度也比较高，因为它直接影响车身总成的装配精度。按照定位方式，车身总成焊装夹具可以分为一次性装配定位夹具和多次性装配定位夹具两种。

（1）一次性装配定位的总装夹具

一次性装配定位的总成夹具是指车身总成的主要装配焊接工作是在一台总装夹具上完成的。组成车身的零件、部件和分总成等依次装到总装夹具上进行定位和夹紧，直至车身总成的主要装配焊接工作完毕，才从夹具上取下来。这种夹具的特点是车身焊装时的定位和夹紧只进行一次，容易保证车身焊装质量。根据车身生产纲领可设置一台或数台同样的夹具，单台夹具可采用固定式的。多台夹具可配置在车身焊装生产线上，随生产线移动，这种随生产线移动的夹具称为随行夹具，如图4-93所示。

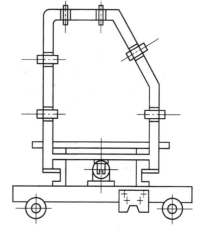

图4-93 随行焊装夹具

随行夹具包括底板及门框定位夹具，采用快速的气动及手动夹紧器。夹具连同小车一起重约 3t。随行夹具制造复杂，成本高。每个装配台上都需装有电、水和气路的快速插座或接头，使夹具行走到每一个工位时能方便、迅速地接通。当产量比较小时，这种一次性装配定位的总装夹具也可以制成台车式的，工位之间的运送可由人力推动。

（2）多次性装配定位的总装夹具

多次性装配定位夹具是指车身总成要经过两台或两台以上不同的总装夹具才能完成，且车身每通过一台总装夹具就要被定位夹紧一次。这类夹具要求其不同夹具上的定位面应当一致，以免产生装配误差，有骨架的驾驶室总成的焊装使用这类夹具比较合适。如可在第一台夹具上完成内骨架的焊装，在第二台夹具中完成外覆盖件的焊装，这两台夹具均以底板上的悬置孔和门框作为定位基准。这类夹具的优点是制造简单，夹具数量较少，且不存在水、气和电源的连接问题。但增加了定位夹紧次数，容易产生装配误差，质量不稳定。

下面简介两套车身总成夹具。

1）EQ1090 驾驶室总装随行夹具。该模具如图 4-94 所示。它的任务是完成底板、前围、后围、门上梁和顶盖的焊装。

左、右门框夹具的底部可在 V 形导轨上沿 X 轴移动，并且导轨磨损后能自动补偿，不会产生间隙，因此导向性好。但由于底部平移，定位部分上部的摆差会使门框尺寸的精度受到一定的影响。

该夹具的左、右门框夹具部分如图 4-95 所示。

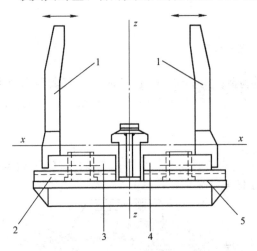

图 4-94 EQ1090 驾驶室总装随行夹具

1—左、右门框 2、5—左、右滑座
3、4—左、右导向座

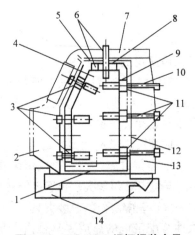

图 4-95 EQ1090 门框焊装夹具

1—底板 2—前围 3—前围定位块 4—方箱本体
5—门上梁 6—定位块 7—顶盖 8—手动夹紧钳
9—气缸 10—气动夹紧钳 11—后围定位块
12—活动定位销 13—后围 14—导轨

左、右方箱本体的两侧各装有三个定位块，顶部各装有两个定位块，侧面还有活动定位销。这样就构成了驾驶室的左、右门框的定位结构。

底板定位夹具是由中部一个圆柱定位销及几个平面和周边定位块组成。焊装顺序是先将底板装到底板定位夹具上，然后依次装上前围、后围和门上梁，使其分别紧靠前围定位块、定位块以及后围定位块，再将活动定位销插入前、后围定位孔中，并用气动夹紧钳压紧前围和后围，用手动夹紧钳夹紧门上梁。采用三台悬架式电焊钳分别点焊后围、前围和底板、门上梁的连接部分，然后再将顶盖与前、后和门上梁点焊。

焊装完毕，松开夹紧钳，左、右方箱体沿 V 形导轨外移到位，驾驶室被吊到调整线上完成补焊及安装车门的工序。随行夹具随末端升降台落到地坑内进行下一个焊装循环。

2）CA1901 驾驶室总装夹具。与 EQ1090 驾驶室总装夹具不同的是，该夹具只完成驾驶室的前、后围和地板及门上梁的焊装，而不是焊装顶盖，最后形成的是没有顶盖的驾驶室总成。

图 4-96 所示为 CA1091 驾驶室总装夹具。

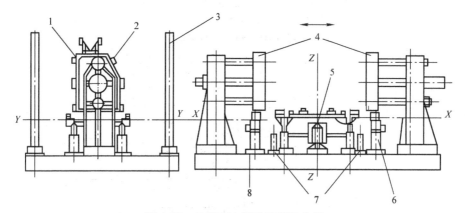

图 4-96　CA1091 驾驶室总装夹具

1—门框支承箱体　2—前围上支柱定位块　3—龙门支架　4—左右门框夹具　5—底板升降夹具
6、8—后围夹具　7—调整样架用定位基准

整套夹具安装在一个上平面刻有坐标网线的铸铁底座上。左、右门框夹具可由气缸驱动在双圆柱导轨上沿 X 轴平移，运动平稳，定位准确，左右对称性好。门框夹具采用箱体和安装其上的定位块对驾驶门框进行定位。门框支承箱体用铝合金铸造，其上装有定位块和夹紧机构。底板升降夹具采用气动四导柱沿两轴升降，以便调整底板在空间的位置。底板上有两个圆柱销供车身底板上悬置孔定位用，后围在夹具 6 和夹具 8 上定位夹紧。该夹具还设置了安装调整样架用的定位基准，这对夹具的制造、调整和使用都很方便。

（3）轿车车身总装夹具

一款轿车车身由地板、顶盖、空气盒、发动机舱、后围、侧围、行李舱隔板等组成，如图 4-97 所示。

轿车车身夹具定位销的布置如图 4-98 所示。

定位销用于保证相邻零件之间的相对位置，每个总成有四个定位销，其中两个自用，其余与相邻件共同使用，这一点与刚性零件传统定位理论不同。地板总成的前地板、中地板与后地板的定位销除自用的两个定位销外，还和相邻的零件共同使用两个销。

由于一些定位销和夹头位于夹具中部附近，远离夹具立柱，考虑到零件装卸问题，定位销、夹头不便固定，这种情况下就需要采用铰链式摆臂，夹头布置在摆臂上，如图 4-99a 所示。夹头摆臂的工作原理如图 4-99b 所示。

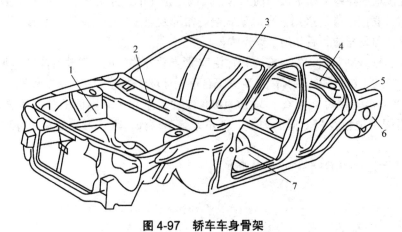

图 4-97 轿车车身骨架

1—发动机舱 2—空气盒 3—顶盖 4—行李舱隔板
5—后围 6—侧围 7—地板

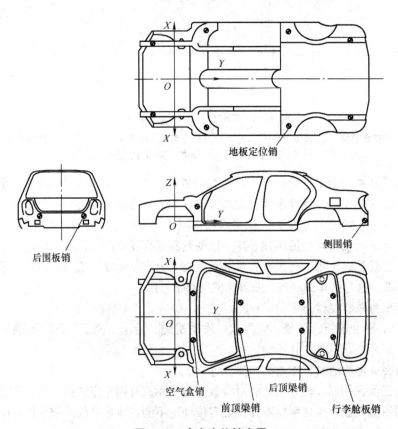

图 4-98 车身定位销布置

为了保证摆臂到位后的位置精度,可采取以下几个措施:摆臂转轴精度要高,定期润滑,设置滑脂嘴(图 4-99a 中 I 放大),如图 4-99c 所示,设置限制挡铁,摆臂到位后,夹头可实现夹紧工件。

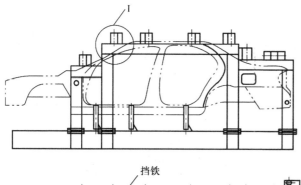
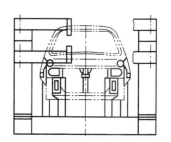
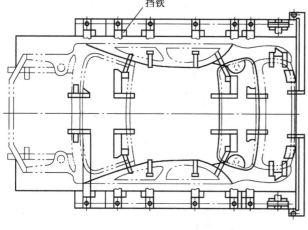
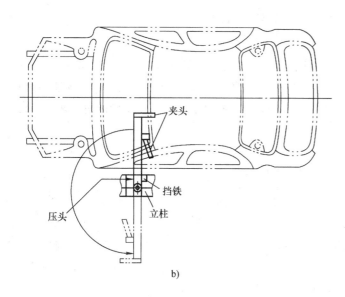
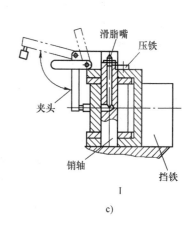

图 4-99　铰链式总装夹具结构

a）夹头摆臂与立柱连接　b）夹头摆臂的工作原理　c）I 放大图

在图 4-100 中，A—A 所示为发动机舱纵梁定位销夹头，夹紧动力由气缸提供，杠杆式夹头、定位销与夹具本体固定。

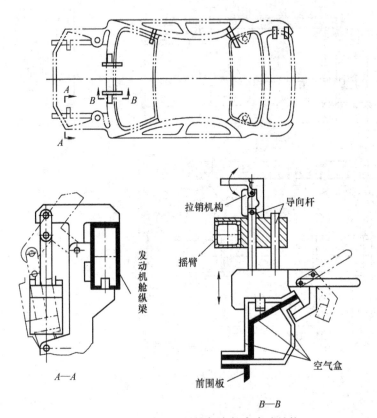

图 4-100　发动机舱纵梁与空气盒夹头结构

B—B 所示为空气盒定位销夹头。空气盒位置的特殊性，摆臂到位后还需定位销向下移动一段距离才能正确定位，因此需要设置双杆导向机构。定位销固定在仿形压块上，仿形压块可相对摆臂上下移动，导向机构的上下移动由手动杠杆式拉销机构实现。定位销到位后，夹紧夹头。

图 4-101 所示为侧围与地板、顶盖的夹头。

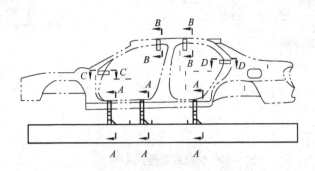

图 4-101　侧围与地板、顶盖的夹头

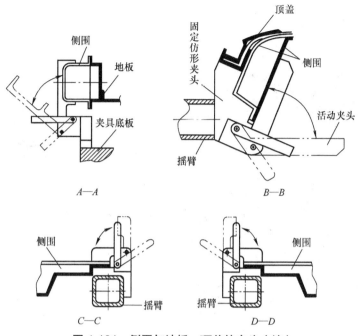

图 4-101 侧围与地板、顶盖的夹头（续）

图 4-102 所示为侧围与后围板的夹头。

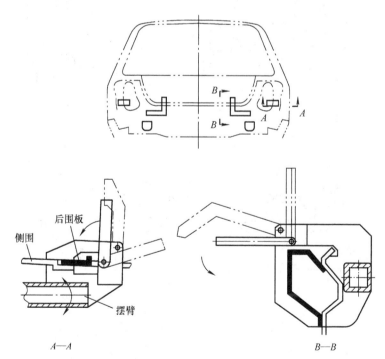

图 4-102 侧围与后围板的夹头

图 4-103 所示为侧围与地板、顶盖的夹头。

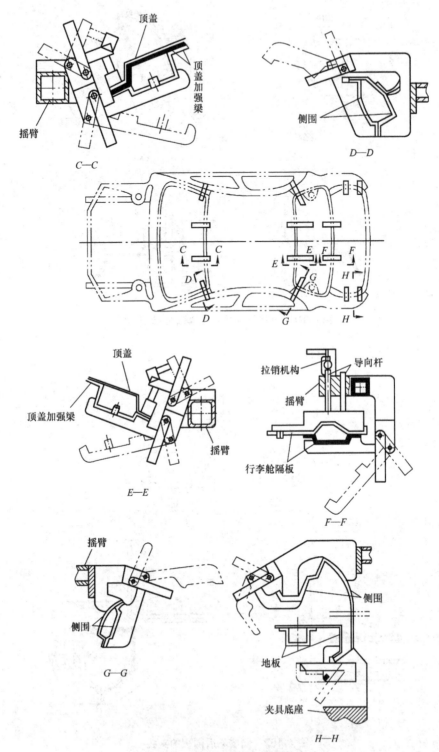

图 4-103　侧围与地板、顶盖的夹头

4.3.4 焊接机器人

焊接机器人目前已大量应用于汽车制造业，在座椅骨架、导轨、消声器、液力变矩器等，特别是汽车底盘的焊接生产中得到广泛应用，如图 4-104 所示。

图 4-104 焊接机器人

它在稳定和提高焊接质量、提高劳动生产率、改善劳动条件、降低操作技术要求、缩短产品改型换代的准备周期、减少相应的设备投资、实现生产线多品种柔性化生产等方面具有极其重要的作用和意义。

焊接机器人主要包括机器人和焊接设备两部分。机器人由机器人本体和控制柜组成。而焊接装备，以弧焊为例，则由焊接电源、送丝机（弧焊）、焊枪（钳）等部分组成。对于智能机器人还应有传感系统，如激光和摄像传感器及其控制装置等。图 4-105 所示为电弧焊接机器人的基本组成。

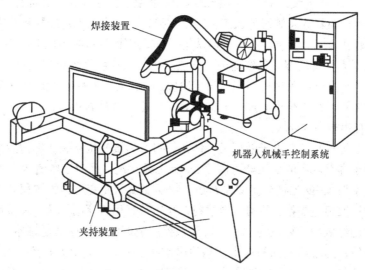

图 4-105 电弧焊接机器人的基本组成

1. 点焊机器人

图 4-106 所示为点焊机器人的基本组成。

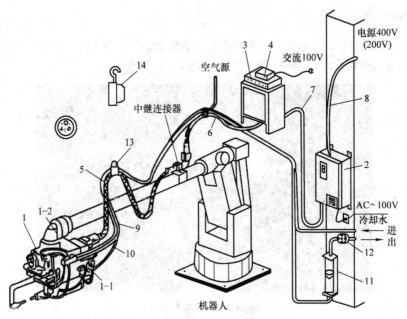

图 4-106 点焊机器人的基本组成

1—焊钳（1—1 气管接头、1—2 水管接头） 2—主电力开关 3、4—控制箱 5—同轴电缆
6、7、8—导线套管 9—冷却水管 10—气管 11—流量计 12—水开关 13、14—吊挂件

点焊对焊接机器人的要求不是很高。因为点焊只需点位控制，至于焊钳在点与点之间的移动轨迹没有严格要求，这也是机器人最早只能用于点焊的原因。点焊用机器人不仅要有足够的负载能力，而且在点与点之间移位时速度要快捷，动作要平稳，定位要准确，以减少移位的时间，提高工作效率。点焊机器人需要有多大的负载能力，取决于所用的焊钳形式。对于用于变压器分离的焊钳，30~45kg 负载的机器人就足够了。但是，这种焊钳一方面由于二次电缆线长，电能损耗大，不利于机器人将焊钳伸入工件内部焊接；另一方面电缆线随机器人运动而不停摆动，电缆的损坏较快。因此，目前逐渐增多采用一体式焊钳。这种焊钳连同变压器质量在 70kg 左右。考虑到机器人要有足够的负载能力，能以较大的加速度将焊钳送到空间位置进行焊接，一般选用 100~150kg 负载的重型机器人。为了适应连续点焊时焊钳短距离快速移位的要求，新的重型机器人增加了可在 0.3s 内完成 50mm 位移的功能。这对电动机的性能、微型计算机的运算速度和算法都提出更高的要求。

点焊机器人的焊接装备，由于采用了一体化焊钳，焊接变压器装在焊钳后面，变压器必须尽量小型化。对于容量较小的变压器可以用 50Hz 工频交流，而对于容量较大的变压器，已经开始采用逆变技术把 50Hz 工频交流变为 600~700Hz 交流，使变压器的体积减小。变压后可以直接用 600~700Hz 交流电焊接，也可以再进行二次整流，用直流电焊接，焊接参数由定时器调节。新型定时器已经微型计算机化，因此机器人控制柜可以直接控制定时器，无须另配接口。点焊机器人的焊钳，通常用气动的焊钳，气动焊钳两个电极之间的开口度一般只有两级行程，而且电极压力一旦调定后是不能随意变化的。近年来出现一种新的电伺服点焊钳，焊钳的张开和闭合由伺服电机驱动，码盘反馈，使这种焊钳的张开度可以根据实际需要任意选定并预置，而且电极间的压紧力也可以无级调节。这种新的电伺服点焊钳具有如下优点：

1）每个焊点的焊接周期可大幅度降低，因为焊钳的张开程度是由机器人精确控制的，机器人在点与点之间的移动过程中焊钳就可以开始闭合；而焊完一点后，焊钳一边张开，机器人就可以一边位移。

2）焊钳张开度可以根据工件的情况任意调整，只要不发生碰撞或干涉，尽可能减少张开度，以节省焊钳开合所占的时间。

3）焊钳闭合加压时，不仅压力大小可以调节，而且在闭合时两电极是轻轻闭合，减少撞击变形和噪声。

2. 焊接机器人的特点

焊接机器人是综合人工智能而建立起来的电子机械自动装备，它具有感知和识别周围环境的能力，能根据具体情况确定行动轨迹。因此，应用焊接机器人有以下优点：

1）焊接质量的稳定和提高易于实现，保证其均一性。
2）提高生产率，在一天内可24h连续生产。
3）改善焊工劳动条件，可在有害环境下长期工作。
4）降低对工人操作技术难度的要求。
5）缩短产品改型换代的准备周期，减少相应的设备投资。
6）可实现小批量产品焊接自动化。
7）为焊接柔性生产线提供基础。

3. 焊接机器人工作站

焊接机器人工作站是通过计算机系统对焊接环境、焊缝跟踪及焊接动态过程进行智能传感，根据传感信息对各种复杂的空间曲线焊缝进行实时跟踪控制，从而控制焊枪能够实现规划轨迹运行，并对焊接动态过程进行实时智能控制。焊接机器人工作站正常运行的中枢是其控制柜中的计算机系统。由于焊接工艺、焊接环境的复杂性和多样性，焊接机器人工作站在实施焊接前，应配备其焊接路径和焊接参数的计算机软件系统。该软件要对焊缝空间的连续轨迹、焊接运动的无碰路径及焊枪姿态进行规划设计，并根据焊接工艺来优化焊接参数。

焊接机器人工作站由图4-107所示的各单元构成。

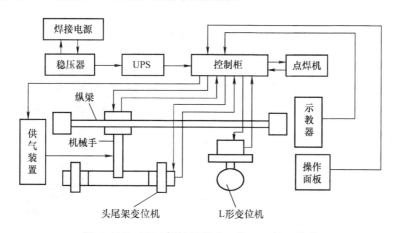

图4-107　IGM焊接机器人一机双工位工作站

IGM机器人为一机双工位，机器人在纵梁上移动，依次对L形变位机及头尾架变位机上装夹的前车架、铲斗进行焊接。图4-107中纵梁上再加上一个机械手，即两机双工位，可同时对两工件施焊。

在汽车制造中，机器人电阻点焊应用最为普遍，在汽车车身等加工中应用多台机器人构成的点焊机器人生产线，图 4-108 所示为汽车车身总成的机器人焊接工作站。

4. 焊接机器人生产线

焊接机器人生产线是把多台工作站（单元）用工件输送线连接起来组成一条生产线。这种生产线仍然保持单站的特点，每个站只能用选定的工件夹具及焊接机器人的程序来焊接预定的工件，在更改夹具及程序之前的一段时间内，这条线不能焊其他工件。

还有一种是焊接柔性生产线。柔性线也是由多个站组成，不同的是被焊工件都装夹在统

图 4-108 汽车车身总成机器人焊接工作站

一形式的托盘上，而托盘可以与线上任何一个站的变位机相配合并被自动夹紧。焊接机器人系统首先对托盘的编号或工件进行识别，自动调出焊接这种工件的程序进行焊接。这样每一个站无须作任何调整就可以焊接不同的工件。焊接柔性线一般有一个轨道子母车，子母车可以自动将点固好的工件从存放工位取出，再送到有空位的焊接机器人工作站的变位机上。也可以从工作站上把焊好的工件取下，送到成品件流出位置。整个柔性焊接生产线由一台调度计算机控制。

柔性生产线系统一次重新调整所造成的劳动生产率总损小，因为个别的柔性生产系统重新调整结束后可立即再投产，不需要待整个柔性生产系统重新调整结束后再投产。因此，为了少投资、少量改造生产线，又能满足多种新产品的生产需要、迅速转产，汽车焊接生产线十分有必要具有一定程度的柔性。

焊接机器人是焊接设备柔性化的最佳选择，作为焊接生产线的重要组成部分，采用机器人焊接是生产线柔性程度的重要标志之一，也是未来汽车生产的主要方向。

5. 焊接生产线上机器人的类型及选用方法

（1）类型

满足车身焊装生产线要求的车身焊装机器人的种类有很多种，专用直角坐标形式的机器人有 RH、RL 和 RS 三种类型，并具有三个自由度，由此可组合成各种不同的功能和性能，因而可以和各种车身焊装自动线结构进行匹配，使焊装生产线达到最佳设计，具有满足用户要求的优越性能，图 4-109 所示为其中一个 RH 类型的焊接机器人。

RH 型为侧面焊接机器人，被固定在底板上，完成车身侧面的焊接；RL 型为底层机器人，具有传送设备功能，完成车底底部焊接；RS 型为顶面移动机器人，悬挂在生产线的顶部，用来进行车身的上部和内部的焊接。车身焊装生产线采用上述机器人，可使车身 80% 的焊点实现自动焊，而 60% 的焊点由点焊机器人来完成。

图 4-109 RH 类型的焊接机器人

（2）选用方法

由于车身各部位结构不同，需装备相应的机器人来进行焊接，焊接机器人在汽车车身自动焊装生产线上的选用方法，通常参照以下原则。

1）选择与自动生产线结构相匹配、最适合的机器人。

2）根据能保证接头焊点焊接质量和生产效率高的焊接工艺及末端轴承载力来选择不同的机器人。

3）选择操作范围和技术性能参数能满足工件施焊位置的机器人。

4）在满足生产规模、生产节拍、保证焊接质量前提下，工艺设计方案既要先进可行，又要经济合理，在关键部件、部位，关键工序位，按需选配机器人数量。

5）经比较后选用各种运动更自由、灵活，性能价格比更高的机器人。

焊接机器人的选用方法见表 4-16。

表 4-16 焊接机器人的选用方法

机器人类型	焊装线名称	车身焊接部位	特点
RH 型（侧面）	车身总成主线、侧围焊装线	完成车身侧面焊接，如侧围、车身总成	
RL 型（底层）	车身总成主线下部焊装线	完成车身底部的焊线，如地板总成	具有传送设备功能，可在车身下部移动，工件从前进方向侧面送入，可避免设备之间的相互干涉
RS 型（顶面）	车身总成主线顶盖线	完成车身上部和内部的焊接，如顶盖前围、后围	机器人被悬挂在生产线的顶部，焊接工件自下向上进入
六自由度机器人	车身总成主线各部件总成辅线	完成车身各部位的焊接	固定在焊装线侧面，柔性程度高

4.3.5 车身焊装生产线

汽车车身焊装生产线是轿车、微型客车等车型生产过程中的重要生产线之一，从汽车工业的发展历史来看，车身焊装生产线经历了 20 世纪 50~60 年代手工焊接线、70 年代的自动化刚性焊装线、80 年代以后的机器人柔性焊装线阶段。

对于每条焊装线，它由焊接夹具、传输装置、焊接设备构成；对于整个汽车车身焊装线，它主要包括车身侧围总成线、车身门盖总成线、底板总成线、车身焊装主线等。其中每部分又有相应的主线、子线、左右对称线和独立。根据生产节拍、自动化程度及生产方式等的不同，每条线又分为若干个工位；各工位间通过传输装置连为一体，每工位负责完成一部分工作。

焊装线的分类如图 4-110 所示。

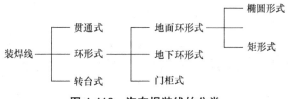

图 4-110 汽车焊装线的分类

焊接总装线组成如图 4-111 所示。

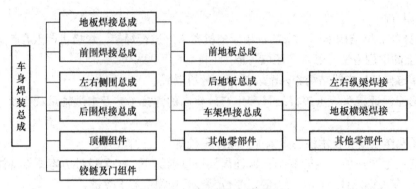

图 4-111　焊接总装线组成

1. 贯通式焊装生产线

贯通式焊装生产线在国内外汽车车身制造中使用普遍，图 4-112 所示为贯通式焊装线示意图。它适用于车身底板、车门、行李舱盖、发动机舱盖之类形状不太复杂、结构比较完整、组成零件比较少的分总成的焊装。

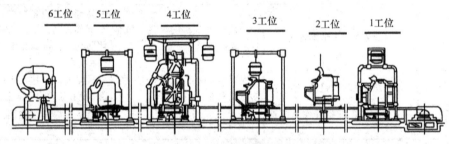

图 4-112　贯通式焊装生产线

这种焊装线占地面积比较少，工作时仅工件做前移传动，而所有装夹焊定位的工装都分别固定在各个工位上。适合于专用焊接的配置和悬架式点焊机手工操作等工艺方法。当车身横向输送时，这种焊装线更有利于分总成的机械化上下料，同时驱动也比较简单。但这种焊装线只适合于固定式夹具，并不宜采用随行夹具。

贯通式焊接生产线应用广泛，下面通过两个实例进行分析。

（1）轿车车身焊装线

捷达轿车车身焊装线。全线共有 7 个工位，7 个操作工人，生产节奏为 1.2min，月生产能力为 16000 台，每台焊点 280 点，如图 4-113 所示。

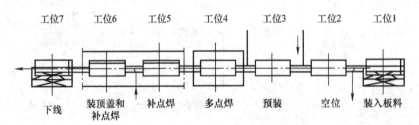

图 4-113　捷达轿车车身焊装线

捷达轿车焊装流程：工位1——装入板料；工位2——空位；工位3——预装，将左右侧围总成，前风窗上、下框，后围上、下外板装入并点定；工位4——多点焊，焊点166点；工位5——补点焊；工位6——装顶盖及补点焊，共补焊114点；工位7——下线。

这条贯通式焊装线的特点是将构成车身壳体所需的地板——前端总成、左右侧围总成、前后风窗的上下框等所有零部件，在一个工位上一次预装定位，然后进行多点焊机补点焊，这样可以节省人力。

（2）东风汽车公司EQ141驾驶室焊装线

东风汽车公司EQ141驾驶室焊装线如图4-114所示。

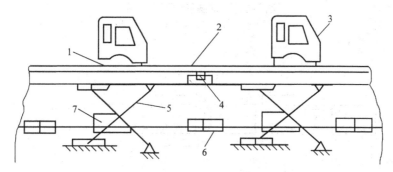

图4-114　抬起步伐式往复输送焊装线
1—运送小车　2—齿条　3—驾驶室　4—齿轮　5—升降臂　6—双向气缸　7—斜块

该线采用抬起步伐式往复输送方式，这种焊装线输送平稳，定位精度高，占地面积小，分总成上线方便，可适用于悬点、多点、机器人以及气体保护焊的焊接，是国内外汽车厂家普遍采用的焊装线。该线传送装置的升降采用凸轮铰链式，用双向气缸推动升降臂，可将传送装置升起810mm，前后输送采用往复式输送方式，用变频电动机作为动力带动齿轮，使与其啮合的齿条前后运动，来完成驾驶室的输送工作。电控系统采用了可编程序控制器，可控制装配线的同步起和落下、输送装置的往复运动、车型的识别、驾驶室固定位置的检测以及故障诊断等。

该装配线有11个工位，工位间距为5m，传送速度为20m/min，重复传送精度为±0.5mm，传送时可用低速起动，高速输送，低速接近终点，可产生各种系列的驾驶室。

2. 环形焊装线

环形焊装线可分为椭圆形地面环形线、矩形地面环形线、地下环形线和"门框"式环形线四种。这些环形线在焊装生产上都获得了应用。它们适用于工件刚性较差，组成零件数较多，特别是尺寸精度要求较严格，如车门门洞尺寸、前后风窗洞口尺寸等部件，如轿车车身总成、载货车驾驶室综合总成、左右侧围分总成等的焊装。为了保证焊装质量，一般都采用随行夹具，所有的焊装工作全部在随行夹具上进行。当各工位焊装完毕后，工件连同随行夹具一起前移传送到下一工位，全部焊装工作完成后，工件吊离随行夹具，空的随行夹具通过不同途径返回原处继续使用。这种环形线所需的随行夹具数量较多，常采用链、自导车、吊架等方式传送。

1）椭圆形地面环形线，如图4-115所示。在这种环形线上随行夹具是连续循环使用的，它占地面积较大，但整线的传送装置比其他环形线简单。

2）矩形地面环形线，如图4-116所示。这种环形线上的随行夹具是通过两端的横移装置返回原始位置的，它的占地面积要比椭圆形环形线少，但整线的传送装置比较复杂。

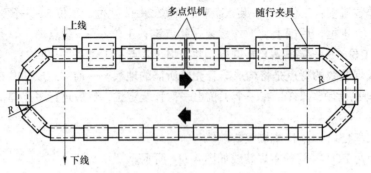

图 4-115 椭圆形地面环形线

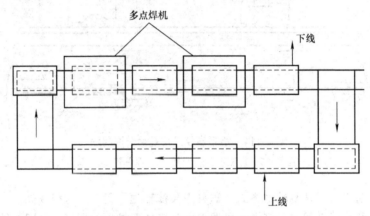

图 4-116 矩形地面环形线

3）地下环形线，如图 4-117 所示。这种环形线上的随行夹具是通过两端的升降装置从地坑返回原始位置的。它占地面积少，但是整线的传动装置比较复杂，而且地坑的土建工程量大，采用托起式多点焊机的地坑深度比提升式多点焊机时还要深一些。

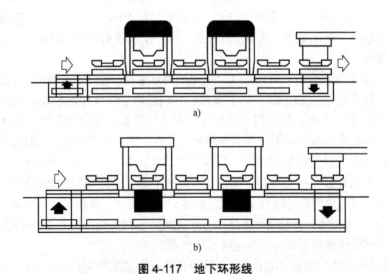

图 4-117 地下环形线
a）采用提升式多点焊机　b）采用托起式多点焊机

4)"门框"式焊装线。"门框"式焊装线用于轿车,装左右侧围。实际上是一条闭式循环的悬链,悬链下悬吊着一个个"门框",一个"门框"就是一台悬吊式的焊装夹具,如图4-118所示。

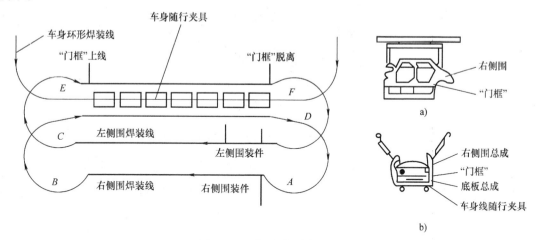

图 4-118 "门框"式焊装线

例如,设计产量为每周5000辆,左右侧围总成各有一条焊装线。左右侧围焊装线上各装有44台"门框",以右侧围总成为例,AB段共有20个工位。将右侧围零件依次装入"门框"内,定位夹紧后用悬架式点焊钳进行点焊。AB段安排在正对车身环形焊装线EF的直线段的阁楼上。焊好的右侧围总成随同"门框"从阁楼沿悬链的BC段下降到C处,开始靠近车身环形焊装线的台车,这时"门框"上线。在CD段"门框"的移动与车身环形焊装线台车同步,把"门框"夹紧于车身台车上,并将侧围总成焊于地板上,再经一系列的车身焊装工作后,空的"门框"在D处与车身线脱离,并沿悬链的DA段上升,返回到原来A处继续进行右侧围的焊装。左侧围的焊装线和右侧围焊装线一致。

其主要特点如下:

1)大大简化了车身焊装线夹具。
2)侧围、车身调装都集中在一起,同步生产,节省面积。
3)从侧围到组装只需一次定位,保证质量精度。
4)当车身的改进改型时,只需换侧围"门框",而不需更换随行夹具。

3. 转台式焊装线

这种焊装线适用于重量较轻、工位间距不大的中、小型工件。工件上线后转台作单向间歇式运转,经过一系列焊接工位,最后下线,如图4-119所示。这种焊装线传动比较简单,但占地面积较大。

4. 国外的焊装线

下面简介两种国外的焊装件。

图4-120所示为德国大众公司曾经的VW1200型轿车前部焊装线。这种焊装线是转台式的。类似于回转木马结构。

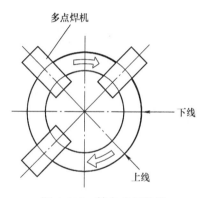

图 4-119 转台式焊装线

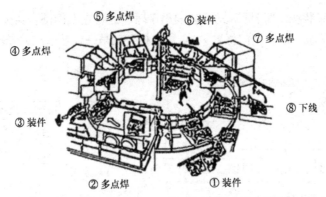

图 4-120 德国大众公司 VW1200 型轿车前部焊装线

它的驱动机构比较简单,不像地下环形线那样需要复杂的升降机和较大的地坑地沟建筑工程。但是,它的占地面积比较大,而且水、电、气的接点要由回转中心的可回转接头接出,同时其中间部分的面积也不好利用,因此这种焊装线以生产分总成较合适。

这条转台式焊装线一共有 8 个工位,由 5 个人操作,生产量为 240 件/h。共焊接 258 个焊点。转台外侧布置有 4 台多点焊机,转台以顺时针方向转动,每次转 45°。零件由手工装入随行夹具内并自动夹紧,随行夹具带有轮子,当转到各多点焊工位时,用液压进行自动定位、压紧。在最后一个工位上,夹具自动松开焊好的总成,提升装置把总成从随行夹具上托起,并挂到悬链上送至车身主焊装线。

图 4-121 所示为日本三菱汽车公司轿车车身焊装生产线,由主焊装线、左侧围焊装线、右侧围焊装线和底层焊装线等组成。

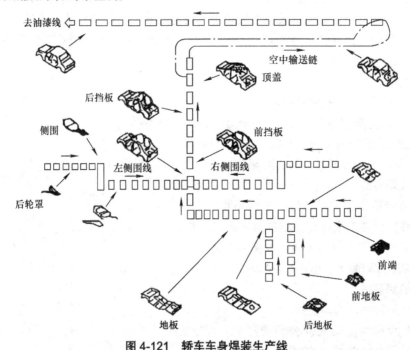

图 4-121 轿车车身焊装生产线

线上共采用 72 台机器人,自动化电焊率达到 80%,机器人电焊率为 48%,生产线显示了最短的物流线，前、后地板和发动机舱组成地板分总成，汇合左、右侧围焊装线所焊装的左、右侧围分总成进入车身焊装主线（总装配线），再焊装前、后挡板及顶盖，最后由空中输送链输送去油漆线。

机器人在线上的分布：焊接地板分总成 32 台，焊接左、右侧围分总成 20 台，焊接车身总成 20 台，焊装线由大型可编程序自动控制器控制，夹具的定位精度为 ±0.1mm。

5. 生产线主要特点

1）子焊装线与主焊装线之间采用直线形式流程图的直接连接，消除生产线之间不必要的零件积压及避免了零件传输过程中不必要的上升、下降和翻转，把上下工序之间的传输距离缩至最短。

2）大量使用机器人和计算机控制系统，显著提高了生产线柔性，可进行多品种车身的焊装。

3）自动化焊接程度高达 80%，并可获得稳定的焊接质量。

4）生产线工作可靠、稳定并易于维修。

课程育人

焊接过程中，变形量需要控制，最好的办法就是增加约束。夹具实现了定位、夹紧、控制的功能。因而对于可变过程的发生，约束是最佳方案，但是应该时刻警惕过约束。

项目 5
汽车车身涂装工艺

任务描述

某人从一家机械加工企业跳槽到了某汽车生产企业的生产部门,被分配到了涂装分厂工作。作为一个学机械加工出身的工程师,他对涂装和涂料并不太了解,于是他认真学习,不断向相关的技术工程师请教。半年后,他需要调岗为分厂的工艺主管。企业人事部门和分厂主抓技术的厂长参与了对他的内部面试流程,并提出了一系列的问题。要想成为一名合格的涂装工艺主管,需要了解大量汽车涂装的工艺知识和技术。

学习目标

1. 能够了解汽车车身涂料的特性、组成以及一般汽车涂装的涂料层面。
2. 理解汽车工件涂装前表面处理的意义、作用和相关方法。
3. 了解汽车车身涂装的几种常见工艺体系。
4. 熟练掌握汽车车身常见的涂装方法。
5. 深入了解汽车车身涂装所需的各种设备。

项目 5
汽车车身涂装工艺

知识与技能点清单

序号	学习目标	知识点	技能点
1	能够了解汽车车身涂料的特性、组成以及一般汽车涂装的涂料层面	1. 汽车车身涂料的特性 2. 汽车车身涂料的组成 3. 汽车车身底漆、中间层漆、面漆的特性	1. 了解汽车车身涂装的要素 2. 理解汽车车身涂装的意义 3. 了解汽车车身涂料的特性 4. 掌握汽车车身涂料的组成 5. 识别各种类型的汽车车身涂料 6. 正确认识汽车车身底漆、中间层漆和面漆
2	理解汽车工件涂装前表面处理的意义、作用和相关方法	1. 涂装前表面处理的作用 2. 涂装前表面处理的方法	1. 正确认识涂装前表面处理的作用和意义 2. 了解涂装前表面处理的工序类型及作用 3. 了解涂装前表面处理的常用方法
3	了解汽车车身涂装的几种常见工艺体系	1. 涂三层烘三次体系简介 2. 涂三层烘二次体系简介 3. 涂二层烘二次体系简介	了解各种涂装的工艺体系及其适用的车型和特点
4	熟练掌握汽车车身常见的涂装方法	汽车车身常用涂装方法	1. 了解各种手工、机动以及机械涂装的方法 2. 熟练掌握几种常用的车身涂装工艺
5	深入了解汽车车身涂装所需的各种设备	汽车车身涂装设备	深入了解涂装前表面处理、手工喷涂、静电喷涂、电泳涂装以及干燥工艺的各种设备

学习信息

5.1 汽车车身涂装工艺基础

汽车作为一种重要交通工具,与现代人的生活早已经融为一体,密不可分。如何使汽车的产品质量更好,更加经久耐用是所有汽车设计与生产企业孜孜不倦追求的目标。

事实上,自从人类发明了汽车之后,人们就一直在研究如何使汽车车身更加经久耐用,使汽车车身更加坚固。最初的汽车车身采用大量的木材制造,但在使用过程中人们发现木材存在天然的缺陷,即加工复杂且容易遇水膨胀变形,更容易被昆虫蛀蚀。即使是覆盖了各种涂料后其耐久度仍然不甚理想。

随着汽车工业的发展和进步，人们逐渐摒弃了木材这一传统材质，而是采用金属来铸造或锻造汽车的车身。相比木材这一材料，金属的车身更加坚固耐用，也更容易加工成为各种复杂的形状，不易被雨水浸泡变形，也不会被昆虫蛀蚀。

然而，金属材质在拥有众多优点的同时，也存在一些缺点。以汽车车身材质最常见的钢材（铁碳合金）来讲，其最大的问题就是容易产生锈蚀，即使是经过特殊处理的钢材，在自然环境中依然会发生各种锈蚀现象，尤其是在潮湿或酸性、碱性空气接触的环境下（如海边、酸雨），更容易产生锈蚀。铝合金材料虽然比较耐腐蚀，但是其结构强度要弱于钢铁，同时在汽车发生事故时容易伴随高温剧烈燃烧，安全性较差。

为了保护汽车的金属车身，人们不得不采用各种涂料覆盖在车身上，提高金属车身抵抗锈蚀的能力，并不断地研发各种更新一代的车身材料。

现代的汽车车身材料更加丰富，除了采用各种钢铁以外，还逐渐引入了有机复合材料。这些材料总的来说都有这样或那样的缺点，很多都需要车身涂料的额外保护。

汽车的车身涂装就是指将涂料以各种方式涂饰在经过处理的汽车车身部件表面，经过干燥工艺处理后，使涂料形成一层牢固附着的连续薄膜的汽车车身制造工序。汽车车身涂装一般分为涂装前表面处理、涂饰和烘干等三个工序。

5.1.1 汽车车身涂装的发展

自德国人卡尔·本茨在1885年制造出第一辆现代意义上的汽车以来，直到1908年第一辆福特T型车从流水线诞生之间的20多年中，汽车基本属于手工作坊产品，其车身材质多种多样，采用的涂料也多是市面上能见到的各种早期油漆，甚至不乏手工生产的各种原始涂料。

在这一阶段，汽车车身涂装前表面处理主要为手工擦洗，此时采用的涂料大多属于油性油漆，涂饰的过程多由手工完成，并采取自然干燥的方式。即便是生产组装已经引入流水线作业的福特T型车（图5-1），其车身的涂装工艺仍然以手工为主。

由于此时的汽车大多仍然属于作坊产品，制造汽车车身的材质多是木头，少量的金属外壳也很简单，这时的汽车车身更像是家具等木工产品，因此表面往往比较粗糙，打磨也并不细致，属于"能用"阶段。

图5-1 人类第一代流水线汽车——福特T型车

20世纪30年代直到第二次世界大战结束这段时间，汽车工业在涂装前处理方面引入了碱液擦洗工艺，主要面向汽车车身的金属结构部件（此时的汽车车身开始大量采用金属这一材质）；涂饰方面，引入了喷漆的涂饰方式以提高涂料的应用效率；涂饰方式的变革也引发了涂料成分的相应变化，喷漆相对于手工刷漆，其对涂料的要求更高，要求涂料的悬浊液质地更加均匀。因此，此时的汽车车身涂料多采用硝基漆、酚醛或醇酸合成树脂涂料等有机涂料，在喷涂完成后，以自然干燥或烘干等手段来完成涂装流程。

相比手工刷漆、手工擦洗打磨和自然干燥的早期纯手工工艺，此时的车身喷涂工艺终于逐渐摆脱了"家具作坊"模式，典型的代表就是为美国军队和政府广泛采用的公务车系列"斯蒂庞克"（Studebaker）指挥官轿车，如图5-2所示。

使用合成树脂涂料喷涂，采用碱液擦洗和烘干技术的这一代汽车车身更加精细，给人直观的特点就是，此时的汽车车身更加光洁，更能散发出金属质感。

第二次世界大战后的1947年到1963年这将近20年的时间里，汽车工业逐渐引入了机械化生产线，喷涂的涂料技术、涂装前表面处理、涂装的方法和干燥方法相比之前都有了长足的进步。

此阶段，涂装前表面处理引入了脱脂和喷式磷化处理技术；采用的涂料包括浸用合成树脂漆、氨基面漆、热塑性和热固性丙烯酸面漆等类型；涂装的工艺也引入了浸涂和静电喷涂法等技术；干燥方法中引入了湿碰湿烘干技术。例如，此时的典型车型大众甲壳虫（图5-3），就采用了这些全新的涂装工艺，风靡一时。

图5-2　1935年款"斯蒂庞克"（Studebaker）指挥官轿车

这些新技术的引入在大幅度提高车身涂装生产效率的同时，也使得汽车车身涂装的工艺水平进一步提高，先进的涂料技术使得此时的主流汽车产品的涂装成本降低，同时也提高了汽车车身外观的质感。

图5-3　20世纪50年代生产的大众甲壳虫

20世纪的60年代中叶直至70年代中叶，汽车车身涂装技术进入了提高阶段，在这一阶段，汽车车身涂装前处理开始采用100%磷化处理技术，车漆涂料引入了阳极电泳漆、金属闪光色面漆等新的车漆类型；涂装的工艺也发展为阳极电泳涂装法和自动静电喷涂技术；车体烘干技术则引入了辐射与对流结合方式烘干等技术。典型的车型如福特的雷鸟，如图5-4所示。采用了更先进的涂料和涂装工艺，汽车车身的制造流程更迅速，同时先进的涂料也使得汽

图5-4　1968年款福特雷鸟

车车身更加坚固耐用,也能采用更丰富的色彩,在汽车工业最发达的美国,形成了一种独特的"公路"文化。

20世纪70年代中叶到80年代中叶,由于石油危机引发的一系列经济危机,给汽车制造企业带来很大的挑战。在这一挑战下,汽车企业不得不进入到成本降低阶段。在这一阶段,汽车车身涂装的新工艺主要目的是降低成本和提高资源(尤其石化产品资源)的利用率。在车身涂装前处理阶段,引入了浸喷结合式磷化处理技术,做到了前处理水的回收利用;涂料方面引入了阴极电泳漆粉末涂料、高固体份涂料等高利用率涂料;涂装工艺也引入了阴极电泳漆涂装法和高转速环式自动静电喷涂等技术;在车身涂装烘干应用方面,为了降低成本,采用了烘干室废气燃烧净化等技术,以提高热能综合利用水平。

在这一阶段,以精确控制成本和降低燃油损耗见长的日系厂商粉墨登场,作为日系车型的代表,本田雅阁成为当时在美国市场上的一代名车,如图5-5所示。

此时的汽车车身涂装工艺已经相当成熟,并且大量采用了自动化技术和各种先进工艺,用更低廉的成本来实现良好的涂装效果。

20世纪80年代中叶以后,随着环境问题的不断加剧和整个社会对环保日趋重视,汽车生产行业面临着越来越严格的环境保护法规和政策限制。车身涂装工艺本身采用了大量化学产品,工艺生产过程中往往产生大量污染排放物,如何以更加节能环保的方式来生产汽车,成为各厂商要面临的新问题。

图5-5　1976年款本田雅阁

在此大背景下,车身涂装技术也进入了一个全新的发展时期,车身涂装的涂装前处理工艺采用了高p比磷化膜技术,省去了钝化工序,或采用无铬钝化等新技术,降低生产过程中的重金属污染;涂料则大量采用了水性涂料,将涂料中挥发性有机化合物的排放降低到原传统涂料的30%~40%,向水性化、高固体分、粉末涂料三个主要方向发展;喷涂工艺方面引入了全自动喷涂技术,进一步降低成本、提高环保效益;在烘干应用方面则重新启用了湿碰湿烘干技术,降低各种污染物的排放。

从整体来看,汽车车身涂料技术的发展趋势就是在涂装前处理方面降低重金属污染;在涂料应用方面,降低挥发性有机物的排放;在喷涂技术方面,提高自动化率降低人工成本、降低涂料损耗;在烘干工艺方面,达到节能减排的目的。

我国从20世纪80年代初开始逐步引进国外先进的汽车涂装技术,并配套引进了车漆涂料的制造技术,在进入90年代以来,由于轿车合资企业和涂料合资企业的逐步建立,使得我国汽车涂装技术及涂料技术不断追赶国际潮流。迄今为止,在这两项技术方面,我国已经基本达到了国际先进水平。

5.1.2　汽车车身涂装的要素和意义

作为汽车车身生产的一个重要工序,汽车车身涂装是一个严谨的工业生产流程,生产合格的汽车车身离不开完善的涂装工艺。

1. 汽车车身涂装的要素

汽车车身的涂装工艺是个系统工程,要保障汽车车身质量可靠、成本可控,必须严格把控涂装工艺的三个要素,进而保障汽车生产的经济性,使生产出的汽车车身满足产品的技术、功能要求。

1）涂装材料。涂装材料简称涂料,其质量和作业配套性,是获得优质涂装产品的必要前提。在选用涂料时,要从作业性能(涂装前处理工艺、涂饰工艺、干燥工艺)、涂膜性能和经济性等三方面综合考虑,要根据产品的使用要求和市场定位正确选用配套的各种类型涂料,做到涂膜质量与汽车车身同寿命或略长于汽车车身。

2）涂装技术。涂装技术也是直接影响汽车车身涂膜水平的重要因素,其包括涂装工艺、涂装设备、涂装环境等要素。设计合理可靠且工艺参数符合需求的涂装工艺、先进而结构合理且性能可靠的涂装设备以及符合涂料涂饰需求的生产环境是保障涂料在车身形成致密优质涂层的关键。

3）涂装管理。现代企业的生产运作需要高效的管理模式,汽车车身的涂装工艺作为现代工业生产的一个典型案例,同样需要有效的管理手段。涂装的工业管理包括工艺管理、设备管理、质量管理和生产管理等方面。

完整的汽车车身涂装要素就是以上三点,涂装材料、涂装技术和涂装管理三者之间相辅相成,相互制约和依存,共同促进汽车车身涂装工业的进步。

2. 汽车车身涂装的意义

简单地说,车身涂装最大的意义就是为汽车车身提供一个致密的保护膜,将汽车车身材质与外界的空气、水蒸气、含有酸性(如酸雨条件下)或碱性(海边)化学成分的空气污染物隔离开来。具体地说,汽车车身涂装具有以下几方面的意义。

1）保护作用。汽车是一种在户外行驶的机械,汽车的车身经常需要暴露在各种复杂的气候条件下,接受日晒、雨淋、风吹、雪打,承受酷暑和严寒的考验,刮蹭和击打难以避免。

除此之外,汽车在日常使用过程中还难免触碰到一些化学品或自然界有腐蚀性的物质,如酸雨(含有硫酸、硝酸等酸性成分)、海边的盐雾(含有各种碱性或酸性成分)、昆虫或鸟类的排泄物(各种具有复杂成分的腐蚀性物质)等。

这些使用环境因素最终都会直接影响到汽车的车身材质,对车身材质造成各种损伤。在汽车的车身涂饰涂料,可以在车身外表形成一层致密的保护膜,将车身材质和外界的空气、水分、日光、各种腐蚀性物质隔离开来,起到"屏蔽"的作用,可有效地保护汽车车身,延长车身的使用寿命。

2）装饰作用。作为一种由企业生产和销售的商品,汽车的外观是其重要的卖点之一。除了外形以外,汽车的车身颜色、光泽也会对汽车的外观起到美化作用,从而产生艺术效果。

汽车车身的涂装可以有效地改善汽车车身的颜色和光泽,尤其是在现代闪光涂料应用的条件下,各种丰富多彩的涂料可以改换汽车车身材质的本身颜色,甚至还能更改车身材质的质感,可有效地提升汽车车身外观的美观度。

另外,汽车车身涂装的装饰作用还体现在对一些特种车辆的标识上,如消防车、军用车辆、工程车辆等,这些车辆通过车身的特殊涂装与普通车辆区别开来,有助于交管部门进行有效管理和协调,提高交通管理的便利性。

3）其他作用。除了以上两种作用外，随着现代科技的发展，汽车车身的涂料技术日趋进步，一些先进的汽车车身涂料甚至有了防振、消声、隔热作用，其应用在汽车车身可以有效地保护汽车车身，以及其内部的设备与人员。这也是未来汽车车身涂料的研究和发展方向。

> **课程育人**
>
> 环保是人类发展面临的重大问题，涂装过程必须严格控制涂装对环境的污染，否则会对环境造成污染。同时操作人员的职业健康和卫生是必须保证的，如何控制涂装的过程，必须在科学的方案下实施。

5.2 车身涂装材料

车身涂装材料简称车身涂料，是用于汽车车身的各种涂装材料的统称。作为一种主要应用在户外各种自然环境下（风吹、日晒、雨淋、冰冻）和日常使用损耗（碰撞、刮擦、冲洗）条件下的工业产品，汽车车身本身就面临着恶劣的使用环境，其涂料更需要承担相当一部分保护汽车车身的作用，要求涂料能够均匀覆盖在车身部件上，形成致密的保护膜来预防金属腐蚀和日常的刮蹭损伤。

微课视频
涂装工艺基础及涂料

除此之外，随着现代社会对环境保护的重视，新一代的车身涂料还应具备环保性能，如尽量减少使用含挥发性有机化合物溶剂等，以降低生产过程中的污染。

5.2.1 车身涂料的特性

汽车的车身涂料涵盖的范围十分广泛，其除了包括常见的轿车、客车、载货汽车等类型车辆的车身及一般零部件涂料外，还包括一些农机产品如拖拉机、联合收割机甚至摩托车的车用涂料。大体上说，汽车车身涂料指制造新汽车零部件的涂料和车辆修补用涂料。

作为涂装主要载体的涂料，是汽车涂装工艺中的重心。涂料的选取其实和涂装的工艺以及车身材质有着密切的关系。例如，早期的手工业时代，汽车车身多采用木材制造，因此汽车的车身涂料大多采用木工漆（即植物油脂或天然漆制成的各种涂料），其成分和家具的涂料本质上没有区别。木工漆的质地不太均匀，只适合人工用刷子涂刷而不适合喷涂等工艺。

在汽车车身主要采用金属材质制造以后，人们逐渐研制了专门用于汽车车身的各种专业涂料，尤其是在第二次世界大战之后，石油化工和有机合成化工工业得到了极大的发展。为汽车车身涂料工业提供了新的原料。如今的汽车车身涂料涵盖的范围更广，种类更加多样化。一般来说，汽车的车身涂料应当具有以下几种特性。

1）外观漂亮。涂装是汽车外观的重要组成部分，为了提升汽车的产品价值，涂装本身也要能够达到高等级的装饰作用，即拥有美观的外观特点。合格的汽车涂料应该漆膜丰满，具有华丽柔和的光泽、色彩鲜艳、颜色多种多样符合潮流。

尤其是民用轿车这种时尚销售商品对涂料的外观需求最高，多使用金属闪光涂料和含有云母珠光颜料的涂料，使其外观看上去更加赏心悦目。

2）耐腐蚀和极端气候。汽车使用工况的复杂和多变等特点决定了其涂装效果必须达到极强的耐候性和耐蚀性。前文已经介绍过汽车工作的各种恶劣自然环境，如-40℃的漠北、50℃的海南、常年沙尘暴的新疆、冰天雪地的青藏高原、碱性湿热气候的沿海地区和常降下酸雨的重工业带等。

由于汽车常年需要在这些地区工作，在选择汽车涂料时应充分考虑以上这些自然环境对涂料的耐受性影响。合格的汽车车身涂料应该适用于自-40℃到50℃之间的温度变化，耐受阳光暴晒、风雨雪沙侵蚀，耐酸耐碱在各种气候条件下的全寿命期（一般和汽车车身寿命相等或略长，一般至少在5~10年以上）之中不变色、不起泡、不失光、不开裂、不脱落、不粉化、不锈蚀。

3）施工性和配套性好。现代汽车的生产早已经进入了流水线时代，涂料的涂饰工艺也从过去的人工粉刷/喷涂转变为全自动机器喷涂。因此，现代汽车的车身涂料应该能使用自动喷漆、大槽浸漆、静电喷漆和电泳喷漆等现代高效涂饰方式，而且要求干燥迅速，烘干时间不应超过30min。

除此之外，由于现代汽车的车身喷涂一般都是多层涂装，因此还要求各层涂料之间的结合能力好，紧密相互附着。

4）力学性能好。汽车在行驶期间会经常遇到各种振动以及路面风沙、碎石撞击。合格的汽车车身涂料漆膜应该有良好的附着力，坚韧耐冲击、耐划伤和摩擦，耐崩裂。

5）耐擦洗和耐污。汽车是常年活动在户外的机械设备，其行驶期间往往会沾染和附带各种灰尘、泥沙、鸟或昆虫的排泄物等污渍。合格的汽车车身涂料应该具有足够的耐污性，在沾染了这些污渍之后能够方便地进行清洗和擦拭，支持用户通过毛刷、肥皂、各种有机清洗剂洗涤剂的擦洗而不留痕迹。

6）易于生产和使用。现代社会的汽车车型生产量一般都以万来计算，一辆汽车所使用的车身涂料通常达到数千克之巨，用量甚大。因此，合格的汽车车身涂料应该具备货源广泛、易于生产和储存、价格低廉等特点。

随着近年来汽车生产的环保指标越来越严格，现代汽车涂料还应具备公害化低（挥发性有机溶剂排放量低、水性化高）等特点，便于处理废弃物。

5.2.2 车身涂料的组成

汽车车身涂料是由各种复杂的有机高分子化合物和无机化合物组成的混合物，其往往包含各种各样的化学物质。按照成分的作用或性质，有许多种成分分类方法。如果用一张图来展示汽车车身涂料的主要成分，那么大体上如图5-6所示。

汽车车身涂料的作用就是在汽车车身工件的外表形成一层致密的保护膜，因此一般情况下的汽车车身涂料根据其作用可以划分为三大类，即主要成膜物质、次要成膜物质和辅助成膜物质等。

1. 主要成膜物质

主要成膜物质的作用是使涂料中的颗粒成分黏附在车身工件的表面，形成涂膜，是构成车身涂料的基础，也被称为基料或基漆。在涂料的各种化学成分中，主要成膜物质又可以分为油料和树脂两大类,以油料为主要成膜物质的涂料被称作油性涂料,常见的油料主要包括植物油和动物油等。

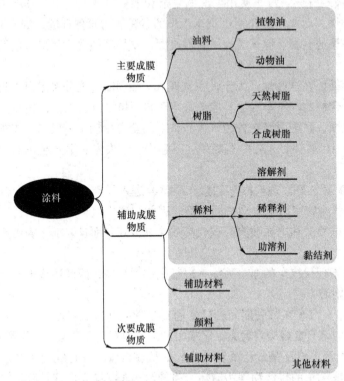

图5-6 一般涂料的成分类型

以树脂为主要成膜物质的涂料被称作树脂涂料,常见的树脂主要包括天然树脂和合成树脂等。天然树脂是指由自然界中的动植物分泌物所得的无定形有机物质,如琥珀和松香(来自于植物)、虫胶(来自于昆虫)等。合成树脂是指由简单有机物或某些天然产物经过化学反应合成而得到的树脂产物。

除此之外,还有一些汽车车身涂料是以油和一些天然树脂共同构成主要成膜物质的,这类涂料被称作油基涂料。

2. 次要成膜物质

次要成膜物质也是构成涂膜的组成部分,它与主要成膜物质的区别在于,此类物质往往不能离开主要成膜物质单独构成涂膜,只能与主要成膜物质共同构成涂膜。

典型的次要成膜物质就是涂料中的颜料,单纯的颜料无法直接构成涂膜附着在车身工件表面,只能与主要成膜物质中的动植物油或天然、合成树脂混合然后再涂饰到汽车车身工件上,烘干后,与主要成膜物质中的成分结合,最终形成带有各种色彩的涂膜。

除了颜料以外,还有一些其他的辅助物质也是需要和主要成膜物质共同构成涂膜的,这些物质能够增强和提高涂膜的性能,使涂料满足更多的需要,这些物质也属于次要成膜物质。

3. 辅助成膜物质

辅助成膜物质是对涂料变成涂膜的这一过程起到一些辅助作用的物质,它与次要成膜物质类似,都不能单独构成涂膜。辅助成膜物质包括稀料和辅助物质两类。

稀料是涂料中负责稀释或溶解、混合各种主次要成膜物质成分的材料，其根据具体的用途可以分为溶解剂、稀释剂和助溶剂等三大类成分。

1) 溶解剂。溶解剂是涂料中最主要的挥发组分，其作用是将涂料中的主要成膜物质和次要成膜物质溶解成为液体状态，以利于进一步的粉刷、喷涂、浸涂等涂饰作业。在涂饰作业之后的烘干阶段，这部分物质将会被各种手段挥发为气体状态。

2) 稀释剂。稀释剂也是涂料中的挥发组分，其作用是和涂料中其他组分混合，形成溶液或悬浊液，降低涂料的黏度，使之能够适合粉刷、喷涂、浸涂等作业。尤其是喷涂工艺对涂料的黏度往往有较高的要求，因此需要选择合适的稀释剂对涂料进行稀释。

3) 助溶剂。助溶剂本身往往无法直接溶解主要成膜物质和次要成膜物质，但是可以通过一些特殊的理化反应提高溶剂溶解这两种成膜物质的效率，甚至直接提高这两种物质在溶剂中的溶解度。

除了以上三种辅助成膜物质以外，涂料中往往还有一些其他的辅助物质，以实现一些特殊的需求，这些物质也被称作辅助物质，其既可以归类为次要成膜物质，也可以归类为辅助成膜物质。

4. 其他组分分类方法

其实汽车车身涂料是一种复杂的混合物，其组分往往多达几十上百种，每一种组分的作用往往也有许多种，以上的分类方法并不总是十分明确。同一种化合物在不同类型的涂料中的组分类型也不是一成不变的。

例如，芳香烃和氯烃类有机化合物可以很好地溶解各种合成树脂，在合成树脂类的涂料中通常作为溶解剂使用。但是在以硝酸纤维为主要成膜物质的涂料中，其通常作为稀释剂来使用（芳香烃和氯烃无法溶解硝酸纤维）；醇类有机化合物在合成树脂类的涂料中通常作为稀释剂使用（其无法溶解合成树脂），但在硝酸纤维类的涂料中则往往作为助溶剂使用（其可以提升酯类、酮类溶解剂对硝酸纤维的溶解度）。

因此，在涂料的生产中，往往还会按照涂料在涂膜中存在的状态分类，归纳为固体成分和稀料成分。

1) 固体成分。固体成分又被称作不挥发成分，是涂膜中最终形成涂膜的组分，其包括各种动植物油、树脂、颜料和辅助材料等。

2) 稀料成分。稀料成分又被称为挥发成分，其存在于涂料中多为液体状态，在涂料变成涂膜的过程中会被挥发掉，不再存在于涂膜中。绝大多数辅助成膜物质都属于稀料（溶解剂、稀释剂和助溶剂）。

另外，还可以根据组分组成涂料的作用，将组分分为黏结剂（固着剂、漆料）和其他材料两大类，在此将不再赘述。

5.2.3 车身涂料的分类

汽车车身的涂饰工艺，需要使用大量不同类型的涂料。常见的用于汽车车身的涂料有许多种分类方法。

如果按照涂饰的工艺方法，汽车车身涂料可以分为刷漆、喷漆和电泳漆等几种，分别针对的是手工刷涂、手工或自动喷涂、电泳涂饰等工艺。

按照涂料的色彩作用可以将其划分为清漆、色漆两大类，其中清漆为透明体，不含任何颜料，而色漆则包含各种颜料成分。色漆又可以分为厚漆、无光漆、皱纹漆和锤纹漆等。

除了以上分类方式以外，汽车车身涂料还可以按照其溶剂的类型划分，包括溶剂型漆（以有机溶剂作为稀释剂）、水性漆（以水作为稀释剂）、无溶剂漆（组分中没有挥发性稀释剂）和粉末漆（无溶剂又呈粉末状的固体涂料）等。

5.2.4 车身底漆、中间层漆、面漆的特性

汽车是一种在户外各种严酷环境下使用的人造交通工具，其对车身涂料的要求非常严格，要满足汽车本身各种功能需求。单独的一层涂料往往无法满足汽车车身全面的需求，因此现代汽车工业往往要在汽车车身涂饰多种类型的涂料，每种类型的涂料作用各不相同。

完整的车身涂饰一般情况下会在汽车车身工件上覆盖三层涂料，分别是底漆、中间层漆和面漆，总涂层的厚度一般不少于80μm，越是高端的车型或面向个人用户的车型，涂层厚度越大。以中高档家用轿车为例，其车身涂料涂层结构如图5-7所示。

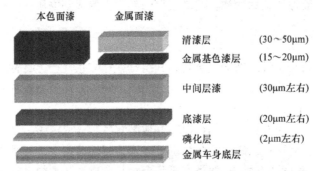

图5-7 一般中高档家用轿车车身涂料涂层结构

1. 底漆

底漆是直接涂饰在已经经过表面处理的汽车车身工件上的第一层漆，是整个汽车车身涂层的基础。常见的底漆主要分为两种，即电泳底漆和有机溶剂底漆。

（1）底漆的特点和需求

对于汽车车身而言，底漆是第一层防护膜，起到了防锈蚀的重要作用。底漆的选择应该依赖以下几条标准。

1）附着力。底漆应该有较强的附着力，能够紧密贴合在被处理过的汽车车身工件表面，形成一层牢固而致密的保护膜，并为其他层的漆提供附着的底子。

2）防锈防腐蚀。防锈防腐蚀是汽车车身涂料最重要的作用。而底漆则是实现这一作用的载体。因此底漆应该能够具有强大的防锈防腐蚀能力和耐水性（防潮），并具备一定的抗化学试剂能力。

3）机械强度和弹性。底漆的机械强度和弹性也十分重要。汽车的车身蒙皮在极端寒冷或炎热的条件下会收缩和膨胀，如果底漆没有足够的机械强度和弹性则会因为这种热胀冷缩而龟裂脱落。好的底漆应该能够在寿命期内都能具有一定的弹性来包容工件的膨胀收缩，满足车身耐久度的需求。

4）配套性。底漆除了承担防锈防腐蚀的基本功能外，还要承担起连接车身工件和中间层漆、面漆的作用，是汽车车身工件所涂饰的第一层漆，因此，底漆需要和中间层漆、面漆具有

良好的配套性，在底漆上涂饰中间层漆和面漆时，底漆不应该被中间层漆或面漆中的溶解剂溶解，也不应该被其咬起。

5）工艺性。汽车车身是一种工业流水线生产的产品，底漆的涂饰也是汽车流水线生产的一部分，因此底漆应该能结合指定类型的涂饰工艺，满足涂饰工艺的需求。

(2) 电泳底漆

目前常见的底漆主要是电泳漆，为响应环保需求采用水溶性或乳化性的底漆涂料。这类涂料在水中能电离成带电荷的水溶性聚合物，在直流电场的作用下泳向相反电极（即工件上），并沉淀析出，形成涂膜。

电泳漆可以分为阳极电泳漆和阴极电泳漆，这两种电泳漆的区别主要是成分和涂饰的工艺。

1）阳极电泳漆。阳极电泳漆所使用的成膜聚合物是阴离子型树脂，如多羧基的各种有机聚合物等，中和剂主要为无机盐和有机胺，如氢氧化钾（KOH）、一乙醇胺（C_2H_7NO）、三乙醇胺（$C_6H_{15}NO_3$）、三乙胺（$C_6H_{15}N$）等，在水中离解成为阴离子聚合物，常见的有纯酚醛阳极电泳涂料、聚丁二烯阳极电泳涂料和顺酐化油阳极电泳涂料等。

> **提示**
> 聚合物是指由一种或几种简单结构单元通过共价化学键连接起来形成的高分子化合物。典型的聚合物如聚乙烯[$(C_2H_4)_n$]，就是由若干乙烯（C_2H_4）聚合而成的。

2）阴极电泳漆。阴极电泳漆所使用的成膜聚合物与阳极电泳漆相反，是阳离子型树脂，其树脂骨架中含有多个胺基，中和剂为有机酸，如甲酸（HCOOH）、乙酸（CH_3COOH）、乳酸（$CH_3CH(OH)COOH$）等。阴极电泳漆在水中离解成为阳离子聚合物。

电泳漆具有诸多优势，例如，其属于水溶性涂料，以水为主要溶解剂，因此烘干过程中挥发性有机物排放量较小，对大气的污染和环境危害更小，更加安全，不容易在生产过程中发生火灾隐患；其涂装的效率较高，涂料的损失小，利用率可以高达90%以上；涂膜通过电泳的方式涂饰，厚度十分均匀，附着力强，涂饰质量好，可均匀地涂饰在工件的各内层、凹陷、焊缝上，形成平滑的漆膜，特别适合复杂形状工件；生产效率高，可以实现连续的自动化涂饰。

当然，它也有一些固有的缺点，例如，其生产设备复杂且昂贵，采购投资高，耗电量大，固化烘干的需求温度较高，施工条件严格且需要处理大量废水，因此涂饰工艺管理复杂。除此之外，其在涂饰过程中不能改变颜色，涂料储存时的化学稳定性也需要额外花费精力来控制。

(3) 有机溶剂底漆

有机溶剂底漆也是常见的底漆种类，其溶解剂主要采用醇酸、酚醛及环氧树脂等合成树脂，涂装方式有喷涂和浸涂等两种。常见的有机溶剂型底漆如各种醇酸底漆、酚醛底漆等。

有机溶剂底漆的优点是能采用成本较低的喷涂和浸涂方式，相比电泳漆成本低，工艺简单，在过去是最主流的汽车车身涂饰材料。当然，其固有的缺点也十分明显，由于它含有大量有机溶解剂，在喷涂或浸涂之后的干燥过程中，这些有机溶解剂都将挥发出来排放到大气中，因此污染较重。

随着环保意识的加强和汽车工艺的进步，如今的汽车生产已经逐步淘汰此类落后的工艺，也逐渐减低了有机溶剂底漆的使用。目前，有机溶剂底漆主要用于汽车维修领域。

2. 中间层漆

中间层漆一般是指覆盖在底漆之上并连接面漆层的涂料，其主要功能是改善涂饰工件表面的平整度，使面漆层所需要涂饰的界面更加光滑平实，进而提高整个涂层的完整性和装饰性。简单地说，中间层漆就是为汽车车身工件查漏补缺填平表面的涂料。

中间层涂料应该满足几点要求，首先，应该与底漆、面漆配套良好，结合能力强，硬度适中，不会被面漆的溶剂咬起；另外它应能够填平底漆和车身工件表面的各种划痕和微小缺陷；还要能够耐打磨，在打磨时不会粘砂纸，经过湿打磨工序后能够得到平整光滑的表面；能耐高温烘烤；耐潮湿性好，不应该在潮湿气候下膨胀起泡；具有良好的抗冲击性能，不会被风沙和飞石集中后凹陷变形。

中间层漆所选用的漆基与底漆和面漆的漆基往往相仿或相近，并逐步由底漆向面漆过渡。中间层漆的种类比较多，主要是环氧树脂、胺基醇酸树脂和醇酸树脂等。这几种树脂所制成的中间层漆属于热固性漆，因此其涂膜硬度高，耐溶剂性好，适合与各种底漆与面漆配套使用。

一般对装饰性要求不太高的载重汽车、大型客车和低档轿车往往只有一层比较薄的中间层漆，而对中高档的小客车或轿车而言，中间层漆十分重要，厂商往往会在这些车型上涂饰多层中间层漆，以使车身表面更加光滑。一般中间层漆又可以细分为如下几类：

（1）通用底漆

通用底漆属于中间层漆和底漆之间的过渡产物，既可以涂饰在车身金属表面上，也可以喷涂在底漆上。

相比普通底漆，通用底漆具备一定的"填平"车身表面的能力，同时又具有一些底漆的性能，因此在涂饰工艺中一般采用"湿碰湿"工艺涂饰两道，从而替代底漆和中间层漆，达到简化涂饰工艺的目的，早期的非家用车型往往采用这一种中间层漆以降低成本。

电泳涂装法在国内外汽车厂商中普及以后，通用底漆逐渐被淘汰，被中涂所取代，目前只有一些比较老旧的车型或廉价车型的生产以及汽车修理厂还在使用。

（2）腻子

腻子是填泥漆的俗称，是一种专门用来填平车身工件表面的、包含较多颜料成分的涂料，主要以刮涂的方式涂饰在底漆上。

早期的汽车工业比较落后，车身的制造工艺不成熟时，所制成的车身工件往往表面缺陷较多，此时就需要在喷涂底漆之后上填泥漆，通过刮涂的方式修正工件的表面，改善工件的表面细致度。

然而填泥漆本身和车身的材质并不相同，其物理化学性质往往也和车身的金属材质差别很大，尤其是在车身受热的情况下，填泥漆和车身的膨胀系数不一致，使得漆的位置很容易老化开裂，起泡甚至从车身脱落。

同时，为车辆刮涂填泥漆必然要采用人工刮涂和打磨，这种工序费时费力，劳动强度大而且对操作工人的要求极高。因此整体而言，填泥漆涂层对车身的质量利少害多，工艺成本高，效果并不是太好。

目前，国内外绝大多数汽车生产厂商都已经采用流水线作业生产汽车车身，以提高加工精度和管理水平的方式来提高车身工件的表面平整度，从而提高质量。因此填泥漆已经逐渐退出了汽车生产工序。当然，在汽车维修行业，填泥漆仍然是重要的汽车中层漆类型，人工刮涂填泥漆也是汽车维修行业的重要修理手段。

（3）中涂

中涂是性质介于底漆和填泥漆之间的一种中间层涂料。和底漆相比，中涂具备一定的填平工件表面微小缺陷的能力，颜料和填料比底漆要多一些，但是又比填泥漆少许多，因此其黏度较小，能通过手工、自动喷涂甚至静电喷涂的方式涂饰到车身工件上，同时也具有良好的湿打磨性，能够被打磨为非常光滑的表面。中涂的颜色一般为灰色，可以和各种色彩的面漆搭配。

近年来，随着汽车工业的发展，汽车车身加工精度的提高和自动化车身涂饰工艺的需求，中涂已经逐渐取代了通用底漆和填泥漆，成为主要的中间层漆种类，被应用在几乎所有车型中。

（4）封底漆

封底漆是位于中间层漆最上方的一层涂料，是涂面漆之前最后的中间层漆。其漆基含量介于底漆和面漆之间，漆膜一般为光亮或半光亮。

封底漆一般的功能主要是显现底涂层的缺陷，便于修整，同时消除底漆涂层各处对面漆的不同吸收性，提高面漆的光泽均匀度和丰满度，起到封闭底涂层的作用。

除此之外，封底漆还可以提高面漆对底漆涂层的结合力和减少价格较贵的面漆耗量。

封底漆的漆基一般是由底漆、面漆所用的树脂配比而成，一般为无油三聚氰胺醇酸型，以避免对各种底漆和面漆的影响。当然，也有一部分封底漆采用醇酸三聚氰胺和环氧三聚氰胺树脂的。总之，封底漆的颜色应与面漆配套，其选择应该与底漆和面漆的特性相关。

3. 面漆

面漆是汽车车身涂料涂层中最外部的涂料，也是汽车车身最后一层涂料。面漆直接影响到汽车的外观、耐候性、耐潮湿性和耐污性。因此，在汽车车身涂料的选择中，对面漆的质量要求往往更高，尤其是针对各种轿车、高级客车而言，面漆的选择至关重要，其直接决定了车身的外观表现。

（1）面漆的功能特性

在整个汽车车身涂料的功能中，面漆因为直接面对各种来自于自然界和用户的考验，因此其要求较高，往往要实现以下的功能。

1）外观。面漆在汽车车身的最外层，其色彩和光度直接决定了汽车车身的外观，因此面漆的涂膜外观应该光滑平整、纹路清晰。面漆的选择应该根据车型的具体定位来决定，选择合适的光泽度、橘皮程度、反光度的面漆。另外，在色彩方面，面漆也应该和整体车型的市场定位密切相关，如面向商务的车型，面漆尽量选择黑色、白色等素色，而面向家用型、奢华跑车市场的车型则可以选择偏活泼明快的色彩。

2）机械强度。面漆在汽车车身涂层的位置决定了其将面对汽车使用过程中绝大多数对车身涂膜的损伤都将直接由面漆首先应对。因此，面漆比中间层漆和底漆更需要有足够的硬度和耐磨性，以保证汽车在日常清洗、风雨雪沙甚至路面砂石冲击下都能不产生划痕。

3）耐候性。汽车需要在各种严酷的自然环境中使用，其环境既包括温度高达50℃以上的酷热环境，也包括低达-40℃的严寒环境。大幅度的温度变化极易造成面漆的龟裂和损坏。

除了温度变化对面漆的影响外，烈日的暴晒和风、雨、雪、沙等自然环境的侵蚀还会使面漆的光泽度下降，导致黯然失色，直接影响汽车的外观美观。

另外，因为汽车经常要在潮湿的环境下使用，所以面漆还要能够在较高湿度的空气中具有足够的稳定性。

因此，在面漆的选择上需要尤其慎重，应尽量选择热塑性面漆，在使用之前应进行耐寒性和耐高温、耐阳光暴晒等试验，保证面漆在许可厚度下的温度和湿度变化过程中不开裂，在长期暴晒过后不失光，不起泡。

4）化学稳定性。汽车在使用中往往会遇到各种带有腐蚀性的化学物质，如酸雨条件下或沿海富含强碱弱酸盐的碱性空气，都会直接损伤到汽车的面漆。除此之外，汽车在保养维护时也经常会遇到各种洗涤剂、清洁剂和在日常环境中沾染各种污渍。

> **提示**
> 在日常生活中，汽车的车身会经常接触到各种带有腐蚀性的物质，例如，蓄电池酸液、机油、制动液、汽油、肥皂液甚至人酒后的呕吐物（含有盐酸）等，这些物质都会对汽车车身面漆造成一定的损害，因此汽车车身面漆的化学稳定性十分重要。稳定性差的面漆很可能在遇到带有腐蚀性的物质后失光甚至破损。

汽车面漆的化学稳定性同样十分重要。选择汽车车身面漆应进行充分的化学稳定性试验，检验各种酸雨、盐碱溶液、清洁剂、洗涤剂以及常见污渍对面漆的腐蚀程度。

5）工艺性能。前文已经提到汽车车身的生产制造早已进入到了流水线大规模生产的时代，车身面漆的涂饰工艺同样属于汽车车身流水线作业的一部分，因此选择面漆还需要考虑该类面漆的生产工艺是否符合工业流水线生产，是否具有较好的生产管理性能。

如今的汽车车身面漆绝大多数都采用自动喷漆或者静电喷漆等方式来涂饰，以"湿碰湿"的工艺来烘干。因此，所选的面漆还应该适应这些效率高而成本低的自动化生产工艺。在一些高档轿车的生产中，往往对外观的要求更高，此时，面漆涂层应具有优良的抛光性能，具有较好的重涂能力和可修补能力。

（2）常见的面漆类型

面漆直接决定了汽车车身的颜色和质感，也决定了车身涂漆层的耐久性能。常见的汽车面漆主要有实色漆和金属漆等两大类。

1）实色漆。实色漆的主要品种是磁漆，也被称作瓷漆，是以清漆为基础加入各种颜料后研磨而成的涂料漆。磁漆的特点是经涂饰之后在汽车车身工件外表形成的涂膜坚硬光亮，质感类似瓷器的釉彩，因而得名，一般具有各种鲜艳的色彩，较好的力学性能和足够的耐候性。

磁漆绝大多数都能形成高光泽的质感涂膜，当然，有时也会根据需要采用半光漆或锤纹漆等。磁漆所采用的树脂基料（漆基）基本上与底漆涂料一致，但是其配方却有很大的区别。例如，底漆的特点是颜料分高，配料混合后易增稠，生产及储存过程中颜料容易沉淀。而面漆在生产过程中对细度、颜色、涂膜外观、光泽、耐候性方面的要求更为突出，原料和工艺上的波动都会明显地影响涂膜性能，对加工的精细度要求更加严格。

一般家用车的车身面漆主要采用氨基树脂、醇酸树脂、丙烯酸树脂、聚氨酯树脂、热固性聚酯等为基料，选用色彩鲜艳、耐候性较好的颜料配制而成（常见的如钛白、有机大红等）。除此之外，还需要添加一些辅助药剂如紫外线吸收剂、流平剂、防缩孔剂、电阻调节剂等来达到更好的性能和外观。

2）金属漆。金属漆也是汽车面漆的一大类型，但是其在汽车车身涂料中占有的比例不如实色漆（主要因为市场原因和成本原因）。车身中某些部件（如车门把手、车标等）会使用金属漆涂饰。金属漆和实色漆的区别在于其中添加了铝粉和珠光粉等颜料，通过这些起反光作用的粉末使工件表面看起来更加晶莹闪亮，散发出金属的质感。

溶剂型金属闪光底漆的基料有聚酯树脂、氨基树脂、共聚蜡液和 CAB 树脂液。聚酯树脂和氨基树脂可提供烘干后坚硬的底色漆漆膜，共聚蜡液使效应颜料定向排列，CAB 树脂液是用来提高底色漆的干燥速率、提高体系低固体分下的黏度、阻止铝粉和珠光颜料在湿漆膜中杂乱无章的运动和防止回溶现象。有时底漆中还加入一点聚氨酯树脂来提高抗石击性能。

课程育人

油漆的发展速度非常快，随着化工产业的发展，今后的发展会更加快。知识在更新，技术也随之提升，密切关注跟随是从业者应该努力的方向。

5.3 车身涂装前表面处理

汽车的车身在涂饰涂料之前首先需要进行表面处理，将车身工件的表面污渍清理干净，然后才能涂饰涂料，使涂料稳固地附着在工件上。因此，车身涂装前表面处理的工序十分重要，是车身涂饰的基础和前提。典型的车身工件涂装前表面处理主要包括四个大的工序，即脱脂、除锈、磷化和钝化，如图 5-8 所示。每一个工序都应该进行至少一次水洗然后才能进入下一个工序。

微课视频
车身涂装前
表面处理

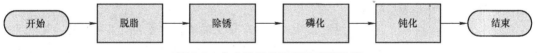

图 5-8 车身涂装前表面处理总流程

5.3.1 涂装前表面处理的作用

汽车车身工件在刚生产出来的时候，表面往往附着有各种污渍，这些污渍很可能会影响到涂料和金属表面之间结合的稳固，因此，涂装前表面处理十分重要，它直接决定了涂料在工件上的附着强度。

1. 车身表面的污渍类型

汽车车身工件在制造过程中往往需要经过复杂的各种金属加工工序，如铸造、冲压、切削、打磨等。在这些工序进行过后，生产出来的车身工件往往会附着有相当多的污渍，基本上可以分为三类：油污、氧化物和其他污渍。

1）油污。车身的制造过程中，板材上的防锈油、冲压设备上的润滑油和拉延油、各种切削设备进行作业时使用的冷却乳化液等都会附着在车身工件的表面。这些油污包括矿物油、动植物油、石蜡、滑石粉等。

在室温下，这些油污可能以多种形态的方式存在，例如固态、液态、半流体态等。这些油污都会吸附在车身工件的金属表面上。如果不清除此类的油污,则这些油污会和涂料中的各种化学物质发生各种复杂的反应,影响涂料的配比和组成,进一步影响涂膜的物理化学性质,损害涂膜的寿命。

2)氧化物。暴露在空气中的金属随时随刻都在与空气中的氧气发生反应,生成各种氧化物。以汽车车身最常使用的金属——铁为例,在潮湿的空气中极容易与氧气发生反应形成铁的复杂氧化物,即铁锈,反应式如下

$$4Fe + 3O_2 \xrightarrow{水蒸气} 2Fe_2O_3$$

$$2Fe + O_2 \xrightarrow{水蒸气} 2FeO$$

$$xFe_2O_3 + yFeO + zH_2O \longrightarrow xFe_2O_3 \cdot yFeO \cdot zH_2O$$

而且铁锈($xFe_2O_3 \cdot yFeO \cdot zH_2O$)有一个特点就是一旦其形成,会催化周边的铁元素,加速其与空气中的氧气反应,因此汽车车身材质表面的氧化物如果不及时得到处理,会越变越多,氧化物层越来越厚,甚至直接锈穿金属板材造成孔洞。

> ☞ 提示
>
> 铁锈($xFe_2O_3 \cdot yFeO \cdot zH_2O$)的成分实际上非常复杂,是若干三氧化二铁($Fe_2O_3$)和氧化铁($FeO$)以及水($H_2O$)的组合状分子,其分子式并不一定,$x$、$y$和$z$都表示任意的自然数。当然,有时候为了书写方便我们也会将其写为四氧化三铁(Fe_3O_4)或者水合四氧化三铁($Fe_3O_4 \cdot H_2O$)。总之,钢铁材质的锈蚀是一个非常复杂的化学反应,产出物的结构也非常复杂。

锈蚀的车身金属部分会直接影响车身的强度、形成蓬松的铁锈结构,最终在车身涂层上呈现底漆黄斑,然后逐步翘层脱落。

3)其他污渍。除了以上两种污渍之外,汽车车身工件的表面还会有各种车身金属加工之后的遗留物,例如焊渣、酸碱液、各种粘附在车身上的灰尘。这些污渍都会影响涂膜在车身上的附着能力,直接影响涂层的寿命。

2. 涂装前表面处理的目的

了解了汽车车身工件的一般常见污渍类型,那么涂装前表面处理的目的和手段也就呼之欲出了,其主要目的就是将车身工件表面各种油脂、氧化物(包括锈渍)、灰尘和各种加工遗留物清除掉,以保障涂料的涂膜和车身表面能够紧密结合。

试验表明,未经除锈处理的车身工件即便仅仅自然露晒两年时间,车身工件就会锈蚀得相当严重,涂层下方的腐蚀面积甚至可以达到整个车身的60%,而经过喷砂、磷化等除锈工艺处理的车身工件则表面涂层上仅仅会有几个锈点。也就是说,涂膜本身并没有防止车身工件锈蚀的能力,只能将车身工件和外界的空气隔离开来,如果车身工件本身就已经锈蚀,则涂膜起不到任何防护作用。

因此,为了增加金属表面与涂层之间的结合能力,提高涂层的质量和使用寿命,在涂装工艺之前必须进行表面处理作业,清除掉汽车车身工件表面的这些污渍。这也就是涂装前表面处理中的脱脂、除锈两个化学工艺流程的目的。

然后,再通过磷化技术处理车身工件的表面,在金属表面生成一层不溶于水的磷酸盐薄

膜，为涂层提供一个良好的基底，最终完成涂装前表面处理工序。

> **提示**
> 涂装前表面处理工艺虽然分为脱脂、除锈、磷化和钝化四大类，但是选择哪一类应该根据车身工件的具体情况有针对性地决定。其中，车身除锈的工艺一般采用酸洗的办法，会在板料冲压之前进行，因此本节主要介绍的就是脱脂和磷化两项工艺。

5.3.2 车身表面脱脂处理方法

车身表面脱脂处理工艺主要针对的是车身工件表面的各种矿物油、动植物油、石蜡等有机物以及滑石粉。汽车车身沾染的这些物质类型比较复杂，因此并没有统一的一次性去除全部污渍的方法，一般厂商的生产线都会针对性地选择相关的工艺进行去除。

一般工业上常用的脱脂方法可以分为物理方法和化学方法两大类。其中，物理方法又分两种，一种主要借助机械作用进行脱脂，例如擦抹法、喷砂法和超声振荡法等。另一种则借助一些物理反应来实现，如物理反应中的溶解和乳化等。除此之外，还可以采用化学方法，即使用皂化反应处理油脂。

由于物理机械方法可能损伤车身工件或成本过高效率太低，在汽车生产中，多采用化学方法或物理化学结合的方法。

1. 溶剂脱脂法

绝大多数汽车车身上的油污都是有机物，特别是一些陈旧性"老化"了的油污或者"重型"油污，往往是一些树脂型的润滑剂、天然石蜡等。这些有机物虽然难溶于或不溶于水，但却往往会溶于一些常见的有机溶剂。借助这一物理特性，可以使用有机溶剂将其溶解，从而达到脱脂的目的。溶剂脱脂法是一种物理的方法。

常见的用于清洗汽车车身工件表面的有机溶剂主要是三氯乙烯（C_2HCl_3）。选择三氯乙烯用作车身工件表面的清洗剂主要是由于其有以下几种特点。

1）腐蚀性小。三氯乙烯在绝大多数情况下十分稳定，在120℃以下时不会与车身金属工件发生反应造成腐蚀，因此不会在清洗过程中损坏车身工件。

2）油溶性强。三氯乙烯对大多数有机物的溶解能力在常温下（16℃时）比汽油大4倍，略高于常温（50℃时）时比汽油大7倍，清洗效率比汽油更高。

3）易于取出。三氯乙烯的沸点很低（86.9℃），蒸发潜热低，比热小，因此在清洗车身工件之后只需要简单加热（注意温度不要超过120℃）即可清理，不会对车身工件造成二次污染。

当然，三氯乙烯也存在一些缺点，其是一种具有神经毒性的剧毒气体，也是世界卫生组织公布的一级致癌物，短时间与人体接触即可造成急性中毒现象。

而且三氯乙烯遇明火、高热能引起燃烧爆炸。与强氧化剂接触可发生化学反应。受紫外光照射或在燃烧或加热时分解产生有毒的光气和腐蚀性的盐酸烟雾，对生产线的管理要求较高。

同时，三氯乙烯对环境有严重危害，受紫外光照射或在燃烧或加热时分解产生有毒的光气和腐蚀性的盐酸烟雾。因此使用这一种清洗剂需要格外注意生产的安全性。

2. 碱液清洗脱脂法

碱液清洗脱脂法是一种目前在车身制造行业应用较为广泛的脱脂方法。其特点是工艺简单，成本低廉，因此在汽车车身脱脂处理中属于主流的生产工艺。这一方法主要的机理是通过皂化作用来完成脱脂过程,是一种典型的化学方法。

皂化反应是一种有机物(主要包括油、软脂肪和硬脂肪三类,成分为各种甘油三酯)和碱(通常为强碱或弱酸强碱盐)发生反应,产出醇和羧酸盐的化学反应。

这类反应最初被人们发现时主要应用于制造肥皂的工业生产,因此被称作皂化反应。

> **提示**
>
> 甘油三酯是一大类化学物质的统称,而并不是一种单纯的化合物,其分子式大体上可以书写为 $C_3H_5(OOCR)_3$,其中的 R 为有机物的基团,如各种烷基、烯基和炔基。不同类型的甘油三酯构成了植物油、动物脂肪等有机物质。一般来说,由不饱和基团 [如8-十七碳烯基 ($C_{17}H_{33}-$) 等烯基、炔基] 与甘油基构成的甘油三酯在常温下为液态,被称作不饱和脂肪(或者油,植物油的主要成分之一),而饱和基团 [如正十五烷基 ($C_{15}H_{31}-$)、正十七烷基 ($C_{17}H_{35}-$) 等烷基] 与甘油基构成的甘油三酯在常温下通常为固态,被称作饱和脂肪(或者直接称之为脂肪,是动物脂肪的主要成分之一)。

皂化反应可以将各种油脂转换为水溶性的脂肪酸盐 [如脂肪酸钠(RCOONa)或脂肪酸钾(RCOOK)] 和甘油(丙三醇,$C_3H_5(OH)_3$),由于这两种化学物质基本上都可以溶解在水中,因此皂化作用具有明显地将油脂从车身工件表面清洗下来的作用。

以甘油三酯 [$CHOOCR(CH_2OOCR)_2$] 与氢氧化钠(NaOH)的皂化反应为例,其反应的化学方程式如下所示。

$$\begin{array}{c} CH_2-OOCR \\ | \\ CH\ -OOCR + 3NaOH \xrightarrow{\text{加热}} \\ | \\ CH_2-OOCR \end{array} \quad \begin{array}{c} CH_2-OH \\ | \\ CH-OH + 3R-COONa \\ | \\ CH_2-OH \end{array}$$

各种甘油三酯和氢氧化钠、氢氧化钾(KOH)的水解反应原理大体类似,生成的产出物中,甘油在常温下是液态,脂肪酸钠在常温下为固态(其是肥皂的主要成分),脂肪酸钾(RCOOK)在常温下是液态(液体肥皂的主要成分)。这三种产出物都能够溶于水,尤其甘油可以与任意比例的水混合形成溶液,因此这一过程就是将不溶于水的甘油三酯转化为易溶于水的甘油和脂肪酸盐(RCOOX)的过程。

在汽车车身的脱脂工艺中,皂化反应主要针对汽车车身表面上的各种植物和动物油脂,可以对这些油脂污渍变成易溶于水的各种物质,然后再用水进行冲洗,从而将其有效地清除。

常用的碱液清洗剂主要成分分为两大类。一种是以氢氧化钠(NaOH)为主的烧碱清洗剂,另一种则是以碳酸钠(Na_2CO_3)为主的纯碱清洗剂。

烧碱清洗剂是比较常见的清洗剂类型,其优点是 pH 高,皂化作用最稳定,效率最高,但缺点则也同样突出。例如其可冲洗性差,对一些车身金属材质有一定的腐蚀性(如铝质的车身工件,金属铝会和氢氧化钠发生反应)。另外,烧碱清洗剂由于具有较强的腐蚀性和危险性,过多使用对后续的磷化工艺也有一定的负面影响。

> **提示**
>
> 金属铝（Al）会和强碱发生化学反应，先和强碱溶液中的水（H_2O）反应生成氢氧化铝（$Al(OH)_3$），氢氧化铝是一种两性氢氧化物，既可以与酸发生反应，也可以与强碱发生反应。当其遇到强碱时，实际上是以铝酸（H_3AlO_3）的身份参与反应，生成一水合偏铝酸盐。
>
> 例如，当金属铝与苛性钠清洗剂相遇时，会先生成氢氧化铝（理论上），方程如下。
>
> $$2Al + 6H_2O \xrightarrow{OH^-} 2Al(OH)_3 + 3H_2\uparrow$$
>
> 实际上铝在碱液中的反应非常复杂，氢氧化铝在强碱中往往立即被转化为四羟基铝酸（$HAl(OH)_4$，也被视为一水合偏铝酸，即 $HAlO_2·H_2O$）然后，迅速与强碱溶液中的钠离子（Na^+）发生反应生成偏铝酸钠（$NaAlO_2$），方程式如下
>
> $$2HAlO_2 + 2NaOH \rightarrow 2NaAlO_2 + H_2O$$
>
> 因为这一过程产生的偏铝酸钠是溶于水的，所以整个反应可以从肉眼观察到金属铝在强碱溶液中不断溶解，并产生气泡（氢气，H_2）。正因为这一特性，金属铝材质的车身工件决不应该使用烧碱清洗剂进行脱脂。

纯碱清洗剂中的纯碱（碳酸钠，Na_2CO_3）也具有一定的皂化反应能力，其反应机理在于纯碱分子在水溶液中电离时形成强碱弱酸性的液体，如下所示。

$$Na_2CO_3 + 2H_2O \xrightleftharpoons{电离} 2Na^+ + 2H^+ + CO_3^{2-} + 2OH^-$$

$$2H^+ + CO_3^{2-} \longrightarrow H_2O + CO_2\uparrow$$

其中的氢氧根离子（OH^-）与油脂中的甘油三酯发生皂化反应，从而生成脂肪酸钠和甘油。纯碱清洗剂相对来说成本更加低廉一些，但是由于其电离产生氢氧根离子（OH^-）的能力比氢氧化钠相差甚多，其皂化能力要弱一些，效率也比较低。但是碳酸钠本身除了皂化能力以外还有一定的乳化作用，并且可以软化硬水，成本也比较低，所以综合来说，适用范围比氢氧化钠还要广一些。

> **提示**
>
> 碳酸钠软化硬水的原理是和硬水中的各种可溶于水的钙盐发生反应，产生不溶于水的碳酸钙（$CaCO_3$），公式如下
>
> $$Ca^{2+} + CO_3^{2-} \longrightarrow CaCO_3\downarrow$$

以上两种清洗剂各有优劣，在处理铝制车身工件时只能使用纯碱清洗剂，其他类型的金属工件则应视具体情况来选择。

除了皂化作用之外，碱液清洗剂中往往还会含有一些偏碱性的盐（如磷酸钠等），这些盐类虽然不直接参加与油污的化学反应，但是可以使车身工件表面上的油污中各种微小颗粒状的固体污垢悬浮在清洗液中，阻止其再次在车身工件表面沉淀或沉积凝结，也能达到一定的脱脂作用。

3. 乳化剂清洗脱脂法

除了溶剂脱脂法和碱液清洗脱脂法以外，常见的脱脂方法还包括乳化剂清洗脱脂法。它与碱液清洗脱脂法有一定的异曲同工之处，主要是利用这些油污在表面活性剂的作用下会产生乳

化反应这一特性来实现的。乳化反应并不是化学反应,而仅仅是一种物理现象,因此乳化剂清洗脱脂法属于物理方法。

乳化剂可以将油污微乳化,使其分散在溶剂液体中,形成乳化液并最终与汽车车身工件脱离。乳化剂清洗液一般都由溶剂和表面活性剂组成。

> **提示**
>
> 乳化是液-液界面现象,当两种不相容的液体相遇时(如油和水),一般会在容器中形成两个完全隔离的层,密度小的在上层,密度大的在下层。当加入适当的表面活性剂进行搅拌后,油就会逐渐产生乳化作用,和水构成乳化液。这种参与的表面活性剂就被称作乳化剂。乳化并不是简单的溶解,起作用机理十分复杂,在此将不再赘述。

比较有代表性的溶剂是水或者煤油、轻质汽油、酒精和一般干洗剂等沸点在220~240℃的烃混合物液体。而表面活性剂则往往是一些具有乳化、浸透、分散、湿润或可溶化的化学物质,是亲水基和亲油基有机物的混合物。

用于清洗汽车车身工件的乳化清洗剂,其表面活性剂主要是非离子性的有机化合物,常见的有四大类,包括烷基醚型、脂肪酸酯型、烷基酚型以及多元醇诱导体等。

典型的以水为主要溶剂的乳化剂清洗液举例如下:

水100容量、煤油10容量、表面活性剂1容量,在混合液中加入20~30g/L的偏硅酸钠。

当然,使用煤油为主要溶剂的乳化剂清洗液也很常见。

相比之前两种清洗方法,乳化剂脱脂法有很多优点。相比溶剂脱脂法,乳化剂脱脂法污染小,安全性好,基本不会产生毒性气体。相比碱液脱脂法,乳化剂脱脂法对油脂类污物以及固体的粒子或其他污物的清除能力更高,等将这些油污一并除去。对铝等不适合碱液脱脂的轻金属,乳化剂脱脂法也同样有一定作用,脱脂工艺时间短,清除污物效果好。

采用乳化剂清洗的物体表面,有不沾水的特性。无毒、无害,对工作人员安全。无须特殊的装置。

表面活性剂是一种有机物质,其可以分为阳离子、阴离子和非离子等三大类型,是脱脂剂的主要成分之一,能降低溶液表面张力,改善湿润功能,并能除去金属表面的油脂和脏物。用于磷化前脱脂的表面活性剂,多数采用非离子型的。这种表面活性剂的特点是在水中不分解,也不受水的硬度影响,使槽液保持稳定,具有良好的脱脂效果。

在选择表面活性剂脱脂时,要注意工艺所要求的温度。当温度上升时,表面活性剂会从溶液中沉淀下来,失去净化作用。

用乳化剂脱脂时也应该注意,当水洗不完全时,表面活性剂或碱液在金属表面残存,会给磷化处理工艺造成恶劣的影响。因此,使用这一方法需要用流水充分冲洗,然后再用热水进行冲洗,必须将表面附着的微量异物完全清除掉,才能避免对下一步车身表面磷化工艺造成不良影响。乳化剂清洗脱脂法也是表面脱脂中应用较为广泛的方法,有相当多的汽车生产厂家都在使用这一方法。

4. 综合脱脂方法

汽车车身工件上的各种油污往往是由大量复杂有机物构成的混合体,其具体成分往往和汽车车身生产工艺有着密切的关系,也和生产过程中采用的各种润滑剂、拉延油有着密切的关系。

单纯使用一种脱脂剂和脱脂方法往往并不能一次性清除所有的油污,因此,在脱脂工艺中选择合适的脱脂剂就十分重要,有时候还需要将多种脱脂剂混合使用以期达到最好的脱脂效果。一般情况下选择脱脂剂应按以下几项原则:

1)无副反应。构成脱脂剂的几种化学物质之间应该不发生无关的副反应,例如,采用了碱性脱脂剂,就不应该同时再使用酸性脱脂剂,尤其会产生不溶于水的沉淀盐类的酸碱化学物质不应该同时使用。即使这些化学物质不会产生沉淀物,酸碱中和反应也会浪费大量的清洗剂,降低清洗效果。例如煤油为主要溶剂的乳化剂含有月桂酸,就不应该和碱性清洗剂混合使用。

2)低腐蚀性。脱脂剂中不应该包含各种对车身工件有腐蚀性的化学物质,尽量用碱性或弱酸性的清洗剂,以防止清洗剂对车身造成腐蚀。

3)成本和效率。由于车身零部件表面上的油污情况比较复杂,很难有一种单独组分的脱脂剂能同时具备皂化,乳化和分散作用。

因此,选择具体的脱脂剂应该考虑的是实际汽车车身工件表面所附着的油污类型,根据类型来决定脱脂剂的配方,做到有的放矢才能实现成本和效率的最优结果。

5.3.3 车身表面脱脂处理工艺

汽车车身表面脱脂处理工艺的选择需要考虑多种因素,包括工件的具体尺寸、形状、油污的类型等。一般来说,车身工件表面沾染的油污越多、成分越复杂,需要采用的脱脂工艺就越多。

根据生产批次和相关生产工艺的差别,一般表面脱脂的典型工艺顺序是先进行碱液脱脂,再进行乳化剂脱脂,最后进行溶剂脱脂。当然,也可以将碱液脱脂和乳化液脱脂同时(碱液乳化剂联合脱脂)进行,然后再根据具体情况决定是否还要使用溶剂脱脂等,这几项脱脂工艺综合起来被称作全脱脂工艺,具体流程如图5-9所示。

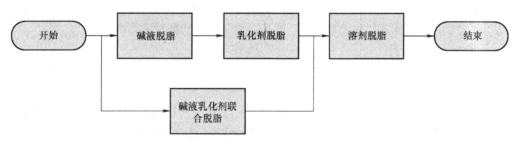

图 5-9 一般车身工件的全脱脂工艺流程

1. 非溶剂脱脂工艺

碱液脱脂、乳化剂脱脂、碱液乳化剂联合脱脂的工艺流程都大体上相同,基本都可以分为脱脂、洗涤、烘干等三个步骤,其流程如图5-10所示。

图 5-10 碱液脱脂工艺流程

(1)非溶剂脱脂的工艺方法

脱脂这一工艺是整个碱液脱脂、乳化剂脱脂以及碱液乳化剂联合脱脂的核心工艺流程,该

工艺可以采用喷涂或浸渍两种具体的手段来使用脱脂剂对车身工件进行处理。

喷涂式工艺的优点在于脱脂效率较高，脱脂剂在与车身工件上的油污发生反应的同时还有液流的冲击力，可以高效地清除一些形状比较简单的工件上的油污，尤其适合一些本身尺寸比较大、没有复杂形状的工件（如发动机舱盖等）的处理。但是对于一些形状比较复杂的工件（如具有大量孔洞、内腔的工件），则这一方式往往无法将脱脂剂高效喷涂在内部的表面上。

浸渍式工艺的优点在于适合处理一些复杂形状的工件，尤其是具有内腔的一些工件，浸渍的脱脂剂可以均匀覆盖，毫无死角。缺点是需要维持一个配比成分稳定的浸渍池，成本较高，效率也略低。

一般汽车车身工件的脱脂工艺生产线往往采用两种方式结合的办法，根据零件的形状来灵活决定。

（2）脱脂剂的配制

脱脂剂的浓度与脱脂的工艺方式有密切的关系，直接影响到脱脂的效果。一般来说，浓度越低，脱脂效果越差，净化能力也就越弱。

但是浓度过高也不一定更好，过高的浓度虽然能提升脱脂的效果，但是也会消耗大量的能源，同时也加剧了洗涤工艺的复杂度，使得脱脂完成后必须花费大量精力去清洗脱脂剂和残留物。在喷涂式脱脂工艺中，如果脱脂剂浓度过高，则会加大脱脂剂的黏度，容易堵塞喷涂设备；在浸渍式脱脂工艺中，浓度过大的脱脂剂会发生盐析作用产生固体浮于脱脂剂溶液表面甚至沉淀到浸渍槽底，起到反效果。

一般来说，浸渍式脱脂工艺的脱脂剂的浓度（质量分数）应高于喷涂式脱脂工艺，喷涂脱脂的脱脂剂浓度应控制在1%左右，而浸渍式脱脂，脱脂剂浓度应控制在5%左右为宜。

脱脂剂的溶剂一般是水。过去采用的主要是自来水。但是实践证明水质对脱脂以及后续的涂饰工艺影响很大，水中的杂质离子残留在涂层中将直接影响涂层的耐湿性和质量。因此，脱脂剂以及后续的洗涤用水都应该严格控制，采用去离子水进行配置和冲洗。

（3）脱脂工艺的控制

在进行脱脂工艺时，需要控制的参数很多，主要包括脱脂温度、脱脂工艺的操作时间以及喷涂工艺中的喷涂压力和浸渍流动性等几个方面。

1）脱脂温度。一般脱脂剂（一些特殊溶剂除外）与各种油污发生皂化反应和乳化反应时的反应效率往往都和温度呈正相关，因此，大多数情况下脱脂剂的温度越高则脱脂效果（发生皂化反应和乳化反应的效率）越好。当然，任何事情都非绝对，过高的温度虽然会加快反应速度，但也会对脱脂工艺造成一定的负影响，尤其在喷涂脱脂工艺下，如果脱脂剂溶液温度过高，则会产生蒸气，同时也会使得工件表面干燥得过快，影响下一步水洗的效率。因此，脱脂工艺的温度应该控制在80℃左右，一般以70~90℃之间为宜。

2）操作时间。两种工艺的生产效率其实都还比较快，一般喷涂工艺的喷涂脱脂过程大概在0.5~1min之间，浸渍工艺的浸渍脱脂过程大概耗时3~10min之间。

3）喷涂压力。在喷涂脱脂的工艺中，喷涂的压力控制也是影响脱脂效率的重要因素。一般来说，喷涂的压力应该与喷嘴的类型、喷嘴与工件的距离密切相关，当然，和脱脂剂的黏度也有很大的关系。对于金属材质的车身工件而言，喷涂的压力越大，则脱脂的效率越高（高压喷射的脱脂液可以全力与车身工件上的油污发生反应，同时高速的液体冲击力也可以将油污从工件上刮下来）。因此，在处理一些强度较高的车身工件时，可以尽量提高喷涂的压力，以高压喷射的方式来喷涂脱脂剂，提高脱脂效率。但是在处理一些强度较低或者容易变形的车身工件时则应慎用高压喷涂，避免喷涂脱脂剂时损坏这些工件。

4）浸渍流动性。和喷涂压力类似，在进行浸渍脱脂工艺操作时，也可以通过强化脱脂剂溶液的流动性，加强脱脂剂分子与车身工件中油污的碰撞概率，从而提高脱脂效率。典型的方法是加强循环搅拌等。

2. 溶剂脱脂工艺

汽车车身工件上的一些陈旧性"老化"油污和各种"重型"油污，以及一些树脂型的润滑剂、石蜡等污渍往往极难通过碱液或乳化剂清除，如果车身工件上存在此类的油污，则只能通过溶剂脱脂工艺来解决。

溶剂脱脂可以采用的工艺有很多，除了之前介绍的喷涂式和浸渍式之外，还可以采用溶剂蒸气法和超声波清理法等，在此将不再赘述。

> **提示**
> 需要注意的是常用的有机溶剂三氯乙烯（C_2HCL_3）在120℃时会对金属有一定的腐蚀作用，因此使用溶剂脱脂时，切忌将其温度加热超过120℃，尤其使用蒸气法时，将温度控制在110℃以下比较安全。

3. 洗涤和干燥

洗涤和干燥是脱脂工艺的重要组成部分，也是每一次脱脂之后必须要进行的工作。例如，采用碱液清洗脱脂法和乳化剂清洗脱脂法分离的方式进行脱脂，然后再使用溶剂脱脂法，那么这三种脱脂法每进行一次，都应该进行充分的洗涤和干燥，总的分步流程如图 5-11 所示。

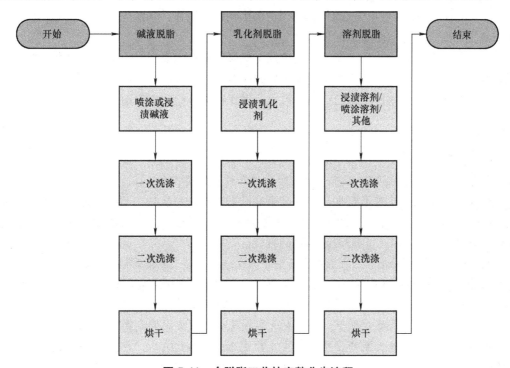

图 5-11　全脱脂工艺的完整分步流程

（1）洗涤

洗涤工艺应该使用去离子水进行冲洗，应该冲洗两次以保证冲洗足够充分。如果脱脂剂中含有乳化剂成分，那么第二次冲洗应该使用热水。

冲洗的工艺有许多种，常见的是喷淋式，即使用喷头将各种洗涤水喷到工件上进行冲洗，这种方式的优点在于对工件表面的处理效果好，设备占地面积小，投资小，唯一的缺点在于处理一些包含较多孔洞和空腔的复杂形状工件时效果往往不太理想。

典型的冲洗工艺一般在喷淋槽中进行，喷淋槽是一个套在罩壳中的清洗设备，其上方通过吊架或悬链将工件吊置在半空中，然后通过四周的喷头向工件喷射冲洗所用的液体。喷淋槽下方是工作液循环槽、水泵以及加料附槽等设施，用于将喷淋的水循环利用，如图5-12所示。

在进行喷淋洗涤作业时应随时关注喷淋槽下方的循环槽内工作液的状态，适时做出调整，防止工作液变质导致冲洗洁净度不足的问题。

（2）干燥

每一次洗涤作业之后，都必须进行充分的干燥，然后才能进入下一个工序。不充分的干燥会导致工件氧化甚至会影响下一个工序的质量。

5.3.4 车身表面除锈处理

图5-12 喷淋槽外观

车身常用的金属材质主要有钢铁（Fe）、铝（Al）、锌（Zn）等，这些金属材质最大的问题就是在常温下很容易氧化。因此，除锈对于汽车车身工件而言也是一种重要的工艺。

其中，铝（Al）和锌（Zn）还好，在常温下的氧化会在表面形成一层致密的膜保护下层的单质金属不再进一步氧化，而铁由于其氧化物的质地比较松散，而且还会产生类似"传染"的作用，进一步加速氧化物所接触的金属面氧化，因此在进行涂装前表面处理时，需要进行除锈处理。

> **提示**
>
> 铁（Fe）、铝（Al）和锌（Zn）的氧化方式和效果其实各有不同。
>
> 铁在潮湿空气的作用下氧化，会在表面形成一层黄色的铁锈，其成分大体上是氧化亚铁（FeO）和三氧化二铁（Fe_2O_3）的水合物（$xFeO \cdot yFe_2O_3 \cdot zH_2O$），其质地比较蓬松强度较低，很容易脱落，同时还会加速其接触的铁进一步氧化。
>
> 铝在空气中一样很活泼，暴露在空气中会迅速形成一层三氧化二铝（Al_2O_3）的膜。只是这层三氧化二铝膜比较致密，可以将金属材质与空气隔离开，因此能起到一定的保护作用。
>
> 锌和铝类似，在空气中同样很活泼，直接暴露在空气中也会氧化，形成一层致密的氧化膜。一般来说，在干燥空气中，锌会直接与氧气发生反应，生成氧化锌（ZnO），而在潮湿空气中，锌会先与水和氧气发生反应生成氢氧化锌（$Zn(OH)_2$），然后进一步和空气中的二氧化碳（CO_2）发生反应，生成碱式碳酸锌（$ZnCO_3 \cdot 3Zn(OH)_2$）。

锌和铝的氧化产物都能形成一层致密的保护膜,都可以将金属材质与空气隔离开,起到一定的保护作用。因此,车身工件的除锈工艺主要适用于钢铁材质。对于铝制和锌制的工件而言可以省略。

典型的金属除锈工艺主要有两大类,即机械除锈法和化学除锈法。

1. 机械除锈法

机械除锈法主要借助机械力量对车身工件进行打磨,从而实现清除表面氧化物的效果,如图 5-13 所示。

机械除锈一般采用摩擦或者冲击的方式将锈迹从车身工件上以物理的方式去除,虽然对金属材质本身损耗较小,但是往往受限于材质的形状,只能处理位于材质外表的锈迹,对材质内部如各种孔洞和腔体的处理则往往无能为力,只适合处理形状较为简单的车身工件。当然,现代汽车工业所使用的复杂矢量机械手臂

图 5-13 现代汽车机械手臂打磨工件

已经逐渐可以处理一些复杂的工件界面。典型的机械除锈法有三种。

1)手工除锈。手工除锈即通过人力借助砂布、钢刷之类的简单工具以打磨、刷擦的方式来除锈。由于人力成本较高而且精度较低,多适用于少量小面积的除锈。

2)自动除锈。自动除锈多借助风动或电动工具除锈,大多数采用压缩空气或电能驱动的砂轮打磨机或各类旋转除锈器进行除锈作业,相比手工除锈,自动除锈的效率更高一些,一般用于小批量生产的场合。

3)喷砂除锈。采用压缩空气或高压水将一定颗粒度的砂或钢丸喷向带有锈迹的车身工件表面,利用冲击力和摩擦力进行除锈作业,一般适用于厚度较大的钢板、锻件和铸件等。

2. 化学除锈法

化学除锈是利用各种酸溶液(既可以是无机酸,也可以是有机酸)溶解金属工件表面的氧化皮和锈层,从而将这些附着在金属表面上的氧化物去除。由于其需要使用到酸,因此又被称作酸洗。常用的除锈酸试剂主要是硫酸(H_2SO_4)、盐酸(HCl)、磷酸(H_3PO_4)以及草酸($H_2C_2O_4$)等。

最常见的化学除锈方式是使用稀硫酸(H_2SO_4)溶液在 50~70℃下对车身金属工件进行酸洗,其原理如下所示

$$FeO + H_2SO_4 \rightarrow FeSO_4 + H_2O$$

$$Fe_2O_3 + 3H_2SO_4 \rightarrow Fe_2(SO_4)_3 + 3H_2O$$

$$Fe_3O_4 + 4H_2SO_4 \rightarrow Fe_2(SO_4)_3 + FeSO_4 + 4H_2O$$

以上为除锈的主反应,即硫酸(H_2SO_4)和氧化亚铁(FeO)、三氧化二铁(Fe_2O_3)、四氧化三铁($FeO \cdot Fe_2O_3$)等铁的二价三价氧化物转换为硫酸亚铁($FeSO_4$)和硫酸铁[$Fe_2(SO_4)_3$]

的过程。

当然，由于稀硫酸（H_2SO_4）溶液本身和铁（Fe）也会发生置换反应，因此，还存在下面的副反应

$$Fe + H_2SO_4 \longrightarrow FeSO_4 + H_2 \uparrow$$

因此，在使用硫酸进行酸洗过程中，往往会观察到酸洗液在和金属工件接触的位置有微弱的气体析出。这种副反应会腐蚀车身金属材质，影响到工件的强度和质量。

除了稀硫酸以外，常温下使用稀盐酸（HCl）溶液，也可以达到相同的效果。

> **提示**
>
> 酸溶液中的电离状况与温度密切相关，温度越高，酸溶液中的氢离子（H^+）活性越强，越容易和铁（Fe）发生置换反应，也就是说，酸洗过程中温度过高会导致车身金属材质被酸液腐蚀，在金属材质表面形成孔洞，因此，必须严格控制酸洗的温度。

为了降低金属材质在酸洗液中的腐蚀，除了严格控制酸洗的作业温度以外，还应该在酸洗液中加入缓蚀剂。缓蚀剂是一种用于工业生产的化学试剂，在酸洗工艺中，其作用是减缓酸洗液中的氢离子（H^+）被金属材质工件中的铁（Fe）单质给置换出来，从而延缓车身金属材质的腐蚀。

常见的缓蚀剂主要是硫和氮的各种化合物，例如乌洛托品（六亚甲基四胺，$C_6H_{12}N_4$）、若丁（有效成分为二邻甲苯硫脲，$C_{15}H_{16}N_2S$）、硫脲（CH_4N_2S）等。缓蚀剂本身往往不参与酸和金属氧化物的反应，只是会抑制酸和金属材质本身的置换反应。在使用缓蚀剂时，应该注意其适用的范围和温度，见表 5-1。

表 5-1　常见缓蚀剂的性能

缓蚀剂	缓蚀效率（%）			添加比例 /(g/L)	工作温度 /℃
	硫酸（H_2SO_4）	盐酸（HCl）	磷酸（H_3PO_4）		
乌洛托品	70.4	89.6	—	5	40
若丁	96.3	—	98.3	5	80
硫脲	74.0	—	93.4	4	60

在酸洗过程中，酸洗液中的氢离子不断与铁的氧化物反应，被转化为水分子，同时酸洗液中的亚铁离子（Fe^{2+}）和铁离子（Fe^{3+}）不断增多，这表示酸洗液的酸含量不断下降，酸洗反应的效率也会逐渐降低。当酸洗液中的酸含量小于一定比例或铁/亚铁离子大于一定比例时，酸洗的效率就会降低到一个极低的水平，此时就应该更换酸洗液。常见的三种酸洗液的使用效率和性能见表 5-2。

表 5-2　常见酸洗液的性能

酸洗液	使用浓度范围（质量百分比 %）	酸洗温度 /℃	铁/亚铁离子含量限度 /(g/L)
硫酸	10~25	50~60	100
盐酸	15~20	室温	120
磷酸	15~20	40~60	>10 时产生沉淀

采用无机酸进行化学除锈是目前汽车制造行业最普遍的一种除锈方法，一般情况下在车身工件涂装工艺中，酸洗除锈会放在脱脂工艺之后，防止油污和无机酸结合成为一些复杂而难以去除的有机物。

在一些油污不严重的车身工件生产过程中，有时也会将脱脂工艺和除锈工艺结合进行，即在酸洗液中添加耐酸的表面活性剂（如非离子型的表面活性剂等），同时去除车身工件表面的油渍和锈渍。

5.3.5 车身表面磷化处理

车身表面磷化处理是脱脂处理的后续工艺，其原理是用磷酸或各种金属的磷酸盐溶液对车身工件进行处理，使工件表面生成一层不溶于水的磷酸盐薄膜的过程。常用的磷酸盐主要是铁、锰、锌、镉的磷酸盐。

磷化处理在车身涂装工艺中具有重要的作用。磷化处理生成的磷化膜作为油漆涂层的基底，能显著提高涂层的耐腐蚀性，阻止金属的锈蚀氧化物在涂层下以及在涂层被破坏的部位扩展，并能增强涂层与金属之间的附着力，能大大延长涂层使用寿命。在车身制造过程中，大型覆盖工件在涂装前都应该进行磷化处理。

1. 磷化处理的原理

磷化是一种化学与电化学反应，其原理是用磷酸盐溶液中的离子与车身工件的金属发生反应，然后在其表面形成一层致密的新磷酸盐沉淀结晶膜。磷化处理不仅可以处理基于钢铁材质的车身工件，主要材质是铁（Fe）；也可以处理材质为铝（Al）、锌（Zn）的车身工件。

以钢铁材质的车身工件磷化工艺为例，其磷化处理需要将车身工件浸入磷化液中。其磷化液一般为磷酸二氢盐的稀水溶液，包含的成分主要是磷酸二氢盐，例如磷酸二氢铁（$Fe(H_2PO_4)_2$）、磷酸二氢锰（$Mn(H_2PO_4)_2$）、磷酸二氢锌（$Zn(H_2PO_4)_2$）等，除此之外，还会含有一些氧化剂，用于加速和参与氧化反应。磷化液一般pH大约在1~3之间，溶液相对密度为1.05~1.10。整个磷化的化学反应步骤大约可以分为四步。

（1）置换

在此步骤中，酸性的溶液对车身金属工件进行侵蚀，金属工件表面的铁单质（Fe）置换酸性溶液中的氢离子（H^+），产生氢气排出，具体方程式如下

$$Fe = 2H^+ \Longrightarrow Fe^{2+} + 2[H]$$

其中，[H]为被铁单质（Fe）置换后产生的氢原子（H）。

（2）氧化

此步骤中，磷化液中的氧化剂对上一步骤产生的亚铁离子（Fe^{2+}）进一步氧化，使其变为铁离子（Fe^{3+}），产生的氧原子和上一步中的氢原子结合生成水，反应式如下

$$[O] + 2[H] \longrightarrow [R] + H_2O$$

$$Fe^{2+} + [O] \longrightarrow Fe^{3+} + [R]$$

其中，[O]为氧化剂，[R]为还原剂。经过上面的反应后，上一步骤产生的氢原子（H）被快速消耗变成了水，导致车身工件金属表面的氢离子（H^+）浓度急速下降。

（3）离解

原本的磷化液是酸性的，电解出的各种离子也比较平衡，其负离子大体上以磷酸二氢根（$H_2PO_4^-$）为主，少量磷酸氢根（HPO_4^{2-}）为辅，正离子则以二价铁（Fe^{2+}）、锰（Mn^{2+}）、锌（Zn^{2+}）和若干氢离子（H^+）为主，大体上电离的方式如下：

$$Fe^{2+} + Mn^{2+} + Zn^{2+} + H^+ + H_2PO_4^- + HPO_4^{2-}$$

开始，只是少量的磷酸二氢根（$H_2PO_4^-$）被离解为磷酸氢根（HPO_4^{2-}）。随着磷化液中的氢离子（H^+）不断被氧化变成水（H_2O），车身金属工件表面附着的氢离子（H^+）会越来越少，这就造成了磷化液的电解平衡逐渐变化，从磷酸二氢根（$H_2PO_4^-$）为主变为磷酸氢根（HPO_4^{2-}）为主，直至变为磷酸根（PO_4^{3-}）为主，形成如下的电离平衡。

$$Fe^{2+} + Mn^{2+} + Zn^{2+} + PO_4^{3-}$$

> **提示**
>
> 磷酸二氢根（$H_2PO_4^-$）逐渐离解为磷酸氢根（HPO_4^{2-}）和磷酸根（PO_4^{3-}）的过程本身是一种缓慢进行的化学反应，但是在磷化液中的氧化剂作用下会加速。因此其中的氧化剂作用不可忽视。

（4）沉淀

当磷化液中的磷酸根离子（PO_4^{3-}）越来越多时，这些负离子就会和溶液中的正离子，如亚铁离子（Fe^{2+}）、锌离子（Zn^{2+}）逐渐碰撞，组合成为新的、结构更加稳定而且能够沉淀到车身工件表面上的磷酸盐。典型的沉淀有两种：

$$2Zn^{2+} + Fe^{2+} + 2PO_4^{3-} + 4H_2O \Longrightarrow Zn_2Fe(PO_4)_2 \cdot 4H_2O \downarrow$$

$$3Zn^{2+} + 2PO_4^{3-} + 4H_2O \Longrightarrow Zn_3(PO_4)_2 \cdot 4H_2O \downarrow$$

四水合磷酸锌铁（$Zn_2Fe(PO_4)_2 \cdot 4H_2O$）、四水合正磷酸锌（$Zn_3(PO_4)_2 \cdot 4H_2O$）这两种不溶于水的磷酸盐水合物共同构成了磷化晶核，随着沉淀的逐步增多，磷化晶核也会不断地成长，变成磷化晶粒，均匀地平铺在车身工件的表面，最终，无数个晶粒紧密堆积，这就是我们所需要的磷化膜，其一般在金属工件的表面构成致密的薄膜，呈银灰色，厚度大约在 1.5~3μm 之间。

另一方面，磷酸盐沉淀还有一个副反应，就是铁离子（Fe^{3+}）和磷酸根离子（PO_4^{3-}）生成磷酸铁（$FePO_4$），即磷化沉渣，其反应式如下所示。

$$Fe^{3+} + PO_4^{3-} \Longrightarrow FePO_4$$

磷化沉渣和磷化膜一样也是磷化反应的产物，但是磷化沉渣形成的膜无法起到对车身工件的保护作用，反而会浪费磷化液中的磷酸根离子（PO_4^{3-}），因此磷化工艺中最重要的就是要控制和降低磷化沉渣的产生。

一般来说汽车车身的工件材质以钢铁为主，铝材和锌材等有色金属为辅，这些金属材质实际上都比较容易氧化，因此，磷化工艺对保护这些金属材质本身以及使这些金属材质更容易与涂料涂膜结合有着重要的作用。

按照处理方式的差异，磷化的工艺可以划分为浸渍式、喷射式和电化学磷化等三大类；而根据其反应时温度不同可以分为高温、中温和低温磷化；根据反应式速度不同又可分为正常磷化和快速磷化。在车身制造过程中应用较广的是喷射式快速磷化处理。

2. 快速磷化的催化剂

在快速磷化的工艺中，尽管磷化液和金属材质在作业温度下即可正常反应，但是实际上由于副反应的存在，副反应所产生的氢气往往会形成气膜覆盖在车身金属工件的表面，阻碍磷化反应的进一步进行。

因此，在磷化反应中如果能添加氧化剂，将产生的氢气氧化成水并除去，那么磷化反应的效率将会大为提高。常见的催化剂主要有三大类：亚硝酸盐或亚硝酸盐与氯酸盐的混合物、氯酸盐与有机硝化物的混合物以及硝酸盐等。

（1）亚硝酸盐或亚硝酸盐与氯酸盐的混合物

采用含有亚硝酸盐催化剂的体系时，参加反应的亚硝酸盐除了正常的氧化反应外，还会在酸性介质中被电离产生较不稳定的亚硝酸（HNO_2），进而分解产生挥发性的三氧化二氮（N_2O_3）和二氧化氮（NO_2）。这一副反应是持续发生的，即便是磷化反应结束后仍然会一直进行。

因此，在这一次生产结束下一次生产开始时，必须在开始生产之前快速加入亚硝酸钠（$NaNO_2$）溶液，保持亚硝酸根（NO_2^-）负离子始终保持在0.03%的含量以上。在整个磷化工艺中都需要随时保持这一水平。

（2）氯酸盐与有机硝化物的混合物

氯酸盐与有机硝化物的催化剂主要用于低温磷化，其优点在于催化剂不需要长期滴加，催化效用持久，磷化残渣较少等，节能效果较好。

（3）硝酸盐

硝酸盐也可以作为磷化的催化剂，其同样对硝酸根（NO_3^-）负离子的浓度有要求，必须随时保持硝酸根负离子的浓度在3%以上。有些磷化液配方中，硝酸根（NO_3^-）负离子在处理也中占有较大的百分浓度，而且催化作用非常持久，往往有些人误以为此类磷化配方不需要催化剂，这其实是错误的，其实是配方中已经含有的硝酸根（NO_3^-）负离子起到了催化剂的作用而已。

在实际的生产工艺中，选择哪种催化剂往往需要结合磷化液的配方和实际生产工艺方法综合决定，可以参考一下表5-3的各种催化剂及添加剂对磷化工艺的具体影响来决定。

表5-3 催化剂及添加剂对磷化处理的影响

催化剂	添加剂	磷化时间	磷化液浓度	催化剂用量	湿淤渣量	干淤渣量	成膜质量[1]
硝酸盐亚硝酸盐	—	100%[2]	100%	100%	100%	100%	2~3
硝酸盐亚硝酸盐	氟化物	70%~90%	100%~120%	≈100%	≈100%	≈100%	2~4
硝酸盐亚硝酸盐	聚磷酸盐	≈100%	70%~90%	90%~100%	70%~90%	70%~90%	1.5~2.5
硝酸盐亚硝酸盐	硼酸盐	≈100%	≈100%	≈100%	≈100%	≈100%	2~3
氯酸盐亚硝酸盐	—	70%~90%	80%~90%	70%~90%	80%~90%	80%~90%	1.5~2.5
氯酸盐有机物	—	130%~200%	≈100%	—	90%~100%	≈100%	1~2
过氧化物	硼酸盐	130%~200%	80%~90%	200%~300%	200%~300%	≈100%	1~2

[1] 单位为g/m^2，即每平方米的成膜物质重量。
[2] 本表中所有百分比数值的参照物均为硝酸盐亚硝酸盐催化剂体系作为基准。

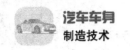

3. 几种影响因素

作为一种典型的兼顾了氧化－还原反应的化学反应，磷化工艺本身受到诸多因素的影响，良好的工艺可以将磷化沉渣的产生率压缩到最低，尤其在对钢材工件的磷化方面，降低磷化沉渣的生成非常重要，直接影响磷化膜的质量。通常情况下，磷化受到以下几个因素的影响。

1）总酸度。总酸度是反应磷化液浓度的指标，即磷化液中磷酸二氢根（$H_2PO_4^-$）、磷酸氢根（HPO_4^{2-}）和磷酸根（PO_4^{3-}）等三种负离子的浓度综合。对于某种配方的磷化液而言，其总酸度的数值决定了使用这种磷化液时的产品质量。通常情况下，各种标号的磷化液都会有一个基准的总酸度值，在此范围内的磷化液就是合格品。

当然，总酸度和磷化膜的质量并不是简单的正比关系，也就是说总酸度并不是越高越好，而是应维持在一个标准的范围区间内为宜，以便在磷化工艺作业时能够维持一个电化学平衡。总酸度过低时，车身工件的磷化膜往往比较稀疏，表面比较暗淡，甚至无法形成整体镀膜；而总酸度过高时，往往沉淀过多，大量的原料都会形成磷化沉渣，不仅导致浪费原料，还会影响涂膜质量，甚至过度腐蚀车身工件。

因此，在磷化工艺作业时，应该及时控制磷化液的总酸度，在总酸度下降到一定比例时就应该补充浓磷化液，提高总酸度以保障质量。

2）游离酸。游离酸是可在水溶液或熔融状态下完全电离成离子的酸（H^+），它可以衡量磷化液中磷酸二氢盐的离解度，因此游离酸的含量也直接影响磷化工艺的效果。

一般游离酸过高时磷化膜的成膜会比较薄，反应速度也会比较缓慢，更容易在车身工件的表面造成酸蚀；而游离酸过低时，会产生更多的磷化沉渣，在车身工件表面产生粉末状的物质。

3）酸比。酸比是总酸与游离酸的比值。酸比大的配方一般成膜速度会比较快，所需要的磷化反应温度也会比较低。因此，在制定的磷化液配方中，控制总酸度的同时控制酸比在一定范围内可以提高成膜效率和成膜质量。

4）温度。化学反应基本上是分子级别的反应，而分子之间的反应往往受到温度的很大影响。一般情况下，温度越高，分子的布朗运动越活泼，反应的效率越高，包括主反应和副反应的效率往往都会相应提高。因此，磷化工艺要想控制质量，将主反应和副反应的反应效率控制在一定的水平，使主反应的效率最大化的同时尽量压低副反应的效率，就需要选择一个合适的温度。

在磷化反应中同样也是这个道理，当温度较高时，磷酸二氢锌（$Zn(H_2PO_4)_2$）中的磷酸二氢根（$H_2PO_4^-$）离子的离解效率较高，会促成磷化沉渣（$FePO_4$）的大量产生，沉淀在车身工件的表面，导致结晶粗糙、质量较差，同时也大量消耗磷化液中的有效成分；温度过低时，成膜的离子浓度达不到要求，不能生成完整的磷化膜。因此，一般来说磷化反应需要根据配方和规范来决定磷化的温度，具体的适宜温度应根据磷化液的产品说明决定。

5）时间。磷化反应需要一定的时间来进行，时间过短时磷化膜的成膜厚度往往不够，不能形成致密的磷化膜；时间过长则结晶在已经形成的磷化膜上继续生长，往往长出比较疏松的厚膜，影响成膜质量。因此，一般磷化的工艺时间都会控制在 1~3min 之间。

6）磷化方式。磷化工艺的本质就是将磷化液和车身金属材质的工件接触进行磷化反应，在现代汽车工业中有多种接触工艺可以选择，包括浸渍、喷射以及喷浸结合等方式。

其中，喷射磷化的效率较高，时间较短，工艺控制简单，磷化沉渣较少，生成的膜可以控制得比较薄，适合立体形状比较简单（较少孔洞和空腔）的大型工件；浸渍磷化所耗费的时间较长，对磷化液的消耗也比较大，工艺控制较为复杂，生成的磷化沉渣较多，更适合处理立体形状比较复杂,含有较多孔洞、空腔的复杂工件,可以将很多难以喷涂到的位置全面沾染磷化。

4. 磷化后的水洗

水洗是磷化处理后的必备过程,其作用是清除工件表面从上一次工艺中带出的残液,在脱脂、磷化等工艺中,水洗和烘干都十分重要。

磷化后的水洗过程和脱脂后的水洗过程大致类似,都需要使用到喷淋槽进行流水线作业,在此工序下,同样需要关注喷淋槽中的循环槽液体质量,尤其需要关注以下三个点。

1)淤泥残渣。槽液的淤泥残渣含量不应该过高,否则会在喷淋过程中导致工件表面挂灰。

2)悬浮杂质。一般的汽车生产线都会采用溢流水洗的方式进行水洗,以保证槽液表面没有悬浮油污和杂质。如果有应及时处理,防止影响水洗质量。

3)槽液pH。槽液的pH应在7左右,即中性。pH过高或者过低都容易发动机槽液串槽,进而影响后续槽液的稳定性。

5. 磷化后的钝化处理

钝化也是车身工件涂装前表面处理的一个重要工序,其作用就是去除磷化物表面的疏松层,并在磷化膜的外层再生成一层铬化物的水合物结晶膜,封闭磷化膜上的孔隙,进一步增强金属的防腐性能。

钝化的原理是利用酸性的重铬酸盐溶液(一般为重铬酸钾)浸泡或喷涂钢铁材质的车身工件,使单质铁(Fe)和重铬酸钾($K_2Cr_2O_7$)以及酸发生反应,生成三氧化二铬(Cr_2O_3)、三氧化铬(CrO_3)以及水合三氧化铬($CrO_3 \cdot nH_2O$)等不溶于水的铬化物的反应。这种反应的机理十分复杂,并不能通过几个简单的化学式表达出来。大体上,可以认为是重铬酸钾和酸以及铁单质产生了复合反应,化学式如下

$$8HCl + K_2Cr_2O_7 + 2Fe \xrightleftharpoons{H^+} 2FeCl_3 + 2KCl + 4H_2O + Cr_2O_3 \downarrow$$

上面的化学式仅仅是汽车车身涂装前钝化工艺中许多化学反应中的一种,实际上因为重铬酸钾之类的重铬酸盐一般都能和金属单质以及酸发生很多复杂的反应,所以真正反应的产物往往就是之前介绍过的三氧化二铬、三氧化铬以及水合三氧化铬($CrO_3 \cdot nH_2O$)等。

这种反应完成后,这些铬化物会以晶核的方式吸附在车身钢铁材质的表面,形成一层致密的膜,以保护金属材质防腐防锈。

> **提示**
> 需要注意的是,这里的钝化和我们在中学化学中学到的铁单质在浓硫酸里产生的"钝化"作用并不相同,请勿混淆。

钝化是磷化工艺的有效补充,其可以将磷化膜没有覆盖到的工件材质部分封包起来,并抑制磷化催化剂残渣的腐蚀作用,增强磷化层的抗腐蚀能力和防撞能力,并提高涂料膜的完整性和抗腐蚀性。

课程育人

品行相似,是互溶的基础。相生相克是工艺应用的辩证法。

5.4 车身涂装的典型工艺

在完成涂装前处理之后，车身工件就将进入涂装的最后一个大流程，即涂料的涂装流程。汽车产品的涂装工艺与其所采用的涂料以及汽车产品的需求、生产条件有着密不可分的关系。

在实际的涂装作业中，需要根据实际条件来选择涂装的工艺和干燥的工艺。一般来说，烘干工艺适合大规模的汽车批量生产，用于常见的销售车型，而自干工艺则往往用于小批量的零星生产，或特种车型的订制生产。

在大规模批量生产的汽车产品中，常见的车身涂装工艺主要有三种，即涂三层烘三次、涂三层烘二次和涂二层烘二次等三大类体系，分别面向不同成本和类型的批产汽车产品。

5.4.1 涂三层烘三次体系简介

涂三层烘三次体系是指在车身工件上喷涂三层涂料，包括底漆涂层、中间层漆涂层以及面漆涂层等。在喷涂每一层涂料后都进行烘干作业的涂装工艺，其大体的工艺流程如图5-14所示。

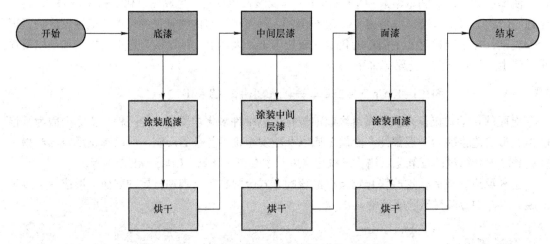

图5-14 涂三层烘三次体系的简单工艺流程

这一工艺主要面向车身涂饰外观要求较高的车辆类型，例如轿车、旅行车和大客车等。以一般轿车的涂装工艺为例（采用单色面漆），其大体上在涂装前表面处理之后要经历以下流程。

1. 底漆的涂装流程

底漆部分的工序最为复杂，其不仅需要涂装底漆，还需要进行相当多的修饰修整操作，大体上可以分为以下几个流程。

1）涂装底漆。当代汽车批量生产时，其底漆的涂装往往采用阴极电泳浸渍法，可采用电泳装置进行涂装作业，所选的涂装涂料应为电泳底漆，其操作温度大约在28~34℃之间，所使用的漆料一般为弱酸性（pH5.8~6.7），固体分大概在18%~20%之间，浸渍耗时一般在150~240s之间。

当然，也可以采用人工或自动方式喷涂的方式来处理一些形状简单的车身工件，此时则可选择溶剂型环氧树脂底漆，同样在常温下操作。

自动喷涂的效率比阴极电泳浸渍会略高一些，实际选择哪种方式应根据工件具体情况来决定。这一步骤涂装的底漆膜厚度一般在 15~25μm 之间。

2）水洗。在涂装完成之后需要进行水洗工艺，也就是采用冲洗装置对车身工件进行洗涤，除去浮漆等影响下一步涂装的杂质。此流程又可以分为以下几个子流程，如图 5-15 所示。

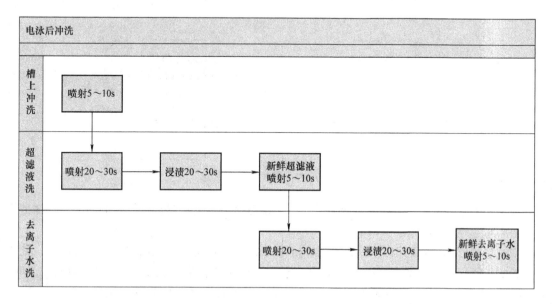

图 5-15　电泳后水洗流程

首先应该在槽上水洗，用喷射压强应控制在 0.08~0.1MPa 之间的喷枪进行全面的喷洗。然后，使用超滤液（通过超滤技术处理后的水）进行喷射清洗一次、浸渍一次，再使用新鲜超滤液喷洗一次。最后，使用去离子水喷射、浸渍、再喷射清洗三次即可。此流程不需要特殊加热，全程在一般室温下进行即可。

3）底漆烘干。在水洗之后，需要将车身工件送入烘干室进行烘干作业，将底漆和水洗后的水渍彻底烘干，一般情况下需要维持烘干温度大约 160~190℃ 之间，烘干时间约 20~30min。

4）底漆烘干后处理。在烘干工件之后，先将其从烘干室移出，进行检查作业，检测底漆的喷涂质量，如无问题，则应进行焊缝密封、钣金修整。

5）喷涂车底涂料。将工艺孔和不需要喷涂 PVC 车底涂料的部位遮蔽起来，然后再喷涂 PVC 车底涂料。

6）车底涂料烘干。在喷涂完成后，拆卸遮蔽，将车身工件送入烘干室，进行底漆工艺中的第二次烘干，大约需要控制烘干温度在 120~140℃ 之间，烘干时间为 15~20min 左右。

2. 中间层漆的涂装流程

中间层漆的涂装工艺稍微简单一些，先期处理需要将底漆涂层中的凸起、掉漆等问题部分打磨掉，然后擦净打磨后的碎屑涂粉。然后，进行喷涂工艺。中间层漆涂装的大体流程如图 5-16 所示。

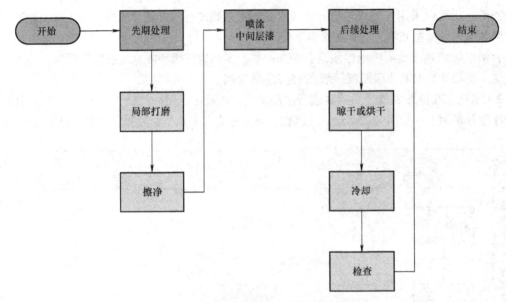

图 5-16 中间层漆的处理工艺

在中间层漆的涂装流程中,先期处理可采用的打磨方式有湿打磨和干打磨两种,具体选择可根据实际生产条件决定。

中间层漆可选择溶剂型三聚氰胺醇酸树脂涂料,采用静电自动喷涂的方式进行涂装,此流程涂装的中间层厚度一般在 20~30μm 之间。烘干一般需要将烘干温度控制在 140~170℃ 之间,大约耗时 18~30min 左右。冷却之后需要进行检查,筛选合格品进入下一流程。

3. 面漆的涂装流程

面漆的涂装工艺与中间层漆大体类似,只是在完成后需要进行最后一次质量检查之后需要对合格的产品进行空腔涂蜡处理,流程如图 5-17 所示。

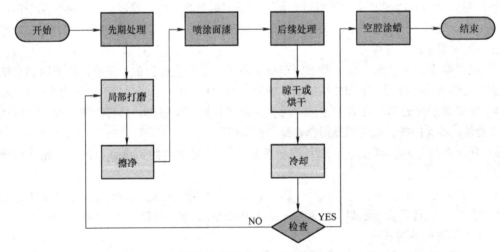

图 5-17 面漆的涂装工艺

面漆的打磨一般采用湿打磨法,以防止损伤底漆和中间层漆。面漆的涂料一般选择三聚氰胺醇酸树脂系的涂料,以喷涂的方式涂装,此阶段涂装的面漆层厚度一般在 35~45μm 之间。

面漆的烘干所需温度比中间层漆更低一些，一般控制在120~150℃之间即可，大约20~30min即可烘干完成。

如果在喷涂面漆后检查发现涂漆的质量有问题，则需要重复进行局部打磨操作，将有问题的涂漆打磨掉，重新擦净进入喷涂过程进行喷涂。

一般涂三层烘三次工艺大体上就是如此，最终形成的涂料膜厚度大约在70~100μm之间，具体的工艺操作流程应该与实际生产的条件以及涂料的相关物理化学性质来决定。

5.4.2 涂三层烘二次体系简介

涂三层烘二次体系与涂三层烘三次体系类似，都需要喷涂三层涂料，只是在喷涂底漆涂层后不烘干，而是在涂饰中间层漆之后一并烘干，采取"湿碰湿"工艺减少一次烘干流程的涂装工艺体系。

相对涂三层烘三次的体系而言，该体系省略了电泳底漆烘干直至中间层漆喷涂之间的工艺，可参照之前小节中"底漆的涂装流程""中间层漆的涂装流程""面漆的涂装流程"等相关内容。其大体的工艺流程如图5-18所示。

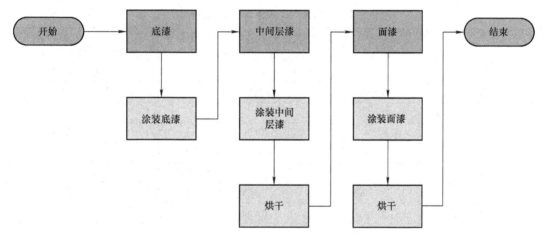

图5-18 涂三层烘二次体系的工艺流程

涂三层烘二次体系中，底漆一般只是用电泳底漆进行电泳涂装，完成后不烘干，只简单晾干，也不进行打磨，而是采用静电自动喷涂的方式直接涂装与电泳底漆相适应的本性涂料。

中间层漆涂装完成后，在100℃左右的温度下进行10min左右的预烘干，然后再在170℃左右进行30min的烘干作业。后续的操作基本上与涂三层烘三次体系大体相同。

这一体系主要面向的是车身涂装外观要求不太高的旅行车和大客车车身，以及一些载重汽车的驾驶室等特殊位置。

5.4.3 涂二层烘二次体系简介

除了涂三层的两种涂装体系以外，汽车车身工件的涂装还有涂二层的涂装体系，其大体的工艺流程如图5-19所示。

涂二层烘二次体系的特点是省略中间层漆的部分，只涂装基底漆和面漆，并对两层涂料分别进行烘干处理，具体来说大致有四种常见的涂装工艺控制方式，见表5-4。

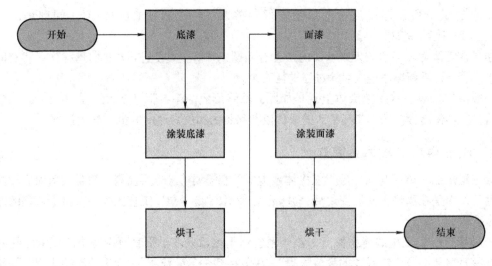

图 5-19 涂二层烘二次体系的工艺流程

表 5-4 涂二次烘二次体系下的工艺控制

工序	工艺	1	2	3	4
底漆层	涂料	电泳底漆	溶剂型环氧树脂底漆	溶剂型环氧树脂底漆	溶剂型环氧树脂底漆
	涂装工艺	电泳涂装	电泳涂装	喷涂	喷涂或电泳涂漆
	成膜厚度 /μm	20~30			
	烘干温度 /℃	170	150	150	120~170
	烘干时间 /min	30			
	打磨方式	干或湿打磨			
面漆层	涂料	三聚氰胺醇酸树脂系面漆			
	涂装工艺	喷涂			
	成膜厚度 /μm	35~45			
	烘干温度 /℃	130~140			
	烘干时间 /min	30			
总成膜厚度 /μm		55~75			

这种涂装工艺体系主要用于一些对外观装饰性极低的汽车类型，如中型、重型载重汽车等，涂装的需求在于防腐防锈，对车身外观装饰性要求较低，所以不需要通过中间层漆来增强车身表面的质感和美观度。

涂二层烘二次体系具体的涂装工艺可以参考之前小节中"底漆的涂装流程"和"面漆的涂装流程"等相关内容，在此将不再赘述。

5.4.4 其他涂装体系

除了之前介绍的三种常见涂装体系外，其实还有基于超过三层的多层涂装体系，多用于小批量生产的大中型客车。使用多层涂装体系的原因在于，一般轿车、中小型客车和载重载货汽车等等往往车身工件只涂刷一种颜色的面漆，因此一般涂三层或涂二层的涂装体系完全可以满足涂装需求，而大中型客车则往往体积庞大，采用多色涂装，多使用两种以上的颜色，那么，每增加一种颜色，就需要多增加一层面漆，多一次烘干和处理流程，具体的内容可以参照之前小节内容，在此将不再赘述。

5.5 车身常用涂装方法

汽车车身工件的涂装实际上就是在各种金属材质的工件上涂饰涂料的过程，早期的汽车工业主要采用手工涂装的方法，所使用的是黏度较大的油漆人工刷涂。

微课视频
车身常用
涂装方法

随着汽车工业的发展和进步，今天的汽车车身生产涂装工艺早已经摆脱了单纯人工刷涂工艺，逐步从半自动喷涂发展为自动喷涂、浸渍等多种先进工艺，提高了涂装效率，降低了涂料消耗以及相关成本。

按照涂装的操作方式，可以将涂装这一工艺划分为三大类，即手工涂装、机动涂装和器械涂装等，分别针对的是涂装所采用的具体工具类型规格。

5.5.1 手工涂装

手工涂装主要是采用各种无驱动的工具进行人工涂装的所有涂装方式的总称，也是人类自从发明涂料以来直到今天仍在使用的最原始的涂料涂装方法。一般来说，手工涂装主要有两种形式。

1. 刷涂

刷涂是最基本的手工涂装方式，其使用各种涂料刷蘸好涂料之后将其粉刷到目标设备上。

适合刷涂的涂料一般需要有一定的黏度才能附着到涂料刷上，但又不应该过于黏稠。刷涂有两种方式，一种是普通刷涂，采用的是普通涂料刷进行涂装，适合精度比较高的手工刷图，如图5-20所示。

另一种则是滚刷涂，如图5-21所示。采用滚筒刷进行涂饰，相比普通涂料刷，滚筒刷一次刷涂的面积更大，效率更高，适合大面积平整的刷面涂装，但是精度比较低。

由于汽车车身工件的面积和形状都比较复杂，大多数手工刷涂仍然以普通涂料刷为主，极少数小批量生产的车型（如客车之类）才会使用滚筒刷。

图 5-20 普通涂料刷

一般来说，除了一些固体涂料、快干涂料或者分散型不好的涂料外，几乎所有的涂料都可以采用刷涂的方式涂装。

例如各种油性涂料、酚醛涂料和醇酸涂料等都可以采用刷涂的方式涂装。尤其是采用的涂料为油性涂料时，在刷涂的涂装工艺下涂料对金属表面的细孔渗透更好，附着力更强，因此也更适合采用这种涂装方式。

总体来讲，刷涂所需要的工具简单，投资少，施工方便，操作便捷且容易掌握，灵活性极强，但是其也有一些缺

图 5-21 滚筒刷

陷，例如处理工件的孔洞、内腔和缝隙等特殊位置时比较困难，不适合涂膜覆盖率要求较高的底漆涂装。

2. 刮涂

刮涂是指使用刮刀将涂料涂抹并刮平的一种手工涂装方式，使用的涂料一般比较黏稠甚至固体分占绝大多数比例，这种涂装方式需要使用的工具主要是刮刀、棉布包裹的棉花团等，适合在工件的表面涂装厚膜，如图5-22所示。

根据目标工件的材质，刮涂所使用的刮刀有许多种，如金属的（钢制为主）和非金属的（牛角片、木质、硬胶皮等为主）两大类，一般刮涂采用的涂料多是厚浆涂料和腻子（填泥漆）。

刮涂作业的主要目的多是填孔、补平、塞缝和抹平等修补作业，在汽车车身工件的

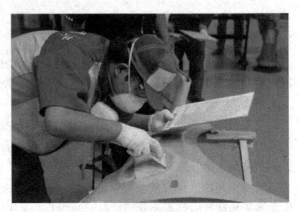

图 5-22　车身工件的刮涂作业

生产涂装中，刮涂多用于车身涂装后、打磨之前的修整缺陷操作，而在汽车维修行业中，刮涂主要用于修补汽车车身在使用过程中受到的各种损伤。

5.5.2　机动涂装

机动涂装又被称作机动工具涂装，是采用各种中小型机械工具进行涂装的工艺方式，一般来说机动涂装主要有空气喷涂、无空气喷涂、热喷涂和转鼓涂装等四大类方法。

1. 空气喷涂

空气喷涂是指采用压缩空气为动力，将涂料雾化后喷涂在工件上的一种喷涂方法，其优点在于：能够任意选择喷漆条件，比较容易操作，适于重视喷涂质量的工件。其缺点是涂料利用率低，空气中容易携带水与油。

空气喷涂可以在工件表面形成一层均匀的漆膜，漆膜涂层细腻光滑，对于零部件较为隐蔽的部位一般也能均匀地涂布到位。

但由于这种喷涂对涂料的要求较高（要求涂料的固体分必须比较低、黏度较低，否则容易阻塞喷枪的喷嘴），要求涂料中必须大量使用稀释剂（一般采用挥发性稀释剂），因此这种方法的涂料利用率在各种涂装方法中几乎是最低的，只有25%~35%，多用于车身工件中的塑料件部分，以获得较好的外观和手感。当然，也有部分金属工件采用此喷涂工艺来喷涂砂纹涂料，但并不多见。

2. 无空气喷涂

无空气喷涂也被称作无气喷涂其特点是利用柱塞泵、隔膜泵等增压泵将液体状态的涂料直接增压（利用液体不可被压缩这一特性），然后经过高压软管输送到无气喷枪中，最后在无气喷枪的喷嘴处释放液压，瞬时将涂料液体雾化，喷向工件的表面，形成涂膜层。

正因为其不需要使用空气来混合雾化涂料，主要采用增压泵直接给涂料液体增压而非使用空气增压，顾名思义被称作无空气喷涂。典型的无空气喷涂如图5-23所示。

相比空气喷涂，无空气喷涂的优点在于喷涂效率较高，速度快，涂料不需要太多挥发性稀释

剂，损失极微，涂膜成膜较厚，遮盖率高，质量好，光洁度高，由于压强关系附着力较强，另外其设备重量轻，体积小，安全性高，可以喷涂的涂料黏度比较高、成本较低等。其缺点是喷嘴容易被阻塞，因此涂料必须严格过滤。

3. 热喷涂

空气喷涂和无空气喷涂等两种喷涂方式主要在常温下进行，实际上有些涂料由于熔点较高，在常温下处于固体状态，此时就必须加热融化然后才能喷涂，这就需要使用到热喷涂工艺，如图 5-24 所示。

热喷涂工艺与前两种喷涂工艺的区别在于，其需要额外添加一个涂料加热器，在喷涂时将涂料先加热熔化，然后再用高速气流将其雾化成极细的颗粒，并以高速喷射到工件表面，最终形成涂膜。

图 5-23　无空气喷涂工件

常见的涂料加热器一般采用的热源有电弧、等离子焰或直接燃烧的火焰等，可以将粉末状或丝状的涂料加热至熔融或半熔融状态后再进行喷涂，因此对固体状态的涂料支持较好，不需要专门的溶剂和稀释剂等。

热喷涂工艺既可以支持普通的喷涂作业，也可以应用于新兴的粉末喷涂作业中，具有诸多的优势：

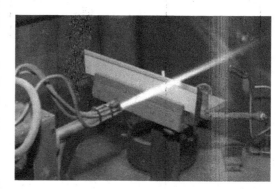

图 5-24　热喷涂塑胶工件

1）涂料利用率极高，损耗极小，污染也很小。

2）基体材料可以是金属、非金属等也支持几乎所有类型的固体涂料。

3）喷涂瞬间涂料会快速降温，因此对基体材料的影响也更小，无腐蚀无冲击不会使基体材料因应力而变形。

4）操作灵活方便，不受工件形状限制。

5）涂层厚度易于控制，支持几微米到几毫米之间所有类型的额涂膜等。

6）支持特种涂膜，例如支持喷涂各种耐磨、耐蚀、隔热、抗氧化、绝缘、导电、防辐射等具有各种特殊功能的涂层。

近年来，随着汽车生产行业对环保节能减排的生产需求越来越严格，热喷涂工艺得到了大量的推广和应用。

4. 转鼓涂装

转鼓涂装与上面介绍的三种喷涂涂装工艺有很大的区别，是利用圆形的涂料鼓进行接触浸涂的一种涂装工艺。

该工艺在涂装时需要先将被涂的工件放入一个垂直而略有倾斜、储存涂料的鼓形容器中备置，通过转动容器的方式使涂料和工件相互接触从而使涂料附着在工件表面。

转鼓涂装的优点在于涂装效率高，速度快，涂料损失少；缺点在于此涂装方式一般只能涂装对装饰性要求不高的小型不规则零件（例如螺母、钢夹、卡箍、锁头、插销等），且只支持涂装一种单一涂料等，操作不当的话很难控制涂膜的厚度，在边缘处也容易产生流挂现象。在汽车车身涂装工艺中，一般用来处理一些小型零部件，应用范围并不大。

5.5.3 器械涂装

器械涂装是指需要大型涂装设备进行机械化涂装的方式，一般需要采购大量昂贵的涂装设备才能使用，优点是效率高，速度快，适合流水线作业等。在汽车生产行业的大规模车身工件涂装中，大多数工件（尤其大型工件）基本上都是通过器械涂装来实现的。

器械涂装种类繁多，有通过机械或物理方法进行涂装的，也有通过化学方法或者电化学方法涂装的，在车身工件的涂装工艺中，常见的有以下几种。

1. 浸涂

浸涂是一种最基本的机械涂装工艺，其原理是将工件浸泡到盛有涂料的槽中，经过一定时间后取出、静置、流平、干燥，即可完成涂装，如图5-25所示。

浸涂工艺的优点是生产效率高、涂装效率高，技术简单，设备成本低廉维护简便，也很容易实现机械化与自动化。相比普通的刷涂、喷涂，浸涂可以全面浸泡工件所有的部位，包括孔洞、腔体和缝隙，因此这种方式适用于几乎所有形状复杂且装饰性需求不太高的工件。

当然，浸涂也有一些固有的缺点，例如浸涂不适合挥发性、含有重质颜料的涂料，而且不支持多种颜色，浸涂的工件涂膜厚度一般不会太均匀，在重力的条件下会产生上薄下厚的效果，也会产生流挂现象等。

图5-25 浸涂的车身工件

2. 静电喷涂

静电喷涂是由空气喷涂和无空气喷涂衍生而来的一种新型喷涂工艺，其与传统喷涂工艺的区别在于其涂料的雾化以及附着工件的方式有所不同。

在静电喷涂工艺中，一般将工件作为阳极，涂料雾化器或电栅作为阴极，连接负高压电后在两极之间形成高压静电场。此时，雾化器或电栅处会产生电晕放电现象，使喷出的涂料液滴带电并进一步发生静电雾化现象，然后受到静电场的作用影响沿着电力线的方向向阳极工件上做高速运动，最终高效地吸附到工件上，经过烘干等工艺之后形成均匀而牢固的涂膜。

> **☞ 提示**
>
> 电晕放电是一种特殊的放电现象，其表现为在高压电的情况下，空气的局部绝缘状况被破坏，在曲率大的电极上产生的一种具有声音和微弱青紫色光的放电现象。电晕放电会使空气产生电离现象。在电晕放电现象中，围绕着放电极周围的空气电离区被称为电晕套。
>
> 如果在电晕放电时电压进一步增高，超过了一定的值之后，就会破坏空气的绝缘性，导致两个电极之间的空气层被击穿，此时将产生电火花，就不再是电晕放电而是火花放电了。在静电喷涂过程中一定要控制电压低于火花放电的临界值以防止产生的电火花引起燃烧和爆炸。

之所以将工件选择为阳极、将涂料的雾化器或电栅作为阴极完全是出于安全的考虑。负电晕放电的临界电压相比正电晕的临界电压要低一些,且不容易产生火花放电而引燃涂料,因此在实际应用上比正电晕放电更加可靠和安全。

静电喷涂之所以是传统喷涂衍生而来的一种涂装方式,是因为其喷涂时必须先给涂料一个动力,使涂料分散成为细小的颗粒并携带电荷,此时,带有许多相同电荷的涂料颗粒会产生排斥效应从而进一步微粒化形成极其微小的带有电荷的微滴,最终形成涂料雾,这种现象叫做静电雾化现象,如图5-26所示。

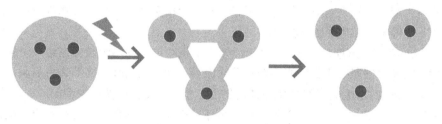

图5-26　涂料液滴静电雾化的过程

> **提示**
> 雾是由液体状态的微颗粒组成的,烟是由固体状态的微颗粒组成的。用于静电喷涂的涂料一般都是液体状态,因此才能形成喷雾。

在涂料相同的情况下,静电雾化的状态与其获得的电荷有着密切的关系,获得的电荷越多,雾化的效果越好。

相比传统的喷涂工艺,静电喷涂具有几条显著的优点:生产效率极高,可实现喷涂过程的连续化和自动化;依托静电吸附效应使得涂料在喷涂过程中损失小,利用率高;涂膜均匀致密,质量较好。

当然,其也存在一定的缺陷,主要是生产设备复杂,需要的电压高,必须采取各种绝缘防护设备以免发生危险。

3. 电泳涂装

电泳涂装是一种由浸涂工艺衍生而来的涂装工艺,因此也被称作电泳浸涂。其原理是将具有导电性的车身工件(一般为金属工件)浸入水稀释的电泳涂料(能在水溶液中电离产生阴离子和阳离子的特殊涂料)中作为阳极(或阴极),在涂料槽中另放入或设置与其相对应的阴极(或阳极),在两极之间痛点,使工件上析出不溶于水且均衡致密涂膜的一种方法。

根据涂料电离的离子类型和工件通电的电极可以将电泳涂装分为两大类,即阳极电泳和阴极电泳等。

其中,阳极电泳是指被涂的车身工件作为阳极,所采用的电泳涂料是阳离子型(带正电荷,AED)涂料的;阴极电泳是指被涂的车身工件作为阴极,所采用的电泳涂料是阴离子型(带负电荷,CED)涂料的。

电泳涂装法作为一种高效、优质、安全、经济的涂装工艺,自从20世纪60年代应用以来备受行业重视。迄今为止的50多年来,随着相关涂料的不断进步以及相关装备的不断发展,电泳涂装已经成为汽车制造工业最重要也最主要的涂装工艺。

据统计有 90% 的汽车生产企业都采用了这一工艺来进行汽车涂装。尤其阴极电泳涂装在底漆涂装方面，无论从涂膜的防腐性能还是涂料的利用率方面都进步非常大。大体上，电泳涂装的发展分为四个主要阶段。

1）20 世纪 60 年代。70 年代之前，电泳涂装出于最初的应用推广阶段，主要采用的电泳涂料为丁烯二酸酐改性树脂的阳极电泳涂料为主。此阶段的电泳涂装问世初期，仍属于确立生产管理规范和改进工艺的阶段。

2）20 世纪 70 年代前期和中叶。电泳涂装的技术发展阶段，采用了以聚丁二烯为主的高泳透力电泳涂料，废除了辅助电极。同时，超滤技术的应用实现了闭合循环水洗体系，提高了涂料的利用率并使得生产工艺更加合理化。

3）20 世纪 70 年代末期到 80 年代中叶。电泳涂装的技术成熟阶段，在这一阶段，各厂商和研究机构不断地研制新一代高性能的特种电泳涂料，使高耐腐蚀、高泳透力的阴极电泳涂料得到生产运用，完成了阳极电泳到阴极电泳的转变，使汽车工件的防腐蚀性能进一步提高。

4）20 世纪 80 年代末至今。电泳涂装进入到了一个全新的阶段，在此阶段里，电泳涂装技术主要面向更加环保、更加节省能源与资源的方向努力，逐渐开发出新一代的阴极电泳涂料，不断降低涂料中的有害重金属以及有机溶剂的含量，引入了超低温固化技术，将烘干温度从 180℃ 降低到了 140℃，并逐步降低生产环节的各种排污量，逐渐达到了四个零的标准，即挥发性有机溶剂含量为零、超滤液排放量为零、重金属含量为零和颜料含量为零。

电泳涂装的整个工艺流程大体上由四个步骤的电化学物理现象实现，如图 5-27 所示。

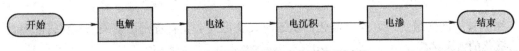

图 5-27 电泳涂装的四个电化学物理过程

1）电解。任何一种可以导电的液体在接通直流电之后在电流作用下产生的溶解物分解现象被称作电解。在电泳过程中，涂料的水溶液中，水（H_2O）发生电解作用，在阴极释放出氢气（H_2），在阳极释放出氧气（O_2），反应式如下

$$2H_2O \xrightarrow{通入直流电} 2H_2\uparrow + O_2\uparrow$$

此时，电泳槽中的阴极和阳极处的金属表面在直流电的作用下开始溶解，产生金属离子。

2）电泳。在电泳涂料溶液中的正电荷离子在电场的作用下移向阴极，带负电荷的离子移向阳极。

3）电沉积。带电荷的涂料树脂在电极上逐渐沉积，这种现象就是电沉积现象。电沉积的第一步是阴极上的金属工件逐步电解反应，形成氢气（H_2）和氢氧根离子（OH^-），当阳离子型的阴极电泳涂料树脂与氢氧根离子反应变成不溶性的物质时就会在工件表面形成沉淀，构成涂膜。阳极电泳涂料的电沉积与阴极电泳涂料恰恰相反，在阳极表面产生氢离子（H^+）的积聚，阴离子型的数值与氢离子生成不溶性的树脂。

4）电渗。此时，沉积在车身工件上的涂膜仍然是半渗透的膜，在电场力的作用下，涂膜内部所含的水分逐渐从涂膜中渗析出来，使涂膜逐渐脱水而致密化，最终形成在水洗后仍然不脱落的致密涂膜。

作为一种典型的汽车车身工件涂装工艺，电泳涂装的优点和缺点同样突出。其优点在于：

整个过程高度机械化自动化，利于流水线生产；可得到均匀的涂膜；对复杂形状的工件也有极好的涂装能力，可涂装各种空腔孔洞缝隙位置；涂料利用率极高；安全性和环保性较好；涂膜光洁平滑外观较好。

当然，其也存在一些缺陷，例如必须使用专门的电泳涂料，常见的电泳涂料成膜后耐候性都较差，需涂布额外的面漆；仅适用于具有导电性的工件（如金属工件），对木材、高分子塑料等不支持；要求工件必须耐高温；在电泳涂料中必须完全浸渍才能涂上，未浸渍部位无法涂布，因此限制工件的尺寸；生产线的门槛较高，成本较大，不适合小批量生产等。

基于以上的优缺点，绝大多数电泳涂装工艺都主要应用在车身工件底漆的涂装作业中，一般面漆仍然需要结合使用其他工艺。

4. 粉末涂装

粉末涂装是近年来新兴的一种工件涂装方式，其与之前介绍的所有涂装方式都有着本质的不同。之前的各种涂装工艺基本都需要采用液体涂料进行涂装，也就是说，这些涂装工艺所采用的涂料都需要溶剂、稀释剂、助溶剂之类的辅助成膜物质来将涂料转变为液态，然后再进行涂装。

粉末涂装工艺则是直接将主要成膜物质以固体（或半熔融状态）的方式进行涂装，因此其作业的原理和工艺完全不同。

粉末涂装所使用的涂料主要是防腐蚀性的环氧粉末涂料、环氧聚酯型粉末涂料以及各种装饰性聚酯、聚氨酯粉末涂料以及丙烯酸粉末涂料等。这些粉末涂料在喷涂过程中基本保持固态或半熔融态，因此成膜的机理与液态的各种涂料溶液完全不同。

在进行粉末涂装时，通常需要通过热熔融等方式来先期处理，然后在通过静电引力或者熔融附着力将涂料涂布在工件上。前者是静电粉末涂装法，后者则是热喷涂法或者流动床粉末涂装法等，这些涂装方法有的采用了部分之前提到的涂装工艺的方法，但都需要针对粉末的特性进行改进。

粉末涂装在汽车涂装中主要应用的方向大多在车轮、保险杠、后视镜支架等，在车身工件上应用尚不普遍，在此将不再赘述。

5.5.4 涂料与涂装工艺的选择

之前的小节共介绍了十大类涂装工艺，这些涂装工艺中有人工进行涂装的，也有使用各种设备以物理、机械力或化学的方式进行涂装的，每一种涂装工艺实际上都有适宜使用的涂料和不适宜使用的涂料（刮涂和热喷涂除外，这两种涂装工艺几乎可以涂装所有类型的涂料）。

因此，在车身工件涂装的工艺选择上，需要根据涂料的性质来决定选择何种涂装工艺。在此通过一个简单的表格将涂装工艺与涂料进行了对照，见表 5-5。

表 5-5 涂装工艺与涂料的关系

涂料	涂装工艺							
	刷涂	空气喷涂	无空气喷涂	转鼓涂装	浸涂	静电喷涂	电泳涂装	静电粉末涂装
油性涂料	适宜	可用	可用	—	—	—	—	—
醇酸树脂涂料	可用	适宜	适宜	—	—	可用	—	—
硝基涂料	—	适宜	适宜	—	—	—	—	—
氨基醇酸树脂涂料	—	适宜	适宜	可用	可用	适宜	—	—
热固性丙烯酸树脂涂料	—	适宜	适宜	—	—	适宜	—	—
过氯乙烯树脂涂料	—	适宜	适宜	—	—	可用	—	—
环氧树脂涂料	—	可用	适宜	—	—	可用	—	—

(续)

涂料	涂装工艺							
	刷涂	空气喷涂	无空气喷涂	转鼓涂装	浸涂	静电喷涂	电泳涂装	静电粉末涂装
苯乙烯改性醇酸涂料	—	适宜	可用	—	—	适宜	—	—
不饱和聚酯涂料	可用	适宜	—	—	—	—	—	—
水性涂料	—	适宜	适宜	可用	可用	适宜	—	—
电泳涂料	—	—	—	—	—	—	适宜	—
粉末涂料	—	—	—	—	—	—	—	适宜

5.6 车身涂装设备

汽车车身的涂装生产是现代汽车工业不可分割的一部分,当前主要的汽车生产厂商所建立的涂装车间往往具备年产量15万辆以上,这就需要在汽车车身涂装的生产工艺中不断引入新技术,采用机械化及自动化的方式提高生产效率,也需要从业者全面了解车身涂装所需要使用的各种装备。

5.6.1 涂装前处理设备

汽车车身工件的涂装前处理有多种分解步骤的方法,一般来说包括脱脂、除锈、磷化、钝化等几大类,除此之外,在这几类工艺进行时往往还需要根据具体的工艺需求对工件进行干燥和水洗。因此作为一项生产实践,汽车车身工件的涂装前处理需要各种各样复杂的设备。

1. 涂装前处理工艺方式的选择

涂装前处理工艺大多数需要将各种功能性的处理剂与车身工件进行接触,然后才能实现处理效果。所谓的涂装前处理工艺,实际上就是这些处理剂与车身工件的接触方式,大体上有三种,即喷式、浸式和半喷半浸式等。具体选择哪一种往往要根据实际的汽车生产需求来决定。

例如,涂装前表面处理就需要根据车身工件的实际污渍附着情况来决定要进行哪些表面处理。由于车身工件一般属于箱式结构或者形制比较复杂,可能包含大量孔洞、腔体和缝隙,往往在涂装前处理时选择使用浸式脱脂、磷化工艺。大型工厂车间往往采用连续式生产设备,通过船型的浸槽来进行处理。

选择涂装前处理的设备一般需要考虑的因素主要有以下几种。

1)产能与产量。在设计和选择涂装前处理工艺时首先要考虑的就是产能问题,大规模投产的生产线和实验性的小规模生产在工艺选择上是完全不一样的。采用间歇式工序或手工处理设备,每小时最大处理量不超过个位数;采用间歇步进式处理设备,每小时最大处理量可以达到十几件;而采用连续通过式前处理设备,则每小时的处理量可以达到将近50件。因此,在选择设备时应该考虑当前的工件到底是属于哪一种类型,是大规模投产还是试生产或者是小批量的特种车型。

2)工件的形状。车身工件一般都有箱式结构,为了使其内表面及车门夹层等部位也能得到脱脂、磷化等工艺的覆盖处理,一般会采用半喷半浸式或者全浸类型的设备进行表面处理,当然,选择全浸最好。对于形状比较简单的工件,则采用喷射处理的效率更高。

3)产品的质量要求。车身工件的涂装一般直接决定了车的外观品质,因此这部分工件的涂装外观需求往往是全车所有工件中最高的。尤其是轿车之类的小型车辆更是对这部分工件的涂装无比重视,特别是在磷化工序中,要与阴极电泳涂料匹配,又要求磷化膜的P比更高,因此一般采用浸式脱脂。而对于一些对外观要求并不高的车辆工件（如载重货车、工程车辆等）则可以采用喷式处理或半喷半浸式处理。

2. 涂装前处理的设备类型

涂装前处理设备按照其在工艺上的作用可以分为两大类，即主要处理设备以及辅助处理设备等，包括以下这些设备。

（1）反应槽

反应槽的主要作用是存放各种处理车身工件的处理剂液体，并提供给浸泡工件的工艺使用。例如脱脂工艺，需要有预脱脂槽、脱脂槽，磷化工艺则需要磷化槽等。除此之外，这些环节之间的水洗工艺还需要有水洗槽。整个涂装前处理工艺实际上就是在若干预脱脂槽、脱脂槽、磷化槽、水洗槽以及相关的连接传送设备和各种辅助设备上完成的。

针对钢铁材质的车身工件（绝大多数车身工件都属于钢铁材质）而言，磷化工艺之前的处理剂多为碱性，而磷化及之后的工艺处理剂多为酸性，因此预脱脂槽、脱脂槽和各种水洗槽多为普通钢材制成。磷化之前最后一道水洗槽应内衬环氧玻璃钢，以避免调节溶液或清洗用水受到污染。磷化槽及之后的各种槽体则主要采用不锈钢制成。

这些槽体内外侧均应设置格栅通道并加设保温层，并罩上由普通钢材喷砂衬以环氧玻璃钢等防腐材料的密封外壳。为保护通道上方的运输链，设备应密封以防止运输链上的污物掉落到工件上。

（2）加热设备

涂装前处理工艺中的脱脂、除锈、磷化等工艺流程都需要进行温度控制，大多数需要在一定的高温下进行，以保证处理工艺中的化学反应具备足够的反应效率，此时就需要额外对整个设备加热，保持槽液在一定的温度条件下对工件进行处理。

对于预先进行脱脂的工件以及脱脂剂，可以采用蒸汽管道在槽内或者槽外进行加热。而对于磷化液，因为高温对磷化液可能起到破坏作用，造成局部产生大量的磷化残渣，所以多采用间接加热，用蒸汽加热水，然后用热水通过板式加热器去加热磷化液，加热水与磷化液的工作温度之差应控制在20℃以内。

（3）槽液搅拌设备

搅拌对脱脂、磷化等基于化学反应和电化学反应的工艺具有非常重要的作用。对槽液进行搅拌可以使槽液的化学品浓度、温度更加趋于均匀。搅拌在零件表面产生的膜面流速可以对脱脂和磷化等化学反应具有明显的加速作用。

槽液的搅拌设备一般以泵循环来实现，喷射式工艺虽然在正常生产时可以起到循环搅拌的作用，但仍然需要有阀门对生产开始之前的加热进行控制。

一般来说，对带有自加热装置的槽体（预脱脂槽、脱脂槽、磷化槽）的循环应不少于5次/h，磷化循环液入口应在槽液面之下，以产生表面流层，促进磷化初期的成膜。

（4）通风装置

涂装前处理工艺的各种化学反应会产生一些气体，例如三氯乙烯（C_2HCl_3）、盐酸气体（HCl）、氢气（H_2）等。这些气体要么会对人体有毒有害（三氯乙烯、盐酸气体），要么易燃易爆（三氯乙烯、氢气），如果不进行处理，不但会影响到一线工人的身体健康，还有可能直接引发安全事故，因此必须在生产线安装足够的通风装置，以保障涂装前处理的生产能够安全进行。一般在涂装前处理设备的入口和出口、脱脂槽和清洗槽之前、磷化槽出口等位置都应该安装通风排气设备，在表调槽与磷化槽之间送风，形成一套完整的通风系统。

（5）储液槽

储液槽的作用是储存和预备进行化学反应的各种液体，供主槽体检修维护时临时储存主槽体中的反应液体。脱脂槽和磷化槽都应该具备储液槽。

储液槽可以是专门设置和建造的独立槽体，也可以是通过备用管道利用脱脂或磷化后的清洗槽和沉淀槽来代替。采用清洗槽或沉淀槽来代替储液槽时，要求磷化后的清洗槽和磷化残渣沉淀槽的总容积应相当于或超过磷化槽的容积。

（6）油水分离设备

油水分离设备的作用是延长脱脂液的使用寿命，其可以将脱脂液中的油污（都是从车身工件上清洗下来的）从脱脂液不断地分离出来。

> **提示**
>
> 常用的油水分离装置的分离原理主要有两种，一种是加热破乳分离，另一种则是离心分离。比较常见的是基于加热破乳分离的油水分离装置。

油水分离设备工作时，可以通过溢流的方式将预脱脂槽表面含有油污的脱脂剂溶液排放到油水分离装置中。然后，在油水分离装置中将这些废水加热到90℃以上，乳化至水中的油脂产生破乳并浮在这些脱脂剂溶液的表面，由传动的除油装置或高速旋转的除油器将油污分离出去，脱脂剂溶液则返回到脱脂槽或者预脱脂槽中。

（7）磷化除渣装置

磷化沉渣是磷化工艺中不可避免产生的副反应产物，其主要成分为磷酸亚铁（$FePO_4$）。在进行磷化作业时，必须将磷化沉渣除去以避免其粘附到车身工件表面直接影响磷化膜的质量。

最简单的磷化除渣装置是在磷化槽底部设计一个锥形沉降槽（由于密度的关系，磷化沉渣会逐渐沉淀到沉降槽的底部），然后定期将磷化槽底锥形体内含有磷化残渣的混合液体打到沉降槽中，经沉降处理后，将上层的清液返回磷化槽，下部的残渣则用板框压滤机进行压滤处理或人工清除。

除了简易的沉降槽除渣之外，还可以使用机械化的自动除渣机进行除渣过滤作业。这种自动除渣机一般采用履带式过滤器或者真空过滤器进行除渣作业。

履带式过滤器是通过滤布将磷化槽底部送来的磷化液进行连续过滤，滤布是铺在履带式过滤网上的。滤布的更换靠液位进行控制，当一次性滤布被阻塞之后，滤布上的液位升高，接触到传感器，履带自动转动更新滤布。当新的滤布更换之后，磷化液被正常地过滤，使得滤布上的液面下降，履带停止转动，达到自动过滤的目的。

真空过滤器则是在过滤鼓外加尼龙过滤布，在鼓内造成一定的真空度，使滤液通过过滤布而把残渣吸附在过滤布上，过滤鼓不断转动使磷化残渣被刮板刮掉从而连续使用。

（8）纯水制造装置

涂装前表面处理最后一道水洗的工序需要采用纯水进行，也就是要求水的电导（导电率）在$5×10^{-2}S/m$以下。因此，在涂装前处理的生产设备系统中必然要准备纯水制造装置。

过去的纯水制造装置多采用离子交换树脂通过阴离子、阳离子交换的方式来生产纯水，然后定期用碱或酸来对离子交换树脂进行再生。

随着技术的发展进步，如今的汽车厂商逐渐采用更新的反渗透膜技术来制造纯水，利用不同浓度差的液体在半透膜之间使水分子通过来达到压差平衡的原理，对能阻挡各种盐的离子通过半透膜的一侧施加一定的压力，从而实现过滤，生产纯水。

反渗透设备的生产能力极高，基本可以达到所供水量的70%以上，维护也比较简便，只需要定期清洗即可，不需要用酸碱再生，基本无污染。因此，虽然反渗透设备的一次性投资比较大，但是其制备纯水的成本要低于离子交换法。

（9）加料系统

加料系统的作用是将脱脂剂、磷化剂等固体的原料配制为20%左右浓度（质量分数）的脱脂液补充液（脱脂剂溶液）或磷化液补充液（磷化剂溶液和催化剂溶液），然后采用电导测量控制的方式自动补加或定额补加（按照入槽的车身工件表面积和数量计算）的方式将这些补充液补充添加到对应的反应槽中。当然，也可以通过定时化验的数据以浓度-补加量曲线来查询补加量，进行人工补加。

一般来说如果需要加料的槽体较小，则一般采用连续滴加的方式进行补加。以磷化槽为例，在附槽上设置两个高位槽，每天按照产量估算好磷化补充液的剂量，靠高位槽下部的阀门控制滴加速度，进行连续滴加作业即可。

> **提示**
>
> 催化剂需要在生产之前先快速加入，然后等待生产过程中催化剂到达最低浓度的临界值之后再连续滴加补充。
>
> 磷化液和催化剂不应该混合在一起补充，滴加的位置应该离得尽可能远，以避免浓磷化剂和催化剂发生沉渣反应。

5.6.2 手工喷涂设备

手工喷涂主要用于车身工件的补漆或小批量工件试生产以及一些特种车辆的生产流程（产量较少）。其主要使用的工具就是喷枪。

为了防止喷涂的涂料雾排放到大气中造成污染，同时防止车身工件在喷涂过程中受到空气中沙尘的沾染，喷涂一般需要在专门设置的喷涂室（或喷涂车间、喷涂舱）进行。

微课视频
手工喷涂设备

1. 喷枪

喷枪是手工喷涂最主要的生产工具，将涂料和压缩空气混合，然后喷出雾状的涂料，最终附着在工件的表面形成涂膜。

（1）喷枪的类型

在空气喷涂中，按照涂料和压缩空气结合的方式可以将其分为内部混合型喷枪和外部混合型喷枪，其主要区别在于喷嘴的形制不同，如图5-28所示。

按照涂料的供给方式，可以将喷枪分为吸上式喷枪、重力式喷枪和压送式喷枪等三种。

1）吸上式喷枪。吸上式喷枪是靠高速喷出的空气气流产生的文氏效应将涂料从涂料罐中吸出，并同时雾化。

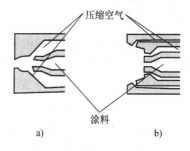

图5-28 喷枪

a）内部混合型喷枪 b）外部混合型喷枪

> **提示**
> 文式效应也被称作文丘里效应，是一种特殊的物理效应，由意大利物理学家文丘里发现因而得名。
> 该效应表现在受限流动在通过缩小的过流断面时，流体出现流速增大的现象，其流速与过流断面成反比。而由伯努利定律知流速的增大伴随流体压力的降低，即常见的文丘里现象。通俗地讲，这种效应是指在高速流动的流体附近会产生低压，从而产生吸附作用。利用这种效应可以制作出文氏管。

吸上式喷枪的涂料喷出量与涂料的黏度和密度有关。因为受限于手持状态，所以喷枪的涂料罐较小，装载的涂料有限，主要用于小批量生产和补漆之类的修补工作，如图5-29所示。

2）重力式喷枪。重力式喷枪一般将涂料罐直接安装到喷枪的喷口上方，涂料靠重力作用流入喷枪枪口处与压缩空气混合并喷出，如图5-30所示。由于重心问题，这种喷枪的涂料罐更小，主要还是用于小规模的精细喷涂之用，优点是比较节省涂料，每次使用涂料总是能完全喷出。

图5-29 吸上式喷枪

图5-30 重力式喷枪

还有一种重力式喷枪涂料罐和喷枪分离并通过软管连接，将大型涂料罐放置在比较高的位置。这种重力式喷枪可以存储几乎无限量的涂料，但缺点也同样明显，就是连接的软管会影响到喷枪的机动性，限制喷枪工位，因此这种外接式的重力式喷枪一般都安装在自动喷涂的机械臂上用于流水线生产。

3）压送式喷枪。压送式喷枪是依靠压力输送来实现涂料喷涂的喷枪，典型的压送式喷枪又可以分成三种类型。

一种是以外置的压缩空气增压涂料罐供给涂料（一般增压罐的容积可以达到上百升）的压送式喷枪，另一种是依靠小型空气压力泵从涂料罐泵出涂料供给喷枪，如图5-31所示。这两种都仍然属于手持设备或小型喷涂设备的范畴。

还有一种则是通过大型涂料传输系统进行输送，再

图5-31 空气泵压送式喷枪

用气动泵连续通过管道向喷涂室输送涂料，并形成循环回路的压送式喷枪。这种喷枪往往用于大规模流水线生产的喷涂设备，与涂料调配机构紧密结合，用于批量化的生产。

（2）喷枪类型的选择要素

在选择喷枪时，需要考虑的主要因素有三点：喷枪的本身尺寸和重量、涂料的供给方式以及要喷涂的车身工件产量等。

1）喷枪的尺寸和重量。从减轻生产线工人的劳动强度、提高生产管理效率的角度来看，喷枪的选择以体积和重量越小越好，但是太小的喷枪往往涂料的存储量也较少，需要频繁地添加涂料导致作业效率下降。

因此，一般小型喷枪（如吸入式喷枪、非罐枪分离的重力式喷枪）不适用于大型流水线涂装，只适合小型试生产或手工工件补漆以及喷涂一些体积较小、形状较为复杂的工件之用。而大型平面状的工件以及大型批量生产的工件则应尽量选择罐枪分离的重力式喷枪和压送式喷枪。

2）涂料的供给方式。如果喷涂时需要的涂料比较少，颜色需要频繁更换，应选择重力式喷枪；涂料用量较大且颜色更换次数较多，尤其喷涂车身工件的侧面时，应选择容量为1L以下的吸上式喷枪；如果涂料用量较大，几乎不更换颜色，可采用压送式喷枪并使用涂料增压罐来输送；如果涂料用量极大的流水线喷涂，则应该选择泵和涂料循环管道压送。

多色喷涂可采用快速换色接头，便于清洗和更换颜色。

> **提示**
>
> 压送式喷枪如果使用涂料传输系统进行供料，则往往会极大地减轻喷枪的重量，方便频繁更换方向的喷涂。

3）喷涂的车身工件产量。产量大的喷涂生产线如果单位时间内通过的涂装面积较大，涂料使用量较大，则应选择口径较大的喷枪。喷枪口径越大，则越容易加厚成膜。

另外，涂料的黏度越高，所需要的喷枪口径就越大，太过黏稠的涂料用小口径喷枪容易阻塞影响喷涂进度。

（3）喷枪的维护

喷枪是一种较为精密的工具，使用不当或者维护工作不到位很容易使得喷嘴阻塞或各种橡胶密封件损坏，因此必须按照操作规程维护。

1）清洗维护。每次使用完喷枪之后都应该立即用溶剂洗净。需要注意溶剂应选择对金属无腐蚀性的溶剂，否则很容易破坏喷嘴的金属件。

2）定期刷洗。定期使用蘸有溶剂的毛刷清洗空气帽、喷嘴以及枪体，还有各连接件的缝隙。

3）停止作业维护。在暂停喷涂工作时，可以将喷枪头浸泡在溶剂中防止喷嘴被涂料阻塞，但是需要注意不能将喷枪全部浸泡在溶剂中，尤其喷枪的各橡胶组件绝对不能接触到溶剂。

4）使用禁忌。喷涂时不允许用喷枪接触工件。

5）维修维护。喷枪的深度维修维护应该由专业人员操作，不应该随便拆卸。应定期检查喷枪的工作状态，更换易损部件。

2. 喷涂室

喷涂室应当由供风系统、排风系统、过滤和捕集涂料雾系统、间壁和照明等部分组成，并

满足几个要求：喷涂时防止涂料雾飞散到车间内污染环境；未喷到工件上的涂料雾和溶剂蒸气能迅速排除并最大限度地被捕集；操作工人在操作范围内应有流动的空气并且不被污染；送风系统送来的空气能满足涂层质量要求（无沙尘）；具有良好的照明；用电器具有防爆性能（涂料雾大多属于易燃易爆）。

常用于汽车车身工件喷涂的喷涂室大体上可以分为干式喷涂和湿式喷涂两大类。

（1）干式喷涂室

干式喷涂室主要依靠吸附的方式来处理喷涂中产生的涂料雾或不处理涂料雾，有折流板型、过滤网型、折流板与过滤网混合型以及无捕集装置型等四种。

1）折流板型。折流板型喷涂室在排气侧设置有折流板，涂料雾在前进过程中极速转向，碰撞在折流板上从而被捕集。为了提高涂料雾的捕集率可在折流板上涂油或使用可剥离性材料，并定期清理。这种喷涂室适合少量涂装作业，折流板的捕集效率并不高，但是成本较低、维护也较为简易。

2）过滤网型。此型的喷涂室会在排气侧安装过滤网，通过过滤网对喷涂产生的涂料雾进行收集捕获，最终捕集到过滤网孔中。当过滤网孔阻塞到一定程度时应当及时更换过滤网。这种喷涂室也比较适合少量涂装作业，过滤网的捕集效率较高，但是需要频繁维护更换，成本较高。

3）折流板与过滤网混合型。此型的喷涂室是将两种捕集涂料雾的方式结合起来，喷涂产生的涂料雾先通过折流板再通过过滤网，因此可以大幅度提升过滤网的寿命，同时也提高了捕集效率，一般捕集效率可在90%以上。这种喷涂室同样只适合少量涂装作业。

4）无捕集装置型。无捕集装置型的喷涂室主要用于静电喷涂。静电喷涂的效率较高，排风的风速较低，排出的多为溶剂雾，少量涂料雾仅仅靠重力就能落入喷涂室的涂料盘中，因此可以不设置捕集装置。

（2）湿式喷涂室

湿式喷涂室主依靠水来捕集喷涂产生的涂料雾，其也分为四种类型：水幕型、水幕喷洗型、无泵型和上送风下抽风型。

1）水幕型。在喷枪朝向的方向有金属壁，下方捕集水槽中的水由水泵泵至上方，并从金属壁上流淌下来，形成均匀的水幕。涂料雾在遇到水幕后被水幕所吸附、混合，最终流入金属壁下的捕集水槽排出。此型喷涂室的整体捕集效率大约在80%左右，也是适合少量涂装的喷涂设计。

2）水幕喷洗型。此类型的喷涂室取消了金属壁的设计，在水幕之后增设了几排喷嘴喷出水，对涂料雾进行二次收集，几乎可以捕集95%以上的涂料雾，并可以从废水中定期收集废涂料。此类喷涂室由于捕集涂料雾的能力较强，适合大规模的涂装作业。

3）无泵型。在喷涂室内部和收集槽水面之间的狭缝进行抽风，依靠高速的排气将捕集水槽内的水卷起，碰上挡板面而落下，通过涂料雾与水的碰撞来捕集涂料雾。此类喷涂室需要静压较高的排风机，捕集水槽的水液面高度应受到严格控制。此型喷涂室的捕集效率也比较高，约为95%以上，但是受到泵功率以及抽风限制，只适合小批量的涂装。

4）上送风下抽风型。此型喷涂室又可以分为喷射水洗型、文式型和旋风动力管型等三种，三者都能与废料除渣系统配合，可以自动连续除渣，其喷涂室内气流均一，在车身工件周围可以形成高速的涂料气雾，防止前后车工件相互影响。这种喷涂室的捕集效率在97%以上，可以与通过式生产线结合，适用于大批量生产的汽车车身涂装（其生产效率取决于喷涂的长度），既可以支持小型工件，又能支持超大型工件。

5.6.3 静电喷涂设备

静电喷涂需要使用的设备主要是静电喷枪和高压静电发生器等两种专用设备，其喷涂作业主要在无捕集装置型喷涂室进行。在5.6.2小节中已经介绍过了无捕集装置型喷涂室，因此在此主要介绍高压静电发生器和各种静电喷枪。

微课视频
静电喷涂设备

1. 高压静电发生器

高压静电发生器主要有内置式和外置式等两种，其区别在于和静电喷枪的集成度。现在一般手提式空气雾化静电喷枪都已经在喷枪中内置涡轮式高压静电发生器，使压缩空气成为涂料开始雾化的动力，即高压静电产生的原动力。

固定式静电喷枪则一般采用功率较大的外置式高压静电发生装置。喷枪和高压静电发生器往往是配套设计，由于高压静电本身有一定的危险性，因此不同型号的喷枪之间的高压静电发生器请勿混用。

2. 静电喷枪

静电喷枪既是涂料的雾化器又是放电极，其功能不仅是使涂料分散、雾化，还要使涂料液滴充分带上电荷。

一般来说静电喷枪主要靠离心力、压缩空气压力或液压等动力，将输送到喷枪前端的涂料预分散并雾化。喷枪头前端配置有已经负荷高压静电的针状或锐边状放电极，通过尖锐的部分产生电晕放电，使飞离喷嘴的涂料液滴获得电荷。带电的涂料液滴依靠静电排斥力在飞行过程中进一步雾化并在车身工件的静电吸引力下附着到其表面。

总体来说，静电雾化作用是靠几种不同的作用力综合完成的，各种静电喷枪虽然在形制和结构上各有特点，但总体的原理基本相同。静电喷枪的种类很多，原则上绝大多数喷涂工具都能使用静电喷涂。在车身工件的涂装方面，常见的静电喷枪主要有离心力静电雾化喷枪、空气雾化静电喷枪、液压雾化静电喷枪和空气/液压雾化AA静电喷枪等四大类。

在汽车车身工件的喷涂方面主要采用的是离心力静电雾化喷枪和空气雾化静电喷枪等两大类。其中，离心力静电雾化喷枪又可分为盘式静电喷枪和杯式静电喷枪等两种。

（1）离心力静电雾化喷枪

此类静电雾化喷枪采用高速旋转的喷头产生离心力，然后将涂料分散成为细小的液滴。当涂料液滴离开喷头的电晕锐边区域时得到电荷，带电的涂料液滴进一步雾化成为更加微小的涂料液滴，随后在电场的作用下，沿着静电引力和离心力的合力方向吸附在车身工件的表面并释放电荷，最终形成涂膜。其喷头主要分为盘式喷头和杯式喷头两种。

1）盘式静电喷枪。此类静电喷枪又被称作圆盘型静电喷枪或碟型静电喷枪，其喷头在平面上呈盘状，材质为镀铬的钢材、不锈钢或者铝合金等，盘面一般朝下。在喷涂作业时，盘式喷头会以气动或电动的方式转动，以离心力的方式将涂料液滴甩出，如图5-32所示。

图5-32 盘式静电喷涂的生产线

盘式静电喷枪供给涂料的方式有内部供给和外部供给两种。在采用盘式喷枪时，作用于涂料液滴的离心力和静电引力几乎在同一方向（即电场方向）。涂料液滴沿着切线方向以一定的初速度飞离盘式喷头。在空气中飞行时，涂料液滴受到空气阻力的影响，机械能逐渐下降，随后沿着盘式喷头与工件之间所构成的电场力方向飞向工件。

这种静电喷枪的优点在于涂料飞散较少，涂着效率非常高，喷料量比较大，作业效率比较好，更适合各种复杂形状的小型工件喷涂作业。

2）杯式静电喷枪。杯式静电喷枪的喷头一般采用铝合金制作，被设计为杯形或钟形。因为喷涂作业时其杯形喷头会围绕中轴线高速旋转，所以也被称作旋杯式静电喷枪。此类静电喷枪的杯径和转速与涂料的种类、喷出量、被涂工件的大小和形状等因素密切相关。典型的杯式静电喷枪如图 5-33 所示。

图 5-33　杯式静电喷枪

杯式静电喷枪的涂料雾化过程与盘式静电喷枪类似，不同之处在于当涂料液滴离开旋转的喷头锐边时，作用于涂料液滴的离心力和静电引力互相垂直，带电的涂料液滴沿着两者的合力方向以抛物线的方式运动并涂着在工件上，其原理如图 5-34 所示。

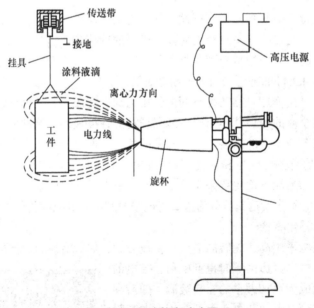

图 5-34　杯式静电喷涂原理

因为杯式静电喷涂的涂料液滴以抛物线的方式飞散，所以其飞散的幅度比盘式静电喷枪要大，一般形成中空的环形喷流，如图 5-35 所示。

正是杯式静电喷涂的这种特点，导致其喷涂效率相对盘式静电喷涂略低，涂料损耗也略大，但是可以将工件上下往复移动来使得喷涂的涂膜均匀附着，因此适合喷涂表面较为平整的大型工件。

另外，现代汽车喷涂工艺中也对杯式静电喷涂做出了诸多改进，例如增加空气环、降低喷头的尺寸、提高转速等。采用涡轮气动马达的旋杯转速每分钟高达数万转，具有很高的雾化能力，喷涂的质量也更加容易控制。

（2）空气雾化静电喷枪

空气雾化静电喷枪又被称作空气静电喷枪，其主要采用压缩空气作为雾化涂料液滴的动力源，在这点上与离心力静电雾化喷枪有着本质上的区别。在这种静电喷枪的设计中，高压静电仅仅起到促进涂料液滴雾化的作用。

空气雾化静电喷枪的结构与一般空气喷枪大体类似，其不同之处在于腔体主要采用绝缘塑料制成，外置式或内置式高压静电发生器与枪头前端设置的针状放电电极相连接，如图 5-36 所示。

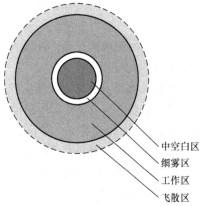

图 5-35 杯式静电喷涂截面

以手持式空气雾化静电喷枪为例，当扳动枪机之后，首先以压缩空气为动力喷出空气和涂料的混合雾，同时静电发生器也会产生负高压静电，使枪头的针状放电极周围形成不均匀的电场，将附近空气强离子化，形成稳定的电晕放电和电晕套。

当涂料液滴通过电晕套时，获得负电荷，带电的涂料液滴在雾化压缩空气的动力和电场力的共同作用下进一步雾化分散，并沿着电荷的方向飞向车身工件，最终附着在其表面形成涂膜。

空气雾化静电喷枪由于在喷出的涂料雾中混合油空气，其荷电率和涂着效率比离心力静电雾化喷枪要低一些，一般介于空气喷涂和离心力静电雾化喷涂之间。手提式空气雾化静电喷枪的优点是轻便，适合涂装一些形状比较复杂

图 5-36 手持空气雾化静电喷枪

的工件，并且由于压缩空气的冲击力，这类喷枪对工件上的凹洼部分位置也能喷涂得相当均匀。

5.6.4 电泳涂装设备

电泳涂装是由浸涂涂装工艺发展而来的一种涂装方法，其所采用的设备主要有电泳涂装作业设备（电泳槽、备用槽、槽液循环过滤系统）、调温系统、供电系统（电极和极液循环系统）、电泳后清洗设备、超滤装置、涂料供给装置以及电气控制系统等，本节主要介绍其中前五种。

微课视频
电泳涂装
设备

两种典型的电泳涂装（阴极电泳和阳极电泳）设备组成基本相仿，区别在于阴极电泳涂装的工件为阴极，而阳极电泳涂装的工件为阳极；涂料树脂离子的电荷相反，因此选用的极罩隔膜和 UF 膜有所不同；阴极电泳槽液为酸性，需选择不锈钢器材，造价昂贵一些；阴极电泳的工作电压略高。

1. 电泳涂装作业设备

电泳涂装作业设备主要负责电泳涂装最核心的涂装工艺，相关设备主要有电泳槽、备用槽和间壁室等。

（1）电泳槽

电泳槽是电泳涂装作业的主要浸槽，形状有船形和长方形两种。传统的长方形电泳槽适用于步进式生产；而船形槽则比较适合大规模流水线生产，其两端的斜坡长度取决于被涂装的车身工件出入电泳槽的角度，一般大型车身工件的入槽角度约为30°，摆杆运输链的入槽角度则已经达到了45°。

在电泳槽的出口端设有溢流槽，其作用是盛接电泳槽表面溢出流至此处的电泳槽液，具有消除泡沫的功能。电泳槽和溢流槽之间应设置一个调节堰，用于调节两个槽的液位，其落差一般需要控制在50mm以内，过高就会产生泡沫。

电泳槽的槽底转角都应该设计成流线形，尽量消除液流死角防止沉淀堆积，并应设计有槽液循环搅拌系统，一般应该满足以下几个需求。

1）保持槽液均匀混合，防止颜料（尤其金属颜料）在槽中及工件表面发生沉淀。

2）随时通过管路上的过滤器对槽液即时过滤，除去槽液中的固体颗粒物和油污。

3）保持槽液的温度均匀。

4）及时排除电泳过程中工件表面上的气体、气泡。

（2）备用槽

备用槽的容积一般和电泳槽的容积相当甚至略大一些，用于在电泳槽处于清理与维护状态时提供一个临时的电泳槽液储存区域。和电泳槽类似，备用槽也应该配置循环搅拌系统，防止电泳槽液储存在此时出现沉淀、分层等问题。备用槽和电泳槽可以共同使用一套循环系统，并用备用管道连接。

（3）间壁室

电泳槽上应设置一个封闭的间壁室，以镀锌钢板或刷涂环氧树脂的普通钢板为主要材质，并预留玻璃窗和出入门，门上应装有安全保护连锁装置，以防止人员进入时发生触电风险。间壁室上方应设有排风换气系统。

2. 调温系统

电泳涂装的反应是一种化学反应，其反应的效果以及涂膜的质量和反应温度有着密切的关系，因此电泳槽必须配备调温系统，以随时保障电泳涂装作业的温度符合涂装工艺设计的需求。

一般在春夏秋三季，为了保证电泳涂膜质量的均匀致密，要求将槽液温度控制在±1℃以内，在正常生产的状态下，由于电泳通入电流和机械搅拌设备都在不断产生热量，因此槽液的温度始终处于上升状态，控制温度需要进行冷却；在冬季如果厂房温度低于10℃，则需要对电泳槽液进行加热。

常见的电泳调温主要以水为调温导热介质，冷却时采用7~10℃的水，加热时采用40~45℃的水，整个调温系统又由热交换器、泵、冷水（或温水）循环管路、冷水槽、冷冻机组、冷却塔、温水加热器、温度控制器和调节阀等组成，与电泳槽液接触的部分应采用不锈钢制造。

热交换器和冷冻机组的容量都要以生产中使用的最高电压和最大电流为参考基准综合考虑，并预留一部分余量。

热交换器一般设在槽液的循环管路中，槽液压力要始终超过冷却水的压力，以防止槽液因热交换器泄漏而被污染。为防止槽液过热，应在槽中设置过热报警装置。

3. 供电装置

电泳涂装依赖供电系统为电泳槽中的电极提供电能，因此需要在槽边装置相关的阴极或阳极供电系统，一般来说每一边的电极供电都应该包括极板、极罩和极液循环系统、直流电源等。

1）极板。极板一般布置在电泳槽的两侧，但是入槽处可以少布置或不布置极板，必要时底部和顶部也可以布置一些电极，对电泳槽进行分段供电。

> **提示**
> 一般在阴极电泳的场合，阴极（工件一侧）和阳极（槽边极板）的面积之比应为 4∶1。如果要分段供电，那么每个分段电极之间应该保持一定的距离。

电泳涂装一般使用的是匣式极罩的板式阳极，材质应为不锈钢板，在使用不同类型的电泳涂料时，还应考虑极板的耐酸或耐碱需求。

2）极罩和极液循环系统。在电泳涂装工艺的作业过程中，极板所在的区域将不断产生有机酸或碱，如果不及时将这些具有腐蚀性的化学物质清除，必然会影响到工艺参数的 pH 稳定性，从而影响泳透力和涂膜的性能。因此一般采用阴极或阳极隔膜系统法将产生的这些化学物质排除出去。

阳极隔膜系统就是将阳极封闭在可冲洗的阳极罩内，极罩由绝缘材料（一般为塑料）制成，板式极罩朝向工件的一面（管式电极罩则朝向四周）装有离子选择性的半透膜。

阳极液循环系统由阳极隔膜系统、极液往返循环管路、泵、极液槽、电导和浊度控制仪、去离子水供给管路等部分组成。极液应该始终保持清澈。当其变为浑浊时，表示某个极罩发生了泄漏，应停止运行将其与系统隔离进行检修。

3）直流电源。供电装置的直流电应由整流器供给，一般为 0~400V 之间电压可调，在满负荷运转的情况下电压脉动率应该小于 5%。

电流一般与涂装面积即涂料的库伦效率有关。连续式电泳涂装，经验数据可以按全浸没面积乘以 10~20A 来进行计算；步进式全浸没通电，要求有软启动功能，即工件完全浸没之后，在 30s 内供电电压从 0 逐渐提升到要求的施工电压。

> **提示**
> 库伦效率也叫放电效率，是指蓄电池放电容量与同循环过程中充电容量之比，即放电容量与充电容量之百分比。对于正极材料来说，是嵌锂容量/脱锂容量，即放电容量/充电容量；对于负极材料来说，是脱锂容量/嵌锂容量，即充电容量/放电容量。
> 电解质分解，界面钝化，电极活性材料的结构、形态、导电性的变化都会影响库伦效率。

整流器应与运输链联锁，运输链停止时可以将电压降至临界电压，运输链起动之后，10~15s 之后上升至正常的工作电压。电泳涂装中，一般采用工件接地的方式来保障安全。

4. 电泳后清洗设备

电泳涂装作业后需要马上对涂膜进行清洗作业，其目的是回收表面未附着成功的涂料、提高电泳涂料的利用率、提高和改善涂膜的表面质量等。电泳后的清洗作业一般包含以下工序，如图 5-37 所示。

清洗大体上可以分为槽上预清洗（工件在出电泳槽后立刻用新鲜超滤液或循环超滤液喷

洗）、循环超滤液冲洗、循环超滤液浸洗（全浸没，浸入即出）、浸洗后再用新鲜超滤液喷淋60s、循环去离子水浸洗或喷洗、新鲜离子水淋洗等几个步骤。

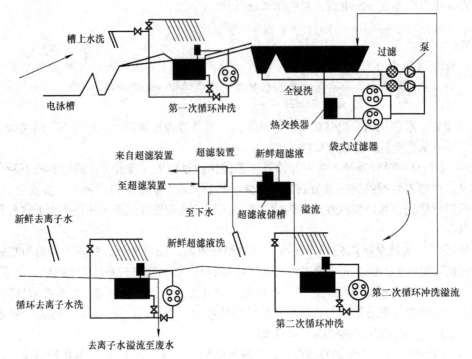

图5-37 电泳后清洗流程图解

5. 超滤装置

超滤是一种基于压力驱动的膜分离过程，是采用特定的多孔隔膜分离的一种过滤方法。一般超滤膜的孔径大约在 $10^{-3} \sim 10^{-2} \mu m$ 之间，能将电泳槽液中悬浮的颜料、高分子树脂等体积比较大的分子截留，从而使槽液中的水、有机溶剂、无机离子和低分子有机物通过隔膜，最终形成超滤液。

在超滤处理工艺中，如果压力一定，则超滤膜透过率将与电泳槽液的固体分、温度以及膜面的流速相关。

使用超滤液可以实现封闭清洗，提高涂料的利用率，减少后冲洗的污水排放量，必要时可以排掉少量的超滤液，达到去除杂质离子，净化电泳槽液的作用。

超滤装置按照超滤膜组件的支撑体形状可以分为管式、卷式、板式和中空纤维管式等几种。

其中，管式超滤装置占地面积较大，卷式和中空纤维管式每支组件体积小，隔膜面积大，同样透过量的超滤装置，卷式和中空纤维管式价格较为便宜。

超滤泵和管路与电泳槽循环系统的连接方式有两种：一种闭合超滤装置内循环方式，超滤装置在电泳槽外部独立存在，部分超滤液会排出以去除杂质离子，净化电泳槽液；另一种是将超滤装置直接接入电泳槽的循环管路，经过超滤装置的槽液全部返回电泳槽中。

超滤液的管路、阀门等均需要采用不锈钢制造，超滤液储槽和超滤装置清洗槽也可以用内衬玻璃钢的铁槽或塑料槽。超滤液储槽容积应达到至少储存超滤装置3h的透过量制作。超滤装置的透过量下降到设计透过量的70%以下后就应该进行清洗维护。

5.6.5 干燥工艺及设备

绝大多数涂装工艺在将涂料涂装到工件上时，默认状态下涂料都是液体状态。除此之外，涂装后的水洗等工序也会使涂膜表面覆盖一层水。

要想使涂膜成型，转换为最终的固体状态，就需要对其进行干燥处理。为了确保涂膜的质量，涂膜干燥应该具备下列条件。

1) 干燥场所或干燥设备内要清洁，无灰尘，空气要干净。

2) 干燥温度应该符合涂料的技术要求，过高或过低都会最终影响涂膜的质量。

3) 空气要流动，涂膜干燥在流动空气的作用下速度更快一些。

4) 绝大多数涂膜中都含有相当比例的溶解剂等挥发性有机物质，这些物质如果在空气中达到一定比例，遇到高温有可能会发生爆炸，因此无论是在自干场所还是烘干设备内都要设置排风装置保障生产安全

1. 常见的烘干工艺

一般来说，汽车车身工件涂膜的干燥工艺主要自然干燥、热辐射干燥、照射固化等几种。

（1）自然干燥

自然干燥一般适用于采用挥发性涂料、自干性涂料和双组分反应型涂料的工件。涂膜自干的效率与气温、空气湿度和流动风速有关，一般气温高、湿度低、空气流动频繁迅速，则自干条件较好。在自干时应保持空气清洁，适当通风换气，换气时应先对通入的空气进行过滤，防止灰尘等污染工件表面。

气温对自然干燥的影响一般来说是正面的，温度越高，涂料中溶解剂的蒸气气压越高，其挥发、氧化、聚合等在涂膜中的固化反应也会相应地加速。

空气流通也对自然干燥有正面影响。通风有利溶解剂蒸气的排出和挥发，同时也能保证这些溶解剂不在自然干燥的场所形成混合密闭空气，防止易燃易爆的溶解剂蒸气产生爆炸。

单纯的自然干燥效率较低，受到环境的影响比较大（例如冬季和夏季相同类型的自干树脂涂料的成膜干燥时间就差异极大），因此在实际的汽车工件干燥工艺中，所谓的"自然干燥"更多的是指使用 50~100℃ 的热风进行吹干，这种吹干的方式比纯自然风干效率更高，同时热风吹干对一些挥发性快干涂料而言也有着防止涂膜发白等弊病的作用。

（2）热辐射干燥

热辐射干燥又被统称为烘干，通常结合热风吹干共同使用，相比自然干燥，热辐射干燥需要额外添加热辐射源，以使工件能够达到足够的温度，加速涂膜的固化。

热辐射干燥一般可分为中温烘干和高温烘干等两种类型（有时候 50~100℃ 的热风吹干也被归类为烘干，但它不需要添加额外的热辐射源，因此不属于热辐射干燥），具体选择哪一种烘干模式（也就是选择对应的烘干温度）主要应该参照的是涂膜的工艺规范，根据涂料的类型和技术指标来决定。当然，也需要考虑被涂装的工件热容量大小。一般热容量大的工件升温会比较慢，而热容量较小的工件升温会比较快。

> **提示**
> 一般涂料技术指标中规定的烘干温度（或者说干燥温度）是指工件的温度而不是吹风或者干燥室的温度；所谓的烘干时间是指工件到达烘干温度以后开始计时的保温时间。

普通的热空气加热优点在于加热均匀，适用于形状、结构复杂的工件；缺点是升温较慢、热效率较低，损耗较大。

热辐射的来源主要是红外线，按照其波长可以分为近红外、中红外和远红外等三大类。红外线由辐射源产生并通过电磁波在空气中传播，辐射到工件上被工件吸收以转化为热能，使工件和涂膜同时加热。这种介质的优点是升温速度快，热效率高，但辐射是呈散布状态，因此其加热的温度不均匀，且有照射的盲点。

一般的热辐射加热需要结合热空气对流，也就是说两种介质共同作用，取长补短以提高效率和成膜质量。

在使用热辐射干燥技术时，除了应遵守涂膜的干燥条件外，还应该注意以下几点：

1）除粉末涂料和电泳涂料外，溶剂型涂料的湿涂膜在烘干之前应先进行一阶段的晾干，使湿涂膜流平并使其内部的溶剂大部分能够先挥发掉，减轻"橘皮"现象，防止产生"针孔""起泡"。

2）烘干所处的烘干室室内温度应该比较均匀，严格遵守烘干操作规范。只有完全按照正常工艺烘干的涂膜才能具备优良的机械性能、附着力、硬度以及各种其他设计性能，干燥不均匀和过烘干都会影响到涂膜的质量。多次烘干情况下尤其应该注意烘干状态。

3）烘干室或烘干炉内的溶解剂蒸气、涂料烘干过程中的分解物等应及时迅速地排放出去，否则高温下很可能会引起爆炸。

4）供给烘干炉或烘干室的空气应该事先经过过滤和净化，防止其中的灰尘等吸附到涂膜表面影响涂膜质量。

（3）照射固化

照射固化是指照射紫外线或电子束等射线使涂料的涂膜迅速固化的一种新型干燥工艺，其分别被称作光固化法和电子束固化法。

1）光固化法。一些特殊的树脂涂料（添加了光敏触发剂的光敏树脂）在形成液态涂膜后，当遇到特定波长的光波，会产生活性的游离基团，从而引发聚合反应，在极短的时间内形成固体的有机高分子化合物。由于在这种光固化反应中采用的照射光波通常为紫外线（波长为300~450nm），也被称作紫外线固化。

光固化的优势在于固化时间短、速度快，生产效率高、能源消耗少、涂膜质量高、性能优异。但其也存在相当多的缺点：设备投资大、价格昂贵、涂料配制较为特殊，生产工艺对灰尘比较敏感（工艺要求更加严格），成本更高。

一般来说在汽车车身工件的生产中，光固化主要用来处理一些不宜高温烘干的工件，例如高档轿车的木材件、塑料件等，适合为这些工件涂装透明光敏涂料。

2）电子束固化法。电子束固化法的原理和光固化法类似，其区别在于所配套使用的涂料为不饱和聚酯树脂或多异氰酸酯的丙烯酸酯无溶剂型涂料。这些涂料在遇到电子束之后同样会产生类似的固化反应形成固态涂膜。

由于电子束的能量更高，固化深度更大，电子束固化法可以用于不透明涂膜的固化（显然光固化法无法固化不透明的涂料，因为光无法透过不透明的涂膜）。

无论光固化法还是电子束固化法，采用的紫外线和电子束都是直线辐射传播，都存在照射盲点或照射盲区的问题，因此只适合处理汽车工件中那些形状较为简单且不耐高温的特殊部件，例如高档轿车的木材门把手、木材内饰以及一些车身的塑料件等。当然，处理金属工件完全没有必要使用此类涂料。

2. 干燥设备系统的分类

涂膜的干燥在整个涂装工艺过程中占有相当比例的时间，涂装车间的涂膜烘干也是耗能大户，涂膜的干燥对性能和产品质量也有着相当大的影响，因此干燥设备的性能直接影响到产品的质量和价值，也对整个生产线的环保评价具有较大的权重。

一般汽车车身工件的涂装生产线中，干燥设备系统（主要是烘干炉）可以分为连续式和等间歇式两大类。

（1）连续式干燥设备系统

连续式干燥设备系统主要包括直通式烘干炉和桥式烘干炉两种。连续式干燥设备系统以运输链连续地运送工件进入炉中烘干，并连续运出已经烘干的工件。

连续式干燥设备系统产能效率高，速度快，适合大批量的自动生产线；缺点则主要是热损失大、冷空气不断入炉影响炉内温度控制、炉内空气净化困难、废气处理量大、进出口冷凝液下滴（炉内低分子物质蒸气遇到进出口外部的冷空气形成的冷凝滴液）等。

典型的连续式干燥设备系统，如桥式烘干炉（图5-38），虽然能解决一部分热损失问题，但是进出口冷凝液下滴的问题始终没有解决。

（2）间歇式干燥设备系统

间歇式干燥设备系统主要包括一般箱式结构的烘干炉和"门"字形烘干炉，其特点是工件的入炉运输方式为间歇式。

一般来说，间歇式干燥设备系统多适用于小批量的产品涂装烘干，例如大型客车

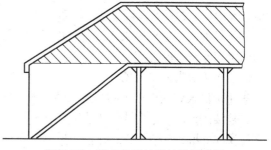

图5-38 桥式烘干炉的结构示意图

或载重工程车辆的车身工件烘干等（汽车维修的补漆烘干大多也采用这种方式），工件以"批"的方式进入炉内，烘干后成批运出。

间歇式干燥设备系统的优势在于不需要长期敞开的入口和出口，因此热损失小，烘干时间可以略微缩短，净化维护也比较容易，废气处理量小，进出口冷凝液下滴少。但其缺点也同样存在，主要是入炉和出炉的效率低、产能小等问题。

过去的间歇式干燥设备系统仅用于小批量的涂装烘干，而大批量生产的车型则主要采取连续性干燥设备系统。但是随着"门"字形烘干炉以及滑橇输送链的逐渐引入和运用，现在已经有大型生产线使用这种方式来对大批量的车身零部件进行烘干作业，其生产示意图如图5-39所示。

"门"字形烘干炉较好地解决了传统的间歇式烘干炉存在的问题，在该类型的烘干炉入口和出口采用提升装置来输送工件，烘干炉内则采用往复式推送设备，可以将整个烘干炉进行基本的封闭作业，这种烘干炉的优点主要有四点：

1）进入烘干炉的空气是经过加热吹入的，解决了烘干炉内低分子物质蒸气遇冷

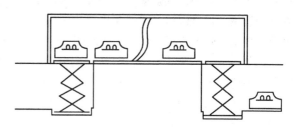

图5-39 "门"字形烘干炉生产示意图

形成滴液的问题。

2）废气量减少50%，废气中有机气体的浓度（体积分数）增加，达到0.1%~0.2%，便于集中处理。

3）烘干炉节能较好，能解决20%~30%。

4）烘干炉内的灰尘大幅度降低。

"门"字形干燥设备系统基本上解决了传统间歇式干燥设备系统的效率问题，又解决了连续式干燥设备系统能耗问题和冷凝液问题，因此在近年来新设计的涂装生产线中已经普遍得到应用。

3. 干燥系统的结构

干燥系统一般包括烘干炉本体、出入口及风幕、加热装置及对流循环系统、排风系统等。

（1）烘干炉本体

烘干炉本体一般为框架式结构及若干块预制壁板组装而成。壁板为双层结构，中间填充保温材料（例如矿渣棉）。填充的保温材料厚度应根据车身工件的烘干温度来决定，一般要求为100~150mm，温度越高则所需的填充材料厚度越大。另外，也可以从炉外壁温度与室温温差来考虑，要求外壁温度与室温温差不得超过20℃。

烘干炉的内壁应该平直光滑，防止积灰且便于清洁清理，所有热风循环管路均应封闭在烘干炉内壁和外壁壁板之间。

（2）烘干炉出入口及风幕

烘干炉出入口是被烘干的车身工件出入炉体的开口，间歇式干燥系统一般设计为定时开门关门，连续式干燥系统则往往为直通式或桥式开口；间歇式干燥系统的出入口有左右开式、附有平衡块的上吊式或卷帘门式等。"门"字形干燥系统的进出升降机平台也起到门的作用。

除小批量试生产的生产线以外，绝大多数汽车涂装的干燥系统其出入口的门都必须与运输链连锁，以自动化的方式输送工件（小批量试生产的生产线可使用手工开启的方式）。

为防止干燥系统的热损失，保持炉膛的干燥温度，连续式干燥系统的出入口都应采用热空气风幕，一方面减少炉内热空气的外溢，另一方面也避免在炉内形成冷空气通道（穿堂风）。其风幕的热空气加热系统一般设计会独立于烘干炉的加热系统。

桥式炉由于出入口的开口部位位于炉体的下方，且炉内加热后的空气密度较小，因而集中在炉体的中上部，不易向下逸出，可减少相当部分的热量损失。

（3）加热装置及对流循环系统

干燥系统的加热装置的加热方式主要有外加热方式和内加热方式等两种类型。

外加热方式是把炉膛内的空气利用风机加压通过过滤器、加热器（电加热或其他类型的加热方式）加热后再送回炉膛中。一般较大的干燥系统，空气加热循环子系统必须有两套加热装置，一套用于提升温区，另一套则用于保温区。一般用于升温区的加热装置功率会较大，被加热的空气温度应该略高于保温区的温度。

内加热方式即敷设方式，直接采用电热辐射元件（例如红外灯、碳化硅管、远红外电阻带即高红外管等）进行加热，主要用于干燥系统中的升温区的加热作业。

由于辐射式加热的不均匀性特点，电热辐射元件必须结合热风对流的方式使用。一般烘干温度越高、升温越快的辐射加热方式，辅助的循环风也必须加强，一面出现局部过烘干的现象。

（4）排风系统

使用溶剂型涂料（包括水溶性涂料）的车身工件在进入烘干炉时，一般仍然会含有5%~10%的溶解剂（可能是各种有机溶剂或者水）。这些溶解剂有相当部分应该在干燥系统的升温区被蒸发出来，而且部分低分子物质以及热分解物质也会挥发出来。为了防止这些溶解剂蒸气（相当多的易燃易爆有机物质）在烘干炉内的浓度超过其爆炸临界点下限，引起爆炸和火灾，需要在溶解剂蒸气浓度最高的部位设置排风装置，将其从烘干炉中排出。

排风装置还应该与环保废气处理系统相连接，当外加热系统采用油或者液化石油气等燃烧系统加热时，烘干炉的排风装置可作为加热系统燃烧室的补充空气，既可以节省燃烧室所需要的燃料，又可以一并处理烘干室的废气，实现回收部分热能的目的。

课程育人

对于不确定因素多的工况，解决问题的唯一办法就是体系控制，建立符合要求的体系并且时刻维护和执行是必要条件。

参 考 文 献

[1] 赵晓昱,刘学文.汽车车身制造工艺[M].北京:清华大学出版社,2016.
[2] 邢彦锋,宋新萍,王岩松.汽车车身结构[M].北京:清华大学出版社,2014.
[3] 邹平.汽车车身制造工艺学[M].3版.北京:北京航空航天大学出版社,2017.
[4] 叶文海.汽车焊接技术[M].北京:电子工业出版社,2018.
[5] 范家春,刘习成.汽车涂装[M].北京:机械工业出版社,2015.
[6] 姚博瀚,罗文智.汽车焊装[M].北京:机械工业出版社,2015.
[7] 高元伟,吴兴敏.汽车车身焊接技术[M].北京:人民邮电出版社,2010.
[8] 李远军.汽车涂装技术[M].北京:北京理工大学出版社,2015.
[9] 蒋开正.汽车车身制造技术[M].成都:西南交通大学出版社,2014.
[10] 李庆军.汽车车身修复及涂装技术[M].北京:机械工业出版社,2016.
[11] 莫智敏.汽车覆盖件大型冲压设备工作原理及维修、管理[M].上海:同济大学出版社,2015.

读者服务

机械工业出版社立足工程科技主业，坚持传播工业技术、工匠技能和工业文化，是集专业出版、教育出版和大众出版于一体的大型综合性科技出版机构。旗下汽车分社面向汽车全产业链提供知识服务，出版服务覆盖包括工程技术人员、研究人员、管理人员等在内的汽车产业从业者，高等院校、职业院校汽车专业师生和广大汽车爱好者、消费者。

一、意见反馈

感谢您购买机械工业出版社出版的图书。我们一直致力于"以专业铸就品质，让阅读更有价值"，这离不开您的支持！如果您对本书有任何建议或意见，请您反馈给我。我社长期接收汽车技术、交通技术、汽车维修、汽车科普、汽车管理及汽车类、交通类教材方面的稿件，欢迎来电来函咨询。

咨询电话：010-88379353　编辑信箱：cmpzhq@163.com

二、课件下载

选用本书作为教材，免费赠送电子课件等教学资源供授课教师使用，请添加客服人员微信手机号"13683016884"咨询详情；亦可在机械工业出版社教育服务网（www.cmpedu.com）注册后免费下载。

三、教师服务

机工汽车教师群为您提供教学样书申领、最新教材信息、教材特色介绍、专业教材推荐、出版合作咨询等服务，还可免费收看大咖直播课，参加有奖赠书活动，更有机会获得签名版图书、购书优惠券。

加入方式：搜索QQ群号码317137009，加入机工汽车教师群2群。请您加入时备注院校+专业+姓名。

四、购书渠道

机工汽车小编
13683016884

我社出版的图书在京东、当当、淘宝、天猫及全国各大新华书店均有销售。

团购热线：010-88379735
零售热线：010-68326294　88379203

推荐阅读

书号	书名	作者	定价（元）
智能网联、新能源汽车专业教材			
9787111678618	智能网联汽车技术入门一本通（全彩印刷）	程增木	69
9787111715276	智能汽车技术（全彩印刷）	凌永成	85
9787111702696	智能网联汽车技术原理与应用（彩色版）	程增木 杨胜兵	65
9787111628118	智能网联汽车技术概论（全彩印刷）	李妙然 邹德伟	49.9
9787111693284	智能网联汽车底盘线控系统装调与检修（附任务工单）	李东兵 杨连福	59.9
9787111710288	智能网联汽车智能传感器安装与调试（全彩活页式教材）	中国汽车工程学会 等	49.9
9787111712480	智能网联汽车底盘线控执行系统安装与调试（全彩印刷）	中国汽车工程学会 等	49.9
9787111709800	智能网联汽车计算平台测试装调（全彩印刷）	中国汽车工程学会 等	49.9
9787111711711	智能网联汽车智能座舱系统测试装调（全彩印刷）	中国汽车工程学会 等	49.9
9787111710318	新能源汽车检测与故障诊断技术（彩色版配实训工单）	吴海东 等	69
9787111707585	新能源汽车电动空调 转向和制动系统检修（彩色版配实训工单）	王景智 等	69
9787111702931	新能源汽车整车控制系统检修（彩色版配实训工单）	吴东盛 等	69
9787111701637	新能源汽车动力电池及管理系统检修（彩色版配实训工单）	吴海东 等	59
9787111707165	新能源汽车技术概论（全彩印刷）	赵振宁	55
9787111706717	纯电动汽车构造原理与检修（全彩印刷）	赵振宁	59
9787111587590	纯电动/混合动力汽车结构原理与检修（配实训工单）（全彩印刷）	金希计 吴荣辉	59.9
9787111709565	新能源汽车维护与故障诊断（配实训工单）（全彩印刷）	林康 吴荣辉	59
9787111700524	新能源汽车整车控制系统诊断（双色印刷）	赵振宁	55
9787111699545	智能网联汽车概论（全彩印刷）	吴荣辉 吴论生	59.9
9787111698081	新能源汽车结构原理与检修（全彩印刷）	吴荣辉	65
9787111683056	新能源汽车认知与应用（第2版）（全彩印刷）	吴荣辉 李颖	55
9787111615767	新能源汽车概论（全彩印刷）	张斌 蔡春华	49
9787111644385	新能源汽车电力电子技术（全彩印刷）	冯津 钟永刚	49
9787111684428	新能源汽车高压安全与防护（全彩印刷）	吴荣辉 金朝昆	45
9787111610175	新能源汽车动力电池及充电系统检修（全彩印刷）	许云 赵良红	55
9787111613183	新能源汽车电机驱动系统检修（全彩印刷）	王毅 巩航军	49
9787111613206	新能源汽车辅助系统检修（全彩印刷）	任春晖 李颖	45
9787111646242	新能源汽车维护与故障诊断（全彩印刷）	王强 等	55
9787111670469	新能源汽车结构原理与检修（彩色版）	康杰 等	55

技工教育和职业培训"十四五"规划教材
高职高专汽车制造类立体化创新教材

汽车车身制造技术任务工单

主　编　李　慧　陈心赤
副主编　陈双霜　李　晶　张玉平
参　编　杨　谋　杨正荣　张书诚

机械工业出版社

目录

项目 1　汽车车身构造 ·· 1

项目 2　汽车车身材料 ·· 5

项目 3　冲压工艺 ·· 11

项目 4　汽车车身焊装工艺 ·· 28

项目 5　汽车车身涂装工艺 ·· 38

项目 1
汽车车身构造

任务描述

车身的制造技术涉及三大工艺：冲压工艺、焊装工艺、涂装工艺，工艺复杂多样。车身是汽车三大总成之一，是一个复杂的造形部件，所有的车身制造技术都是围绕车身结构的实现而发展的，因此在介绍车身制造工艺之前，先介绍车身构造方面的有关问题。

学习目标

1. 能正确认识车身的分类与组成。
2. 能正确认识车身的精度控制方法。
3. 能正确认识车身的刚度。

知识与技能点清单

序号	学习目标	知识点	技能点
1	能正确认识车身的分类与组成	1. 车身的作用和特点 2. 车身的分类 3. 车身的组成	能正确识别车身的分类与组成
2	能正确认识车身的精度控制方法	1. 车身的三维坐标 2. 车身的精度	能正确识别车身的精度
3	能正确认识车身的刚度	1. 车身前、中、后部位刚度 2. 立柱结构刚度 3. 梁的结构刚度 4. 覆盖件结构刚度	能正确识别车身的刚度

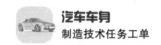

一、能正确认识车身的分类与组成

1. 简述车身的作用及特点。
_____
_____
_____

2. 查阅车架分类相关资料,把下面的图片与文字正确连接。

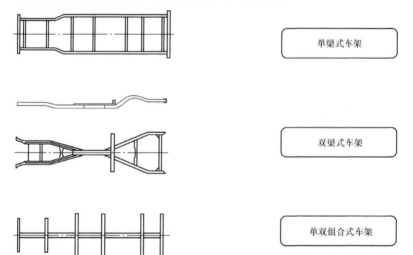

单梁式车架

双梁式车架

单双组合式车架

3. 查阅覆盖件相关资料,把下图所缺少的部件名称补充完整。

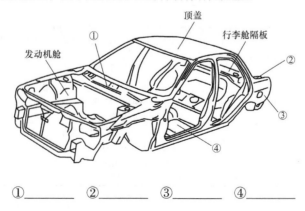

① _____ ② _____ ③ _____ ④ _____

项目 1 汽车车身构造

4. 简述车身覆盖件的质量要求。
_____
_____
_____

二、能正确认识车身的精度控制方法

5. 车身的三维坐标中,X、Y、Z分别表示_____、_____、_____。
6. 车身部件外部精度公差都在_____之内,而车身内部精度公差在_____之内。
7. 请写出装配与三坐标的测量结果出现差异的主要原因。
_____
_____
_____

三、能正确认识车身的刚度

8. 判断题。
轿车前部刚度小,车头中部刚度稍大,乘坐区刚度最大,尾部刚度小。(　　)

9. 看图,正确连接图与文字。

　　　　通透式前柱汽车

　　　　无中柱式轿车

10. 根据下图分析,如发生碰撞会出现什么情况?

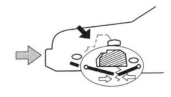

_____
_____
_____

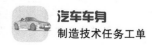

11. 分析下图，请简述这样做的好处。

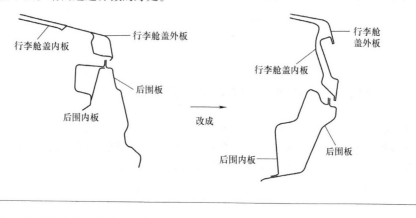

鉴　定

序号	学习目标	鉴定1	鉴定2	鉴定3	鉴定结论	鉴定教师签字
1	能正确认识车身的分类与组成				□通过 □不通过	
2	能正确认识车身的精度控制方法				□通过 □不通过	
3	能正确认识车身的刚度				□通过 □不通过	

备注：任课老师可以通过平时教学过程中学习者的学习态度、参与教学活动的积极性、职场安全意识及终结性鉴定结果等确定其最后鉴定结果，每个学习者最多可以鉴定三次，鉴定老师可以把鉴定情况填写在上表中。

项目 2
汽车车身材料

任务描述

从汽车诞生之日开始,人类就不断尝试使用各种材料制造车身,车身的功能要求车身本体所采用的材料既能够有效地支撑出空间,同时又能安装部件和承受载荷。汽车在使用过程中要保证安全性,因此要求足够的刚度和强度,为了便于操控和降低能耗,车身应该尽可能重量轻。汽车车身材料的发展趋势又是什么呢?

学习目标

1. 能够正确认识车身材料的分类。
2. 能够正确认识车用钢板的分类。
3. 能够正确认识金属塑性变形的基本理论。
4. 能够正确认识汽车车身金属材料的力学性能。
5. 能够正确认识汽车车身材料的选择与发展趋势。

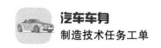

知识与技能点清单

序号	学习目标	知识点	技能点
1	能够正确认识车身材料的分类	1. 金属材料 2. 非金属材料 3. 复合材料	能够正确识别车身各部位使用的材料
2	能够正确认识车用钢板的分类	车用钢板的分类	能够正确识别车用钢板
3	能够正确认识金属塑性变形的基本理论	1. 金属塑性变形的机理 2. 金属塑性变形的受力状态 3. 塑性变形的应力和应变 4. 塑性变形的基本定律	能够正确描述金属塑性变形的基本理论
4	能够正确了解汽车车身金属材料的力学性能	1. 常用材料的力学性能 2. 金属板料的力学性能	能够正确描述汽车车身金属材料的力学性能
5	能够正确认识汽车车身材料的选择与发展趋势	1. 车身材料选择的原则和步骤 2. 汽车材料的发展趋势	能够正确描述汽车车身材料的选择与发展趋势

学习任务

一、能够正确认识车身材料的分类

1. 车身使用的材料大概分为 _____、_____、_____。

2. 查阅相关资料,将两列概念正确连线。

金属材料　　　　玻璃

　　　　　　　　玻璃纤维

非金属材料　　　铝合金

　　　　　　　　橡胶

复合材料　　　　钢板

　　　　　　　　碳纤维

6

项目 2 汽车车身材料

二、能够正确认识车用钢板的分类

3. 我国对钢板材料有哪几种分类方式?
_____
_____

4. 查阅相关资料,请把下列表格填写完整。

冷轧钢板的拉深级别代号

厚度/mm	
	P
深拉深级	
最深拉深级	

三、能够正确认识金属塑性变形的基本理论

5. 单晶体塑性变形的主要方式是_____和_____。
6. 查阅单晶体滑移变形相关资料,正确连接下列图与文字。

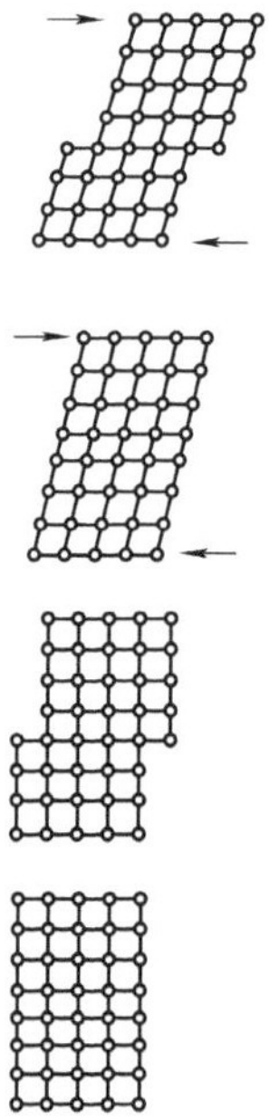

弹性变形

未变形

弹塑性变形

塑性变形

7. 什么是纤维组织?
_____
_____

8. 任取一个微元六面单元体，该单元体上的应力状态沿着六面体的三个空间坐标系可分解为_____个应力分量，其中包括_____个剪应力与3个_____。

9. 简述什么是真实应力。
_____
_____
_____

10. 塑性变形的基本定律包括_____、_____、_____。

四、能够正确了解汽车车身金属材料的力学性能

11. 常用的力学性能包括_____、_____、_____、冲击韧性和_____。

12. 根据所学硬度知识，正确连接下图与文字。

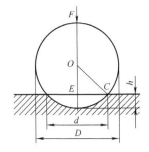

维氏硬度

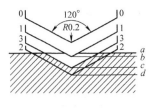

布氏硬度

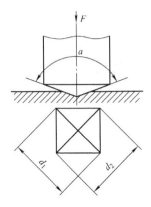

洛氏硬度

13. 把下列表格填写完整。

金属板料的力学性能

性能名称	表示符号
	σ_s
屈强比	
延伸率	
厚向异性系数	
	Δr

五、能够正确认识汽车车身材料的选择与发展趋势

14. 简述车身金属材料的选择原则。

15. 车身材料选择的步骤是什么？

16. 汽车材料的发展趋势是什么？

鉴定

序号	学习目标	鉴定1	鉴定2	鉴定3	鉴定结论	鉴定教师签字
1	能够正确认识车身材料的分类				□通过 □不通过	
2	能够正确认识车用钢板的分类				□通过 □不通过	

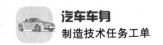

（续）

序号	学习目标	鉴定1	鉴定2	鉴定3	鉴定结论	鉴定教师签字
3	能够正确认识金属塑性变形的基本理论				□通过 □不通过	
4	能够正确了解汽车车身金属材料的力学性能				□通过 □不通过	
5	能够正确认识汽车车身材料的选择与发展趋势				□通过 □不通过	

备注：任课老师可以通过平时教学过程中学习者学习态度、参与教学活动积极性、职场安全意识及终结性鉴定结果等确定其最后鉴定结果，每个学习者最多可以鉴定三次，鉴定老师可以把鉴定情况填写在上表中。

项目 3
冲压工艺

任务描述

在现代工业生产中，冲压工艺在汽车、机械、家电、轻工、航空航天、五金、化工、纺织等领域得到了广泛的应用。据统计，汽车上有 60%～70% 的零件是用冲压工艺生产出来的。因此，冲压技术对汽车的产品质量、生产效率和生产成本有着重要的影响。

学习目标

1. 能够正确认识冲压工艺的概述。
2. 能够掌握冲裁工艺。
3. 能够掌握弯曲工艺。
4. 能够掌握拉深工艺。
5. 能够掌握局部成形工艺。
6. 能够掌握车身覆盖件的冲压工艺。

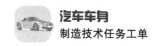

知识与技能点清单

序号	学习目标	知识点	技能点
1	能够正确认识冲压工艺的概述	1. 冲压工艺的特点及分类 2. 冲压件的两种变形类型 3. 板料冲压成形性能及极限 4. 冲压成形设备	能够正确认识冲压工艺的特点、分类、类型及设备
2	能够掌握冲裁工艺	1. 冲裁变形过程及受力分析 2. 冲裁件断面质量与影响因素 3. 冲裁模具间隙的设计 4. 凸模与凹模刃口尺寸设计 5. 冲裁工艺分析及设计 6. 冲裁模	能够掌握冲裁工艺
3	能够掌握弯曲工艺	1. 板料弯曲变形及特点 2. 弯曲件质量分析 3. 弯曲工艺计算 4. 弯曲模	能够掌握弯曲工艺
4	能够掌握拉深工艺	1. 拉深件的类型及特点 2. 拉深中的质量问题及解决措施 3. 拉深工艺设计 4. 拉深模	能够掌握拉深工艺
5	能够掌握局部成形工艺	1. 胀形工艺 2. 翻边工艺 3. 校平和整形	能够掌握局部成形工艺
6	能够掌握车身覆盖件的冲压工艺	1. 车身覆盖件的成形工艺 2. 车身覆盖件拉深工艺设计 3. 汽车覆盖件冲压成形模具 4. 车身覆盖件的冲压工艺示例	能够掌握车身覆盖件的冲压工艺

学习任务

一、冲压工艺的概述

1. 按照冲压后的材料形状变化的程序将冲压分为三种基本工序：_____、_____、拉深。
2. 根据自身所学，把分离工序中各工序的图文正确连接。

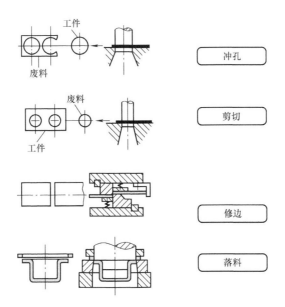

3. 根据自身所学，把成形工序中各工序的图文正确连接。

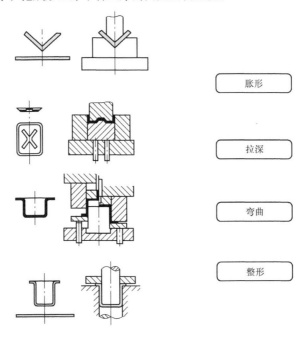

4. 简述冲压件的两种变形类型。

_____
_____
_____

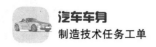

5. 板料冲压成形性能包括_____、_____、_____。

6. 简述绘制成形极限图的步骤。
___
___
___

7. 根据自身所学，把下列图文正确连接。

高速压力机

伺服压力机

开式曲柄压力机

液压机

闭合式曲柄压力机

8.曲柄压力机工作原理是什么?
___
___
___

二、冲裁工艺

9.根据自身所学,把下列图文正确连接。

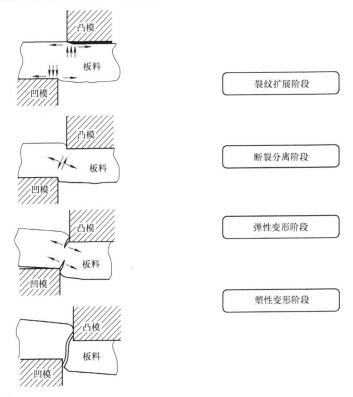

10.看图填空。

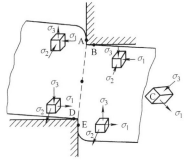

此图为冲裁压力示意图,其中 σ_1 代表_____,σ_2 代表_____,σ_3 代表_____。

11. 冲裁件的断面有明显的区域特征，可分为圆角带、光亮带、_____、_____。

12. 影响冲裁件断面质量的因素都有哪些？
_____
_____
_____

13. 下图为凸模与凹模三种间隙（小、中、大）条件下的工件裂纹情况，这三种情况下哪一种间隙冲裁质量最好？并说出好在哪里？

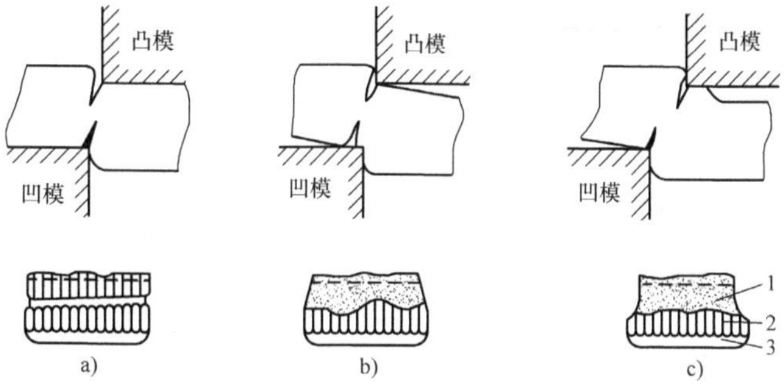

a)
b)
c)

_____
_____
_____

14. 什么是合理间隙？确定合理间隙的方法有哪些？
_____
_____
_____

15. 根据冲裁件形状的复杂程度，模具的制造加工方法目前有_____和_____。

16. 进行凸、凹模刃口尺寸计算时应考虑哪些原则？
_____
_____
_____

17. 根据所学冲裁工艺的排列设计，完成以下图文的连线。

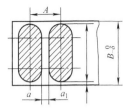 少废料排样法

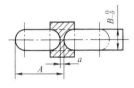 无废料排样法

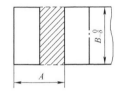 有废料排样法

18. 把下表填写完整，并把下列图片放到正确位置。

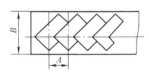 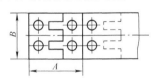 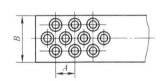

	有废料排样	少、无废料排样
	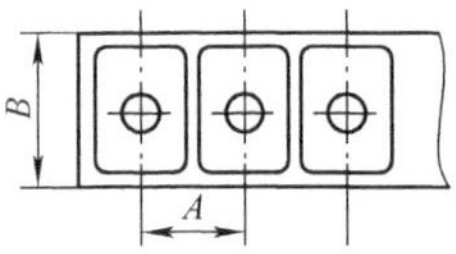	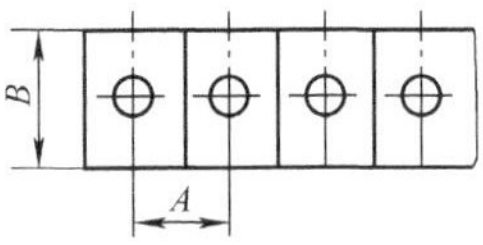
斜排	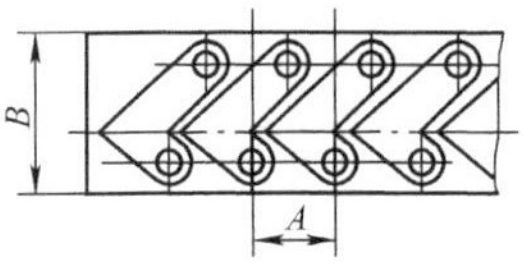	
	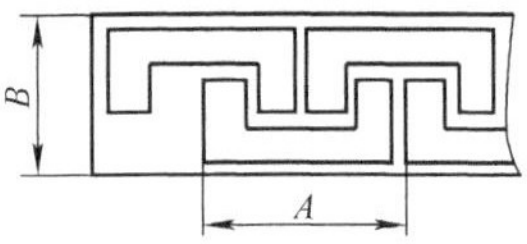	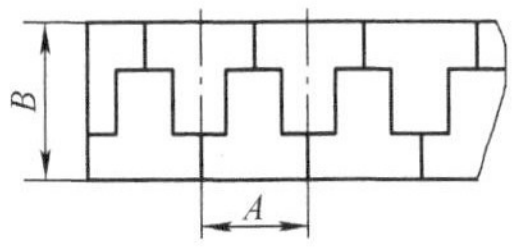

（续）

	有废料排样 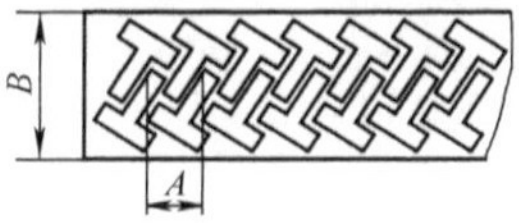	少、无废料排样 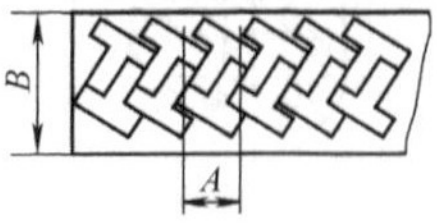
混合排	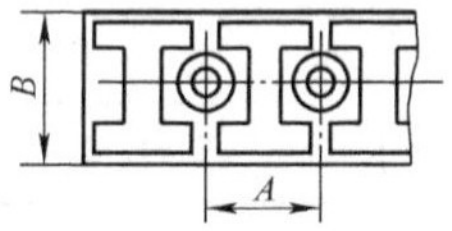	
多行排		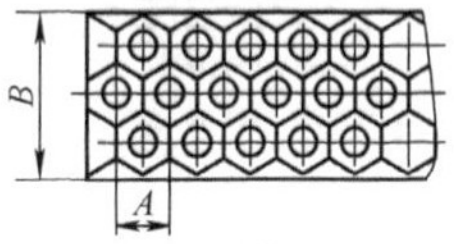

19. 冲模的类型。

按工序性质分：_____、_____、切断模、_____、拉深模等；

按工序组合分：_____、_____、_____；

按导向方式分：无导向模、_____、导柱导套模；

按冲模材料分：_____、钢模、_____、聚氨酯冲模；

按结构和布置方法：_____、镶拼模、_____、_____。

20. 下图是哪种冲裁模，并简述其特点和工作原理。

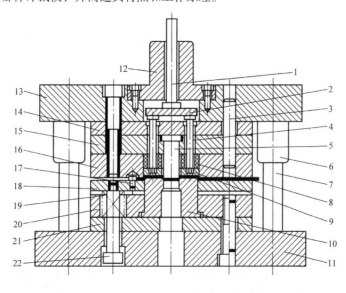

三、弯曲工艺

21. 请根据下图简述弯曲变形的变化和特点。

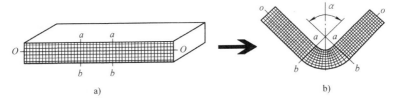

_____
_____
_____

22. 板料弯曲时变形区域内的应力应变状态和_____有关。

23. 弯曲件在生产中经常出现的质量问题有_____、_____、_____三种。

24. 下图为减小回弹措施中的哪一种？并说明此方法的工作原理。

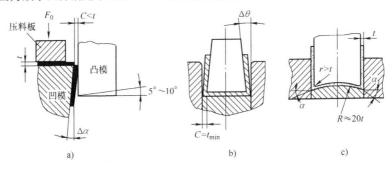

_____
_____
_____

25. 下图为弯曲力在各个阶段的变化曲线图，图中1、2、3分别代表什么阶段？

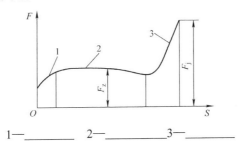

1—_____ 2—_____ 3—_____

26. 当弯曲件的圆角半径 $r \geq 0.5t$ 时，在弯曲过程中，按毛坯的_____原则，在计算其展开的长度时，只需要计算_____展开的尺寸。

27. 弯曲工序可以在普通的压力机上进行，也可以在专用的弯曲机或弯曲设备上进行。为了保证达到工作的需求，在进行弯曲模的结构设计时，必须注意哪几点？

_____
_____
_____

28. 正确连接下列图与文。

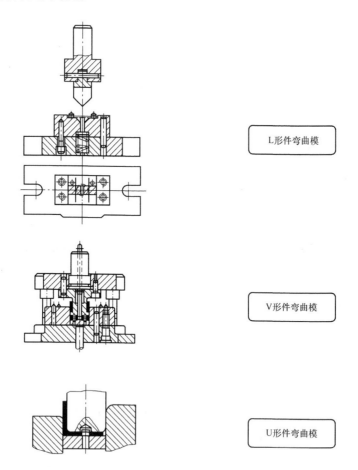

L形件弯曲模

V形件弯曲模

U形件弯曲模

四、拉深工艺

29. 通过学习，把下表补充完整。

拉深件类型		变形特点
直壁旋转件		
盒形件		盒形件圆角部分接近拉深变形，直边部分基本上是弯曲变形，其变形是拉深与弯曲变形复合 毛坯周边变形不均匀，变形大的部分与变形小的部分相互制约与影响
	球形体 锥形体 抛物线形件	

30. 根据下图，分析板料在拉深过程中的五个区域应力与应变状态。

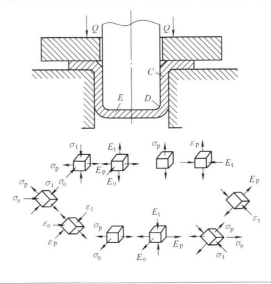

31. 拉深工艺出现质量问题的形式主要是_____和_____。

32. 防止起皱的措施有哪些？

33. 防止拉裂的措施有哪些？

34. 计算拉深件毛坯的原理包括_____、_____、_____。

35. 影响极限拉深系数的因素都有哪些?
_____
_____
_____

36. 正确连线下列图与文。

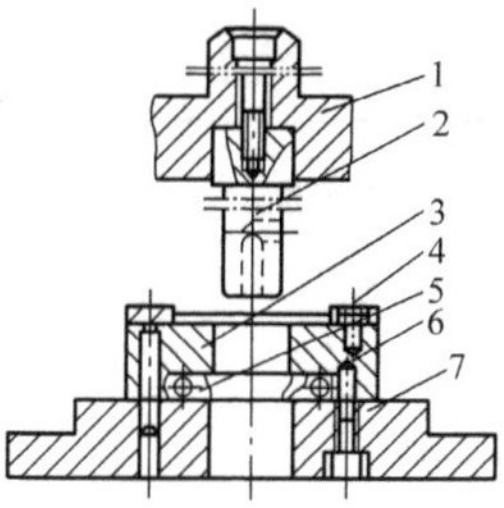

双动压力机首次拉深模

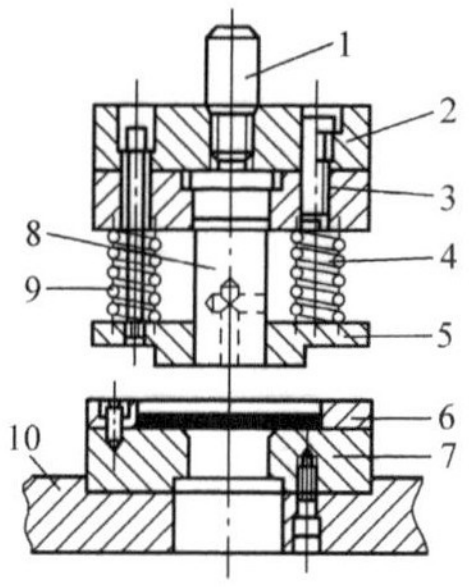

落料首次拉深复合模

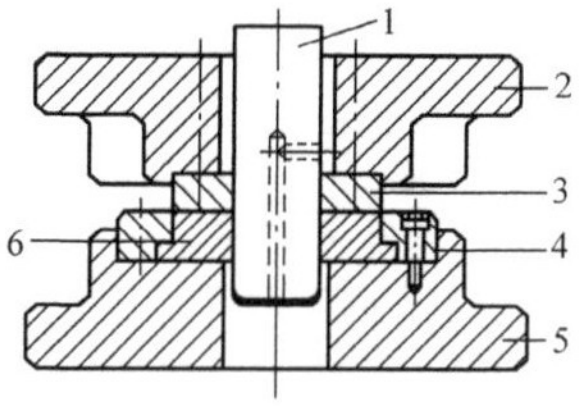

带上压边装置的首次拉深模

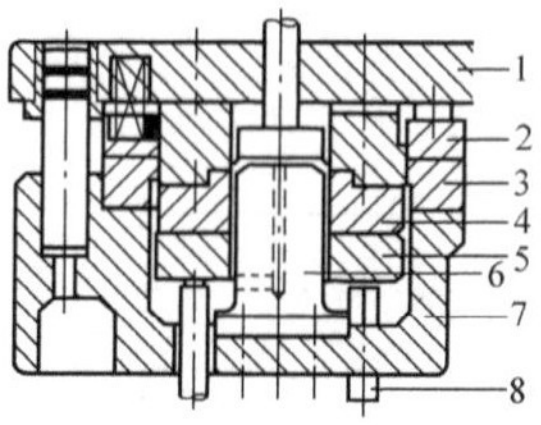

无压边圈的首次拉深模

37. 拉深模的主要特点有哪些?
_____
_____

五、局部成形工艺

38. 什么是胀形工艺？常用的胀形有哪些？
_____
_____
_____

39. 正确连接下列图与文。

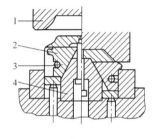

液压胀形

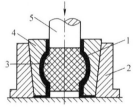

刚性胀形

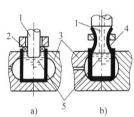

橡皮胀形

40. 翻边指的是_____，翻边包括_____和_____两种。

41. 改善圆孔翻边成形性有哪些方法？
_____
_____
_____

42. 简述校平和整形的工艺特点。
_____
_____
_____

43. 对于薄的板料或表面不允许有压痕的制件一般采用＿＿＿＿＿＿；对于较厚的板料一般采用＿＿＿＿。

六、车身覆盖件的冲压工艺

44. 根据形状的复杂程序和变形特点，覆盖件可分为＿＿＿、＿＿＿、＿＿＿三类。

45. 根据自身所学，把下列侧围冲压的基本工序正确连接。

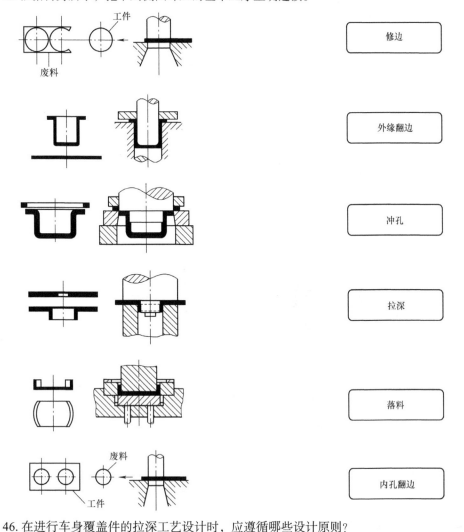

46. 在进行车身覆盖件的拉深工艺设计时，应遵循哪些设计原则？

_____
_____
_____

47. 拉深筋的种类范围_____和_____。并正确连接图与文。

半圆形拉深筋

方形拉深筋

圆形拉深筋

48. 汽车覆盖件冲压成型所用的模具有三种：_____、_____和_____。

49. 把下列拉深模形式的图与文正确连接。

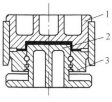
锌基合金模

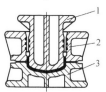
单动拉深模

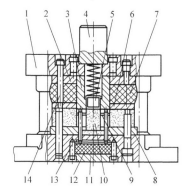
双动拉深模

50. 下图是哪一种翻边模？给出件 1、3、8、9、12、15、18 名称并简述此翻边模的工作原理。

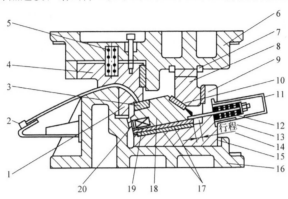

_____

_____

_____

51. 修边模根据修边镶块的运动方向，可分为以下三类：_____、_____、_____。

52. 根据自身所学垂直斜楔修边模的知识，正确连接下列图与文。

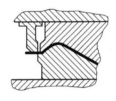   倾斜修边部分

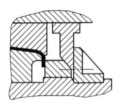   垂直修边部分

   水平修边部分

鉴 定

序号	学习目标	鉴定1	鉴定2	鉴定3	鉴定结论	鉴定教师签字
1	能够正确认识冲压工艺的概述				□通过 □不通过	
2	能够掌握冲裁工艺				□通过 □不通过	
3	能够掌握弯曲工艺				□通过 □不通过	
4	能够掌握拉深工艺				□通过 □不通过	
5	能够掌握局部成形工艺				□通过 □不通过	
6	能够掌握车身覆盖件的冲压工艺				□通过 □不通过	

备注：任课老师可以通过平时教学过程中学习者学习态度、参与教学活动积极性、职场安全意识及终结性鉴定结果等确定其最后鉴定结果，每个学习者最多可以鉴定三次，鉴定老师可以把鉴定情况填写在上表中。

项目 4
汽车车身焊装工艺

任务描述

车身壳体是一个复杂的结构件,一辆轿车由数百个冲压件,经过点焊、凸焊、CO_2气保护焊、钎焊以及粘接等工艺连接而成,定位迅速准确的焊装夹具、日益精湛的焊接技术、日臻完善的质量控制手段、立体布置的自动化生产线和大量焊接机器人的应用,构成了现代汽车车身焊装技术。

学习目标

1. 能够描述车身焊装工艺概述。
2. 能够掌握车身焊接工艺方法。
3. 能够掌握车身焊装夹具及焊装生产线。

知识与技能点清单

序号	学习目标	知识点	技能点
1	能够描述车身焊装工艺概述	1. 车身焊装工艺的特点 2. 汽车白车身焊装程序	能够正确认识、描述车身焊装工艺的特点、程序
2	能够掌握车身焊接工艺方法	1. 电阻焊 2. CO_2气体保护焊 3. 激光焊接	1. 能够掌握车身焊接工艺方法 2. 能够正确掌握电阻焊、CO_2气体保护焊、激光焊接的方法原理、特点
3	能够掌握车身焊装夹具及焊装生产线	1. 夹具的分类与要求 2. 车身焊装件定位与夹紧 3. 车身总成焊装夹具 4. 焊接机器人 5. 车身焊装生产线	能够正确掌握车身焊装夹具及焊装生产线

项目 4
汽车车身焊装工艺

学习任务

一、车身焊装工艺概述

1. 根据自身所学，把下表填写完整。

车身制造中常用的焊接方法及典型应用实例

焊接方法				典型应用实例
电阻焊	点焊	单点焊		车身总成、车身侧围等分总成
				小型板类零件
		多点焊		车身底板总成
			C形多点焊机	车门、发动机舱盖等总成
	缝焊			车身顶盖流水槽
			固定式缝焊机	
	凸焊			
电弧焊		氩弧焊		车身顶盖后两侧接缝
				原料零部件
气焊		氧-乙炔焊		车身总成补焊
钎焊		锡铅焊		水箱
特种焊		微弧等离子焊		车身顶盖后角板

2. 车身装配焊接具有哪些特点？

_____

_____

3. 根据所学，把图注填写完整。

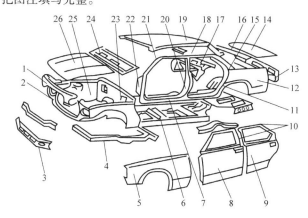

29

汽车车身制造技术任务工单

1—_____   2—水箱固定框架   3—前裙板   4—前框架   5—_____   6—地板总成
7—_____   8—前门   9—后门   10—门窗框   11—_____   12—_____   13—后围板
14—行李舱盖   15—_____   16—后围上盖板   17—后窗台板   18—上边梁
19—_____   20—_____   21—_____   22—_____   23—_____   24—前围上盖板
25—前挡泥板   26—_____

4. 根据自身所学，正确连线下列概念。

前围板总成		白车身总成
散热器罩总成		
中底板总成		车身总成
门框总成		
仪表盘总成		侧围分总成
顶盖总成		
门锁加强板		前端分总成
车门总成		底板分总成
前翼子板总成		

5. 简述电阻焊有哪些优点和缺点？

_____

_____

_____

_____

6. 点焊设备主要是指点焊机，点焊机一般由_____、_____、_____和水冷系统等几部分组成。

7. 下图是什么零件？它的作用是什么？

项目 4
汽车车身焊装工艺

_____
_____
_____

8. 简述影响接触电阻的主要因素有哪些？
_____
_____
_____

9. 一个点焊循环分四个阶段，即_____、_____、_____和_____。

10. 下图是点焊过程示意图，请正确连接图与文。

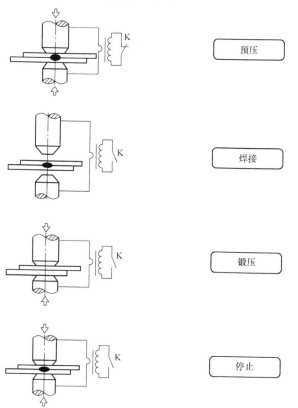

预压

焊接

锻压

停止

31

11. 下图是哪一种焊接方式，简述此焊接方式，并且说一说焊接过程和点焊有什么区别？

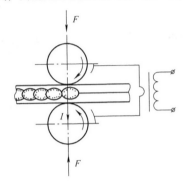

12. 凸焊也是一种焊接方式，简述它的优点在哪里？

13. 此图为 CO_2 气体保护焊的工作原理图，并阐述其工作原理。

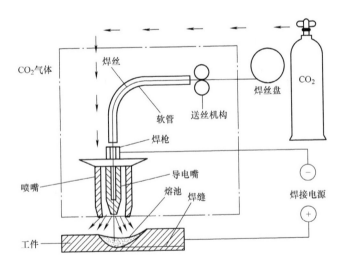

14. 下图是 CO_2 半自动焊设备,根据所学回答下列问题。

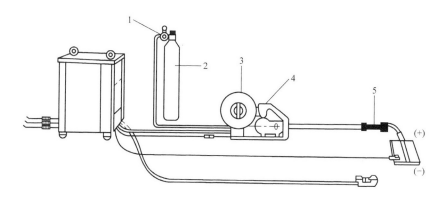

(1) 把写出图中数字所代表的零部件。
1—_____ 2—_____ 3—_____ 4—_____ 5—_____

(2) CO_2 半自动焊设备主要由_____、_____、_____、_____几部分构成。

15. 根据自身所学,正确连线下列图与文。

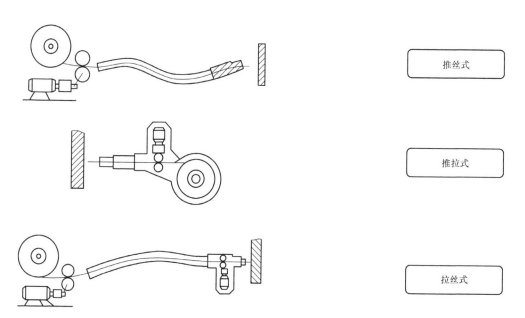

推丝式

推拉式

拉丝式

16. 下面是 CO_2 气体保护焊的形式,请正确连线下列图与文。

汽车车身制造技术任务工单

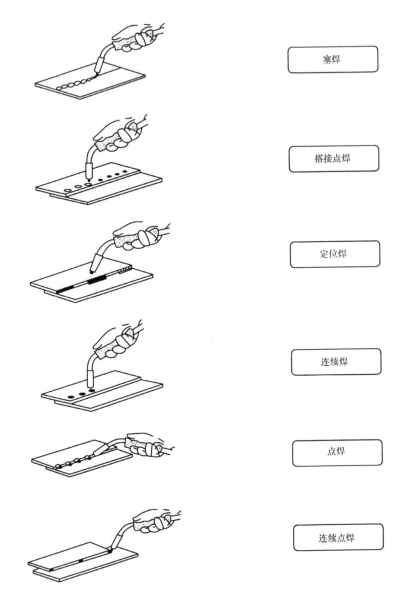

17. 下图是一台激光焊接设备，图中 1~5 分别代表什么？

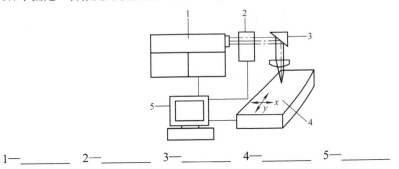

1—_____ 2—_____ 3—_____ 4—_____ 5—_____

项目 4
汽车车身焊装工艺

18. 激光焊接的特点是什么？

二、车身焊装夹具及焊装生产线

19. 夹具的分类，请正确连线下列图与文。

检验夹具

焊装夹具

焊接夹具

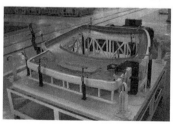

装配夹具

20. 焊装夹具具有哪些功能？

21. 夹紧力的三要素包括：_____、_____、_____。

22. 电阻点焊工艺在实施过程中可分为哪几个步骤？并说出下图所示的是哪一步骤？

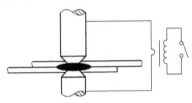

23. 按照定位方式，车身总成焊装夹具可以分为_____和_____两种。

24. 为了保证摆臂到位后的位置精度，可以采取什么措施？

25. 下图为点焊机器人的基本组成，根据自身所学，给出下列图注。

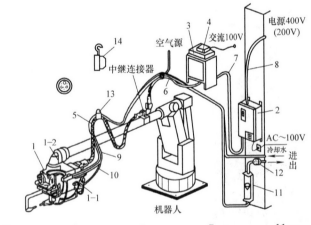

1—_____ 2—_____ 4—_____ 5—_____ 7—_____ 11—_____ 12—_____

26. 焊接机器人的特点有哪些？

27. 下图为捷达轿车车身焊装生产线，请简述下捷达轿车焊装的流程。

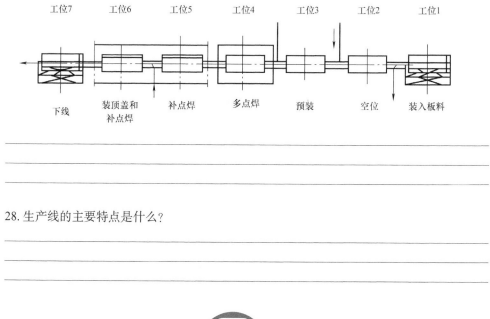

28. 生产线的主要特点是什么？

鉴　定

序号	学习目标	鉴定1	鉴定2	鉴定3	鉴定结论	鉴定教师签字
1	能够描述车身焊装工艺概述				□通过 □不通过	
2	能够掌握车身焊接工艺方法				□通过 □不通过	
3	能够掌握车身焊装夹具及焊装生产线				□通过 □不通过	

备注：任课老师可以通过平时教学过程中学习者学习态度、参与教学活动积极性、职场安全意识及终结性鉴定结果等确定其最后鉴定结果，每个学习者最多可以鉴定三次，鉴定老师可以把鉴定情况填写在上表中。

项目 5
汽车车身涂装工艺

任务描述

某人从一家机械加工企业跳槽到了某汽车生产企业的生产部门，被分配到了涂装分厂工作。作为一个学机械加工出身的工程师，他对涂装和涂料并不太了解，于是他认真学习，不断向相关的技术工程师请教。半年后，他需要调岗为分厂的工艺主管。企业人事部门和分厂主抓技术的厂长参与了对他的内部面试流程，并提出了一系列的问题。要想成为一名合格的涂装工艺主管，需要了解大量汽车涂装的工艺知识和技术。

学习目标

1. 能够了解汽车车身涂料的特性、组成以及一般汽车涂装的涂料层面。
2. 理解汽车工件涂装前表面处理的意义、作用和相关方法。
3. 了解汽车车身涂装的几种常见工艺体系。
4. 熟练掌握汽车车身常见的涂装方法。
5. 深入了解汽车车身涂装所需的各种设备。

项目 5 汽车车身涂装工艺

 知识与技能点清单

序号	学习目标	知识点	技能点
1	能够了解汽车车身涂料的特性、组成以及一般汽车涂装的涂料层面	1. 车身涂料的特性 2. 车身涂料的组成 3. 车身底漆、中间层漆、面漆的特性	1. 了解汽车车身涂装的要素 2. 理解汽车车身涂装的意义 3. 了解汽车车身涂料的特性 4. 掌握汽车车身涂料的组成 5. 识别各种类型的汽车车身涂料 6. 正确认识汽车车身底漆、中间层漆和面漆
2	理解汽车工件涂装前表面处理的意义、作用和相关方法	1. 涂装前表面处理的作用 2. 涂装前表面处理的方法	1. 正确认识涂装前表面处理的作用和意义 2. 了解涂装前表面处理的工序类型及作用 3. 了解涂装前表面处理的常用方法
3	了解汽车车身涂装的几种常见工艺体系	1. 涂三层烘三次体系简介 2. 涂三层烘二次体系简介 3. 涂二层烘二次体系简介	了解各种涂装的工艺体系及其适用的车型和特点
4	熟练掌握汽车车身常见的涂装方法	汽车车身常用涂装方法	1. 了解各种手工、机动以及机械涂装的方法 2. 熟练掌握几种常用的车身涂装工艺
5	深入了解汽车车身涂装所需的各种设备	汽车车身涂装设备	深入了解涂装前表面处理、手工喷涂、静电喷涂、电泳涂装以及干燥工艺的各种设备

 学习任务

一、能够了解车身涂料的特性、组成以及一般汽车涂装的涂料层面

1. 作为一个汽车车身涂装分厂的业务主管,需要了解很多关于涂装工艺的管理知识,你能回答以下几个简单的问题吗?

(1)汽车车身涂装管理的三要素是哪些?

_____

_____

_____

（2）汽车涂装技术都包括哪些要素？

（3）汽车涂装的管理都需要管理哪些方面？

（4）汽车的涂装都有哪些意义？这些意义又都能作用于哪些方向？

（5）车身涂料一般都有哪些特性？

2. 汽车车身涂装车间需要和各种涂料打交道，工艺的管理也是如此，那么，你对涂料有什么认识？如果你来参加一个汽车涂料生产厂家的技术工程师岗位竞聘，你能回答以下这些问题吗？
（1）涂料都有那些物质组成？这些物质又由哪些材料组成？

（2）组成涂料的物质中哪些属于黏结剂？哪些属于其他材料？

（3）辅助成膜物质的作用是什么？

3. 现在车间需要涂装一批金属色的汽车车身工件，作为分厂的涂装业务主管，你了解这些涂层的排列顺序吗？请在对应涂层右侧标出其自下至上的排列顺序。

项目 5
汽车车身涂装工艺

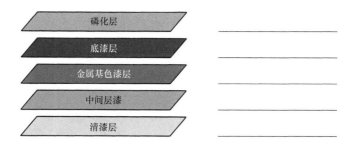

4. 下面列举了汽车车身涂料的三种类型和几种常见的涂料，请你将其归类连接起来。

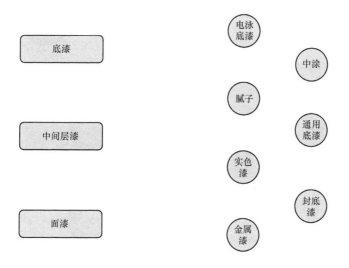

二、理解汽车工件涂装前表面处理的意义、作用和相关方法

5. 汽车车身工件的表面处理主要有四个工艺流程，其是具有一定先后顺序的，那么请你将下面四个工艺流程按照常见的施工顺序排列一下。

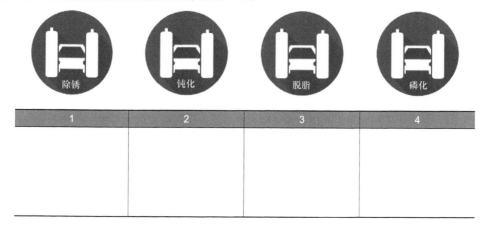

1	2	3	4

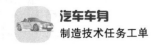

6. 钢铁材质的车身工件之所以需要先表面处理再进行涂装，主要是因为其容易发生锈蚀。除了钢铁材质以外，车身工件中其他材质的金属也都容易与空气中的氧气发生反应，形成"锈"。下面列出了几种金属氧化物，请问哪一种金属氧化物不是车身材质在空气中自然氧化能产生的？

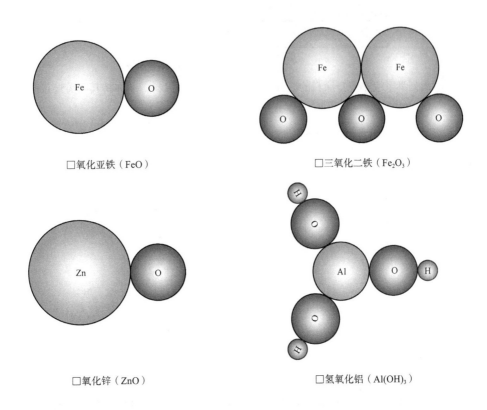

☐ 氧化亚铁（FeO）　　　　　　　☐ 三氧化二铁（Fe_2O_3）

☐ 氧化锌（ZnO）　　　　　　　　☐ 氢氧化铝（$Al(OH)_3$）

7. 在车身工件的脱脂处理工艺中，常见的脱脂方法有溶剂脱脂法、碱液清洗脱脂法、乳化剂脱脂法以及综合脱脂法等四种方法。以下的操作中哪些是正确的？

☐（1）使用三氯乙烯（C_2HCl_3）清洗车身工件之后及时对其进行高温烘烤以加速干燥。

☐（2）发到生产线的一种金属工件不慎沾染了油污，应立刻用碱液进行清洗。

☐（3）在乳化剂中添加一部分氢氧化钠（NaOH）以提高其脱脂效率。

☐（4）在乳化剂脱脂之后先用常温去离子水清洗，再用热去离子水清洗。

8. 通常采用强酸或中强度酸进行化学除锈时都需要使用缓蚀剂来降低酸对金属工件的腐蚀，下面列出了几种常见的酸和相关的缓蚀剂，请把其中相互有作用的缓蚀剂和酸连接起来。

9.汽车车身工件的磷化处理是一个非常复杂的复合化学反应系统,其主要由四个有序的步骤实现,你知道这些步骤的反应顺序吗?请将其按照先后顺序排列。

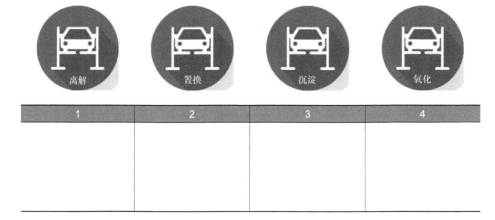

1	2	3	4

三、了解车身涂装的几种常见工艺体系

10.汽车车身的涂装工艺主要有涂三层烘三次、涂三层烘二次、涂二次烘二次等三大类,你对这些涂装体系有了解吗?你是否能回答以下几个问题?

(1)这三种体系主要适用于哪些车型?各有什么特点?

_____
_____
_____

(2)涂三层烘三次的涂装体系都有哪些流程?

_____
_____
_____

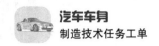

（3）为什么有些车身工件明明涂装三次却可以只烘干两次？原因是什么？
___
___
___

（4）除了这三种体系以外，还有哪些涂装体系？这些涂装体系的特点和适用车型是什么？
___
___
___
___

四、熟练掌握车身常见的涂装方法

11．涂料的涂装工艺有许多种，其分类方法也多种多样。在下面的图中列出了多种涂装的工艺，以及两个体系的涂装分类，你能将它们分别用线连起来吗？

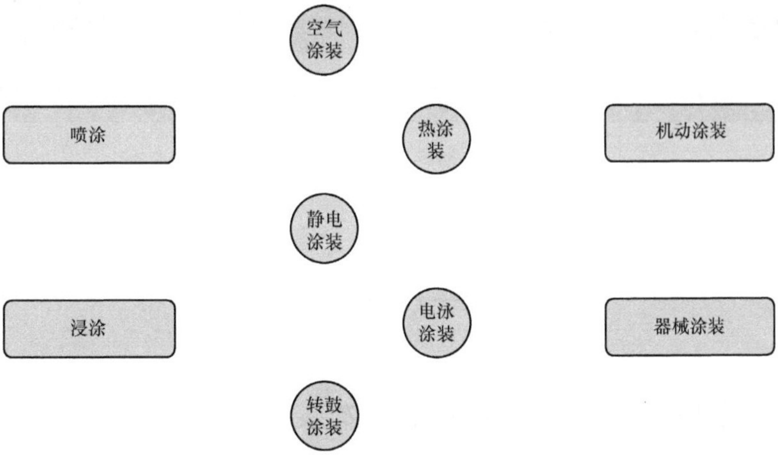

```
        空气
        涂装

喷涂            热涂        机动涂装
                装

        静电
        涂装

浸涂            电泳        器械涂装
                涂装

        转鼓
        涂装
```

12．汽车车身工件的涂装中，底漆的涂装最常用的方式就是电泳涂装。关于电泳涂装，你了解多少？能回答以下这些问题吗？

（1）电泳涂装都有哪些类型？其特点和区别是什么？
___
___
___
___

（2）作为一种基于化学反应的涂装方式，电泳涂装都有哪些化学过程？其作用分别是什么？
___
___
___
___

13. 查阅相关资料，完成下列表格。

涂装工艺	适宜涂料类型	优势及劣势
无空气喷涂		
静电喷涂		
电泳涂装		

五、深入了解车身涂装所需的各种设备

14. 车身工件的涂装前表面处理工艺有许多种方式来实现，一般来说决定涂装前处理设备选择的因素有哪些？常见的设备类型有哪些？

_____

_____

_____

15. 识别下列涂装工具的类型并在相应的方框内打√。

□吸上式喷枪　　　□压送式喷枪　　　　　□压送式喷枪　　　□重力式喷枪

□杯式静电喷枪　　　□盘式静电喷枪　　　　□杯式静电喷枪　　　□盘式静电喷枪

16. 一般浸涂涂装后的水洗过程都十分重要，电泳涂装也是如此，下面的图中绘制了一般电泳涂装的水洗流程，请写出各流程环节的名称以及使用的清洗剂类型。

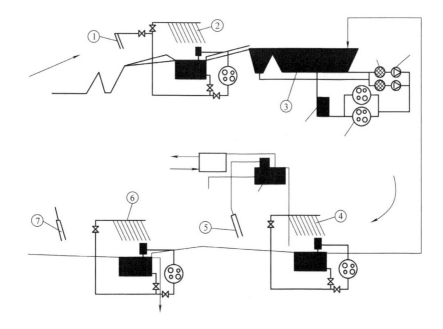

序号	流程名称	清洗剂类型

项目 5 汽车车身涂装工艺

17. 识别以下两图的干燥工艺类型或干燥工艺名称，并在相应的方框内打√。

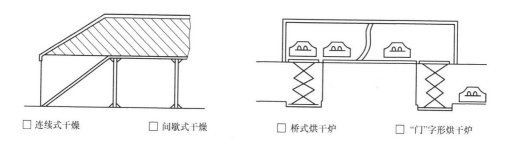

□ 连续式干燥　　　□ 间歇式干燥　　　□ 桥式烘干炉　　　□ "门"字形烘干炉

鉴　定

序号	学习目标	鉴定1	鉴定2	鉴定3	鉴定结论	鉴定教师签字
1	能够了解车身涂料的特性、组成以及一般汽车涂装的涂料层面				□通过 □不通过	
2	理解汽车工件涂装前表面处理的意义、作用和相关方法				□通过 □不通过	
3	了解车身涂装的几种常见工艺体系				□通过 □不通过	
4	熟练掌握车身常见的涂装方法				□通过 □不通过	
5	深入了解车身涂装所需的各种设备				□通过 □不通过	

备注：任课老师可以通过平时教学过程中学习者学习态度、参与教学活动积极性、职场安全意识及终结性鉴定结果等确定其最后鉴定结果，每个学习者最多可以鉴定三次，鉴定老师可以把鉴定情况填写在上表中。